CHINA RADIO MARKET YEARBOOK

2023 年中国广播收听市场年鉴

黄学平　主编

辽宁人民出版社

图书在版编目（CIP）数据

2023 年中国广播收听市场年鉴 / 黄学平主编 . —沈
阳：辽宁人民出版社，2023.9
　ISBN 978-7-205-10794-9

　Ⅰ . ① 2… 　Ⅱ . ①黄… 　Ⅲ . ①广播工作—抽样调查统
计—中国—2023—年鉴 　Ⅳ . ① G229. 2-54

中国国家版本馆 CIP 数据核字（2023）第 125676 号

出版发行：辽宁人民出版社
　　　　　地址：沈阳市和平区十一纬路25号　邮编：110003
　　　　　电话：024-23284321（邮　购）　024-23284324（发行部）
　　　　　传真：024-23284191（发行部）　024-23284304（办公室）
　　　　　http：//www.lnpph.com.cn
印　　　刷：辽宁虎驰科技传媒有限公司
幅面尺寸：185mm×260mm
印　　张：26.25
字　　数：450 千字
出版时间：2023 年 9 月第 1 版
印刷时间：2023 年 9 月第 1 次印刷
责任编辑：王　增
封面设计：王政贺
版式设计：新华制版中心
责任校对：郑　佳
书　　号：ISBN 978-7-205-10794-9
定　　价：180.00 元

《2023年中国广播收听市场年鉴》
编委会

前　言

　　2022年是媒体行业韬光养晦、重整旗鼓的一年，在防疫防控的大环境下，各行各业都面临着严峻的考验，本就步履维艰的广播媒体肩上又增加了无形的重负。所幸，踏入2023年后，三年战"疫"终于画上了一个休止符，经济全面复苏，市场百废待兴，广播媒体正式进入新的"开春"时节，迎来一个新的转型发展节点。

　　中央《关于加快推进媒体深度融合发展的意见》曾指出，要打造一批具有强大影响力和竞争力的新型广播电视主流媒体，占据舆论引导、思想引领、文化传承、服务人民的传播制高点。可以说，近几年的广播媒体正向这一大方向扎实前行着，并且依托固有的地域化特点与公信力优势，在乡村振兴、政务服务、地方特色文化传播等方面展现出良好的相性，做到了以本土内容出发，服务受众，接轨全网。此外，广播在冬奥会、党的二十大等重要新闻事件中的声量也不断攀升，融媒内容制作上所采用的主题、角度、形式都越发贴合互联网传播生态，与各类平台及渠道深度匹配，达到了主流媒体在互联网领域的融媒传播新高度。

　　全媒体矩阵的铺展令广播线上线下的结合越发紧密，也让广播人在经营创新中逐渐摸索出融媒变现的新道路，架设多年的广播融媒体渠道逐步进入"收获期"，且其运用的模式多半与广播的传播特质及资源积累息息相关。如河南交通广播与本地汽车保养品牌"兔师傅"合作，推出面向行车人群的系列营销活动，是对广播车载收听用户垂直化经营的尝试；浙江广电集团旗下"浙里云购"平台，展示浙江特色农商品，帮扶农产品销售，是对整合电商平台资源，辅助实现数商兴农的尝试；江苏广播通过"松鼠悦读"平台推出面向少年儿童的系列音频内容，将付费收听、音频定制、亲子活动有机结合，是对品牌IP化运营及音频内容付费的尝试；广播媒体在多元化的探索尝试中一步步开拓出具有广播特色的传播与变现模式，实现融媒影响力与创收能力的双丰收。

　　2023年3月发布的《智慧融媒发展报告》中提到，媒体行业发展正式迈入智慧时代，智慧融媒是未来几年主流媒体发展的重要方向。随着新兴技术的引入，广播智能化趋势更为明显，这不仅体现在面向用户智能终端的内容与服务更为完善，广播电台自身对智能化技术的运用也更为广泛，"5G+4K/8K+AI"技术进入各级广播电视台与融媒体中心，并深入广播节目制作到融媒产品打造的各个环节。大数据技术引导的智能分发、精准推送等功能在各类传播平台中应用，为广播的个性化内容定制提供了施展空间。智能化技术的升级使得广播媒体拥有了更多的可能性，广播人正在不断适应、应用这类新兴技术，以"思想+艺术+技术"推促创新融合，为广播智慧融媒的发展增添更多亮色。

广播媒体从传统收听一路走来，屡屡以自身的变革应对着时代的洪流，形成当下多终端多渠道收听，图文音视频多元化内容相结合的融媒传播形态。但在日新月异的互联网语境下，广播在内容制作、产品打造乃至平台建设过程中需要关注的问题越来越多。赛立信持续关注着广播媒体在融合转型进程中的痛点、难点，在广播受众群体调研、广播线上线下数据资源整合等方面不断做出优化，以期为广播媒体的融合转型发展提供更多助力。

赛立信根据2022年在全国开展的广播收听调查数据，以及依托互联网大数据技术的广播融媒体云传播效果数据，整理、编撰出这部《2023年中国广播收听市场年鉴》。本书分为数据篇、分析篇和附录三大部分：数据篇挑选出全国58个重点城市的收听率数据，详细呈现各电台频率在2022年的收听表现，以及62套广播综合传播力数据，呈现全国广播电台及频率的全媒体矩阵传播力；分析篇由广播行业专家和资深研究人员撰写的中国广播市场研究文章或分析报告组成；附录篇选载有重要文件目录、统计资料等，收集了全国电台和频率名称、频率频点，采用唯一的标准编码进行编号，以供查阅检索。

由于编撰本书的工作量大、时间紧，难免有诸多不足和疏漏之处。请各位同仁不吝赐教，共同交流，让这部编年体在我们不断的总结、学习、提高中越来越完善和发展。

2023年4月30日

目　　录

数据篇

分析篇

附录篇

DATA 数据篇

第一部分　2022年全国重点城市收听率数据

一、北京地区收听率数据

表1.1.1　北京地区主要电台频率的平均收听率和市场份额

排名	电台名称	平均收听率（%）	市场份额（%）
1	北京交通广播	1.06	15.7
2	北京文艺广播	0.81	12.0
3	北京新闻广播	0.58	8.7
4	中央广播电视总台交通广播	0.50	7.4
5	中央广播电视总台经济之声	0.49	7.2
6	中央广播电视总台中国之声	0.48	7.1
7	中央广播电视总台文艺之声	0.45	6.7
8	经典调频北京	0.45	6.6
9	北京音乐广播	0.35	5.1
10	中央广播电视总台音乐之声	0.29	4.3

表1.1.2　北京地区主要电台频率的到达率和日到达率

排名	电台名称	到达率（%）	日到达率（%）
1	北京交通广播	36.3	10.2
2	北京文艺广播	25.0	4.8
3	北京新闻广播	23.9	5.8
4	中央广播电视总台中国之声	23.3	4.5
5	北京音乐广播	22.0	4.0
6	中央广播电视总台经济之声	20.8	3.9
7	北京体育广播	20.8	3.5
8	中央广播电视总台交通广播	19.4	4.2
9	经典调频北京	17.4	3.6
10	中央广播电视总台文艺之声	14.1	2.7

表1.1.3　北京地区主要电台的收听率（%）

时间	北京交通广播	北京文艺广播	北京新闻广播	中央广播电视总台交通广播	中央广播电视总台经济之声	中央广播电视总台中国之声	中央广播电视总台文艺之声	经典调频北京	北京音乐广播	中央广播电视总台音乐之声
6:00	0.96	0.54	0.63	0.45	0.39	0.35	0.36	0.49	0.27	0.21
6:15	0.94	0.66	0.61	0.43	0.44	0.39	0.36	0.48	0.27	0.20
6:30	0.99	0.64	0.68	0.50	0.47	0.44	0.35	0.45	0.30	0.24
6:45	1.23	0.75	0.83	0.50	0.45	0.55	0.40	0.44	0.29	0.24
7:00	1.93	0.87	1.31	0.53	0.54	0.69	0.45	0.41	0.58	0.31
7:15	2.26	1.01	1.48	0.56	0.65	0.65	0.44	0.42	0.74	0.39
7:30	2.55	0.91	1.65	0.52	0.56	0.75	0.48	0.44	0.78	0.48
7:45	2.52	0.94	1.58	0.54	0.48	0.76	0.43	0.47	0.75	0.38
8:00	2.89	1.12	1.45	0.51	0.57	0.87	0.44	0.43	0.80	0.46
8:15	3.15	1.30	1.64	0.50	0.59	0.78	0.42	0.44	0.87	0.58
8:30	3.07	1.33	1.48	0.49	0.61	0.89	0.44	0.50	0.80	0.45
8:45	2.23	1.24	1.31	0.54	0.61	0.70	0.43	0.50	0.71	0.34
9:00	1.80	1.01	1.12	0.55	0.57	0.75	0.54	0.48	0.62	0.36
9:15	1.70	0.77	0.95	0.48	0.49	0.74	0.46	0.46	0.56	0.30
9:30	1.29	0.79	0.69	0.53	0.53	0.58	0.42	0.43	0.47	0.28
9:45	1.04	0.68	0.70	0.44	0.44	0.56	0.48	0.52	0.39	0.25
10:00	1.01	0.62	0.63	0.51	0.45	0.55	0.50	0.51	0.42	0.27
10:15	1.02	0.70	0.56	0.49	0.42	0.49	0.46	0.48	0.38	0.27
10:30	1.01	0.63	0.47	0.55	0.45	0.52	0.46	0.50	0.36	0.27
10:45	1.05	0.77	0.45	0.52	0.50	0.46	0.49	0.47	0.30	0.31
11:00	0.90	0.76	0.51	0.48	0.53	0.47	0.51	0.56	0.33	0.30
11:15	0.75	0.80	0.51	0.46	0.58	0.45	0.47	0.44	0.28	0.22
11:30	0.74	0.69	0.55	0.50	0.56	0.49	0.48	0.45	0.28	0.24
11:45	0.76	0.82	0.52	0.49	0.59	0.48	0.44	0.45	0.25	0.22
12:00	0.69	0.84	0.43	0.53	0.58	0.48	0.41	0.47	0.32	0.24
12:15	0.69	0.79	0.46	0.44	0.58	0.50	0.45	0.43	0.34	0.26
12:30	0.71	0.94	0.46	0.47	0.55	0.42	0.40	0.52	0.36	0.25
12:45	0.63	0.89	0.42	0.49	0.58	0.41	0.43	0.46	0.33	0.24
13:00	0.89	0.79	0.40	0.48	0.61	0.45	0.48	0.42	0.25	0.26
13:15	0.92	0.89	0.39	0.46	0.63	0.44	0.47	0.51	0.29	0.23
13:30	0.85	0.77	0.41	0.45	0.66	0.44	0.55	0.55	0.29	0.22
13:45	0.84	0.82	0.29	0.49	0.62	0.39	0.50	0.48	0.22	0.21
14:00	0.83	0.75	0.28	0.51	0.66	0.36	0.46	0.50	0.20	0.24
14:15	0.82	0.79	0.29	0.52	0.59	0.40	0.47	0.49	0.24	0.22
14:30	0.77	0.73	0.32	0.52	0.53	0.41	0.47	0.47	0.20	0.21
14:45	0.71	0.74	0.27	0.51	0.54	0.40	0.45	0.46	0.20	0.19

（续表）

时间	北京交通广播	北京文艺广播	北京新闻广播	中央广播电视总台交通广播	中央广播电视总台经济之声	中央广播电视总台中国之声	中央广播电视总台文艺之声	经典调频北京	北京音乐广播	中央广播电视总台音乐之声
15:00	0.66	0.78	0.32	0.49	0.54	0.35	0.49	0.43	0.20	0.23
15:15	0.59	0.72	0.33	0.54	0.61	0.35	0.47	0.50	0.20	0.24
15:30	0.66	0.64	0.34	0.53	0.64	0.38	0.43	0.51	0.18	0.22
15:45	0.79	0.65	0.32	0.53	0.54	0.38	0.49	0.49	0.22	0.23
16:00	0.87	0.57	0.33	0.52	0.51	0.36	0.47	0.47	0.24	0.23
16:15	0.80	0.56	0.35	0.50	0.45	0.35	0.44	0.41	0.21	0.20
16:30	0.77	0.49	0.38	0.49	0.48	0.39	0.44	0.43	0.20	0.19
16:45	0.79	0.61	0.35	0.53	0.48	0.37	0.47	0.36	0.22	0.23
17:00	0.94	0.71	0.43	0.51	0.44	0.38	0.44	0.47	0.27	0.33
17:15	0.90	0.77	0.44	0.50	0.45	0.37	0.47	0.46	0.26	0.38
17:30	0.86	0.82	0.53	0.54	0.56	0.43	0.47	0.31	0.37	0.49
17:45	1.04	0.93	0.59	0.49	0.55	0.46	0.50	0.36	0.43	0.45
18:00	1.06	1.20	0.88	0.50	0.59	0.54	0.48	0.40	0.39	0.50
18:15	1.18	1.36	0.92	0.48	0.63	0.52	0.53	0.39	0.34	0.54
18:30	1.21	1.45	1.02	0.50	0.64	0.53	0.53	0.38	0.40	0.50
18:45	1.15	1.49	1.02	0.53	0.57	0.52	0.53	0.45	0.39	0.46
19:00	0.98	1.17	1.04	0.55	0.56	0.50	0.52	0.52	0.42	0.33
19:15	1.04	0.95	0.87	0.53	0.52	0.49	0.53	0.58	0.35	0.31
19:30	0.93	0.93	0.66	0.51	0.51	0.53	0.56	0.46	0.33	0.29
19:45	0.80	0.94	0.57	0.52	0.51	0.55	0.55	0.39	0.36	0.26
20:00	0.70	0.98	0.49	0.53	0.42	0.50	0.54	0.41	0.31	0.31
20:15	0.68	0.85	0.42	0.52	0.36	0.44	0.50	0.47	0.24	0.31
20:30	0.78	0.78	0.31	0.52	0.36	0.35	0.44	0.43	0.27	0.26
20:45	0.74	0.72	0.27	0.52	0.35	0.35	0.40	0.47	0.24	0.29
21:00	0.78	0.65	0.27	0.52	0.29	0.38	0.44	0.49	0.29	0.31
21:15	0.85	0.67	0.21	0.43	0.27	0.40	0.45	0.41	0.31	0.36
21:30	0.77	0.63	0.22	0.48	0.35	0.40	0.39	0.37	0.27	0.27
21:45	0.76	0.76	0.23	0.46	0.28	0.39	0.37	0.34	0.29	0.23
22:00	0.74	0.77	0.19	0.49	0.28	0.32	0.38	0.44	0.27	0.24
22:15	0.78	0.72	0.18	0.52	0.30	0.35	0.39	0.37	0.27	0.26
22:30	0.75	0.58	0.16	0.50	0.30	0.39	0.37	0.41	0.23	0.26
22:45	0.62	0.52	0.13	0.47	0.29	0.36	0.33	0.33	0.23	0.27
23:00	0.54	0.58	0.14	0.45	0.27	0.40	0.34	0.34	0.21	0.21
23:15	0.51	0.55	0.14	0.42	0.25	0.37	0.37	0.40	0.21	0.16
23:30	0.46	0.49	0.14	0.37	0.28	0.38	0.31	0.38	0.17	0.19
23:45	0.45	0.38	0.12	0.31	0.18	0.37	0.26	0.36	0.18	0.17

表1.1.4　北京地区主要电台的占有率（％）

时间	北京交通广播	北京文艺广播	北京新闻广播	中央广播电视总台交通广播	中央广播电视总台经济之声	中央广播电视总台中国之声	中央广播电视总台文艺之声	经典调频北京	北京音乐广播	中央广播电视总台音乐之声
6:00	16.8	9.4	11.0	7.8	6.9	6.2	8.6	6.4	4.7	3.8
6:15	16.1	11.2	10.4	7.4	7.4	6.7	8.2	6.2	4.6	3.3
6:30	16.1	10.4	11.1	8.0	7.7	7.2	7.3	5.7	4.9	2.7
6:45	18.3	11.1	12.4	7.4	6.8	8.2	6.6	5.9	4.4	2.4
7:00	21.8	9.8	14.7	5.9	6.1	7.7	4.6	5.1	6.6	2.4
7:15	22.7	10.1	14.9	5.6	6.5	6.6	4.2	4.4	7.5	1.8
7:30	24.1	8.6	15.6	4.9	5.3	7.0	4.1	4.5	7.4	3.0
7:45	24.2	9.0	15.2	5.2	4.6	7.3	4.5	4.1	7.2	4.1
8:00	25.9	10.1	13.0	4.5	5.1	7.8	3.9	4.0	7.2	3.7
8:15	26.6	11.0	13.8	4.2	5.0	6.6	3.7	3.6	7.4	3.7
8:30	26.3	11.4	12.7	4.2	5.2	7.6	4.3	3.8	6.9	4.3
8:45	22.1	12.2	12.9	5.3	6.0	6.9	4.9	4.3	7.0	4.5
9:00	19.6	11.1	12.2	6.0	6.2	8.2	5.3	5.9	6.8	4.1
9:15	20.5	9.3	11.4	5.8	5.9	9.0	5.5	5.5	6.8	4.8
9:30	17.6	10.7	9.4	7.2	7.2	8.0	5.9	5.8	6.4	5.1
9:45	15.1	9.9	10.2	6.4	6.4	8.1	7.6	6.9	5.7	5.3
10:00	14.9	9.2	9.3	7.5	6.7	8.1	7.6	7.5	6.1	5.0
10:15	15.7	10.8	8.6	7.5	6.4	7.6	7.4	7.0	5.8	4.6
10:30	15.4	9.6	7.2	8.3	6.9	7.9	7.6	6.9	5.5	5.1
10:45	16.1	11.6	6.8	7.8	7.6	7.0	7.1	7.5	4.6	5.2
11:00	13.6	11.5	7.7	7.3	8.0	7.0	8.5	7.7	4.9	4.6
11:15	12.1	12.8	8.3	7.4	9.4	7.1	7.0	7.5	4.4	4.8
11:30	11.8	11.0	8.8	8.0	8.9	7.8	7.1	7.7	4.4	5.3
11:45	12.1	13.1	8.2	7.9	9.3	7.6	7.2	7.0	4.0	4.9
12:00	11.0	13.4	6.8	8.4	9.2	7.7	7.4	6.6	5.1	5.1
12:15	10.9	12.5	7.3	7.0	9.2	8.0	6.9	7.1	5.4	6.1
12:30	11.2	14.9	7.3	7.5	8.7	6.6	8.2	6.3	5.7	5.0
12:45	10.4	14.6	6.8	8.1	9.6	6.8	7.5	7.0	5.4	4.8
13:00	14.3	12.8	6.5	7.8	9.8	7.2	6.8	7.8	4.0	4.6
13:15	14.2	13.8	5.9	7.0	9.7	6.7	7.9	7.2	4.4	4.9
13:30	13.1	11.9	6.4	7.0	10.1	6.8	8.6	8.5	4.5	5.1
13:45	13.8	13.4	4.8	8.0	10.1	6.4	7.8	8.2	3.6	5.4
14:00	13.7	12.4	4.7	8.4	10.8	6.0	8.2	7.5	3.2	5.6
14:15	13.6	13.1	4.9	8.5	9.7	6.6	8.2	7.8	4.0	5.0
14:30	13.2	12.5	5.5	9.0	9.1	7.0	8.0	8.0	3.4	5.0
14:45	12.6	13.1	4.8	9.1	9.6	7.1	8.1	7.9	3.6	3.9

（续表）

时间	北京交通广播	北京文艺广播	北京新闻广播	中央广播电视总台交通广播	中央广播电视总台经济之声	中央广播电视总台中国之声	中央广播电视总台文艺之声	经典调频北京	北京音乐广播	中央广播电视总台音乐之声
15:00	11.4	13.5	5.5	8.5	9.3	6.1	7.5	8.5	3.4	3.9
15:15	10.0	12.3	5.5	9.2	10.4	5.9	8.5	8.1	3.4	4.5
15:30	11.3	11.0	5.7	9.0	10.9	6.5	8.7	7.3	3.0	4.4
15:45	13.2	10.9	5.4	8.9	9.1	6.3	8.3	8.2	3.7	4.5
16:00	14.7	9.6	5.6	8.7	8.5	6.0	7.9	7.9	4.0	4.9
16:15	14.4	10.1	6.3	9.0	8.0	6.3	7.3	7.9	3.8	4.5
16:30	14.0	8.9	6.8	8.8	8.7	7.0	7.7	8.0	3.6	4.6
16:45	13.9	10.7	6.2	9.2	8.4	6.6	6.4	8.3	3.9	4.8
17:00	15.2	11.4	6.9	8.2	7.0	6.1	7.6	7.1	4.4	4.1
17:15	14.2	12.2	7.0	7.9	7.1	5.8	7.3	7.4	4.2	4.1
17:30	12.6	12.0	7.7	7.9	8.2	6.3	4.5	6.9	5.5	3.9
17:45	14.2	12.7	8.1	6.8	7.5	6.3	4.9	6.8	5.9	3.9
18:00	12.6	14.3	10.4	6.0	7.1	6.4	4.7	5.7	4.7	4.0
18:15	13.3	15.4	10.4	5.4	7.1	5.9	4.4	6.0	3.8	4.0
18:30	13.4	16.1	11.3	5.5	7.1	5.9	4.3	5.9	4.4	4.4
18:45	13.0	16.8	11.6	6.0	6.4	5.8	5.1	6.0	4.4	4.3
19:00	12.1	14.3	12.8	6.7	6.9	6.1	6.4	6.3	5.1	3.6
19:15	13.6	12.4	11.4	6.9	6.8	6.4	7.6	6.9	4.5	3.7
19:30	13.0	13.0	9.2	7.1	7.1	7.5	6.5	7.9	4.6	4.1
19:45	11.6	13.6	8.3	7.6	7.5	8.0	5.6	8.0	5.2	3.7
20:00	10.8	15.0	7.5	8.2	6.4	7.7	6.3	8.2	4.7	4.4
20:15	11.1	13.9	6.8	8.5	5.8	7.2	7.6	8.2	4.0	5.1
20:30	13.8	13.7	5.5	9.1	6.3	6.1	7.6	7.7	4.7	4.8
20:45	13.4	13.1	4.9	9.1	6.4	6.4	8.5	7.3	4.4	4.7
21:00	13.9	11.7	4.8	9.2	5.1	6.7	8.8	7.9	5.2	4.8
21:15	15.6	12.3	3.8	8.0	4.9	7.3	7.4	8.3	5.6	4.6
21:30	14.6	11.9	4.2	9.1	6.6	7.5	6.9	7.3	5.2	4.5
21:45	14.7	14.8	4.4	8.9	5.3	7.5	6.5	7.2	5.5	4.5
22:00	14.4	14.9	3.7	9.4	5.4	6.2	8.4	7.2	5.3	4.2
22:15	15.2	14.0	3.4	10.0	5.8	6.8	7.3	7.5	5.3	4.6
22:30	15.1	11.7	3.2	10.2	6.1	7.9	8.3	7.4	4.6	4.3
22:45	13.6	11.4	2.9	10.4	6.3	7.8	7.1	7.3	5.0	4.0
23:00	12.2	13.2	3.1	10.3	6.2	9.2	7.8	7.8	4.8	4.2
23:15	12.0	13.0	3.3	9.8	5.8	8.8	9.5	8.8	4.9	3.9
23:30	11.5	12.2	3.4	9.2	6.9	9.3	9.5	7.8	4.2	4.0
23:45	12.3	10.4	3.1	8.4	4.9	10.0	9.8	7.1	5.0	4.4

二、上海地区收听率数据

表1.2.1 上海地区主要电台频率的平均收听率和市场份额

排名	电台名称	平均收听率（%）	市场份额（%）
1	上海流行音乐广播动感101	1.02	15.9
2	上海人民广播电台上海新闻广播	0.89	13.8
3	上海交通广播	0.81	12.6
4	上海人民广播电台经典金曲广播 Love Radio最爱调频	0.80	12.4
5	长三角之声	0.69	10.8
6	第一财经广播	0.48	7.4
7	上海经典音乐广播经典947	0.38	5.8
8	上海五星体育广播	0.21	3.3
9	上海爱乐数字音乐广播KFM981	0.20	3.0
10	中央广播电视总台交通广播	0.18	2.7

表1.2.2 上海地区主要电台频率的到达率和日到达率

排名	电台名称	到达率（%）	日到达率（%）
1	上海交通广播	40.5	17.7
2	上海流行音乐广播动感101	38.7	15.6
3	上海人民广播电台上海新闻广播	32.2	13.4
4	上海人民广播电台经典金曲广播 Love Radio最爱调频	31.7	13.2
5	长三角之声	28.9	9.0
6	第一财经广播	25.6	9.6
7	上海五星体育广播	18.8	5.1
8	上海经典音乐广播经典947	18.3	7.4
9	上海戏剧曲艺广播	17.7	4.1
10	上海爱乐数字音乐广播KFM981	14.0	4.3

表1.2.3　上海地区主要电台的收听率（%）

时间	上海流行音乐广播动感101	上海人民广播电台上海新闻广播	上海交通广播	上海人民广播电台经典金曲广播Love Radio最爱调频	长三角之声	第一财经广播	上海经典音乐广播经典947	上海五星体育广播	上海爱乐数字音乐广播KFM981	中央广播电视总台交通广播
6:00	0.28	0.46	0.04	0.03	0.20	0.04	0.05	0.07	0.02	0.00
6:15	0.51	0.58	0.07	0.02	0.11	0.05	0.03	0.08	0.01	0.01
6:30	0.65	0.76	0.13	0.26	0.09	0.06	0.03	0.06	0.01	0.02
6:45	0.94	1.01	0.48	0.28	0.18	0.16	0.04	0.02	0.00	0.01
7:00	1.92	1.72	2.35	0.41	0.25	0.25	0.03	0.05	0.02	0.01
7:15	2.10	2.07	2.67	0.75	0.52	0.49	0.02	0.05	0.06	0.01
7:30	2.47	1.91	3.13	1.41	1.75	0.77	0.11	0.20	0.03	0.02
7:45	2.41	1.65	3.47	1.46	2.07	0.78	0.35	0.26	0.11	0.03
8:00	2.30	1.38	3.36	1.86	2.32	1.00	0.47	0.23	0.13	0.03
8:15	2.20	1.35	3.30	1.98	2.09	0.93	0.47	0.20	0.09	0.12
8:30	1.73	1.09	2.92	2.49	1.57	0.91	0.43	0.14	0.07	0.18
8:45	0.89	0.99	1.76	2.64	1.16	0.40	0.35	0.19	0.08	0.22
9:00	1.06	0.59	0.74	2.22	1.12	0.40	0.59	0.27	0.16	0.26
9:15	1.00	1.05	0.68	1.97	0.61	0.46	0.64	0.28	0.24	0.26
9:30	1.04	1.05	0.62	1.88	0.41	0.62	0.75	0.10	0.34	0.24
9:45	1.19	1.04	0.70	1.70	0.81	0.56	0.84	0.11	0.38	0.22
10:00	1.37	1.05	1.04	0.62	0.86	0.41	0.97	0.14	0.44	0.21
10:15	1.30	0.91	1.35	0.57	1.03	0.51	0.98	0.17	0.45	0.19
10:30	1.40	0.93	1.16	0.89	0.89	0.69	1.02	0.24	0.43	0.20
10:45	1.14	0.89	1.04	0.75	0.71	1.10	1.00	0.37	0.41	0.18
11:00	1.25	1.06	1.33	0.71	0.38	1.26	1.00	0.51	0.34	0.20
11:15	1.25	0.99	1.02	0.96	0.40	1.34	0.96	0.59	0.24	0.26
11:30	1.09	1.09	0.58	0.96	0.69	1.25	0.78	0.66	0.31	0.29
11:45	1.18	1.10	0.69	0.81	1.22	1.31	0.67	0.67	0.30	0.31
12:00	1.64	1.11	0.75	0.74	1.38	1.08	0.47	0.70	0.30	0.32
12:15	1.79	1.14	1.07	0.82	1.31	0.92	0.17	0.68	0.32	0.31
12:30	1.83	1.03	1.15	0.85	1.00	0.85	0.13	0.58	0.38	0.31
12:45	1.88	1.14	0.82	0.85	0.74	0.34	0.12	0.56	0.41	0.28
13:00	1.64	1.11	0.60	0.98	0.71	0.41	0.08	0.47	0.44	0.27
13:15	1.30	0.90	0.71	0.89	0.79	0.66	0.07	0.49	0.43	0.23
13:30	0.89	0.76	0.78	0.28	0.67	0.71	0.12	0.48	0.36	0.19
13:45	0.95	0.64	1.11	0.30	0.53	0.64	0.13	0.48	0.30	0.18
14:00	0.95	0.83	0.74	0.50	0.38	0.62	0.31	0.47	0.23	0.21
14:15	0.94	0.70	0.65	0.69	0.29	0.49	0.31	0.42	0.20	0.25
14:30	0.93	0.58	0.34	0.68	0.22	0.17	0.36	0.19	0.21	0.23
14:45	0.69	0.44	0.21	0.69	0.17	0.22	0.19	0.12	0.19	0.20

（续表）

时间	上海流行音乐广播动感101	上海人民广播电台上海新闻广播	上海交通广播	上海人民广播电台经典金曲广播 Love Radio 最爱调频	长三角之声	第一财经广播	上海经典音乐广播经典947	上海五星体育广播	上海爱乐数字音乐广播 KFM981	中央广播电视总台交通广播
15:00	0.75	0.64	0.23	0.32	0.28	0.23	0.19	0.06	0.15	0.15
15:15	0.34	0.48	0.15	0.32	0.23	0.16	0.21	0.05	0.06	0.14
15:30	0.27	0.58	0.23	0.98	0.33	0.13	0.38	0.10	0.07	0.16
15:45	0.36	0.63	0.25	0.88	0.32	0.11	0.39	0.08	0.06	0.18
16:00	0.98	0.60	0.32	0.80	0.32	0.15	0.56	0.13	0.10	0.20
16:15	1.19	0.83	0.26	0.57	0.27	0.12	0.51	0.09	0.22	0.20
16:30	1.35	1.22	0.43	0.24	0.25	0.14	0.38	0.05	0.27	0.22
16:45	1.41	1.19	0.42	0.41	0.31	0.41	0.35	0.05	0.33	0.23
17:00	2.17	1.46	0.44	0.73	0.40	0.47	0.30	0.12	0.36	0.24
17:15	2.53	1.47	0.43	0.62	0.34	0.52	0.22	0.07	0.35	0.23
17:30	2.16	0.97	0.57	0.63	0.37	0.25	0.33	0.04	0.27	0.21
17:45	2.00	0.86	0.81	0.98	0.57	0.21	0.65	0.04	0.25	0.20
18:00	1.64	0.69	0.96	1.22	0.93	0.37	0.68	0.08	0.13	0.15
18:15	0.60	0.56	0.84	1.10	1.49	0.25	0.63	0.10	0.07	0.16
18:30	0.55	0.48	1.64	1.11	1.77	0.41	0.56	0.11	0.07	0.18
18:45	0.59	0.51	1.56	1.19	1.90	0.39	0.36	0.14	0.08	0.20
19:00	0.51	0.50	1.56	0.88	1.78	0.50	0.34	0.24	0.09	0.24
19:15	0.56	0.55	1.36	0.88	1.56	0.47	0.22	0.19	0.09	0.25
19:30	0.63	0.52	1.32	0.96	0.72	0.21	0.27	0.13	0.10	0.27
19:45	0.77	0.50	1.41	1.11	0.45	0.43	0.16	0.11	0.13	0.30
20:00	0.82	0.56	1.49	0.98	0.51	0.76	0.23	0.07	0.11	0.31
20:15	0.85	0.66	0.84	0.80	0.52	0.81	0.20	0.07	0.11	0.25
20:30	0.53	0.71	0.52	0.84	0.70	0.74	0.36	0.09	0.23	0.23
20:45	0.45	0.61	0.33	0.78	0.53	0.65	0.32	0.12	0.28	0.22
21:00	0.14	0.38	0.50	1.04	0.40	0.61	0.48	0.15	0.27	0.20
21:15	0.25	0.58	0.26	0.86	0.29	0.59	0.48	0.17	0.22	0.20
21:30	0.29	0.48	0.19	0.63	0.54	0.36	0.45	0.18	0.19	0.15
21:45	0.18	0.24	0.12	0.23	0.44	0.32	0.41	0.19	0.19	0.12
22:00	0.08	0.16	0.22	0.23	0.26	0.16	0.38	0.17	0.17	0.08
22:15	0.20	0.13	0.51	0.15	0.16	0.07	0.39	0.20	0.13	0.09
22:30	0.16	0.06	0.13	0.12	0.48	0.13	0.16	0.20	0.13	0.09
22:45	0.14	0.06	0.12	0.09	0.32	0.17	0.11	0.17	0.10	0.08
23:00	0.07	0.21	0.07	0.03	0.19	0.03	0.19	0.12	0.11	0.05
23:15	0.04	0.08	0.07	0.01	0.16	0.02	0.07	0.06	0.09	0.05
23:30	0.08	0.03	0.02	0.02	0.14	0.04	0.09	0.02	0.05	0.01
23:45	0.03	0.11	0.02	0.06	0.15	0.03	0.01	0.01	0.04	0.01

表1.2.4　上海地区主要电台的占有率（%）

时间	上海流行音乐广播动感101	上海人民广播电台上海新闻广播	上海交通广播	上海人民广播电台经典金曲广播Love Radio最爱调频	长三角之声	第一财经广播	上海经典音乐广播经典947	上海五星体育广播	上海爱乐数字音乐广播KFM981	中央广播电视总台交通广播
6:00	15.3	25.2	1.7	2.3	11.1	2.2	2.8	3.6	1.3	0.2
6:15	24.7	27.9	1.0	3.4	5.1	2.4	1.6	3.7	0.3	0.3
6:30	24.6	28.5	9.8	4.9	3.5	2.4	1.1	2.1	0.4	0.7
6:45	24.9	26.7	7.4	12.7	4.8	4.2	0.9	0.5	0.1	0.2
7:00	24.5	21.9	5.2	30.0	3.2	3.1	0.4	0.6	0.2	0.1
7:15	21.3	21.0	7.6	27.1	5.3	4.9	0.2	0.5	0.6	0.1
7:30	18.7	14.5	10.7	23.7	13.3	5.9	0.8	1.5	0.2	0.1
7:45	17.2	11.8	10.5	24.8	14.8	5.5	2.5	1.9	0.8	0.2
8:00	15.8	9.5	12.7	23.1	15.9	6.9	3.2	1.6	0.9	0.4
8:15	15.6	9.6	14.1	23.5	14.9	6.6	3.4	1.4	0.7	0.8
8:30	13.6	8.6	19.6	23.0	12.4	7.2	3.4	1.1	0.6	1.4
8:45	9.0	10.1	26.8	17.9	11.8	4.1	3.6	1.9	0.9	2.3
9:00	12.6	7.0	26.5	8.8	13.3	4.7	7.0	3.2	1.9	3.1
9:15	12.2	12.8	24.0	8.3	7.4	5.6	7.8	3.4	2.9	3.2
9:30	13.0	13.2	23.6	7.8	5.1	7.8	9.5	1.3	4.2	3.0
9:45	14.4	12.6	20.5	8.5	9.8	6.8	10.2	1.3	4.6	2.7
10:00	17.5	13.5	7.9	13.3	11.1	5.2	12.5	1.8	5.6	2.7
10:15	16.0	11.2	7.0	16.6	12.7	6.3	12.1	2.1	5.5	2.4
10:30	16.3	10.8	10.4	13.6	10.4	8.1	12.0	2.8	5.0	2.3
10:45	13.7	10.7	9.0	12.4	8.5	13.2	12.0	4.5	4.9	2.1
11:00	14.1	12.0	8.1	15.1	4.2	14.3	11.3	5.8	3.8	2.3
11:15	14.1	11.1	10.8	11.5	4.5	15.1	10.9	6.6	2.7	2.9
11:30	12.7	12.7	11.2	6.7	8.0	14.6	9.1	7.8	3.6	3.4
11:45	13.1	12.2	9.0	7.7	13.6	14.5	7.4	7.4	3.3	3.4
12:00	17.9	12.1	8.1	8.2	15.1	11.8	5.2	7.6	3.3	3.5
12:15	19.6	12.5	8.9	11.8	14.4	10.0	1.8	7.5	3.5	3.4
12:30	20.6	11.6	9.6	12.9	11.2	9.5	1.5	6.5	4.2	3.5
12:45	23.7	14.4	10.7	10.3	9.3	4.3	1.5	7.1	5.1	3.5
13:00	21.4	14.5	12.8	7.9	9.3	5.4	1.1	6.1	5.8	3.5
13:15	17.8	12.3	12.2	9.7	10.9	9.0	1.0	6.7	5.9	3.2
13:30	15.0	12.8	4.7	13.2	11.4	12.0	2.1	8.1	6.1	3.2
13:45	16.4	11.0	5.1	19.2	9.1	11.0	2.2	8.2	5.1	3.1
14:00	16.1	14.1	8.5	12.6	6.5	10.5	5.3	8.0	3.9	3.6
14:15	16.7	12.4	12.3	11.5	5.1	8.7	5.4	7.5	3.6	4.4
14:30	20.2	12.6	14.8	7.4	4.8	3.7	7.8	4.2	4.5	5.1
14:45	18.2	11.7	18.2	5.6	4.5	5.8	4.9	3.1	5.1	5.3

（续表）

时间	上海流行音乐广播动感101	上海人民广播电台上海新闻广播	上海交通广播	上海人民广播电台经典金曲广播Love Radio最爱调频	长三角之声	第一财经广播	上海经典音乐广播经典947	上海五星体育广播	上海爱乐数字音乐广播KFM981	中央广播电视总台交通广播
15:00	20.3	17.6	8.8	6.4	7.7	6.3	5.2	1.7	4.0	4.2
15:15	11.9	16.9	11.4	5.4	8.2	5.5	7.2	1.7	2.2	5.0
15:30	7.0	15.0	25.0	5.8	8.4	3.2	9.7	2.4	1.7	4.0
15:45	9.2	16.1	22.5	6.4	8.3	2.8	10.1	2.0	1.4	4.5
16:00	20.2	12.4	16.6	6.6	6.7	3.2	11.6	2.6	2.1	4.1
16:15	23.2	16.1	11.0	5.1	5.2	2.4	9.9	1.8	4.3	3.9
16:30	24.7	22.4	4.4	7.8	4.6	2.5	7.0	0.8	5.0	4.0
16:45	23.5	19.7	6.8	7.0	5.2	6.8	5.8	0.8	5.5	3.8
17:00	28.3	19.0	9.5	5.7	5.2	6.1	3.9	1.6	4.8	3.1
17:15	32.7	19.1	8.0	5.5	4.4	6.7	2.8	0.9	4.5	2.9
17:30	31.5	14.1	9.2	8.4	5.4	3.6	4.9	0.6	4.0	3.1
17:45	26.1	11.2	12.8	10.6	7.4	2.7	8.4	0.5	3.3	2.6
18:00	21.0	8.9	15.6	12.3	11.8	4.8	8.8	1.0	1.7	1.9
18:15	8.8	8.3	16.2	12.4	22.1	3.7	9.3	1.5	1.0	2.4
18:30	6.9	6.2	14.1	20.8	22.5	5.2	7.1	1.5	0.8	2.2
18:45	7.3	6.3	14.8	19.4	23.6	4.9	4.5	1.7	1.0	2.4
19:00	6.6	6.5	11.5	20.4	23.3	6.6	4.4	3.1	1.2	3.1
19:15	8.1	7.9	12.5	19.5	22.3	6.7	3.1	2.7	1.3	3.6
19:30	10.7	8.8	16.2	22.3	12.2	3.6	4.6	2.3	1.7	4.6
19:45	12.7	8.2	18.2	23.1	7.5	7.0	2.6	1.9	2.2	4.9
20:00	12.3	8.4	14.7	22.4	7.7	11.5	3.5	1.0	1.7	4.6
20:15	14.3	11.2	13.4	14.3	8.8	13.7	3.4	1.2	1.8	4.2
20:30	9.5	12.6	15.0	9.3	12.5	13.1	6.4	1.6	4.0	4.1
20:45	9.0	12.4	15.7	6.8	10.7	13.2	6.6	2.5	5.6	4.5
21:00	2.9	7.8	21.3	10.2	8.2	12.5	9.8	3.0	5.6	4.1
21:15	5.4	12.5	18.6	5.6	6.2	12.7	10.4	3.6	4.8	4.4
21:30	6.9	11.7	15.3	4.5	13.1	8.7	10.9	4.5	4.6	3.5
21:45	5.8	7.7	7.3	4.0	14.3	10.3	13.1	6.1	6.0	4.0
22:00	3.3	6.2	9.2	8.9	10.3	6.5	15.0	6.8	6.5	3.1
22:15	7.7	5.0	5.6	19.5	6.1	2.8	15.0	6.5	5.9	3.3
22:30	7.4	2.6	5.6	5.9	22.2	5.9	7.6	9.2	6.0	4.0
22:45	7.7	3.2	5.2	6.5	18.0	9.6	6.1	9.9	5.9	4.3
23:00	5.3	15.5	2.2	4.9	13.7	2.4	13.9	9.1	8.3	3.8
23:15	4.4	8.7	1.2	7.6	17.6	2.0	8.0	7.3	10.6	6.0
23:30	11.4	4.0	3.6	3.5	20.1	5.3	12.9	2.7	6.8	1.1
23:45	4.3	17.0	9.3	2.7	23.8	4.8	1.9	0.9	6.6	0.8

三、广州地区收听率数据

表1.3.1　广州地区主要电台频率的平均收听率和市场份额

排名	电台名称	平均收听率（%）	市场份额（%）
1	广东广播电视台交通之声	1.28	15.6
2	广东广播电视台珠江经济台	1.14	13.9
3	广东广播电视台音乐之声	1.12	13.7
4	广州交通广播	0.84	10.3
5	广州新闻电台	0.81	9.9
6	广东广播电视台新闻广播	0.55	6.7
7	广州汽车音乐电台	0.54	6.6
8	广州青少年广播	0.30	3.6
9	广东广播电视台文体广播	0.29	3.5
10	广东广播电视台城市之声	0.25	3.1

表1.3.2　广州地区主要电台频率的到达率和日到达率

排名	电台名称	到达率（%）	日到达率（%）
1	广东广播电视台交通之声	41.3	16.4
2	广东广播电视台珠江经济台	38.7	13.4
3	广州交通广播	38.6	10.6
4	广东广播电视台音乐之声	38.4	14.7
5	广州新闻电台	36.8	11.6
6	广州汽车音乐电台	35.3	9.8
7	广东广播电视台新闻广播	18.8	7.3
8	广东广播电视台文体广播	13.7	4.4
9	中央广播电视总台中国之声	11.7	4.7
10	广东广播电视台城市之声	11.6	3.6

表1.3.3 广州地区主要电台的收听率（%）

时间	广东广播电视台交通之声	广东广播电视台珠江经济台	广东广播电视台音乐之声	广州交通广播	广州新闻电台	广东广播电视台新闻广播	广州汽车音乐电台	广州青少年广播	广东广播电视台文体广播	广东广播电视台城市之声
6:00	0.66	0.69	0.66	0.47	0.62	0.33	0.41	0.27	0.24	0.14
6:15	0.86	0.85	0.78	0.60	0.60	0.37	0.51	0.29	0.29	0.19
6:30	0.85	0.89	0.79	0.60	0.68	0.43	0.53	0.36	0.31	0.20
6:45	1.06	0.87	0.93	0.89	0.64	0.41	0.50	0.38	0.34	0.27
7:00	1.04	1.16	1.15	0.96	0.92	0.61	0.72	0.46	0.33	0.26
7:15	1.41	1.43	1.45	1.17	0.94	0.68	0.74	0.46	0.33	0.34
7:30	1.55	1.44	1.63	1.27	1.18	0.86	0.89	0.46	0.41	0.37
7:45	1.54	1.67	1.63	1.26	1.22	0.89	0.88	0.47	0.43	0.45
8:00	1.83	1.67	1.63	1.27	1.23	0.89	0.89	0.44	0.48	0.44
8:15	1.88	1.67	1.60	1.16	1.22	0.88	0.89	0.35	0.48	0.43
8:30	1.85	1.67	1.28	0.94	1.18	0.85	0.77	0.31	0.47	0.44
8:45	1.86	1.50	1.23	0.97	1.07	0.70	0.77	0.35	0.47	0.39
9:00	1.74	1.39	1.36	1.04	0.88	0.61	0.60	0.34	0.41	0.37
9:15	1.49	1.13	1.38	1.02	0.96	0.65	0.68	0.34	0.38	0.30
9:30	1.43	1.19	1.34	1.01	0.93	0.64	0.66	0.33	0.32	0.30
9:45	1.20	1.25	1.30	0.98	0.92	0.63	0.66	0.25	0.30	0.27
10:00	1.25	1.25	1.13	0.84	0.77	0.54	0.61	0.29	0.28	0.31
10:15	1.38	1.23	1.04	0.75	0.84	0.52	0.50	0.28	0.35	0.31
10:30	1.39	1.11	1.19	0.75	0.86	0.48	0.56	0.29	0.35	0.31
10:45	1.38	0.98	1.16	0.69	0.84	0.52	0.59	0.23	0.35	0.29
11:00	1.32	1.01	1.21	0.81	0.83	0.53	0.58	0.26	0.35	0.23
11:15	1.15	1.16	1.14	0.86	0.74	0.61	0.58	0.27	0.28	0.22
11:30	1.39	1.20	0.94	0.94	0.79	0.63	0.52	0.28	0.27	0.25
11:45	1.40	1.20	1.13	0.95	0.80	0.62	0.46	0.27	0.24	0.25
12:00	1.43	1.22	1.14	0.94	0.94	0.62	0.54	0.24	0.29	0.24
12:15	1.41	1.10	1.15	0.91	0.94	0.53	0.55	0.28	0.29	0.21
12:30	1.12	1.01	1.11	0.83	0.93	0.50	0.58	0.32	0.29	0.20
12:45	1.17	1.05	0.97	0.73	0.91	0.44	0.58	0.33	0.27	0.22
13:00	1.07	1.13	0.90	0.72	0.78	0.55	0.52	0.31	0.21	0.21
13:15	1.16	1.10	1.08	0.84	0.81	0.55	0.51	0.31	0.22	0.21
13:30	1.11	1.10	1.08	0.83	0.90	0.55	0.42	0.26	0.22	0.16
13:45	1.37	0.94	1.11	0.83	0.91	0.54	0.52	0.29	0.28	0.18
14:00	1.42	0.95	1.09	0.79	0.87	0.44	0.51	0.26	0.28	0.16
14:15	1.42	0.97	0.94	0.67	0.87	0.43	0.52	0.31	0.27	0.21
14:30	1.41	1.10	0.90	0.67	0.79	0.48	0.52	0.32	0.27	0.21
14:45	1.29	1.08	1.03	0.68	0.63	0.51	0.42	0.31	0.21	0.19

（续表）

时间	广东广播电视台交通之声	广东广播电视台珠江经济台	广东广播电视台音乐之声	广州交通广播	广州新闻电台	广东广播电视台新闻广播	广州汽车音乐电台	广州青少年广播	广东广播电视台文体广播	广东广播电视台城市之声
15:00	1.13	1.08	1.02	0.66	0.66	0.50	0.41	0.31	0.20	0.20
15:15	1.10	1.01	0.98	0.67	0.60	0.50	0.36	0.25	0.16	0.14
15:30	0.96	0.90	0.98	0.64	0.65	0.46	0.37	0.27	0.18	0.14
15:45	1.18	1.05	0.85	0.59	0.63	0.39	0.35	0.25	0.22	0.18
16:00	1.16	1.05	0.91	0.61	0.75	0.44	0.45	0.24	0.21	0.20
16:15	1.21	1.04	0.92	0.67	0.76	0.45	0.45	0.23	0.21	0.21
16:30	1.16	1.04	1.02	0.77	0.73	0.55	0.46	0.21	0.20	0.19
16:45	0.98	0.88	1.28	0.82	0.74	0.56	0.46	0.22	0.16	0.19
17:00	0.99	0.92	1.27	0.82	0.63	0.53	0.35	0.20	0.17	0.14
17:15	0.98	0.85	1.32	0.79	0.63	0.53	0.42	0.23	0.18	0.15
17:30	1.16	0.91	1.33	0.76	0.57	0.45	0.42	0.25	0.25	0.17
17:45	1.29	0.90	1.21	0.95	0.64	0.46	0.45	0.25	0.29	0.22
18:00	1.26	1.03	1.20	1.05	0.81	0.62	0.40	0.29	0.37	0.22
18:15	1.30	1.14	0.96	1.05	0.82	0.68	0.38	0.29	0.38	0.23
18:30	1.23	1.12	1.00	1.05	1.05	0.67	0.47	0.29	0.38	0.19
18:45	1.13	1.42	0.97	1.01	1.05	0.65	0.54	0.26	0.38	0.27
19:00	1.06	1.49	1.08	0.76	1.07	0.59	0.57	0.33	0.32	0.32
19:15	1.33	1.50	1.12	0.83	1.07	0.55	0.59	0.40	0.30	0.36
19:30	1.34	1.46	1.17	0.84	0.96	0.47	0.59	0.40	0.23	0.38
19:45	1.60	1.34	1.28	0.84	0.83	0.58	0.53	0.41	0.25	0.37
20:00	1.61	1.24	1.41	0.78	0.70	0.59	0.69	0.40	0.25	0.36
20:15	1.58	1.30	1.41	0.97	0.79	0.58	0.69	0.33	0.31	0.35
20:30	1.59	1.28	1.41	0.99	0.79	0.56	0.71	0.29	0.31	0.26
20:45	1.39	1.29	1.33	0.97	0.79	0.43	0.68	0.23	0.31	0.26
21:00	1.13	1.02	1.08	0.97	0.77	0.50	0.56	0.23	0.31	0.20
21:15	1.37	1.15	0.91	0.80	0.55	0.52	0.56	0.26	0.25	0.25
21:30	1.38	1.14	1.06	0.62	0.62	0.49	0.39	0.25	0.23	0.25
21:45	1.35	1.14	1.05	0.76	0.59	0.49	0.46	0.25	0.19	0.25
22:00	1.34	1.07	1.05	0.78	0.64	0.37	0.46	0.20	0.23	0.25
22:15	1.06	0.78	0.98	0.76	0.56	0.45	0.45	0.19	0.24	0.20
22:30	0.81	0.88	0.69	0.73	0.62	0.44	0.40	0.23	0.25	0.16
22:45	0.91	0.85	0.76	0.58	0.60	0.45	0.33	0.22	0.24	0.18
23:00	0.85	0.83	0.73	0.56	0.53	0.41	0.26	0.20	0.19	0.17
23:15	0.83	0.71	0.67	0.45	0.48	0.32	0.25	0.18	0.16	0.17
23:30	0.68	0.63	0.66	0.45	0.43	0.31	0.23	0.14	0.15	0.13
23:45	0.63	0.58	0.58	0.41	0.40	0.28	0.23	0.14	0.13	0.12

表1.3.4　广州地区主要电台的占有率（%）

时间	广东广播电视台交通之声	广东广播电视台珠江经济台	广东广播电视台音乐之声	广州交通广播	广州新闻电台	广东广播电视台新闻广播	广州汽车音乐电台	广州青少年广播	广东广播电视台文体广播	广东广播电视台城市之声
6:00	12.6	13.1	12.5	9.0	11.7	6.2	7.7	5.2	4.5	2.6
6:15	13.8	13.6	12.4	9.5	9.7	5.9	8.2	4.6	4.7	3.0
6:30	12.7	13.3	11.7	8.9	10.1	6.4	7.9	5.4	4.5	2.9
6:45	14.4	11.8	12.6	12.1	8.7	5.5	6.8	5.1	4.6	3.6
7:00	11.7	13.0	12.9	10.7	10.3	6.8	8.1	5.1	3.7	2.9
7:15	13.5	13.7	13.9	11.2	9.0	6.6	7.1	4.4	3.1	3.3
7:30	13.2	12.3	13.9	10.8	10.1	7.3	7.6	4.0	3.5	3.2
7:45	12.7	13.8	13.5	10.4	10.0	7.3	7.3	3.9	3.6	3.7
8:00	14.7	13.4	13.1	10.2	9.9	7.2	7.1	3.5	3.9	3.5
8:15	15.4	13.6	13.0	9.5	10.0	7.2	7.3	2.9	3.9	3.5
8:30	16.3	14.7	11.3	8.3	10.4	7.5	6.8	2.7	4.2	3.9
8:45	17.2	13.8	11.4	8.9	9.9	6.5	7.1	3.3	4.4	3.6
9:00	17.3	13.8	13.4	10.3	8.7	6.1	5.9	3.4	4.0	3.7
9:15	15.5	11.7	14.3	10.6	10.0	6.8	7.1	3.5	3.9	3.2
9:30	15.3	12.7	14.4	10.8	10.0	6.9	7.1	3.5	3.4	3.2
9:45	13.4	13.9	14.5	10.9	10.3	7.1	7.1	2.8	3.4	3.0
10:00	14.9	14.8	13.4	10.0	9.2	6.5	7.1	3.5	3.4	3.7
10:15	16.7	14.8	12.6	9.1	10.1	6.3	6.0	3.4	4.3	3.8
10:30	16.7	13.3	14.4	9.0	10.4	5.8	6.8	3.5	4.3	3.7
10:45	17.2	12.2	14.4	8.6	10.5	6.5	7.3	2.9	4.3	3.6
11:00	16.1	12.3	14.8	9.9	10.1	6.4	7.0	3.2	4.3	2.8
11:15	14.3	14.4	14.1	10.6	9.1	7.6	7.2	3.3	3.5	2.7
11:30	16.9	14.6	11.4	11.4	9.6	7.7	6.3	3.4	3.3	3.0
11:45	16.8	14.4	13.5	11.4	9.6	7.4	5.5	3.2	2.9	3.0
12:00	16.7	14.2	13.3	11.0	11.0	7.2	6.2	2.8	3.4	2.8
12:15	16.9	13.2	13.9	10.9	11.3	6.4	6.7	3.4	3.4	2.5
12:30	14.4	13.0	14.3	10.6	11.9	6.4	7.5	4.1	3.7	2.5
12:45	15.5	13.9	12.9	9.7	12.0	5.9	7.7	4.3	3.6	2.9
13:00	14.7	15.5	12.4	9.9	10.7	7.5	7.2	4.3	2.9	2.8
13:15	15.1	14.3	14.0	10.9	10.5	7.1	6.7	4.0	2.9	2.7
13:30	14.7	14.5	14.3	11.0	11.8	7.2	5.6	3.4	2.9	2.1
13:45	17.3	11.8	13.9	10.4	11.4	6.8	6.5	3.6	3.5	2.2
14:00	18.3	12.3	14.0	10.2	11.3	5.6	6.6	3.3	3.6	2.1
14:15	18.7	12.8	12.4	8.8	11.5	5.6	6.9	4.1	3.6	2.7
14:30	18.7	14.5	11.8	8.8	10.5	6.3	6.8	4.2	3.6	2.7
14:45	18.1	15.1	14.4	9.5	8.8	7.2	5.9	4.3	2.9	2.7

（续表）

时间	广东广播电视台交通之声	广东广播电视台珠江经济台	广东广播电视台音乐之声	广州交通广播	广州新闻电台	广东广播电视台新闻广播	广州汽车音乐电台	广州青少年广播	广东广播电视台文体广播	广东广播电视台城市之声
15:00	16.4	15.7	14.8	9.6	9.6	7.2	5.9	4.4	2.9	2.9
15:15	16.7	15.4	15.0	10.3	9.1	7.7	5.5	3.9	2.5	2.2
15:30	15.2	14.2	15.4	10.1	10.3	7.3	5.8	4.2	2.8	2.2
15:45	18.2	16.2	13.0	9.1	9.6	6.0	5.4	3.8	3.4	2.7
16:00	16.9	15.4	13.2	8.9	11.0	6.5	6.5	3.6	3.0	3.0
16:15	17.4	14.9	13.2	9.6	10.9	6.5	6.4	3.3	3.0	2.9
16:30	16.1	14.5	14.2	10.8	10.2	7.7	6.4	2.9	2.8	2.7
16:45	13.7	12.3	17.9	11.4	10.4	7.8	6.4	3.1	2.3	2.6
17:00	14.3	13.2	18.4	11.8	9.1	7.7	5.1	2.9	2.5	2.0
17:15	13.9	12.1	18.9	11.2	9.1	7.6	6.0	3.2	2.6	2.2
17:30	16.2	12.8	18.6	10.6	8.0	6.2	5.9	3.5	3.4	2.4
17:45	17.0	11.9	16.0	12.6	8.5	6.1	5.9	3.3	3.9	2.9
18:00	15.4	12.6	14.6	12.8	9.9	7.6	4.9	3.5	4.6	2.7
18:15	15.7	13.9	11.7	12.7	10.0	8.2	4.6	3.6	4.6	2.8
18:30	14.5	13.2	11.8	12.4	12.4	7.9	5.6	3.4	4.4	2.3
18:45	12.9	16.2	11.0	11.5	12.0	7.4	6.2	3.0	4.3	3.0
19:00	12.1	17.0	12.4	8.7	12.2	6.7	6.5	3.8	3.7	3.6
19:15	14.4	16.2	12.1	9.0	11.6	6.0	6.4	4.3	3.2	3.8
19:30	14.7	16.0	12.8	9.2	10.5	5.1	6.4	4.4	2.5	4.1
19:45	17.2	14.3	13.7	9.0	8.9	6.2	5.7	4.4	2.6	3.9
20:00	17.3	13.2	15.1	8.4	7.5	6.3	7.3	4.3	2.7	3.9
20:15	16.4	13.6	14.7	10.1	8.3	6.1	7.2	3.4	3.3	3.7
20:30	16.9	13.7	15.0	10.5	8.4	6.0	7.5	3.1	3.3	2.8
20:45	15.8	14.7	15.1	11.1	9.0	4.9	7.8	2.6	3.5	2.9
21:00	14.4	13.0	13.7	12.3	9.7	6.4	7.1	2.9	4.0	2.5
21:15	17.9	15.1	12.0	10.5	7.3	6.8	7.4	3.4	3.3	3.3
21:30	18.4	15.3	14.2	8.3	8.3	6.6	5.2	3.3	3.0	3.3
21:45	17.9	15.1	13.9	10.1	7.8	6.5	6.1	3.2	2.5	3.2
22:00	18.2	14.5	14.2	10.6	8.7	5.1	6.2	2.7	3.1	3.4
22:15	16.0	11.9	14.9	11.5	8.6	6.8	6.8	2.9	3.7	3.0
22:30	13.5	14.6	11.4	12.2	10.3	7.3	6.7	3.8	4.2	2.7
22:45	15.4	14.4	12.9	9.8	10.2	7.6	5.5	3.7	4.1	3.0
23:00	15.5	15.3	13.3	10.3	9.7	7.6	4.8	3.8	3.5	3.1
23:15	17.2	14.8	13.9	9.4	9.9	6.7	5.1	3.8	3.3	3.6
23:30	15.6	14.4	15.0	10.2	9.7	7.1	5.3	3.3	3.3	3.0
23:45	15.7	14.4	14.6	10.2	10.1	7.0	5.7	3.4	3.2	3.1

四、天津地区收听率数据

表1.4.1　天津地区主要电台频率的平均收听率和市场份额

排名	电台名称	平均收听率（%）	市场份额（%）
1	天津交通广播	2.15	26.0
2	天津音乐广播	1.85	22.3
3	天津相声广播	1.30	15.7
4	天津新闻广播	0.58	7.0
5	天津经济广播	0.54	6.5
6	天津文艺广播	0.45	5.4
7	天津滨海广播私家车878	0.39	4.7
8	天津生活广播	0.38	4.6
9	天津经典音乐广播	0.22	2.6
10	中央广播电视总台中国之声	0.11	1.4

表1.4.2　天津地区主要电台频率的到达率和日到达率

排名	电台名称	到达率（%）	日到达率（%）
1	天津交通广播	49.5	29.2
2	天津相声广播	48.6	18.4
3	天津音乐广播	45.8	15.9
4	天津新闻广播	30.0	13.0
5	天津经济广播	25.1	11.5
6	天津文艺广播	18.9	10.6
7	天津滨海广播私家车878	18.5	8.6
8	天津生活广播	16.0	8.9
9	中央广播电视总台中国之声	10.5	3.2
10	天津经典音乐广播	9.5	5.2

表1.4.3　天津地区主要电台的收听率（％）

时间	天津交通广播	天津音乐广播	天津相声广播	天津新闻广播	天津经济广播	天津文艺广播	天津滨海广播私家车878	天津生活广播	天津经典音乐广播	中央广播电视总台中国之声
6:00	1.20	1.10	0.61	0.42	0.37	0.20	0.27	0.13	0.12	0.07
6:15	1.59	1.24	0.63	0.47	0.46	0.21	0.30	0.14	0.13	0.09
6:30	1.75	1.54	0.37	0.66	0.50	0.27	0.34	0.17	0.17	0.09
6:45	2.33	1.53	0.34	0.68	0.52	0.28	0.46	0.18	0.18	0.10
7:00	2.47	2.23	0.34	0.98	0.64	0.56	0.55	0.41	0.23	0.12
7:15	3.03	2.64	0.38	1.08	0.80	0.74	0.65	0.43	0.25	0.17
7:30	3.09	2.77	0.80	1.10	0.96	0.79	0.67	0.65	0.24	0.19
7:45	3.05	2.80	0.85	1.07	0.96	0.79	0.67	0.72	0.24	0.21
8:00	3.04	2.85	1.54	1.06	0.97	0.79	0.67	0.72	0.24	0.21
8:15	2.88	2.80	1.77	0.97	0.96	0.78	0.65	0.73	0.32	0.21
8:30	2.58	2.48	2.17	0.95	0.84	0.59	0.57	0.71	0.36	0.19
8:45	2.26	2.37	2.23	0.83	0.70	0.53	0.51	0.64	0.38	0.16
9:00	2.51	1.74	2.17	0.76	0.66	0.22	0.45	0.37	0.37	0.13
9:15	2.45	1.69	2.18	0.70	0.65	0.18	0.51	0.34	0.38	0.14
9:30	2.50	1.78	1.94	0.66	0.62	0.16	0.50	0.19	0.37	0.14
9:45	2.10	1.81	1.44	0.56	0.53	0.15	0.50	0.16	0.30	0.13
10:00	2.08	2.02	0.61	0.55	0.27	0.14	0.48	0.16	0.27	0.13
10:15	2.16	2.01	0.47	0.59	0.24	0.16	0.38	0.17	0.19	0.13
10:30	2.20	1.95	0.45	0.58	0.24	0.18	0.37	0.21	0.16	0.10
10:45	2.15	1.85	0.47	0.61	0.25	0.21	0.36	0.25	0.14	0.09
11:00	1.98	1.95	0.65	0.62	0.52	0.40	0.42	0.33	0.12	0.10
11:15	2.30	2.11	0.66	0.73	0.56	0.61	0.45	0.40	0.13	0.09
11:30	2.48	2.30	0.79	0.76	0.67	0.62	0.47	0.47	0.13	0.12
11:45	2.46	2.28	0.80	0.76	0.68	0.63	0.46	0.59	0.16	0.14
12:00	2.45	2.27	1.44	0.76	0.66	0.63	0.44	0.59	0.22	0.16
12:15	2.36	2.26	1.70	0.71	0.68	0.60	0.42	0.58	0.24	0.15
12:30	2.06	1.94	1.74	0.65	0.64	0.50	0.34	0.59	0.27	0.14
12:45	2.01	1.93	1.72	0.53	0.54	0.41	0.34	0.52	0.27	0.14
13:00	2.11	1.62	1.74	0.48	0.39	0.25	0.34	0.46	0.25	0.11
13:15	2.08	1.87	1.59	0.42	0.36	0.24	0.38	0.37	0.27	0.09
13:30	1.96	1.87	1.49	0.42	0.36	0.21	0.37	0.36	0.24	0.09
13:45	1.82	1.84	1.21	0.38	0.31	0.23	0.37	0.34	0.23	0.11
14:00	2.23	1.78	0.55	0.25	0.44	0.31	0.32	0.45	0.18	0.10
14:15	2.24	1.55	0.46	0.22	0.45	0.33	0.28	0.46	0.17	0.10
14:30	2.27	1.35	0.42	0.21	0.43	0.43	0.33	0.46	0.13	0.10
14:45	2.27	1.63	0.41	0.20	0.40	0.47	0.32	0.47	0.15	0.08

（续表）

时间	天津交通广播	天津音乐广播	天津相声广播	天津新闻广播	天津经济广播	天津文艺广播	天津滨海广播私家车878	天津生活广播	天津经典音乐广播	中央广播电视总台中国之声
15:00	2.08	1.61	0.60	0.31	0.21	0.49	0.30	0.43	0.17	0.07
15:15	1.97	1.67	0.66	0.34	0.19	0.50	0.27	0.40	0.17	0.08
15:30	1.85	1.59	0.73	0.35	0.17	0.45	0.26	0.27	0.17	0.07
15:45	1.60	1.35	0.72	0.38	0.20	0.43	0.24	0.27	0.15	0.07
16:00	1.84	1.36	1.12	0.37	0.42	0.34	0.23	0.16	0.11	0.06
16:15	1.90	1.29	1.21	0.43	0.45	0.32	0.22	0.16	0.10	0.05
16:30	1.83	1.46	1.27	0.44	0.56	0.35	0.27	0.15	0.10	0.05
16:45	1.86	1.50	1.24	0.56	0.65	0.37	0.29	0.19	0.10	0.07
17:00	1.63	1.87	1.49	0.67	0.65	0.42	0.30	0.30	0.17	0.07
17:15	1.59	1.94	1.61	0.76	0.64	0.43	0.31	0.31	0.18	0.06
17:30	2.09	2.32	1.68	0.76	0.64	0.51	0.30	0.41	0.25	0.07
17:45	2.19	2.34	1.64	0.74	0.54	0.60	0.26	0.42	0.25	0.06
18:00	2.24	2.27	1.62	0.68	0.58	0.59	0.29	0.49	0.26	0.09
18:15	2.19	2.31	1.49	0.51	0.61	0.58	0.37	0.62	0.25	0.09
18:30	2.13	2.07	1.47	0.60	0.72	0.57	0.39	0.63	0.19	0.11
18:45	1.88	1.64	1.41	0.60	0.78	0.50	0.40	0.63	0.20	0.12
19:00	1.95	1.97	1.73	0.60	0.78	0.62	0.41	0.63	0.20	0.13
19:15	2.13	1.97	1.83	0.59	0.78	0.64	0.38	0.63	0.25	0.14
19:30	2.33	2.01	1.86	0.48	0.74	0.63	0.48	0.47	0.25	0.13
19:45	2.51	1.97	1.87	0.54	0.58	0.64	0.50	0.46	0.25	0.12
20:00	2.78	1.60	2.11	0.57	0.68	0.51	0.56	0.28	0.28	0.11
20:15	2.74	1.93	2.15	0.58	0.69	0.52	0.57	0.25	0.33	0.14
20:30	2.82	1.93	2.20	0.58	0.70	0.55	0.54	0.29	0.33	0.17
20:45	2.74	2.10	2.19	0.65	0.69	0.61	0.54	0.29	0.33	0.17
21:00	2.13	2.11	2.12	0.60	0.63	0.66	0.43	0.33	0.34	0.18
21:15	2.35	2.16	2.08	0.63	0.46	0.65	0.35	0.34	0.29	0.18
21:30	2.30	2.13	1.90	0.60	0.52	0.64	0.32	0.30	0.27	0.15
21:45	2.27	2.05	1.59	0.51	0.51	0.61	0.26	0.26	0.19	0.12
22:00	2.13	1.66	1.65	0.49	0.49	0.45	0.33	0.36	0.23	0.10
22:15	1.59	1.54	1.65	0.39	0.38	0.43	0.34	0.36	0.22	0.12
22:30	1.70	1.09	1.65	0.38	0.36	0.35	0.32	0.35	0.22	0.11
22:45	1.67	1.06	1.49	0.42	0.40	0.35	0.32	0.35	0.21	0.08
23:00	1.47	0.85	1.23	0.40	0.38	0.32	0.23	0.27	0.15	0.07
23:15	1.35	0.88	0.99	0.37	0.34	0.29	0.20	0.23	0.13	0.07
23:30	1.26	0.84	0.98	0.34	0.32	0.26	0.20	0.21	0.12	0.07
23:45	1.19	0.78	0.90	0.30	0.29	0.24	0.19	0.18	0.11	0.06

表1.4.4　天津地区主要电台的占有率（％）

时间	天津交通广播	天津音乐广播	天津相声广播	天津新闻广播	天津经济广播	天津文艺广播	天津滨海广播私家车878	天津生活广播	天津经典音乐广播	中央广播电视总台中国之声
6:00	25.6	23.5	12.9	8.9	7.8	4.2	5.8	2.9	2.6	1.4
6:15	28.9	22.4	11.4	8.5	8.3	3.8	5.3	2.6	2.3	1.6
6:30	28.4	24.9	6.1	10.6	8.1	4.4	5.6	2.8	2.8	1.4
6:45	33.7	22.1	5.0	9.8	7.5	4.1	6.7	2.5	2.6	1.5
7:00	27.7	25.0	3.8	11.0	7.2	6.3	6.1	4.6	2.6	1.3
7:15	28.5	24.9	3.6	10.2	7.5	7.0	6.2	4.1	2.3	1.6
7:30	26.3	23.6	6.9	9.3	8.1	6.7	5.7	5.6	2.0	1.6
7:45	25.7	23.6	7.1	9.0	8.1	6.7	5.6	6.1	2.0	1.7
8:00	24.1	22.7	12.2	8.4	7.7	6.2	5.3	5.7	1.9	1.7
8:15	22.8	22.2	14.0	7.7	7.6	6.1	5.1	5.8	2.5	1.7
8:30	21.6	20.7	18.2	7.9	7.0	4.9	4.7	5.9	3.0	1.6
8:45	20.4	21.4	20.1	7.5	6.3	4.8	4.6	5.8	3.4	1.4
9:00	25.7	17.9	22.3	7.7	6.8	2.3	4.6	3.7	3.8	1.3
9:15	25.5	17.6	22.7	7.3	6.8	1.9	5.3	3.6	3.9	1.5
9:30	27.2	19.4	21.1	7.2	6.8	1.8	5.4	2.0	4.0	1.5
9:45	26.3	22.6	18.0	7.0	6.6	1.9	6.2	2.0	3.7	1.7
10:00	29.8	28.9	8.8	7.9	3.8	2.0	6.8	2.2	3.9	1.8
10:15	32.1	29.8	7.0	8.8	3.5	2.3	5.7	2.5	2.8	1.5
10:30	32.8	29.0	6.7	8.7	3.6	2.7	5.5	3.2	2.3	1.5
10:45	32.3	27.8	7.1	9.1	3.8	3.2	5.4	3.8	2.1	1.3
11:00	26.9	26.5	8.8	8.4	7.0	5.4	5.8	4.5	1.6	1.4
11:15	27.5	25.3	8.0	8.8	6.7	7.3	5.4	4.8	1.5	1.1
11:30	27.1	25.1	8.6	8.3	7.3	6.8	5.2	5.2	1.4	1.4
11:45	26.6	24.6	8.6	8.2	7.4	6.8	5.0	6.3	1.7	1.5
12:00	24.6	22.8	14.5	7.6	6.6	6.4	4.4	5.9	2.2	1.6
12:15	23.5	22.5	16.9	7.1	6.7	6.0	4.1	5.8	2.4	1.5
12:30	22.4	21.1	19.0	7.1	6.9	5.4	3.7	6.5	2.9	1.5
12:45	23.1	22.2	19.8	6.1	6.2	4.7	3.9	6.0	3.1	1.6
13:00	26.3	20.2	21.6	6.0	4.9	3.1	4.2	5.8	3.2	1.3
13:15	26.3	23.6	20.0	5.3	4.5	3.0	4.7	4.7	3.4	1.1
13:30	25.7	24.5	19.5	5.5	4.7	2.8	4.9	4.7	3.1	1.2
13:45	25.7	26.0	17.0	5.4	4.4	3.2	5.2	4.7	3.2	1.5
14:00	32.4	25.8	8.0	3.7	6.4	4.4	4.7	6.5	2.6	1.5
14:15	34.5	23.8	7.0	3.3	6.9	5.0	4.3	7.1	2.5	1.6
14:30	35.5	21.1	6.5	3.3	6.8	6.7	5.1	7.2	2.1	1.5
14:45	34.1	24.5	6.1	2.9	6.0	7.0	4.7	7.1	2.3	1.2

（续表）

时间	天津交通广播	天津音乐广播	天津相声广播	天津新闻广播	天津经济广播	天津文艺广播	天津滨海广播私家车878	天津生活广播	天津经典音乐广播	中央广播电视总台中国之声
15:00	32.0	24.7	9.2	4.8	3.2	7.5	4.6	6.6	2.6	1.1
15:15	30.5	26.0	10.3	5.3	2.9	7.7	4.2	6.2	2.7	1.2
15:30	30.2	26.1	11.9	5.8	2.8	7.3	4.2	4.4	2.7	1.2
15:45	28.4	23.9	12.8	6.7	3.6	7.6	4.3	4.7	2.6	1.3
16:00	29.6	21.9	18.0	5.9	6.7	5.4	3.7	2.5	1.8	1.0
16:15	29.8	20.4	19.1	6.7	7.1	5.0	3.5	2.5	1.6	0.8
16:30	27.3	21.9	18.9	6.5	8.4	5.3	4.0	2.2	1.5	0.8
16:45	26.3	21.3	17.6	8.0	9.3	5.2	4.1	2.6	1.5	0.9
17:00	20.9	23.9	19.0	8.6	8.3	5.3	3.8	3.9	2.1	0.9
17:15	19.7	24.0	19.9	9.4	7.9	5.3	3.8	3.8	2.2	0.8
17:30	22.4	24.9	18.0	8.2	6.9	5.5	3.3	4.4	2.6	0.7
17:45	23.5	25.1	17.6	8.0	5.8	6.4	2.8	4.5	2.6	0.6
18:00	23.9	24.2	17.3	7.2	6.2	6.2	3.1	5.2	2.7	0.9
18:15	23.6	24.8	16.0	5.5	6.5	6.3	4.0	6.6	2.7	0.9
18:30	23.2	22.7	16.1	6.6	7.9	6.2	4.3	6.9	2.0	1.2
18:45	22.3	19.4	16.7	7.1	9.2	5.9	4.8	7.4	2.3	1.4
19:00	20.9	21.1	18.6	6.5	8.4	6.6	4.4	6.8	2.2	1.4
19:15	22.2	20.5	19.1	6.1	8.1	6.6	3.9	6.5	2.6	1.4
19:30	24.1	20.8	19.2	5.0	7.6	6.5	5.0	4.8	2.6	1.3
19:45	25.7	20.2	19.2	5.5	6.0	6.5	5.1	4.7	2.6	1.2
20:00	28.3	16.2	21.5	5.8	6.9	5.2	5.6	2.8	2.9	1.1
20:15	26.6	18.8	20.9	5.7	6.7	5.0	5.5	2.5	3.2	1.4
20:30	26.8	18.3	20.9	5.5	6.7	5.2	5.2	2.7	3.2	1.6
20:45	25.6	19.6	20.4	6.1	6.5	5.7	5.1	2.7	3.1	1.6
21:00	21.4	21.3	21.4	6.0	6.4	6.6	4.4	3.3	3.4	1.8
21:15	23.8	21.9	21.1	6.4	4.7	6.6	3.5	3.4	2.9	1.8
21:30	24.4	22.5	20.0	6.4	5.5	6.7	3.4	3.2	2.8	1.6
21:45	26.1	23.6	18.3	5.9	5.8	7.0	3.0	3.0	2.2	1.4
22:00	26.0	20.2	20.2	5.9	6.0	5.6	4.1	4.4	2.8	1.3
22:15	21.8	21.1	22.6	5.3	5.2	5.9	4.6	5.0	3.1	1.6
22:30	25.1	16.0	24.3	5.6	5.4	5.1	4.8	5.1	3.2	1.6
22:45	25.2	16.0	22.5	6.4	6.0	5.3	4.8	5.2	3.2	1.2
23:00	26.2	15.2	22.1	7.2	6.7	5.6	4.1	4.8	2.6	1.2
23:15	26.7	17.4	19.6	7.3	6.8	5.7	4.0	4.6	2.5	1.3
23:30	26.3	17.5	20.6	7.1	6.6	5.5	4.2	4.3	2.5	1.4
23:45	27.0	17.7	20.5	6.8	6.6	5.5	4.3	4.2	2.5	1.4

五、沈阳地区收听率数据

表1.5.1　沈阳地区主要电台频率的平均收听率和市场份额

排名	电台名称	平均收听率（%）	市场份额（%）
1	沈阳交通广播	1.08	16.7
1	辽宁广播电视台交通广播	1.08	16.7
3	沈阳都市广播	0.90	14.0
4	沈阳新闻广播	0.53	8.3
5	辽宁广播电视台综合广播	0.52	8.1
6	中央广播电视总台中国之声	0.44	6.8
7	辽宁广播电视台文艺广播	0.29	4.5
8	中央广播电视总台经济之声	0.28	4.3
8	辽宁广播电视台经济广播	0.28	4.3
10	中央广播电视总台音乐之声	0.25	3.9

表1.5.2　沈阳地区主要电台频率的到达率和日到达率

排名	电台名称	到达率（%）	日到达率（%）
1	沈阳交通广播	39.3	8.1
2	沈阳新闻广播	32.2	6.0
3	辽宁广播电视台交通广播	31.3	8.2
4	沈阳都市广播	27.7	8.9
5	中央广播电视总台中国之声	25.1	5.7
6	中央广播电视总台经济之声	23.4	3.9
7	辽宁广播电视台经济广播	23.3	3.8
8	中央广播电视总台交通广播	18.5	3.0
9	辽宁广播电视台综合广播	17.5	4.2
10	中央广播电视总台音乐之声	14.6	2.4

表1.5.3 沈阳地区主要电台的收听率（%）

时间	沈阳交通广播	辽宁广播电视台交通广播	沈阳都市广播	沈阳新闻广播	辽宁广播电视台综合广播	中央广播电视总台中国之声	辽宁广播电视台文艺广播	中央广播电视总台经济之声	辽宁广播电视台经济广播	中央广播电视总台音乐之声
6:00	0.73	0.69	0.47	0.28	0.43	0.39	0.20	0.13	0.20	0.16
6:15	0.79	0.64	0.81	0.26	0.42	0.40	0.22	0.09	0.20	0.16
6:30	0.86	0.73	0.62	0.22	0.48	0.38	0.26	0.11	0.17	0.16
6:45	1.00	0.71	0.77	0.26	0.47	0.45	0.21	0.14	0.23	0.20
7:00	1.01	1.06	0.99	0.29	0.62	0.72	0.27	0.25	0.25	0.24
7:15	0.94	1.21	1.32	0.32	0.58	0.66	0.25	0.28	0.26	0.21
7:30	0.99	1.05	1.23	0.36	0.53	0.55	0.24	0.26	0.24	0.18
7:45	0.94	1.19	1.47	0.37	0.50	0.49	0.27	0.27	0.31	0.17
8:00	1.01	1.28	1.13	0.34	0.50	0.53	0.27	0.28	0.31	0.18
8:15	1.03	1.37	1.05	0.40	0.67	0.56	0.25	0.26	0.28	0.18
8:30	1.17	1.16	1.15	0.50	0.61	0.48	0.26	0.26	0.35	0.20
8:45	1.30	1.46	1.20	0.54	0.53	0.61	0.24	0.29	0.34	0.27
9:00	1.40	1.36	0.98	0.59	0.58	0.55	0.28	0.33	0.35	0.29
9:15	1.45	1.50	1.15	0.58	0.53	0.50	0.30	0.34	0.36	0.24
9:30	1.49	1.45	1.09	0.57	0.62	0.52	0.31	0.36	0.31	0.27
9:45	1.40	1.45	0.69	0.48	0.57	0.47	0.31	0.39	0.31	0.27
10:00	1.32	1.44	0.60	0.46	0.69	0.46	0.31	0.36	0.36	0.23
10:15	1.33	1.25	0.49	0.46	0.65	0.47	0.34	0.39	0.27	0.23
10:30	1.37	1.33	0.60	0.54	0.60	0.41	0.32	0.38	0.29	0.26
10:45	1.19	1.27	0.64	0.56	0.69	0.45	0.34	0.36	0.27	0.29
11:00	1.08	1.40	0.89	0.56	0.66	0.52	0.29	0.41	0.26	0.23
11:15	1.26	1.14	0.84	0.60	0.77	0.40	0.26	0.40	0.26	0.21
11:30	1.20	0.98	0.96	0.69	0.77	0.41	0.25	0.35	0.26	0.20
11:45	1.09	1.04	1.02	0.66	0.61	0.43	0.29	0.36	0.29	0.20
12:00	1.08	0.94	1.23	0.62	0.74	0.46	0.24	0.36	0.25	0.20
12:15	1.16	0.99	1.22	0.75	0.74	0.47	0.29	0.37	0.30	0.22
12:30	1.10	1.05	1.26	0.72	0.64	0.39	0.24	0.35	0.29	0.21
12:45	0.80	0.97	1.21	0.82	0.60	0.42	0.35	0.37	0.25	0.24
13:00	1.01	1.05	1.14	0.89	0.71	0.41	0.27	0.37	0.33	0.20
13:15	0.97	0.93	1.14	0.84	0.59	0.37	0.35	0.35	0.20	0.22
13:30	1.00	1.20	1.13	0.84	0.61	0.42	0.31	0.41	0.17	0.25
13:45	0.94	1.01	1.12	0.70	0.67	0.47	0.33	0.33	0.22	0.26
14:00	1.05	1.03	1.11	0.70	0.67	0.48	0.30	0.32	0.23	0.27
14:15	0.84	0.99	1.20	0.60	0.63	0.44	0.26	0.26	0.25	0.25
14:30	1.04	0.94	1.24	0.49	0.55	0.52	0.30	0.24	0.32	0.22
14:45	1.08	0.96	0.84	0.49	0.46	0.63	0.27	0.27	0.29	0.19

（续表）

时间	沈阳交通广播	辽宁广播电视台交通广播	沈阳都市广播	沈阳新闻广播	辽宁广播电视台综合广播	中央广播电视总台中国之声	辽宁广播电视台文艺广播	中央广播电视总台经济之声	辽宁广播电视台经济广播	中央广播电视总台音乐之声
15:00	1.12	0.95	0.93	0.56	0.64	0.51	0.29	0.21	0.27	0.19
15:15	1.10	1.03	1.00	0.52	0.64	0.49	0.27	0.24	0.27	0.21
15:30	1.09	0.97	0.86	0.58	0.55	0.33	0.27	0.25	0.22	0.19
15:45	1.08	1.05	0.76	0.62	0.53	0.43	0.30	0.27	0.21	0.26
16:00	1.23	1.03	0.80	0.68	0.44	0.33	0.41	0.27	0.28	0.29
16:15	1.17	0.83	0.54	0.60	0.38	0.37	0.42	0.27	0.24	0.24
16:30	1.24	0.78	0.59	0.52	0.35	0.39	0.37	0.26	0.28	0.23
16:45	1.15	0.98	0.61	0.56	0.41	0.40	0.37	0.30	0.25	0.22
17:00	1.35	1.13	0.76	0.59	0.44	0.37	0.38	0.32	0.24	0.26
17:15	1.38	1.21	0.88	0.57	0.46	0.36	0.39	0.28	0.25	0.26
17:30	1.54	1.18	1.04	0.67	0.41	0.50	0.35	0.28	0.32	0.24
17:45	1.61	1.40	0.92	0.77	0.50	0.49	0.35	0.31	0.30	0.26
18:00	1.57	1.35	1.03	0.75	0.44	0.50	0.31	0.33	0.33	0.29
18:15	1.46	1.55	1.15	0.88	0.46	0.52	0.29	0.29	0.33	0.31
18:30	1.49	1.50	1.08	0.86	0.50	0.55	0.27	0.33	0.34	0.45
18:45	1.39	1.50	1.15	0.74	0.47	0.64	0.27	0.38	0.32	0.47
19:00	1.45	1.41	1.31	0.85	0.48	0.57	0.29	0.38	0.41	0.49
19:15	1.44	1.27	1.35	0.70	0.58	0.71	0.34	0.40	0.31	0.48
19:30	1.34	1.45	1.25	0.72	0.53	0.63	0.31	0.40	0.29	0.43
19:45	1.22	1.29	1.35	0.68	0.50	0.63	0.33	0.43	0.35	0.40
20:00	1.11	1.39	1.18	0.63	0.64	0.67	0.33	0.44	0.34	0.34
20:15	0.86	1.33	1.09	0.53	0.42	0.52	0.31	0.30	0.25	0.31
20:30	0.92	1.02	0.89	0.57	0.44	0.49	0.28	0.22	0.36	0.34
20:45	0.92	1.01	0.83	0.52	0.53	0.39	0.26	0.14	0.31	0.34
21:00	0.98	1.08	0.60	0.53	0.38	0.29	0.28	0.14	0.26	0.35
21:15	1.06	1.04	0.68	0.44	0.43	0.29	0.31	0.14	0.31	0.33
21:30	0.83	1.07	0.51	0.35	0.40	0.31	0.28	0.21	0.24	0.31
21:45	0.77	1.03	0.63	0.32	0.45	0.28	0.28	0.17	0.26	0.31
22:00	0.74	0.82	0.75	0.28	0.37	0.22	0.25	0.17	0.26	0.23
22:15	0.60	0.72	0.60	0.25	0.27	0.26	0.22	0.16	0.29	0.22
22:30	0.49	0.77	0.33	0.21	0.25	0.23	0.20	0.19	0.23	0.22
22:45	0.57	0.63	0.52	0.22	0.35	0.21	0.25	0.11	0.29	0.16
23:00	0.54	0.57	0.53	0.23	0.34	0.23	0.21	0.09	0.27	0.16
23:15	0.51	0.24	0.16	0.22	0.27	0.12	0.23	0.10	0.21	0.11
23:30	0.48	0.37	0.11	0.18	0.41	0.11	0.25	0.07	0.23	0.08
23:45	0.46	0.26	0.30	0.14	0.33	0.17	0.19	0.09	0.22	0.08

表1.5.4　沈阳地区主要电台的占有率（％）

时间	沈阳交通广播	辽宁广播电视台交通广播	沈阳都市广播	沈阳新闻广播	辽宁广播电视台综合广播	中央广播电视总台中国之声	辽宁广播电视台文艺广播	中央广播电视总台经济之声	辽宁广播电视台经济广播	中央广播电视总台音乐之声
6:00	16.9	15.9	10.9	9.8	6.5	8.9	4.6	4.5	2.9	3.6
6:15	16.7	13.6	17.1	8.8	5.6	8.5	4.8	4.2	1.9	3.5
6:30	18.2	15.4	13.1	10.2	4.8	8.0	5.6	3.7	2.4	3.3
6:45	19.3	13.6	14.9	8.9	4.9	8.6	4.0	4.5	2.7	3.8
7:00	15.4	16.2	15.2	9.4	4.3	11.0	4.1	3.8	3.8	3.6
7:15	13.9	17.9	19.5	8.6	4.7	9.7	3.7	3.8	4.1	3.0
7:30	15.3	16.2	19.0	8.2	5.6	8.4	3.7	3.7	4.1	2.8
7:45	13.8	17.6	21.6	7.4	5.4	7.2	4.0	4.6	3.9	2.4
8:00	15.1	19.2	16.9	7.5	5.1	8.0	4.0	4.6	4.2	2.6
8:15	14.7	19.6	15.0	9.6	5.8	7.9	3.5	4.1	3.7	2.6
8:30	16.2	16.1	15.9	8.5	7.0	6.6	3.7	4.8	3.6	2.7
8:45	16.8	18.9	15.5	6.8	7.0	7.9	3.1	4.3	3.8	3.5
9:00	18.0	17.6	12.6	7.5	7.6	7.0	3.6	4.5	4.3	3.7
9:15	18.4	19.0	14.6	6.7	7.4	6.4	3.8	4.6	4.3	3.1
9:30	18.6	18.2	13.6	7.7	7.1	6.5	3.9	3.9	4.5	3.4
9:45	19.1	19.8	9.4	7.8	6.5	6.5	4.3	4.2	5.3	3.7
10:00	18.6	20.3	8.4	9.8	6.5	6.5	4.4	5.0	5.1	3.2
10:15	19.6	18.4	7.2	9.6	6.8	7.0	5.1	4.0	5.7	3.4
10:30	19.5	19.1	8.6	8.6	7.7	5.9	4.6	4.1	5.5	3.8
10:45	17.2	18.4	9.2	10.0	8.1	6.6	4.9	3.9	5.3	4.1
11:00	15.1	19.6	12.4	9.2	7.8	7.2	4.0	3.6	5.8	3.1
11:15	17.7	15.9	11.7	10.7	8.3	5.7	3.6	3.7	5.6	2.9
11:30	17.2	14.1	13.7	11.0	9.9	5.8	3.6	3.7	5.0	2.8
11:45	15.8	15.1	14.8	8.9	9.5	6.2	4.2	4.2	5.2	2.9
12:00	15.3	13.4	17.4	10.4	8.8	6.5	3.4	3.5	5.1	2.8
12:15	15.6	13.3	16.4	10.0	10.1	6.3	4.0	4.0	5.1	3.0
12:30	15.7	14.9	18.0	9.1	10.2	5.5	3.4	4.2	5.0	3.0
12:45	11.6	14.2	17.6	8.7	12.0	6.1	5.0	3.6	5.3	3.6
13:00	14.3	14.8	16.2	10.0	12.6	5.7	3.8	4.7	5.2	2.8
13:15	14.5	13.9	17.1	8.8	12.5	5.5	5.2	3.0	5.2	3.3
13:30	14.2	17.0	16.1	8.6	12.0	6.0	4.4	2.5	5.8	3.6
13:45	13.7	14.8	16.4	9.9	10.2	6.8	4.8	3.2	4.8	3.8
14:00	15.3	15.1	16.2	9.7	10.2	7.0	4.3	3.3	4.7	4.0
14:15	13.0	15.2	18.5	9.8	9.2	6.8	4.1	3.8	4.0	3.9
14:30	15.4	14.0	18.5	8.2	7.3	7.8	4.4	4.7	3.6	3.2
14:45	17.5	15.6	13.7	7.5	7.9	10.2	4.3	4.7	4.3	3.1

（续表）

时间	沈阳交通广播	辽宁广播电视台交通广播	沈阳都市广播	沈阳新闻广播	辽宁广播电视台综合广播	中央广播电视总台中国之声	辽宁广播电视台文艺广播	中央广播电视总台经济之声	辽宁广播电视台经济广播	中央广播电视总台音乐之声
15:00	17.1	14.5	14.2	9.7	8.5	7.8	4.4	4.1	3.3	2.9
15:15	16.7	15.6	15.2	9.8	7.9	7.5	4.1	4.1	3.6	3.3
15:30	17.6	15.7	13.9	9.0	9.4	5.4	4.4	3.6	4.1	3.2
15:45	16.8	16.4	11.7	8.2	9.7	6.6	4.7	3.3	4.2	4.0
16:00	18.1	15.2	11.8	6.5	10.0	4.9	6.0	4.1	4.0	4.3
16:15	19.8	13.9	9.1	6.4	10.1	6.2	7.1	4.0	4.5	4.1
16:30	20.9	13.1	9.8	5.9	8.8	6.6	6.2	4.8	4.3	3.8
16:45	18.3	15.6	9.7	6.6	8.9	6.3	5.9	4.0	4.7	3.6
17:00	20.2	16.9	11.4	6.5	8.8	5.6	5.7	3.7	4.8	3.9
17:15	20.2	17.7	12.9	6.7	8.3	5.3	5.7	3.6	4.1	3.8
17:30	21.0	16.1	14.2	5.7	9.2	6.8	4.7	4.4	3.8	3.3
17:45	20.5	17.8	11.7	6.3	9.7	6.3	4.5	3.8	4.0	3.4
18:00	20.2	17.4	13.3	5.7	9.6	6.4	4.0	4.2	4.3	3.7
18:15	17.8	19.0	14.1	5.7	10.7	6.3	3.5	4.1	3.6	3.8
18:30	17.9	18.0	13.0	6.0	10.4	6.6	3.2	4.1	3.9	5.4
18:45	16.7	18.1	13.8	5.7	8.9	7.7	3.3	3.9	4.6	5.7
19:00	16.9	16.5	15.3	5.6	9.9	6.7	3.4	4.8	4.4	5.7
19:15	17.1	15.1	16.0	6.9	8.3	8.4	4.0	3.6	4.7	5.7
19:30	16.2	17.5	15.0	6.3	8.7	7.6	3.8	3.5	4.8	5.2
19:45	15.2	16.1	16.9	6.2	8.5	7.8	4.1	4.4	5.3	5.0
20:00	13.9	17.3	14.8	8.0	7.8	8.3	4.1	4.3	5.5	4.3
20:15	12.8	19.8	16.2	6.2	7.8	7.7	4.7	3.8	4.4	4.6
20:30	14.9	16.6	14.4	7.1	9.3	7.9	4.6	5.9	3.5	5.6
20:45	15.9	17.3	14.3	9.1	8.9	6.7	4.4	5.3	2.4	5.8
21:00	17.8	19.7	10.9	7.0	9.7	5.3	5.2	4.7	2.6	6.4
21:15	19.1	18.7	12.2	7.8	7.8	5.1	5.5	5.6	2.4	5.9
21:30	16.4	21.1	10.1	7.9	7.0	6.2	5.5	4.7	4.1	6.1
21:45	15.2	20.5	12.6	8.8	6.3	5.5	5.6	5.1	3.4	6.1
22:00	15.7	17.5	16.0	7.9	5.9	4.8	5.3	5.5	3.7	4.8
22:15	14.3	17.2	14.3	6.6	5.9	6.3	5.2	6.9	3.8	5.2
22:30	13.5	21.1	9.0	6.8	5.6	6.2	5.5	6.3	5.1	5.9
22:45	14.8	16.5	13.5	9.2	5.6	5.6	6.4	7.6	2.9	4.2
23:00	14.7	15.5	14.3	9.2	6.4	6.3	5.6	7.4	2.4	4.4
23:15	18.6	8.7	5.7	9.6	8.0	4.2	8.2	7.5	3.7	4.1
23:30	17.0	13.2	3.9	14.6	6.4	3.8	8.7	8.3	2.4	3.0
23:45	17.5	9.7	11.3	12.2	5.4	6.3	7.1	8.4	3.6	3.1

六、西安地区收听率数据

表1.6.1 西安地区主要电台频率的平均收听率和市场份额

排名	电台名称	平均收听率（%）	市场份额（%）
1	西安交通旅游广播	0.59	11.3
2	陕西交通广播	0.58	11.0
3	西安新闻广播	0.42	8.1
4	陕西音乐广播	0.42	8.0
5	中央广播电视总台交通广播	0.40	7.5
6	陕广新闻广播	0.39	7.4
7	西安音乐广播	0.35	6.7
8	西安资讯广播	0.28	5.3
9	陕西896汽车调频广播	0.28	5.2
10	陕西秦腔广播	0.27	5.2

表1.6.2 西安地区主要电台频率的到达率和日到达率

排名	电台名称	到达率（%）	日到达率（%）
1	西安交通旅游广播	36.6	7.9
2	陕西交通广播	34.5	6.5
3	西安音乐广播	27.7	5.2
4	陕西音乐广播	25.4	3.6
5	陕广新闻广播	24.0	5.2
6	陕西896汽车调频广播	23.9	3.2
7	西安新闻广播	23.3	5.8
8	西安资讯广播	22.9	4.8
9	中央广播电视总台交通广播	21.1	3.4
10	陕西秦腔广播	20.8	4.2

表1.6.3　西安地区主要电台的收听率（%）

时间	西安交通旅游广播	陕西交通广播	西安新闻广播	陕西音乐广播	中央广播电视总台交通广播	陕广新闻广播	西安音乐广播	西安资讯广播	陕西896汽车调频广播	陕西秦腔广播
6:00	0.47	0.30	0.45	0.14	0.38	0.29	0.08	0.16	0.23	0.16
6:15	0.50	0.35	0.46	0.18	0.42	0.32	0.12	0.16	0.23	0.18
6:30	0.57	0.39	0.46	0.22	0.50	0.33	0.15	0.19	0.25	0.18
6:45	0.62	0.47	0.66	0.28	0.58	0.39	0.24	0.20	0.26	0.21
7:00	0.64	0.65	0.70	0.29	0.57	0.50	0.26	0.21	0.27	0.26
7:15	0.82	0.78	0.88	0.32	0.52	0.55	0.33	0.26	0.31	0.31
7:30	0.86	0.73	0.95	0.32	0.52	0.54	0.35	0.27	0.38	0.34
7:45	0.93	0.85	1.08	0.35	0.52	0.52	0.34	0.27	0.31	0.37
8:00	0.94	1.09	1.20	0.37	0.49	0.59	0.40	0.31	0.29	0.42
8:15	0.96	1.25	1.13	0.39	0.52	0.60	0.44	0.34	0.37	0.42
8:30	1.02	1.29	1.12	0.37	0.50	0.61	0.55	0.35	0.33	0.47
8:45	1.07	1.37	0.96	0.36	0.57	0.65	0.62	0.40	0.32	0.48
9:00	1.07	1.48	0.94	0.41	0.60	0.58	0.66	0.44	0.33	0.50
9:15	1.03	1.41	0.93	0.43	0.56	0.50	0.66	0.47	0.39	0.47
9:30	0.99	1.37	0.84	0.39	0.54	0.53	0.59	0.39	0.35	0.44
9:45	0.83	1.24	0.81	0.39	0.47	0.47	0.50	0.37	0.30	0.46
10:00	0.78	1.15	0.71	0.44	0.45	0.48	0.48	0.37	0.24	0.46
10:15	0.76	1.00	0.59	0.48	0.48	0.36	0.45	0.43	0.30	0.41
10:30	0.82	0.85	0.52	0.45	0.40	0.37	0.42	0.42	0.33	0.39
10:45	0.79	0.71	0.37	0.44	0.41	0.30	0.36	0.32	0.34	0.35
11:00	0.72	0.60	0.38	0.47	0.41	0.29	0.30	0.24	0.27	0.36
11:15	0.72	0.55	0.38	0.46	0.39	0.34	0.31	0.23	0.27	0.32
11:30	0.67	0.52	0.36	0.52	0.37	0.37	0.26	0.22	0.26	0.29
11:45	0.62	0.59	0.39	0.51	0.37	0.43	0.24	0.27	0.27	0.25
12:00	0.63	0.60	0.36	0.55	0.33	0.47	0.26	0.27	0.27	0.26
12:15	0.63	0.59	0.38	0.51	0.33	0.45	0.23	0.33	0.21	0.22
12:30	0.59	0.55	0.34	0.56	0.35	0.41	0.25	0.30	0.32	0.25
12:45	0.44	0.54	0.34	0.53	0.39	0.41	0.30	0.30	0.26	0.24
13:00	0.45	0.52	0.27	0.53	0.37	0.50	0.31	0.40	0.26	0.20
13:15	0.54	0.46	0.27	0.57	0.37	0.50	0.37	0.28	0.33	0.19
13:30	0.52	0.48	0.30	0.58	0.36	0.48	0.34	0.29	0.36	0.22
13:45	0.49	0.45	0.24	0.50	0.35	0.41	0.38	0.30	0.30	0.18
14:00	0.43	0.41	0.28	0.48	0.31	0.42	0.36	0.35	0.36	0.19
14:15	0.37	0.41	0.21	0.47	0.31	0.38	0.32	0.31	0.30	0.18
14:30	0.34	0.36	0.23	0.43	0.32	0.44	0.27	0.30	0.33	0.18
14:45	0.36	0.36	0.21	0.41	0.35	0.47	0.27	0.29	0.22	0.19

（续表）

时间	西安交通旅游广播	陕西交通广播	西安新闻广播	陕西音乐广播	中央广播电视总台交通广播	陕广新闻广播	西安音乐广播	西安资讯广播	陕西896汽车调频广播	陕西秦腔广播
15:00	0.34	0.43	0.21	0.46	0.37	0.41	0.30	0.25	0.25	0.17
15:15	0.36	0.44	0.27	0.45	0.38	0.34	0.26	0.26	0.25	0.15
15:30	0.38	0.46	0.23	0.50	0.35	0.42	0.31	0.27	0.24	0.21
15:45	0.37	0.38	0.25	0.47	0.35	0.33	0.35	0.23	0.25	0.17
16:00	0.47	0.32	0.20	0.43	0.36	0.33	0.31	0.24	0.22	0.21
16:15	0.51	0.29	0.24	0.36	0.38	0.33	0.30	0.27	0.21	0.17
16:30	0.50	0.35	0.23	0.35	0.38	0.35	0.25	0.27	0.22	0.20
16:45	0.47	0.35	0.24	0.32	0.37	0.40	0.27	0.25	0.30	0.20
17:00	0.53	0.41	0.22	0.35	0.41	0.35	0.26	0.28	0.30	0.23
17:15	0.59	0.44	0.23	0.36	0.35	0.38	0.35	0.32	0.29	0.20
17:30	0.58	0.47	0.27	0.45	0.38	0.38	0.36	0.32	0.29	0.18
17:45	0.69	0.50	0.35	0.50	0.38	0.48	0.42	0.28	0.29	0.27
18:00	0.79	0.57	0.44	0.62	0.41	0.39	0.39	0.25	0.29	0.30
18:15	0.81	0.66	0.51	0.64	0.39	0.43	0.44	0.27	0.24	0.29
18:30	0.82	0.84	0.41	0.67	0.34	0.42	0.51	0.32	0.25	0.28
18:45	0.85	0.89	0.40	0.69	0.36	0.37	0.57	0.31	0.33	0.32
19:00	0.91	0.77	0.50	0.66	0.38	0.29	0.65	0.28	0.35	0.33
19:15	0.95	0.72	0.48	0.64	0.39	0.33	0.63	0.30	0.32	0.38
19:30	0.83	0.63	0.46	0.60	0.42	0.34	0.65	0.26	0.32	0.38
19:45	0.70	0.61	0.40	0.55	0.39	0.43	0.61	0.33	0.35	0.44
20:00	0.64	0.50	0.40	0.47	0.40	0.37	0.57	0.31	0.35	0.41
20:15	0.63	0.42	0.38	0.43	0.40	0.33	0.48	0.29	0.31	0.39
20:30	0.52	0.41	0.34	0.41	0.41	0.30	0.37	0.28	0.25	0.37
20:45	0.45	0.35	0.30	0.39	0.36	0.31	0.36	0.29	0.24	0.34
21:00	0.42	0.38	0.25	0.38	0.37	0.25	0.37	0.25	0.24	0.28
21:15	0.42	0.32	0.20	0.36	0.35	0.22	0.32	0.26	0.18	0.21
21:30	0.29	0.30	0.18	0.37	0.33	0.24	0.29	0.20	0.19	0.26
21:45	0.32	0.28	0.16	0.34	0.35	0.24	0.25	0.17	0.21	0.20
22:00	0.29	0.23	0.16	0.33	0.31	0.29	0.26	0.21	0.19	0.19
22:15	0.25	0.19	0.12	0.27	0.29	0.34	0.21	0.19	0.20	0.20
22:30	0.20	0.19	0.11	0.30	0.27	0.23	0.14	0.19	0.24	0.13
22:45	0.20	0.18	0.14	0.25	0.30	0.22	0.14	0.15	0.26	0.14
23:00	0.20	0.20	0.15	0.27	0.31	0.19	0.13	0.17	0.19	0.17
23:15	0.12	0.23	0.13	0.22	0.30	0.27	0.18	0.16	0.20	0.16
23:30	0.11	0.13	0.11	0.21	0.38	0.20	0.14	0.14	0.21	0.11
23:45	0.17	0.11	0.14	0.17	0.25	0.22	0.16	0.11	0.18	0.13

表1.6.4　西安地区主要电台的占有率（%）

时间	西安交通旅游广播	陕西交通广播	西安新闻广播	陕西音乐广播	中央广播电视总台交通广播	陕广新闻广播	西安音乐广播	西安资讯广播	陕西896汽车调频广播	陕西秦腔广播
6:00	12.1	7.7	3.6	9.7	7.3	11.5	2.0	5.9	4.0	4.1
6:15	11.8	8.4	4.1	9.9	7.5	10.9	2.9	5.4	3.9	4.4
6:30	12.4	8.6	4.8	10.9	7.2	10.0	3.3	5.6	4.2	3.9
6:45	11.6	8.8	5.2	10.7	7.3	12.3	4.5	4.8	3.7	3.9
7:00	10.9	11.0	4.9	9.6	8.5	11.8	4.4	4.5	3.5	4.5
7:15	12.1	11.5	4.8	7.7	8.1	13.1	4.9	4.6	3.8	4.6
7:30	12.1	10.2	4.5	7.3	7.6	13.4	4.8	5.3	3.8	4.8
7:45	12.5	11.4	4.7	6.9	6.9	14.5	4.5	4.1	3.6	5.0
8:00	11.5	13.3	4.6	6.0	7.2	14.7	4.9	3.6	3.8	5.1
8:15	11.4	14.7	4.6	6.1	7.1	13.3	5.1	4.3	4.0	5.0
8:30	11.8	14.9	4.3	5.7	7.0	13.0	6.4	3.8	4.0	5.4
8:45	12.0	15.3	4.1	6.4	7.2	10.7	7.0	3.6	4.4	5.4
9:00	11.8	16.4	4.5	6.6	6.5	10.4	7.3	3.6	4.9	5.6
9:15	11.7	16.1	4.9	6.4	5.7	10.6	7.5	4.4	5.4	5.3
9:30	12.0	16.7	4.8	6.5	6.4	10.2	7.2	4.2	4.8	5.3
9:45	11.0	16.3	5.2	6.2	6.2	10.7	6.6	4.0	4.9	6.0
10:00	11.1	16.4	6.3	6.4	6.8	10.1	6.8	3.4	5.3	6.5
10:15	11.5	15.0	7.3	7.1	5.4	8.9	6.8	4.5	6.5	6.1
10:30	13.0	13.4	7.1	6.3	5.9	8.3	6.7	5.3	6.6	6.1
10:45	13.8	12.5	7.7	7.2	5.3	6.6	6.3	5.9	5.6	6.1
11:00	13.4	11.2	8.7	7.6	5.4	7.1	5.6	5.0	4.6	6.8
11:15	13.5	10.3	8.5	7.3	6.3	7.0	5.8	4.3	4.3	5.9
11:30	13.2	10.3	10.3	7.3	7.4	7.2	5.2	5.1	4.4	5.7
11:45	12.0	11.4	9.9	7.2	8.4	7.5	4.7	5.1	5.3	4.9
12:00	12.3	11.6	10.8	6.4	9.2	7.0	5.1	5.2	5.3	5.2
12:15	12.7	11.8	10.2	6.5	9.0	7.6	4.7	4.3	6.6	4.4
12:30	11.9	11.2	11.4	7.0	8.3	6.9	5.0	6.5	6.1	5.0
12:45	9.1	11.2	11.0	7.9	8.5	6.9	6.1	5.4	6.2	4.9
13:00	9.0	10.5	10.6	7.4	10.1	5.4	6.2	5.3	8.1	4.0
13:15	10.7	9.1	11.3	7.2	9.8	5.3	7.3	6.4	5.4	3.8
13:30	10.0	9.3	11.1	7.0	9.3	5.8	6.5	6.9	5.6	4.2
13:45	10.2	9.3	10.3	7.3	8.6	5.0	7.9	6.2	6.2	3.7
14:00	9.3	8.7	10.3	6.6	9.0	6.0	7.7	7.7	7.4	4.1
14:15	8.3	9.1	10.7	6.9	8.4	4.7	7.2	6.7	7.0	4.1
14:30	7.9	8.4	10.0	7.4	10.3	5.2	6.3	7.5	6.9	4.2
14:45	8.4	8.5	9.6	8.2	10.9	4.9	6.4	5.1	6.7	4.5

（续表）

时间	西安交通旅游广播	陕西交通广播	西安新闻广播	陕西音乐广播	中央广播电视总台交通广播	陕广新闻广播	西安音乐广播	西安资讯广播	陕西896汽车调频广播	陕西秦腔广播
15:00	7.9	9.9	10.5	8.6	9.5	4.9	7.0	5.6	5.8	3.8
15:15	8.7	10.6	10.7	9.1	8.1	6.5	6.2	5.9	6.2	3.5
15:30	8.6	10.3	11.2	7.9	9.5	5.2	6.9	5.4	6.1	4.7
15:45	8.5	8.7	10.7	8.1	7.5	5.7	8.0	5.7	5.3	4.0
16:00	11.1	7.6	10.1	8.4	7.7	4.7	7.2	5.1	5.7	5.0
16:15	12.6	7.2	8.9	9.4	8.2	5.8	7.4	5.3	6.7	4.2
16:30	12.2	8.4	8.5	9.3	8.6	5.7	6.0	5.4	6.5	4.7
16:45	11.4	8.6	7.6	8.9	9.6	5.8	6.5	7.2	6.0	4.9
17:00	12.0	9.4	8.1	9.2	8.0	5.0	6.0	6.8	6.5	5.1
17:15	12.8	9.4	7.8	7.6	8.2	4.9	7.5	6.3	6.8	4.2
17:30	12.0	9.6	9.2	7.7	7.7	5.5	7.4	5.8	6.5	3.8
17:45	12.7	9.1	9.2	6.9	8.8	6.4	7.8	5.3	5.2	5.0
18:00	13.6	9.7	10.6	7.0	6.8	7.6	6.7	4.9	4.3	5.1
18:15	13.5	11.0	10.7	6.4	7.1	8.5	7.3	4.0	4.5	4.8
18:30	13.1	13.4	10.7	5.4	6.7	6.6	8.2	4.0	5.1	4.5
18:45	13.2	13.9	10.7	5.6	5.7	6.1	8.8	5.2	4.9	4.9
19:00	13.8	11.6	10.1	5.8	4.4	7.6	9.9	5.3	4.2	5.0
19:15	14.2	10.7	9.5	5.9	5.0	7.1	9.5	4.8	4.5	5.7
19:30	12.8	9.8	9.3	6.5	5.3	7.2	10.1	4.9	4.0	5.9
19:45	11.0	9.6	8.7	6.2	6.8	6.3	9.6	5.5	5.1	7.0
20:00	10.8	8.5	8.0	6.7	6.3	6.8	9.7	6.0	5.3	6.9
20:15	11.6	7.7	7.9	7.3	6.1	6.9	8.8	5.8	5.4	7.1
20:30	10.6	8.5	8.4	8.4	6.2	6.9	7.6	5.1	5.8	7.6
20:45	10.3	8.0	8.9	8.3	7.0	6.9	8.2	5.5	6.6	7.8
21:00	9.8	8.9	9.0	8.8	6.0	5.9	8.7	5.6	5.8	6.5
21:15	10.9	8.3	9.5	9.0	5.7	5.1	8.3	4.8	6.9	5.5
21:30	8.0	8.3	10.1	9.0	6.6	5.0	8.1	5.2	5.3	7.1
21:45	9.4	8.0	9.9	10.4	6.9	4.5	7.3	6.3	5.1	5.8
22:00	9.1	7.3	10.2	9.6	9.0	5.1	8.1	5.8	6.7	5.9
22:15	8.2	6.3	9.1	9.7	11.4	3.8	7.1	6.8	6.4	6.7
22:30	7.1	6.9	10.9	9.7	8.4	4.0	5.1	8.8	7.0	4.6
22:45	7.2	6.3	8.9	10.9	8.1	5.1	4.9	9.3	5.3	5.1
23:00	7.3	7.5	10.1	11.6	7.2	5.5	4.7	7.0	6.1	6.3
23:15	4.4	8.8	8.5	11.5	10.4	4.9	6.8	7.6	6.2	6.0
23:30	4.8	5.5	9.0	15.8	8.4	4.8	5.8	8.8	5.9	4.8
23:45	7.7	5.1	7.8	11.3	10.0	6.2	7.2	8.3	4.9	5.9

七、杭州地区收听率数据

表1.7.1　杭州地区主要电台频率的平均收听率和市场份额

排名	电台名称	平均收听率（%）	市场份额（%）
1	FM91.8交通经济广播	1.12	16.1
2	浙江交通之声	1.04	14.9
3	浙江城市之声	0.91	13.1
4	浙江之声	0.86	12.3
5	FM105.4西湖之声	0.62	8.9
6	浙江动听968音乐调频	0.59	8.5
7	浙江电台FM95经济广播	0.46	6.6
8	FM89杭州之声	0.32	4.5
9	中央广播电视总台交通广播	0.31	4.4
10	浙江旅游之声	0.23	3.3

表1.7.2　杭州地区主要电台频率的到达率和日到达率

排名	电台名称	到达率（%）	日到达率（%）
1	FM91.8交通经济广播	28.7	14.5
2	浙江城市之声	20.7	7.1
3	浙江交通之声	20.2	11.2
4	浙江之声	18.7	8.6
5	FM105.4西湖之声	17.2	9.1
6	浙江动听968音乐调频	14.9	9.0
7	浙江电台FM95经济广播	14.7	6.6
8	FM89杭州之声	11.6	4.2
9	浙江民生资讯广播	8.6	3.0
10	浙江旅游之声	7.8	3.3

表1.7.3　杭州地区主要电台的收听率（%）

时间	FM91.8交通经济广播	浙江交通之声	浙江城市之声	浙江之声	FM105.4西湖之声	浙江动听968音乐调频	浙江电台FM95经济广播	FM89杭州之声	中央广播电视总台交通广播	浙江旅游之声
6:00	0.06	0.07	0.36	0.16	0.03	0.04	0.14	0.16	0.09	0.04
6:15	0.17	0.20	0.54	0.44	0.06	0.07	0.19	0.31	0.14	0.06
6:30	0.30	0.38	0.89	0.74	0.09	0.13	0.31	0.51	0.22	0.10
6:45	0.42	0.60	1.13	1.13	0.16	0.19	0.36	0.66	0.33	0.15
7:00	0.71	0.90	1.37	1.56	0.22	0.30	0.45	0.81	0.44	0.27
7:15	1.05	1.11	1.63	1.87	0.30	0.41	0.54	0.94	0.54	0.34
7:30	1.24	1.37	1.89	2.10	0.42	0.52	0.62	1.02	0.59	0.40
7:45	1.62	1.60	2.08	2.31	0.51	0.61	0.71	1.06	0.64	0.47
8:00	2.13	1.88	2.23	2.51	0.58	0.76	0.78	1.07	0.67	0.53
8:15	2.55	2.14	2.30	2.59	0.64	1.00	0.82	1.05	0.68	0.56
8:30	2.91	2.38	2.27	2.60	0.77	1.14	0.84	0.96	0.67	0.56
8:45	3.29	2.44	2.19	2.52	0.85	1.33	0.82	0.83	0.59	0.54
9:00	3.49	2.47	1.92	2.19	0.96	1.50	0.75	0.68	0.53	0.50
9:15	3.51	2.43	1.68	1.80	1.05	1.56	0.68	0.57	0.49	0.46
9:30	3.34	2.28	1.40	1.39	1.15	1.64	0.62	0.50	0.43	0.38
9:45	3.15	2.10	1.14	1.18	1.13	1.66	0.56	0.46	0.39	0.31
10:00	2.73	1.90	0.96	0.91	1.05	1.62	0.53	0.42	0.37	0.24
10:15	2.19	1.73	0.78	0.74	0.87	1.50	0.52	0.37	0.33	0.20
10:30	1.57	1.61	0.68	0.71	0.81	1.33	0.53	0.32	0.29	0.17
10:45	1.30	1.50	0.72	0.63	0.87	1.20	0.52	0.26	0.26	0.14
11:00	1.15	1.46	0.78	0.58	1.01	1.09	0.50	0.20	0.24	0.12
11:15	1.14	1.42	0.82	0.63	1.15	1.02	0.45	0.18	0.26	0.12
11:30	1.27	1.37	0.83	0.71	1.27	0.90	0.40	0.16	0.27	0.14
11:45	1.35	1.28	0.81	0.76	1.33	0.83	0.37	0.15	0.30	0.17
12:00	1.38	1.20	0.76	0.80	1.26	0.71	0.37	0.17	0.32	0.17
12:15	1.36	1.07	0.70	0.82	1.01	0.65	0.38	0.17	0.36	0.16
12:30	1.29	0.96	0.68	0.79	0.76	0.57	0.41	0.15	0.40	0.13
12:45	1.20	0.92	0.74	0.74	0.63	0.52	0.43	0.13	0.42	0.13
13:00	1.18	0.89	0.82	0.65	0.51	0.49	0.42	0.15	0.43	0.14
13:15	1.09	0.84	0.83	0.51	0.45	0.50	0.42	0.17	0.47	0.16
13:30	0.94	0.77	0.84	0.42	0.43	0.56	0.43	0.19	0.49	0.17
13:45	0.86	0.74	0.78	0.41	0.44	0.58	0.45	0.21	0.49	0.19
14:00	0.78	0.79	0.71	0.47	0.47	0.60	0.48	0.23	0.47	0.20
14:15	0.82	0.79	0.67	0.54	0.43	0.61	0.48	0.22	0.43	0.22
14:30	0.85	0.79	0.64	0.58	0.40	0.58	0.48	0.22	0.40	0.25
14:45	0.77	0.84	0.65	0.56	0.39	0.50	0.50	0.23	0.38	0.27

（续表）

时间	FM91.8交通经济广播	浙江交通之声	浙江城市之声	浙江之声	FM105.4西湖之声	浙江动听968音乐调频	浙江电台FM95经济广播	FM89杭州之声	中央广播电视总台交通广播	浙江旅游之声
15:00	0.67	0.83	0.70	0.55	0.42	0.43	0.50	0.21	0.34	0.26
15:15	0.59	0.80	0.74	0.52	0.49	0.39	0.50	0.19	0.32	0.24
15:30	0.59	0.82	0.76	0.53	0.61	0.38	0.50	0.19	0.29	0.25
15:45	0.61	0.89	0.81	0.60	0.74	0.42	0.51	0.19	0.27	0.27
16:00	0.62	0.98	0.87	0.68	0.82	0.44	0.52	0.19	0.23	0.30
16:15	0.67	1.06	0.95	0.70	0.92	0.43	0.55	0.18	0.21	0.33
16:30	0.73	1.16	1.03	0.81	1.01	0.42	0.58	0.22	0.21	0.36
16:45	0.89	1.30	1.10	0.97	1.07	0.43	0.62	0.30	0.22	0.37
17:00	1.08	1.44	1.26	1.16	1.09	0.44	0.66	0.38	0.24	0.40
17:15	1.23	1.52	1.44	1.30	1.03	0.47	0.69	0.43	0.25	0.43
17:30	1.34	1.58	1.55	1.36	0.91	0.46	0.69	0.42	0.25	0.43
17:45	1.29	1.54	1.54	1.29	0.80	0.48	0.66	0.37	0.25	0.42
18:00	1.22	1.44	1.50	1.17	0.68	0.48	0.61	0.30	0.26	0.39
18:15	1.08	1.33	1.38	1.03	0.61	0.51	0.56	0.24	0.27	0.35
18:30	1.01	1.15	1.22	0.84	0.63	0.56	0.50	0.19	0.28	0.29
18:45	0.98	0.98	1.02	0.72	0.70	0.57	0.46	0.18	0.29	0.25
19:00	0.99	0.85	0.80	0.54	0.78	0.61	0.44	0.18	0.30	0.21
19:15	0.98	0.70	0.69	0.50	0.80	0.61	0.42	0.18	0.31	0.18
19:30	0.96	0.68	0.54	0.58	0.75	0.58	0.42	0.18	0.31	0.17
19:45	0.86	0.71	0.48	0.60	0.69	0.57	0.42	0.19	0.28	0.17
20:00	0.79	0.73	0.47	0.54	0.59	0.51	0.42	0.17	0.25	0.16
20:15	0.68	0.66	0.49	0.50	0.50	0.44	0.42	0.14	0.22	0.15
20:30	0.58	0.54	0.49	0.45	0.35	0.34	0.44	0.13	0.19	0.14
20:45	0.53	0.46	0.45	0.38	0.31	0.27	0.44	0.14	0.17	0.13
21:00	0.51	0.41	0.44	0.38	0.32	0.22	0.43	0.17	0.15	0.11
21:15	0.51	0.37	0.40	0.38	0.32	0.22	0.38	0.18	0.14	0.09
21:30	0.50	0.32	0.35	0.35	0.30	0.21	0.34	0.16	0.13	0.08
21:45	0.51	0.33	0.32	0.34	0.28	0.19	0.26	0.13	0.12	0.08
22:00	0.47	0.32	0.29	0.30	0.27	0.17	0.21	0.11	0.12	0.09
22:15	0.39	0.30	0.25	0.28	0.25	0.17	0.19	0.12	0.11	0.09
22:30	0.33	0.29	0.22	0.29	0.24	0.16	0.16	0.12	0.10	0.09
22:45	0.33	0.23	0.21	0.28	0.24	0.17	0.14	0.11	0.09	0.08
23:00	0.30	0.20	0.21	0.24	0.22	0.17	0.12	0.10	0.08	0.07
23:15	0.27	0.20	0.19	0.20	0.20	0.14	0.10	0.08	0.07	0.06
23:30	0.24	0.17	0.16	0.17	0.14	0.10	0.09	0.06	0.06	0.05
23:45	0.16	0.12	0.11	0.11	0.09	0.06	0.06	0.04	0.04	0.03

表1.7.4　杭州地区主要电台的占有率（％）

时间	FM91.8交通经济广播	浙江交通之声	浙江城市之声	浙江之声	FM105.4西湖之声	浙江动听968音乐调频	浙江电台FM95经济广播	FM89杭州之声	中央广播电视总台交通广播	浙江旅游之声
6:00	5.6	5.7	30.7	13.4	2.6	3.8	12.0	7.7	13.7	3.0
6:15	7.4	9.0	24.3	19.6	2.6	3.3	8.5	6.1	13.9	2.4
6:30	7.8	10.0	23.5	19.6	2.4	3.5	8.1	5.7	13.6	2.7
6:45	7.8	11.2	21.2	21.2	3.1	3.5	6.8	6.1	12.4	2.8
7:00	9.7	12.2	18.8	21.3	3.0	4.1	6.2	6.0	11.1	3.6
7:15	11.6	12.1	17.9	20.5	3.3	4.5	5.9	6.0	10.3	3.7
7:30	11.7	12.9	17.8	19.8	3.9	4.9	5.8	5.6	9.6	3.8
7:45	13.3	13.2	17.1	19.0	4.2	5.0	5.9	5.3	8.7	3.8
8:00	15.5	13.7	16.2	18.2	4.2	5.5	5.7	4.9	7.8	3.9
8:15	17.0	14.3	15.3	17.3	4.3	6.7	5.5	4.5	7.0	3.7
8:30	18.3	15.0	14.3	16.4	4.9	7.2	5.3	4.2	6.0	3.5
8:45	20.3	15.1	13.5	15.5	5.2	8.2	5.1	3.6	5.1	3.3
9:00	22.1	15.6	12.2	13.8	6.1	9.5	4.8	3.3	4.3	3.2
9:15	23.3	16.1	11.1	11.9	7.0	10.3	4.5	3.2	3.8	3.0
9:30	23.8	16.3	10.0	9.9	8.2	11.7	4.4	3.1	3.5	2.7
9:45	24.3	16.2	8.8	9.1	8.7	12.8	4.3	3.0	3.5	2.4
10:00	23.5	16.4	8.3	7.9	9.1	13.9	4.6	3.2	3.7	2.1
10:15	21.8	17.2	7.8	7.4	8.6	14.9	5.2	3.2	3.7	2.0
10:30	17.9	18.3	7.8	8.1	9.2	15.1	6.0	3.2	3.6	1.9
10:45	16.0	18.5	8.8	7.7	10.7	14.8	6.4	3.1	3.2	1.7
11:00	14.6	18.6	9.9	7.4	12.8	13.9	6.4	3.1	2.5	1.5
11:15	14.5	18.0	10.4	7.9	14.6	12.9	5.7	3.3	2.3	1.6
11:30	15.9	17.1	10.4	8.9	15.9	11.3	5.0	3.4	2.0	1.7
11:45	17.0	16.1	10.2	9.6	16.7	10.4	4.6	3.8	1.9	2.1
12:00	17.9	15.6	9.8	10.4	16.3	9.3	4.8	4.2	2.2	2.2
12:15	18.8	14.8	9.7	11.4	14.0	9.0	5.3	4.9	2.3	2.1
12:30	19.4	14.5	10.2	11.8	11.4	8.5	6.2	6.0	2.2	2.0
12:45	18.8	14.4	11.7	11.7	9.9	8.2	6.7	6.5	2.1	2.1
13:00	19.2	14.4	13.3	10.6	8.2	7.9	6.8	7.0	2.5	2.3
13:15	18.4	14.2	14.0	8.6	7.6	8.5	7.1	7.89	2.9	2.7
13:30	16.4	13.4	14.6	7.2	7.5	9.7	7.5	8.5	3.4	3.0
13:45	15.2	13.0	13.8	7.2	7.8	10.3	7.9	8.5	3.7	3.4
14:00	13.6	13.8	12.5	8.2	8.2	10.5	8.3	8.2	4.1	3.6
14:15	14.4	13.8	11.8	9.5	7.5	10.7	8.5	7.6	3.9	3.9
14:30	15.0	14.1	11.4	10.4	7.1	10.3	8.6	7.2	4.0	4.4
14:45	14.0	15.3	11.8	10.2	7.1	9.1	9.0	6.8	4.2	4.8

（续表）

时间	FM91.8交通经济广播	浙江交通之声	浙江城市之声	浙江之声	FM105.4西湖之声	浙江动听968音乐调频	浙江电台FM95经济广播	FM89杭州之声	中央广播电视总台交通广播	浙江旅游之声
15:00	12.6	15.6	13.2	10.3	7.8	8.1	9.4	6.4	4.0	4.8
15:15	11.4	15.3	14.1	10.1	9.4	7.5	9.6	6.2	3.6	4.6
15:30	11.0	15.3	14.2	9.8	11.4	7.0	9.3	5.4	3.5	4.7
15:45	10.5	15.3	14.0	10.3	12.7	7.2	8.7	4.6	3.3	4.7
16:00	10.0	15.7	14.0	10.9	13.2	7.1	8.4	3.7	3.0	4.9
16:15	10.1	16.0	14.4	10.6	14.0	6.5	8.2	3.1	2.8	5.0
16:30	10.1	16.2	14.3	11.3	14.1	5.9	8.1	2.9	3.1	5.0
16:45	11.3	16.5	13.9	12.3	13.5	5.4	7.9	2.8	3.8	4.6
17:00	12.3	16.4	14.4	13.2	12.4	5.0	7.5	2.7	4.3	4.6
17:15	13.0	16.1	15.3	13.8	10.9	5.0	7.4	2.6	4.5	4.5
17:30	13.9	16.4	16.1	14.1	9.5	4.8	7.2	2.6	4.4	4.5
17:45	13.9	16.6	16.6	13.9	8.6	5.1	7.1	2.7	4.0	4.6
18:00	14.1	16.6	17.3	13.4	7.8	5.5	7.0	2.9	3.4	4.4
18:15	13.4	16.6	17.2	12.8	7.6	6.4	7.0	3.4	2.9	4.3
18:30	13.8	15.6	16.7	11.4	8.6	7.6	6.8	3.8	2.6	4.0
18:45	14.4	14.4	15.0	10.6	10.2	8.5	6.8	4.2	2.6	3.7
19:00	15.7	13.5	12.6	8.5	12.3	9.6	7.0	4.8	2.8	3.3
19:15	16.5	11.8	11.6	8.5	13.5	10.2	7.1	5.2	3.1	3.1
19:30	16.8	12.0	9.6	10.1	13.2	10.3	7.4	5.4	3.2	3.0
19:45	15.9	13.0	8.8	11.0	12.7	10.5	7.7	5.2	3.4	3.1
20:00	15.6	14.4	9.4	10.6	11.7	10.1	8.3	4.9	3.3	3.2
20:15	14.8	14.3	10.6	10.8	10.8	9.5	9.2	4.8	3.0	3.3
20:30	14.3	13.4	12.1	11.1	8.5	8.3	10.8	4.7	3.2	3.5
20:45	14.5	12.6	12.3	10.3	8.6	7.5	12.1	4.7	3.9	3.6
21:00	14.5	11.6	12.6	10.8	9.2	6.4	12.4	4.4	4.9	3.2
21:15	15.4	11.0	12.0	11.3	9.6	6.6	11.6	4.2	5.5	2.7
21:30	16.3	10.5	11.5	11.3	9.9	6.7	11.0	4.3	5.3	2.6
21:45	17.5	11.3	11.0	11.7	9.6	6.4	9.1	4.3	4.4	2.8
22:00	17.7	12.1	10.8	11.3	9.9	6.5	7.8	4.3	4.0	3.4
22:15	16.0	12.2	10.2	11.5	10.2	6.9	7.6	4.4	4.7	3.7
22:30	14.6	12.7	9.9	12.8	10.5	7.0	7.2	4.4	5.2	4.0
22:45	15.5	10.8	9.7	13.2	11.3	7.9	6.6	4.1	5.3	3.7
23:00	15.4	10.1	10.7	12.4	11.4	8.7	6.3	3.8	5.2	3.6
23:15	15.4	11.7	11.1	11.3	11.3	8.2	5.8	4.1	4.7	3.7
23:30	17.3	12.0	11.7	11.9	9.8	6.8	6.2	4.0	4.4	3.7
23:45	16.9	12.8	11.4	11.8	9.5	6.7	6.5	3.8	4.7	3.3

八、武汉地区收听率数据

表1.8.1 武汉地区主要电台频率的平均收听率和市场份额

排名	电台名称	平均收听率（%）	市场份额（%）
1	楚天交通广播	0.99	15.3
2	湖北楚天音乐广播	0.88	13.7
3	湖北之声	0.83	12.8
4	湖北城市之声	0.57	8.8
5	湖北经典音乐广播	0.52	8.1
6	武汉交通广播	0.51	7.8
7	湖北经济广播	0.39	6.0
8	武汉新闻广播	0.37	5.7
9	中央广播电视总台交通广播	0.34	5.3
10	湖北生活广播	0.28	4.4

表1.8.2 武汉地区主要电台频率的到达率和日到达率

排名	电台名称	到达率（%）	日到达率（%）
1	楚天交通广播	24.8	14.6
2	湖北楚天音乐广播	22.6	12.5
3	湖北之声	18.6	9.1
4	湖北城市之声	17.0	7.7
5	武汉交通广播	13.4	7.7
6	湖北经典音乐广播	10.6	5.0
7	湖北经济广播	7.2	3.9
8	武汉新闻广播	6.8	3.4
9	中央广播电视总台交通广播	6.6	3.5
10	武汉音乐广播	5.6	2.7

表1.8.3　武汉地区主要电台的收听率（%）

时间	楚天交通广播	湖北楚天音乐广播	湖北之声	湖北城市之声	湖北经典音乐广播	武汉交通广播	湖北经济广播	武汉新闻广播	中央广播电视总台交通广播	湖北生活广播
6:00	0.19	0.06	0.05	0.10	0.01	0.03	0.00	0.02	0.00	0.01
6:15	0.24	0.21	0.04	0.09	0.02	0.03	0.02	0.06	0.01	0.03
6:30	0.33	0.23	0.08	0.31	0.02	0.07	0.05	0.05	0.05	0.03
6:45	0.80	0.35	0.26	0.33	0.05	0.09	0.08	0.15	0.07	0.06
7:00	0.91	0.46	0.27	0.67	0.08	0.13	0.13	0.26	0.13	0.08
7:15	1.47	0.79	0.80	0.94	0.25	0.12	0.15	0.49	0.12	0.17
7:30	1.67	0.98	0.89	0.94	0.33	0.14	0.17	0.63	0.30	0.17
7:45	1.84	1.39	1.44	0.99	0.48	0.18	0.19	0.72	0.32	0.28
8:00	1.85	1.41	1.72	0.99	0.58	0.43	0.29	0.77	0.46	0.35
8:15	1.75	1.46	1.90	0.86	0.86	0.47	0.30	0.78	0.50	0.43
8:30	1.54	1.43	1.97	0.71	0.88	0.79	0.37	0.72	0.54	0.54
8:45	1.20	1.16	1.95	0.64	0.95	0.95	0.38	0.59	0.54	0.56
9:00	1.02	0.99	1.84	0.61	0.95	1.18	0.51	0.55	0.50	0.56
9:15	0.98	0.96	1.43	0.62	0.84	1.23	0.61	0.50	0.47	0.55
9:30	0.92	1.01	1.19	0.58	0.71	1.25	0.70	0.45	0.43	0.46
9:45	0.99	1.05	1.03	0.58	0.61	1.18	0.80	0.44	0.48	0.37
10:00	1.13	1.02	0.97	0.56	0.61	0.99	0.80	0.46	0.49	0.33
10:15	1.15	1.04	0.91	0.55	0.65	0.79	0.79	0.49	0.49	0.35
10:30	1.17	0.93	0.88	0.60	0.64	0.75	0.75	0.49	0.47	0.35
10:45	1.09	0.94	0.95	0.63	0.65	0.69	0.63	0.50	0.41	0.37
11:00	1.06	1.08	0.96	0.74	0.62	0.66	0.46	0.49	0.35	0.35
11:15	0.96	1.07	1.01	0.78	0.52	0.70	0.44	0.53	0.34	0.33
11:30	0.94	1.14	1.00	0.81	0.51	0.67	0.35	0.54	0.36	0.28
11:45	0.90	1.17	0.93	0.81	0.48	0.64	0.33	0.52	0.38	0.25
12:00	0.84	1.07	0.81	0.75	0.51	0.52	0.35	0.48	0.45	0.28
12:15	0.83	0.98	0.78	0.71	0.54	0.51	0.35	0.44	0.47	0.27
12:30	1.10	0.86	0.65	0.60	0.56	0.42	0.40	0.38	0.48	0.28
12:45	1.14	0.90	0.60	0.61	0.62	0.44	0.43	0.35	0.47	0.30
13:00	1.27	1.01	0.51	0.63	0.77	0.39	0.55	0.35	0.42	0.28
13:15	1.28	1.06	0.56	0.63	0.78	0.41	0.56	0.38	0.36	0.28
13:30	1.17	1.05	0.61	0.64	0.87	0.46	0.57	0.38	0.32	0.27
13:45	1.03	1.01	0.72	0.54	0.87	0.46	0.56	0.40	0.32	0.30
14:00	0.93	0.87	0.74	0.50	0.79	0.49	0.43	0.41	0.32	0.31
14:15	0.83	0.80	0.67	0.52	0.73	0.54	0.36	0.41	0.33	0.33
14:30	0.84	0.76	0.66	0.51	0.69	0.57	0.34	0.40	0.36	0.33
14:45	0.92	0.75	0.51	0.61	0.65	0.64	0.34	0.45	0.39	0.31

（续表）

时间	楚天交通广播	湖北楚天音乐广播	湖北之声	湖北城市之声	湖北经典音乐广播	武汉交通广播	湖北经济广播	武汉新闻广播	中央广播电视总台交通广播	湖北生活广播
15:00	1.02	0.78	0.51	0.61	0.61	0.65	0.30	0.44	0.45	0.29
15:15	1.09	0.89	0.53	0.71	0.58	0.66	0.34	0.44	0.50	0.25
15:30	1.05	0.90	0.60	0.74	0.62	0.66	0.38	0.41	0.55	0.27
15:45	1.05	0.94	0.65	0.71	0.66	0.58	0.43	0.37	0.55	0.28
16:00	0.97	0.93	0.85	0.71	0.73	0.56	0.48	0.39	0.54	0.31
16:15	0.95	0.89	0.90	0.68	0.79	0.51	0.53	0.46	0.51	0.36
16:30	1.05	0.93	1.13	0.63	0.87	0.54	0.49	0.50	0.46	0.44
16:45	1.17	1.17	1.30	0.69	0.99	0.63	0.60	0.59	0.45	0.51
17:00	1.38	1.18	1.53	0.75	1.04	0.65	0.78	0.61	0.49	0.55
17:15	1.78	1.52	1.78	0.86	1.05	0.78	0.85	0.62	0.52	0.56
17:30	1.85	1.72	1.84	0.97	1.05	0.96	0.93	0.62	0.59	0.56
17:45	2.08	1.78	1.81	0.98	0.93	1.00	0.92	0.56	0.59	0.51
18:00	2.11	1.79	1.76	0.98	0.76	1.03	0.91	0.46	0.60	0.41
18:15	2.03	1.70	1.46	0.95	0.67	1.01	0.80	0.42	0.56	0.37
18:30	1.93	1.48	1.24	0.81	0.52	0.86	0.66	0.37	0.49	0.30
18:45	1.45	1.15	0.76	0.63	0.47	0.70	0.51	0.37	0.38	0.28
19:00	1.15	0.99	0.79	0.59	0.36	0.49	0.36	0.36	0.38	0.27
19:15	0.98	0.88	0.59	0.47	0.35	0.44	0.32	0.32	0.29	0.26
19:30	0.89	0.82	0.56	0.48	0.32	0.36	0.29	0.30	0.28	0.26
19:45	0.83	0.83	0.52	0.47	0.32	0.36	0.26	0.22	0.30	0.26
20:00	0.78	0.89	0.46	0.49	0.31	0.37	0.28	0.22	0.28	0.27
20:15	0.80	0.87	0.44	0.45	0.33	0.37	0.27	0.21	0.25	0.27
20:30	0.74	0.83	0.36	0.41	0.36	0.38	0.22	0.21	0.22	0.27
20:45	0.66	0.70	0.32	0.34	0.35	0.35	0.21	0.18	0.16	0.23
21:00	0.58	0.56	0.32	0.30	0.32	0.28	0.20	0.17	0.14	0.20
21:15	0.51	0.47	0.31	0.25	0.25	0.27	0.17	0.15	0.12	0.20
21:30	0.41	0.42	0.31	0.27	0.23	0.20	0.15	0.13	0.10	0.14
21:45	0.35	0.40	0.28	0.22	0.17	0.19	0.11	0.12	0.11	0.14
22:00	0.26	0.38	0.22	0.21	0.14	0.13	0.09	0.11	0.11	0.10
22:15	0.16	0.32	0.20	0.16	0.14	0.11	0.06	0.09	0.11	0.08
22:30	0.12	0.25	0.19	0.16	0.10	0.08	0.06	0.08	0.10	0.09
22:45	0.09	0.21	0.18	0.13	0.08	0.07	0.05	0.06	0.08	0.07
23:00	0.08	0.13	0.13	0.11	0.10	0.07	0.04	0.06	0.07	0.07
23:15	0.08	0.14	0.14	0.10	0.08	0.06	0.03	0.04	0.06	0.04
23:30	0.06	0.10	0.12	0.08	0.07	0.05	0.03	0.04	0.06	0.04
23:45	0.07	0.10	0.13	0.08	0.06	0.04	0.02	0.03	0.06	0.03

表1.8.4　武汉地区主要电台的占有率（%）

时间	楚天交通广播	湖北楚天音乐广播	湖北之声	湖北城市之声	湖北经典音乐广播	武汉交通广播	湖北经济广播	武汉新闻广播	中央广播电视总台交通广播	湖北生活广播
6:00	41.9	12.4	10.5	22.4	1.5	5.5	4.5	0.0	0.0	0.0
6:15	31.1	27.2	5.4	11.8	1.9	4.0	7.3	2.4	1.1	2.8
6:30	25.8	18.2	6.5	24.6	1.9	5.7	3.9	3.8	4.2	1.7
6:45	33.9	15.0	10.9	14.2	2.3	4.0	6.4	3.2	3.1	2.1
7:00	27.5	14.0	8.3	20.2	2.5	3.9	7.7	3.9	3.8	2.9
7:15	26.5	14.1	14.5	16.8	4.4	2.1	8.8	2.7	2.2	2.3
7:30	25.5	14.9	13.5	14.4	5.0	2.1	9.6	2.5	4.5	2.3
7:45	22.1	16.7	17.2	11.9	5.8	2.1	8.6	2.3	3.9	3.0
8:00	19.6	14.9	18.3	10.5	6.2	4.5	8.1	3.0	4.9	3.0
8:15	17.4	14.5	18.9	8.6	8.5	4.6	7.8	3.0	5.0	3.8
8:30	15.0	13.8	19.1	6.8	8.6	7.6	7.0	3.6	5.2	3.9
8:45	12.1	11.7	19.7	6.4	9.5	9.5	6.0	3.9	5.4	5.4
9:00	10.3	10.0	18.7	6.2	9.7	11.9	5.5	5.1	5.1	6.7
9:15	10.3	10.2	15.1	6.6	8.9	13.1	5.3	6.5	5.0	7.4
9:30	10.2	11.3	13.2	6.4	7.9	13.9	5.0	7.8	4.8	7.9
9:45	11.3	11.9	11.7	6.6	6.9	13.4	5.0	9.0	5.4	7.9
10:00	13.1	11.9	11.2	6.5	7.1	11.5	5.4	9.3	5.7	7.2
10:15	13.8	12.5	10.9	6.6	7.8	9.4	5.9	9.4	5.9	5.8
10:30	14.4	11.5	10.8	7.4	7.9	9.3	6.1	9.2	5.8	5.2
10:45	13.8	12.0	12.1	7.9	8.2	8.8	6.3	7.9	5.1	4.7
11:00	13.7	13.8	12.3	9.5	7.9	8.5	6.3	6.0	4.5	4.4
11:15	12.5	13.9	13.1	10.2	6.8	9.1	6.8	5.8	4.4	4.1
11:30	12.4	15.0	13.1	10.7	6.7	8.8	7.1	4.6	4.7	4.3
11:45	12.1	15.7	12.5	10.8	6.5	8.5	7.0	4.5	5.1	4.4
12:00	11.9	15.1	11.5	10.6	7.2	7.4	6.7	4.9	6.4	4.9
12:15	12.0	14.1	11.2	10.3	7.7	7.3	6.4	5.0	6.8	5.2
12:30	16.2	12.7	9.5	8.9	8.2	6.2	5.5	5.9	7.1	5.4
12:45	16.5	12.9	8.6	8.8	8.9	6.4	5.0	6.3	6.8	5.3
13:00	17.6	14.0	7.1	8.7	10.7	5.4	4.8	7.7	5.9	4.5
13:15	17.4	14.5	7.7	8.5	10.7	5.6	5.1	7.6	5.0	4.6
13:30	15.9	14.2	8.3	8.6	11.8	6.3	5.2	7.7	4.9	4.2
13:45	14.4	14.1	10.0	7.5	12.1	6.5	5.6	7.8	4.4	4.1
14:00	13.8	12.9	11.0	7.5	11.7	7.3	6.1	6.4	4.8	4.2
14:15	12.9	12.5	10.5	8.0	11.4	8.4	6.4	5.6	5.1	3.8
14:30	13.1	12.0	10.3	8.1	10.8	9.0	6.3	5.3	5.6	4.3
14:45	14.3	11.6	7.9	9.5	10.0	9.9	6.9	5.2	6.1	4.1

（续表）

时间	楚天交通广播	湖北楚天音乐广播	湖北之声	湖北城市之声	湖北经典音乐广播	武汉交通广播	湖北经济广播	武汉新闻广播	中央广播电视总台交通广播	湖北生活广播
15:00	15.6	11.9	7.8	9.3	9.3	10.0	6.8	4.6	6.9	4.5
15:15	15.9	13.0	7.7	10.3	8.5	9.7	6.4	5.0	7.3	4.3
15:30	15.0	12.9	8.5	10.5	8.9	9.4	5.8	5.4	7.8	4.3
15:45	14.8	13.3	9.2	10.0	9.3	8.2	5.2	6.1	7.7	4.3
16:00	13.3	12.7	11.5	9.6	10.0	7.6	5.3	6.5	7.4	4.0
16:15	12.7	11.9	12.1	9.1	10.6	6.9	6.1	7.0	6.9	3.9
16:30	13.2	11.8	14.2	7.9	11.0	6.8	6.3	6.2	5.8	3.8
16:45	12.9	12.9	14.3	7.6	11.0	7.0	6.5	6.7	5.0	3.8
17:00	13.9	11.9	15.4	7.5	10.5	6.5	6.1	7.9	4.9	3.8
17:15	15.6	13.4	15.7	7.6	9.3	6.9	5.5	7.5	4.6	3.7
17:30	15.2	14.1	15.2	8.0	8.7	7.9	5.1	7.6	4.8	3.5
17:45	17.0	14.5	14.7	8.0	7.6	8.1	4.6	7.5	4.8	3.4
18:00	17.8	15.1	14.8	8.3	6.4	8.6	3.9	7.7	5.0	3.2
18:15	18.4	15.4	13.3	8.6	6.1	9.2	3.8	7.3	5.1	2.9
18:30	20.0	15.3	12.8	8.4	5.4	8.8	3.8	6.8	5.0	3.1
18:45	19.0	15.1	9.9	8.3	6.1	9.2	4.9	6.7	4.9	3.0
19:00	17.4	15.0	11.8	8.9	5.4	7.3	5.4	5.4	5.7	2.9
19:15	17.0	15.3	10.3	8.1	6.0	7.6	5.5	5.6	5.0	2.8
19:30	16.6	15.2	10.5	8.8	5.9	6.7	5.5	5.4	5.2	2.9
19:45	16.0	16.0	10.1	9.1	6.3	7.0	4.2	5.1	5.8	2.7
20:00	15.3	17.3	9.0	9.6	6.0	7.2	4.2	5.4	5.5	2.9
20:15	15.8	17.2	8.7	8.9	6.5	7.3	4.1	5.3	5.1	3.3
20:30	15.4	17.2	7.4	8.4	7.5	7.9	4.3	4.6	4.5	4.0
20:45	15.2	16.2	7.5	7.7	8.1	8.1	4.1	4.9	3.8	4.7
21:00	14.9	14.4	8.1	7.6	8.3	7.2	4.4	5.1	3.6	5.7
21:15	14.5	13.4	8.8	7.1	7.1	7.7	4.3	4.8	3.4	6.4
21:30	13.1	13.5	9.8	8.5	7.5	6.3	4.3	4.8	3.1	6.2
21:45	12.5	14.4	10.2	8.1	6.0	6.8	4.2	4.1	3.9	5.7
22:00	11.0	16.0	9.5	9.1	6.1	5.5	4.6	3.7	4.5	5.2
22:15	7.9	15.9	10.0	8.0	6.8	5.5	4.5	3.1	5.7	6.7
22:30	7.0	14.2	11.2	9.2	5.7	4.6	4.4	3.6	5.7	6.9
22:45	5.9	14.1	12.2	8.6	6.9	4.3	4.0	3.4	5.4	8.0
23:00	6.7	10.3	10.7	8.5	7.7	5.7	4.6	3.0	6.0	7.4
23:15	7.5	12.6	12.1	9.2	7.2	5.6	3.3	2.6	5.8	7.2
23:30	6.6	10.4	12.5	8.8	7.3	5.8	4.4	2.8	6.6	6.5
23:45	7.9	11.7	14.7	8.9	6.5	4.8	3.7	1.9	6.5	6.0

九、长沙地区收听率数据

表1.9.1 长沙地区主要电台频率的平均收听率和市场份额

排名	电台名称	平均收听率（%）	市场份额（%）
1	湖南交通频道	1.90	30.3
2	金鹰955	0.79	12.6
2	音乐之声芒果音乐台	0.79	12.6
4	长沙交通电台	0.43	6.8
5	潇湘之声	0.36	5.8
6	湖南文艺频道摩登音乐台	0.35	5.6
7	长沙电台城市之声	0.33	5.2
8	1069旅游广播	0.31	5.0
9	FM105.0长沙新闻广播	0.28	4.4
10	湖南新闻综合频道	0.26	4.2

表1.9.2 长沙地区主要电台频率的到达率和日到达率

排名	电台名称	到达率（%）	日到达率（%）
1	湖南交通频道	48.4	21.9
2	音乐之声芒果音乐台	32.4	10.5
3	金鹰955	32.3	10.2
4	长沙交通电台	24.5	7.2
5	FM105.0长沙新闻广播	19.7	5.2
6	长沙电台城市之声	18.9	4.8
7	1069旅游广播	18.6	4.3
8	湖南文艺频道摩登音乐台	18.0	5.7
9	潇湘之声	17.8	7.0
10	湖南新闻综合频道	17.4	4.3

表1.9.3 长沙地区主要电台的收听率（%）

时间	湖南交通频道	金鹰955	音乐之声芒果音乐台	长沙交通电台	潇湘之声	湖南文艺频道摩登音乐台	长沙电台城市之声	1069旅游广播	FM105.0长沙新闻广播	湖南新闻综合频道
6:00	0.06	0.04	0.24	0.05	0.02	0.12	0.13	0.03	0.01	0.06
6:15	0.04	0.03	0.46	0.04	0.06	0.24	0.17	0.02	0.07	0.07
6:30	0.07	0.04	0.25	0.10	0.08	0.28	0.34	0.09	0.04	0.15
6:45	0.09	0.06	0.32	0.11	0.10	0.35	0.71	0.13	0.16	0.15
7:00	1.37	0.05	0.82	0.10	0.02	0.35	0.81	0.19	0.43	0.16
7:15	1.49	0.05	1.10	0.11	0.02	0.34	0.86	0.30	0.90	0.06
7:30	1.80	0.17	1.31	0.45	0.04	0.39	0.93	0.41	1.14	0.04
7:45	2.46	0.23	1.45	0.49	0.09	0.55	0.95	0.51	1.21	0.13
8:00	4.53	0.23	2.71	0.69	0.21	0.58	0.90	0.75	1.30	0.20
8:15	5.13	0.92	3.13	0.81	0.30	0.73	0.82	0.89	1.08	0.48
8:30	5.84	1.25	3.23	0.87	0.45	0.74	0.74	0.97	0.81	0.69
8:45	6.52	1.43	2.99	0.97	0.56	0.75	0.41	1.02	0.60	0.76
9:00	6.15	1.49	2.73	1.25	0.66	0.80	0.30	1.04	0.58	0.81
9:15	6.15	1.62	1.88	1.21	0.78	0.80	0.18	1.04	0.52	0.82
9:30	5.26	1.85	0.90	1.05	0.81	0.77	0.19	0.80	0.22	0.77
9:45	3.39	1.98	0.71	0.95	0.93	0.74	0.18	0.72	0.20	0.69
10:00	3.40	2.05	0.62	0.83	1.01	0.62	0.23	0.64	0.14	0.60
10:15	3.02	2.11	0.67	0.73	0.93	0.59	0.21	0.52	0.11	0.52
10:30	2.20	2.05	0.62	0.70	0.74	0.47	0.19	0.47	0.13	0.41
10:45	1.60	1.84	0.41	0.68	0.69	0.37	0.15	0.36	0.11	0.37
11:00	1.86	1.29	0.52	0.46	0.59	0.22	0.10	0.36	0.12	0.37
11:15	1.83	0.84	0.32	0.48	0.57	0.19	0.09	0.18	0.12	0.25
11:30	2.55	0.92	0.32	0.35	0.43	0.24	0.07	0.18	0.16	0.35
11:45	2.81	0.67	0.68	0.31	0.30	0.35	0.05	0.38	0.27	0.37
12:00	2.77	0.75	0.69	0.28	0.48	0.44	0.11	0.40	0.34	0.40
12:15	3.06	1.09	0.87	0.55	0.49	0.37	0.11	0.36	0.36	0.47
12:30	2.80	1.13	0.89	0.54	0.62	0.26	0.10	0.39	0.28	0.45
12:45	1.63	1.37	0.86	0.57	0.61	0.24	0.10	0.26	0.21	0.43
13:00	1.42	1.10	0.73	0.65	0.53	0.25	0.10	0.29	0.17	0.34
13:15	1.57	0.72	0.48	0.56	0.55	0.14	0.10	0.18	0.11	0.13
13:30	0.80	0.73	0.24	0.42	0.43	0.21	0.05	0.21	0.08	0.13
13:45	0.84	0.49	0.17	0.53	0.42	0.17	0.08	0.31	0.08	0.10
14:00	1.01	0.51	0.10	0.53	0.38	0.21	0.05	0.30	0.05	0.11
14:15	0.12	0.42	0.13	0.48	0.29	0.21	0.04	0.19	0.07	0.14
14:30	0.24	0.55	0.41	0.50	0.43	0.21	0.06	0.08	0.10	0.08
14:45	0.42	0.68	0.32	0.37	0.34	0.25	0.08	0.09	0.08	0.03

（续表）

时间	湖南交通频道	金鹰955	音乐之声芒果音乐台	长沙交通电台	潇湘之声	湖南文艺频道摩登音乐台	长沙电台城市之声	1069旅游广播	FM105.0长沙新闻广播	湖南新闻综合频道
15:00	0.21	0.48	0.18	0.28	0.26	0.13	0.05	0.08	0.08	0.11
15:15	0.71	0.58	0.12	0.19	0.24	0.13	0.07	0.09	0.11	0.08
15:30	0.78	0.55	0.20	0.12	0.34	0.14	0.15	0.10	0.06	0.13
15:45	0.93	0.62	0.27	0.18	0.24	0.14	0.21	0.11	0.05	0.16
16:00	0.80	0.49	0.47	0.50	0.17	0.20	0.34	0.27	0.06	0.22
16:15	0.78	0.43	0.33	0.65	0.24	0.26	0.35	0.30	0.08	0.32
16:30	1.24	0.65	0.29	0.90	0.22	0.31	0.33	0.26	0.19	0.33
16:45	1.38	0.70	0.49	0.91	0.27	0.32	0.30	0.21	0.14	0.48
17:00	1.60	0.98	0.33	0.79	0.24	0.50	0.28	0.26	0.16	0.50
17:15	2.24	1.12	0.49	0.76	0.43	0.60	0.44	0.16	0.28	0.48
17:30	2.58	1.39	0.39	0.75	0.49	0.62	0.47	0.11	0.74	0.53
17:45	3.55	1.49	0.52	0.65	0.70	0.73	0.64	0.08	0.84	0.53
18:00	4.35	1.90	0.52	0.56	0.80	0.84	0.85	0.22	0.83	0.53
18:15	4.29	1.88	0.80	0.53	0.85	0.82	0.86	0.34	0.80	0.45
18:30	3.11	1.61	1.57	0.49	0.81	0.78	0.90	0.36	0.79	0.39
18:45	3.03	1.24	2.02	0.42	0.70	0.68	0.85	0.46	0.52	0.30
19:00	3.04	1.07	2.05	0.33	0.42	0.58	0.82	0.45	0.41	0.23
19:15	2.52	0.50	1.94	0.15	0.35	0.38	0.80	0.44	0.16	0.16
19:30	2.23	0.35	1.94	0.25	0.22	0.29	0.74	0.38	0.16	0.18
19:45	1.67	0.42	1.73	0.28	0.24	0.18	0.68	0.47	0.10	0.18
20:00	1.48	0.43	1.43	0.18	0.26	0.21	0.53	0.52	0.07	0.13
20:15	0.30	0.70	1.09	0.19	0.21	0.11	0.45	0.43	0.10	0.08
20:30	1.15	0.74	0.72	0.12	0.21	0.05	0.43	0.37	0.12	0.08
20:45	1.07	0.80	0.54	0.12	0.09	0.25	0.31	0.16	0.16	0.05
21:00	1.24	0.68	0.34	0.18	0.15	0.24	0.27	0.17	0.11	0.02
21:15	0.79	0.68	0.25	0.10	0.05	0.35	0.21	0.13	0.07	0.02
21:30	0.31	0.34	0.29	0.07	0.08	0.28	0.07	0.08	0.05	0.05
21:45	0.81	0.37	0.20	0.03	0.18	0.18	0.03	0.08	0.05	0.04
22:00	0.50	0.46	0.30	0.06	0.24	0.16	0.07	0.06	0.08	0.04
22:15	0.51	0.21	0.23	0.05	0.14	0.06	0.10	0.06	0.03	0.03
22:30	0.21	0.22	0.17	0.02	0.14	0.05	0.05	0.05	0.04	0.03
22:45	0.42	0.08	0.04	0.04	0.03	0.06	0.06	0.03	0.05	0.01
23:00	0.35	0.09	0.13	0.02	0.05	0.06	0.12	0.01	0.05	0.02
23:15	0.07	0.08	0.07	0.03	0.03	0.10	0.05	0.03	0.08	0.05
23:30	0.24	0.06	0.32	0.01	0.04	0.07	0.01	0.06	0.06	0.01
23:45	0.24	0.05	0.16	0.02	0.01	0.01	0.01	0.01	0.02	0.02

表1.9.4　长沙地区主要电台的占有率（%）

时间	湖南交通频道	音乐之声芒果音乐台	金鹰955	长沙交通电台	潇湘之声	湖南文艺频道摩登音乐台	长沙电台城市之声	1069旅游广播	FM105.0长沙新闻广播	湖南新闻综合频道
6:00	5.7	4.4	24.4	5.3	1.6	11.9	13.5	3.5	0.9	1.2
6:15	3.0	2.1	31.7	2.5	3.9	16.4	11.9	1.4	5.1	1.5
6:30	4.2	2.1	14.5	6.0	4.6	16.2	19.8	5.1	2.3	1.8
6:45	3.5	2.3	12.6	4.3	4.0	13.8	28.5	5.4	6.4	2.7
7:00	30.3	1.2	18.1	2.2	0.5	7.7	18.0	4.2	9.6	1.0
7:15	27.2	0.9	20.1	1.9	0.4	6.1	15.6	5.4	16.3	1.1
7:30	23.9	2.2	17.3	6.0	0.5	5.1	12.3	5.4	15.1	1.3
7:45	26.8	2.6	15.9	5.3	1.0	6.0	10.4	5.6	13.2	1.9
8:00	33.8	1.7	20.3	5.1	1.6	4.3	6.7	5.6	9.7	1.9
8:15	32.9	5.9	20.1	5.2	1.9	4.7	5.3	5.7	6.9	1.7
8:30	34.9	7.4	19.3	5.2	2.7	4.4	4.4	5.8	4.8	1.9
8:45	37.8	8.3	17.3	5.6	3.3	4.4	2.4	5.9	3.5	2.8
9:00	36.4	8.8	16.2	7.4	3.9	4.7	1.8	6.1	3.4	3.3
9:15	38.5	10.2	11.8	7.5	4.9	5.0	1.1	6.5	3.2	3.6
9:30	39.2	13.7	6.7	7.8	6.0	5.8	1.4	5.9	1.6	4.1
9:45	30.5	17.9	6.4	8.6	8.4	6.6	1.6	6.5	1.8	4.2
10:00	31.9	19.3	5.8	7.8	9.5	5.8	2.2	6.0	1.3	3.6
10:15	30.7	21.4	6.8	7.4	9.4	6.0	2.1	5.3	1.1	3.0
10:30	26.3	24.5	7.4	8.3	8.8	5.6	2.3	5.6	1.5	3.5
10:45	23.1	26.5	6.0	9.8	9.9	5.3	2.2	5.2	1.5	3.5
11:00	29.5	20.4	8.2	7.3	9.4	3.5	1.6	5.8	1.9	3.2
11:15	34.5	15.8	6.0	9.0	10.7	3.6	1.6	3.3	2.3	5.0
11:30	41.8	15.1	5.2	5.8	7.0	4.0	1.2	2.9	2.7	4.2
11:45	41.3	9.8	9.9	4.6	4.3	5.1	0.7	5.6	4.0	4.1
12:00	38.3	10.4	9.6	3.8	6.7	6.0	1.5	5.5	4.6	3.6
12:15	37.5	13.4	10.6	6.8	6.0	4.5	1.3	4.4	4.4	3.4
12:30	35.5	14.4	11.2	6.8	7.9	3.3	1.2	5.0	3.5	3.9
12:45	24.2	20.4	12.8	8.5	9.1	3.5	1.5	3.8	3.2	5.4
13:00	23.3	17.9	12.0	10.7	8.7	4.1	1.6	4.8	2.8	5.7
13:15	31.8	14.5	9.7	11.3	11.1	2.7	1.9	3.6	2.1	5.1
13:30	22.1	20.4	6.5	11.7	11.9	5.7	1.4	5.7	2.1	7.0
13:45	24.6	14.4	4.8	15.3	12.3	4.9	2.2	9.2	2.3	4.7
14:00	28.2	14.3	2.7	14.9	10.7	5.8	1.4	8.5	1.4	4.1
14:15	5.3	18.4	5.8	20.9	12.7	9.2	1.7	8.3	3.0	3.0
14:30	8.5	19.7	14.5	17.9	15.3	7.5	2.2	2.9	3.4	2.0
14:45	15.0	24.5	11.7	13.2	12.2	8.9	2.7	3.2	2.8	2.2

（续表）

时间	湖南交通频道	音乐之声芒果音乐台	金鹰955	长沙交通电台	潇湘之声	湖南文艺频道摩登音乐台	长沙电台城市之声	1069旅游广播	FM105.0长沙新闻广播	湖南新闻综合频道
15:00	10.0	23.0	8.7	13.3	12.7	6.2	2.5	3.7	4.0	2.8
15:15	28.2	23.1	4.7	7.5	9.5	5.2	2.9	3.6	4.3	3.8
15:30	28.0	19.6	7.0	4.3	12.0	4.8	5.3	3.6	2.0	3.5
15:45	29.6	19.8	8.4	5.9	7.7	4.6	6.6	3.6	1.5	5.0
16:00	21.1	12.8	12.4	13.0	4.4	5.1	8.8	7.0	1.4	4.4
16:15	19.5	10.7	8.3	16.2	6.0	6.5	8.7	7.5	2.0	3.6
16:30	24.9	13.1	5.8	18.0	4.4	6.2	6.6	5.3	3.9	3.8
16:45	25.3	12.9	8.9	16.7	5.0	6.0	5.4	3.8	2.6	2.8
17:00	26.8	16.4	5.5	13.2	4.0	8.3	4.7	4.3	2.6	3.5
17:15	30.1	15.0	6.5	10.3	5.8	8.1	5.9	2.1	3.7	3.7
17:30	30.1	16.2	4.5	8.7	5.7	7.2	5.5	1.3	8.6	3.5
17:45	34.6	14.5	5.1	6.4	6.8	7.1	6.2	0.7	8.2	3.7
18:00	35.7	15.6	4.3	4.6	6.5	6.9	7.0	1.8	6.8	3.7
18:15	34.3	15.1	6.4	4.3	6.8	6.6	6.9	2.8	6.4	4.0
18:30	26.3	13.6	13.3	4.2	6.9	6.6	7.6	3.1	6.7	4.8
18:45	27.0	11.0	17.9	3.7	6.2	6.0	7.6	4.1	4.6	5.2
19:00	29.0	10.2	19.5	3.1	4.0	5.5	7.8	4.3	3.9	5.6
19:15	30.9	6.1	23.8	1.9	4.3	4.7	9.8	5.4	2.0	5.5
19:30	30.3	4.8	26.5	3.4	3.0	3.9	10.1	5.2	2.1	5.4
19:45	25.8	6.5	26.8	4.4	3.7	2.8	10.5	7.3	1.6	5.2
20:00	25.8	7.5	24.9	3.1	4.6	3.7	9.3	9.1	1.2	4.5
20:15	7.3	17.1	26.7	4.8	5.1	2.8	11.1	10.6	2.4	5.3
20:30	26.7	17.0	16.6	2.7	4.9	1.2	10.0	8.5	2.8	4.3
20:45	28.2	20.9	14.3	3.1	2.4	6.5	8.0	4.2	4.2	3.9
21:00	34.1	18.6	9.4	4.9	4.0	6.6	7.5	4.7	3.0	3.4
21:15	27.7	23.8	8.8	3.5	1.7	12.3	7.5	4.6	2.4	3.6
21:30	17.2	19.3	16.2	4.0	4.7	15.7	3.8	4.6	2.8	2.8
21:45	37.5	17.3	9.2	1.4	8.5	8.2	1.5	3.5	2.2	3.7
22:00	23.2	21.4	14.1	2.9	11.2	7.3	3.2	2.7	3.6	3.5
22:15	31.2	12.8	13.9	3.0	8.3	3.8	5.9	3.8	3.3	6.0
22:30	17.8	18.8	14.7	1.8	11.8	4.3	3.9	2.5	3.5	8.8
22:45	40.9	8.0	3.9	4.2	3.0	6.1	5.3	2.5	5.0	10.5
23:00	32.4	8.0	11.8	2.0	4.8	5.2	10.7	0.9	4.5	10.7
23:15	10.2	11.2	9.7	4.4	4.7	14.0	7.0	3.9	11.5	9.8
23:30	23.3	5.4	30.9	1.2	4.1	7.1	1.0	5.6	5.5	7.6
23:45	36.1	7.7	24.6	3.4	1.0	0.8	1.5	1.5	3.1	3.8

十、昆明地区收听率数据

表1.10.1　昆明地区主要电台频率的平均收听率和市场份额

排名	电台名称	平均收听率（%）	市场份额（%）
1	云南台交通广播	1.22	18.4
2	昆明汽车音乐广播	1.15	17.4
3	云南台音乐广播	0.86	13.0
4	昆明文艺旅游广播	0.71	10.8
5	云南台新闻广播	0.70	10.7
6	云南台私家车广播	0.56	8.5
6	云南台旅游广播	0.56	8.5
8	昆明老年广播	0.32	4.9
9	云南台国际广播	0.15	2.3
9	昆明综合广播	0.15	2.3

表1.10.2　昆明地区主要电台频率的到达率和日到达率

排名	电台名称	到达率（%）	日到达率（%）
1	云南台交通广播	36.5	15.5
2	云南台音乐广播	32.4	13.7
3	昆明汽车音乐广播	27.0	15.3
4	云南台新闻广播	26.1	12.6
5	云南台旅游广播	25.2	9.4
6	云南台私家车广播	23.5	10.1
7	昆明文艺旅游广播	20.0	9.5
8	昆明老年广播	14.4	4.6
9	云南台国际广播	13.6	3.1
10	昆明综合广播	6.3	2.0

表1.10.3 昆明地区主要电台的收听率（%）

时间	云南台交通广播	昆明汽车音乐广播	云南台音乐广播	昆明文艺旅游广播	云南台新闻广播	云南台私家车广播	云南台旅游广播	昆明老年广播	云南台国际广播	昆明综合广播
6:00	0.03	0.02	0.02	0.05	0.06	0.01	0.00	0.00	0.00	0.00
6:15	0.03	0.04	0.02	0.06	0.07	0.06	0.05	0.01	0.00	0.00
6:30	0.14	0.16	0.04	0.07	0.10	0.08	0.05	0.02	0.00	0.00
6:45	0.15	0.20	0.08	0.10	0.19	0.06	0.11	0.02	0.00	0.01
7:00	0.30	0.35	0.19	0.12	0.33	0.24	0.20	0.06	0.01	0.02
7:15	0.69	0.34	0.24	0.24	0.57	0.27	0.19	0.07	0.01	0.03
7:30	0.75	0.74	0.52	0.30	0.78	0.37	0.32	0.14	0.02	0.04
7:45	1.46	1.16	0.82	0.55	1.05	0.39	0.39	0.14	0.03	0.04
8:00	1.85	1.37	0.94	0.72	1.23	0.61	0.49	0.35	0.05	0.06
8:15	2.10	1.84	1.33	1.03	1.54	0.72	0.67	0.38	0.07	0.08
8:30	2.60	2.11	1.47	1.08	1.74	0.96	0.85	0.54	0.08	0.10
8:45	2.68	2.20	1.49	1.24	1.78	1.11	1.04	0.60	0.09	0.11
9:00	2.68	2.21	1.49	1.25	1.77	1.15	1.11	0.65	0.11	0.13
9:15	2.70	2.09	1.39	1.20	1.72	1.14	1.16	0.66	0.12	0.13
9:30	2.32	1.75	1.19	1.14	1.37	1.09	1.13	0.63	0.13	0.15
9:45	2.02	1.71	1.08	1.03	1.13	0.91	1.06	0.55	0.14	0.15
10:00	1.65	1.54	1.04	0.97	1.12	0.78	0.89	0.46	0.14	0.16
10:15	1.61	1.62	1.06	0.89	1.08	0.74	0.78	0.44	0.14	0.17
10:30	1.36	1.66	1.03	0.89	1.03	0.68	0.75	0.40	0.14	0.18
10:45	1.29	1.71	1.12	0.84	1.02	0.63	0.72	0.41	0.15	0.18
11:00	1.23	1.64	1.13	0.82	0.90	0.65	0.78	0.41	0.16	0.18
11:15	1.20	1.59	1.14	0.91	0.86	0.66	0.81	0.40	0.18	0.17
11:30	1.20	1.37	1.10	0.96	0.84	0.70	0.85	0.43	0.20	0.17
11:45	1.32	1.25	1.00	1.05	0.83	0.77	0.85	0.41	0.22	0.18
12:00	1.41	1.27	0.98	1.04	0.81	0.81	0.81	0.40	0.22	0.18
12:15	1.41	1.20	1.04	1.09	0.80	0.81	0.71	0.38	0.22	0.20
12:30	1.51	1.22	1.08	1.04	0.80	0.80	0.69	0.36	0.22	0.20
12:45	1.42	1.38	1.23	0.94	0.75	0.72	0.66	0.34	0.23	0.18
13:00	1.36	1.44	1.26	0.86	0.72	0.69	0.67	0.33	0.23	0.17
13:15	1.33	1.46	1.29	0.79	0.67	0.73	0.72	0.31	0.23	0.15
13:30	1.23	1.41	1.28	0.75	0.66	0.69	0.75	0.29	0.24	0.15
13:45	1.14	1.33	1.18	0.72	0.67	0.73	0.74	0.29	0.23	0.14
14:00	1.13	1.21	1.08	0.68	0.65	0.71	0.72	0.33	0.22	0.15
14:15	1.20	1.26	1.04	0.74	0.75	0.67	0.68	0.36	0.20	0.16
14:30	1.25	1.33	0.98	0.79	0.84	0.68	0.59	0.42	0.22	0.17
14:45	1.32	1.41	0.97	0.95	0.84	0.64	0.56	0.45	0.22	0.18

（续表）

时间	云南台交通广播	昆明汽车音乐广播	云南台音乐广播	昆明文艺旅游广播	云南台新闻广播	云南台私家车广播	云南台旅游广播	昆明老年广播	云南台国际广播	昆明综合广播
15:00	1.39	1.40	0.95	1.00	0.83	0.63	0.53	0.47	0.22	0.20
15:15	1.42	1.38	0.92	1.03	0.73	0.54	0.52	0.46	0.22	0.22
15:30	1.38	1.32	1.00	1.02	0.63	0.54	0.50	0.44	0.21	0.24
15:45	1.29	1.22	1.01	0.97	0.61	0.54	0.47	0.39	0.20	0.24
16:00	1.31	1.19	1.04	0.82	0.67	0.54	0.50	0.39	0.20	0.24
16:15	1.39	1.32	1.07	0.75	0.75	0.56	0.55	0.43	0.20	0.24
16:30	1.42	1.37	1.10	0.75	0.80	0.61	0.59	0.45	0.20	0.24
16:45	1.47	1.61	1.22	0.77	0.84	0.70	0.61	0.51	0.20	0.24
17:00	1.60	1.69	1.33	0.80	0.92	0.80	0.62	0.51	0.20	0.24
17:15	1.95	1.83	1.46	0.86	1.04	0.93	0.66	0.52	0.19	0.24
17:30	2.28	1.90	1.49	0.98	1.18	0.98	0.79	0.49	0.19	0.26
17:45	2.32	1.83	1.47	1.09	1.22	1.03	0.82	0.45	0.19	0.27
18:00	2.33	1.69	1.42	1.17	1.21	1.05	0.87	0.48	0.21	0.27
18:15	2.25	1.52	1.21	1.18	1.17	0.96	0.86	0.47	0.22	0.28
18:30	1.86	1.26	1.13	1.15	0.93	0.87	0.80	0.44	0.25	0.26
18:45	1.61	1.13	0.93	1.07	0.72	0.76	0.68	0.44	0.26	0.26
19:00	1.24	1.09	0.87	0.89	0.65	0.66	0.51	0.35	0.26	0.24
19:15	1.15	1.05	0.79	0.79	0.56	0.62	0.50	0.29	0.25	0.21
19:30	1.06	1.11	0.80	0.74	0.49	0.54	0.39	0.27	0.23	0.20
19:45	0.89	1.11	0.68	0.71	0.32	0.46	0.38	0.24	0.21	0.16
20:00	0.91	1.07	0.68	0.61	0.31	0.41	0.38	0.23	0.20	0.16
20:15	0.82	1.01	0.62	0.57	0.28	0.30	0.47	0.24	0.20	0.15
20:30	0.72	0.90	0.60	0.49	0.22	0.29	0.49	0.24	0.19	0.15
20:45	0.61	0.70	0.60	0.45	0.17	0.22	0.49	0.25	0.18	0.15
21:00	0.43	0.65	0.52	0.42	0.15	0.21	0.48	0.23	0.16	0.15
21:15	0.44	0.63	0.49	0.44	0.13	0.20	0.38	0.19	0.14	0.15
21:30	0.44	0.56	0.39	0.42	0.16	0.18	0.31	0.18	0.12	0.15
21:45	0.43	0.49	0.27	0.39	0.17	0.19	0.29	0.14	0.11	0.13
22:00	0.45	0.49	0.27	0.30	0.17	0.14	0.24	0.12	0.10	0.11
22:15	0.46	0.39	0.22	0.25	0.18	0.10	0.23	0.11	0.10	0.09
22:30	0.36	0.31	0.20	0.17	0.13	0.08	0.17	0.10	0.09	0.07
22:45	0.36	0.23	0.17	0.12	0.11	0.07	0.15	0.07	0.07	0.06
23:00	0.18	0.15	0.12	0.11	0.06	0.05	0.13	0.05	0.08	0.06
23:15	0.21	0.18	0.13	0.09	0.05	0.05	0.12	0.04	0.07	0.05
23:30	0.10	0.11	0.09	0.09	0.05	0.03	0.10	0.04	0.06	0.04
23:45	0.10	0.10	0.09	0.08	0.05	0.03	0.10	0.03	0.06	0.03

表1.10.4　昆明地区主要电台的占有率（%）

时间	云南台交通广播	昆明汽车音乐广播	云南台音乐广播	昆明文艺旅游广播	云南台新闻广播	云南台私家车广播	云南台旅游广播	昆明老年广播	云南台国际广播	昆明综合广播
6:00	13.6	13.1	8.7	25.5	35.1	0.0	4.0	0.0	0.0	0.0
6:15	8.5	12.8	5.8	16.9	22.4	14.3	17.7	1.6	0.0	0.0
6:30	21.2	24.3	6.1	10.9	15.2	7.3	12.3	2.3	0.0	0.2
6:45	16.5	22.2	8.4	10.7	20.8	11.8	6.4	2.2	0.0	0.6
7:00	16.7	19.3	10.6	6.6	17.9	11.0	13.0	3.2	0.3	0.8
7:15	25.9	12.8	9.0	9.1	21.5	7.0	10.2	2.5	0.4	0.9
7:30	18.7	18.5	13.0	7.5	19.4	8.0	9.3	3.4	0.6	0.9
7:45	24.0	19.1	13.4	9.1	17.2	6.4	6.4	2.3	0.5	0.7
8:00	23.9	17.7	12.1	9.3	15.9	6.3	7.9	4.5	0.7	0.8
8:15	21.3	18.7	13.4	10.4	15.6	6.8	7.3	3.9	0.7	0.8
8:30	22.2	18.1	12.6	9.3	14.9	7.3	8.2	4.6	0.7	0.9
8:45	21.4	17.5	11.9	9.9	14.2	8.3	8.9	4.8	0.7	0.9
9:00	20.9	17.3	11.7	9.8	13.8	8.7	9.0	5.1	0.8	1.0
9:15	21.4	16.6	11.0	9.5	13.6	9.2	9.0	5.2	1.0	1.1
9:30	20.8	15.6	10.6	10.2	12.2	10.1	9.8	5.6	1.2	1.3
9:45	20.1	17.0	10.7	10.3	11.3	10.6	9.0	5.4	1.4	1.5
10:00	18.3	17.1	11.6	10.8	12.4	9.9	8.6	5.1	1.5	1.7
10:15	18.3	18.4	12.0	10.2	12.3	8.9	8.4	5.0	1.6	1.9
10:30	16.2	19.8	12.2	10.7	12.2	9.0	8.1	4.8	1.6	2.1
10:45	15.4	20.5	13.5	10.0	12.2	8.6	7.5	4.9	1.7	2.2
11:00	15.0	20.0	13.8	10.1	10.9	9.5	7.9	5.0	2.0	2.2
11:15	14.6	19.3	13.9	11.1	10.4	9.9	8.1	4.8	2.2	2.1
11:30	14.8	16.9	13.6	11.8	10.4	10.4	8.7	5.2	2.4	2.1
11:45	16.2	15.4	12.3	12.8	10.1	10.4	9.4	5.0	2.7	2.2
12:00	17.1	15.5	11.9	12.7	9.9	9.8	9.9	4.9	2.6	2.2
12:15	17.3	14.8	12.8	13.4	9.9	8.7	9.9	4.7	2.7	2.4
12:30	18.4	14.9	13.1	12.7	9.9	8.5	9.8	4.4	2.7	2.4
12:45	17.5	17.0	15.2	11.6	9.3	8.1	8.9	4.2	2.9	2.3
13:00	17.1	18.1	15.8	10.8	9.0	8.5	8.6	4.1	2.9	2.1
13:15	16.8	18.4	16.3	10.0	8.5	9.1	9.2	3.9	2.9	1.9
13:30	16.1	18.4	16.8	9.9	8.6	9.7	9.0	3.8	3.1	1.9
13:45	15.4	18.0	16.0	9.7	9.0	10.0	9.9	4.0	3.2	1.8
14:00	15.9	17.0	15.2	9.6	9.2	10.2	10.1	4.7	3.1	2.2
14:15	16.5	17.3	14.3	10.2	10.4	9.3	9.2	4.9	2.8	2.2
14:30	16.7	17.7	13.0	10.5	11.3	7.8	9.1	5.6	2.9	2.2
14:45	16.9	18.1	12.5	12.2	10.8	7.2	8.2	5.8	2.8	2.4

（续表）

时间	云南台交通广播	昆明汽车音乐广播	云南台音乐广播	昆明文艺旅游广播	云南台新闻广播	云南台私家车广播	云南台旅游广播	昆明老年广播	云南台国际广播	昆明综合广播
15:00	17.7	17.8	12.0	12.7	10.6	6.8	8.0	6.0	2.7	2.5
15:15	18.4	17.9	12.0	13.3	9.5	6.7	7.0	5.9	2.8	2.8
15:30	18.3	17.4	13.2	13.5	8.3	6.7	7.2	5.8	2.7	3.1
15:45	17.8	16.8	14.0	13.4	8.5	6.5	7.5	5.3	2.7	3.3
16:00	18.1	16.5	14.5	11.3	9.2	6.9	7.5	5.5	2.7	3.3
16:15	18.2	17.3	14.1	9.8	9.9	7.1	7.4	5.7	2.6	3.2
16:30	18.0	17.3	13.9	9.5	10.1	7.5	7.8	5.7	2.5	3.1
16:45	17.1	18.9	14.2	9.0	9.8	7.1	8.2	6.0	2.4	2.8
17:00	17.6	18.6	14.6	8.8	10.2	6.8	8.7	5.6	2.2	2.6
17:15	19.4	18.2	14.5	8.5	10.3	6.6	9.2	5.1	1.9	2.4
17:30	20.9	17.4	13.6	9.0	10.8	7.2	9.0	4.5	1.8	2.4
17:45	21.0	16.6	13.3	9.9	11.0	7.5	9.3	4.1	1.7	2.4
18:00	21.1	15.3	12.9	10.5	10.9	7.9	9.5	4.3	1.9	2.5
18:15	21.5	14.5	11.5	11.2	11.1	8.2	9.2	4.5	2.1	2.7
18:30	20.0	13.5	12.1	12.3	10.0	8.6	9.3	4.7	2.7	2.8
18:45	19.6	13.7	11.3	13.0	8.8	8.3	9.2	5.3	3.2	3.2
19:00	17.5	15.3	12.2	12.5	9.1	7.2	9.3	4.9	3.6	3.4
19:15	17.6	16.1	12.1	12.1	8.5	7.6	9.5	4.4	3.8	3.2
19:30	17.4	18.2	13.0	12.2	7.9	6.3	8.8	4.4	3.7	3.2
19:45	16.4	20.4	12.5	13.0	5.8	7.0	8.4	4.3	3.9	3.0
20:00	17.4	20.5	12.9	11.7	5.9	7.2	7.9	4.3	3.8	3.0
20:15	16.7	20.4	12.5	11.6	5.6	9.6	6.1	4.9	4.1	3.0
20:30	15.9	19.9	13.2	10.7	4.8	10.8	6.4	5.2	4.2	3.3
20:45	15.1	17.2	14.7	11.2	4.2	12.1	5.4	6.1	4.3	3.6
21:00	11.8	17.8	14.2	11.6	4.2	13.2	5.8	6.3	4.3	4.2
21:15	13.0	18.7	14.3	12.9	3.9	11.1	5.9	5.7	4.1	4.3
21:30	14.2	18.3	12.6	13.7	5.1	10.0	5.9	5.9	3.9	4.8
21:45	15.6	17.9	9.7	14.2	6.4	10.4	6.8	5.2	4.0	4.7
22:00	17.9	19.6	10.8	11.8	6.8	9.6	5.6	4.7	3.9	4.5
22:15	20.7	17.5	9.8	11.3	8.1	10.5	4.6	4.8	4.3	3.9
22:30	20.7	17.7	11.5	9.4	7.4	9.5	4.3	5.9	4.8	4.2
22:45	24.0	15.2	11.3	8.4	7.6	10.0	4.9	5.0	4.8	4.2
23:00	17.2	14.0	11.4	10.8	5.6	12.7	4.5	4.8	7.2	5.7
23:15	20.2	17.1	12.3	8.3	5.2	11.2	5.1	4.1	6.5	4.7
23:30	12.9	14.8	12.1	11.6	6.2	13.5	4.3	4.7	8.2	4.9
23:45	13.7	14.9	12.2	10.8	6.6	13.6	4.4	4.4	8.4	4.7

十一、深圳地区收听率数据

表1.11.1　深圳地区主要电台频率的平均收听率和市场份额

排名	电台名称	平均收听率（%）	市场份额（%）
1	深圳交通频率	0.88	16.5
2	深圳音乐频率	0.86	16.1
3	深圳生活频率	0.57	10.7
4	深圳新闻频率	0.54	10.1
5	广东广播电视台珠江之声	0.48	9.0
6	宝安缤纷1043	0.24	4.5
7	中央广播电视总台中国之声	0.23	4.4
8	广东广播电视台音乐之声	0.16	3.0
9	广东广播电视台新闻广播	0.13	2.4
10	中央广播电视总台粤港澳大湾区之声	0.12	2.3

表1.11.2　深圳地区主要电台频率的到达率和日到达率

排名	电台名称	到达率（%）	日到达率（%）
1	深圳音乐频率	21.9	5.4
2	深圳生活频率	20.6	5.2
3	深圳新闻频率	20.1	5.0
4	深圳交通频率	18.9	6.2
5	广东广播电视台珠江之声	16.4	6.0
6	中央广播电视总台中国之声	12.5	3.9
7	宝安缤纷1043	11.4	2.4
8	广东广播电视台音乐之声	10.6	2.3
9	中央广播电视总台音乐之声	8.6	1.6
10	香港电台第二台	8.1	1.5

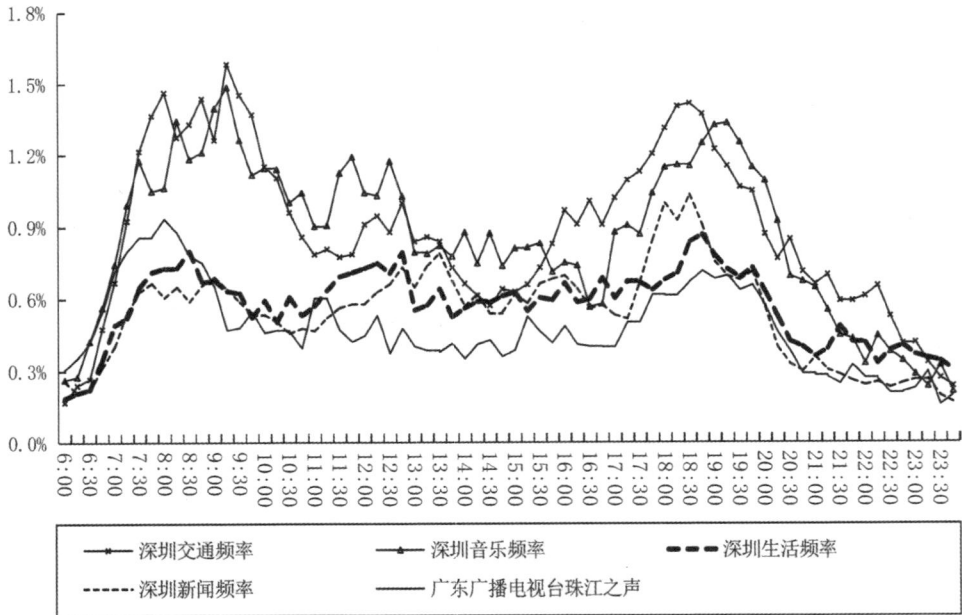

图1.11.1　深圳地区主要电台的时段收听率-1

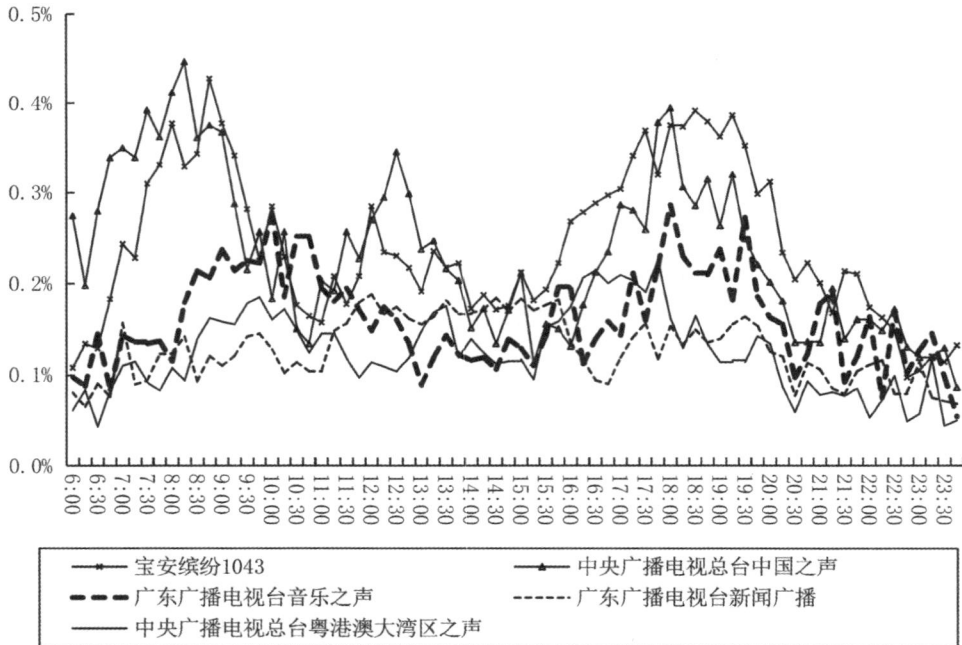

图1.11.2　深圳地区主要电台的时段收听率-2

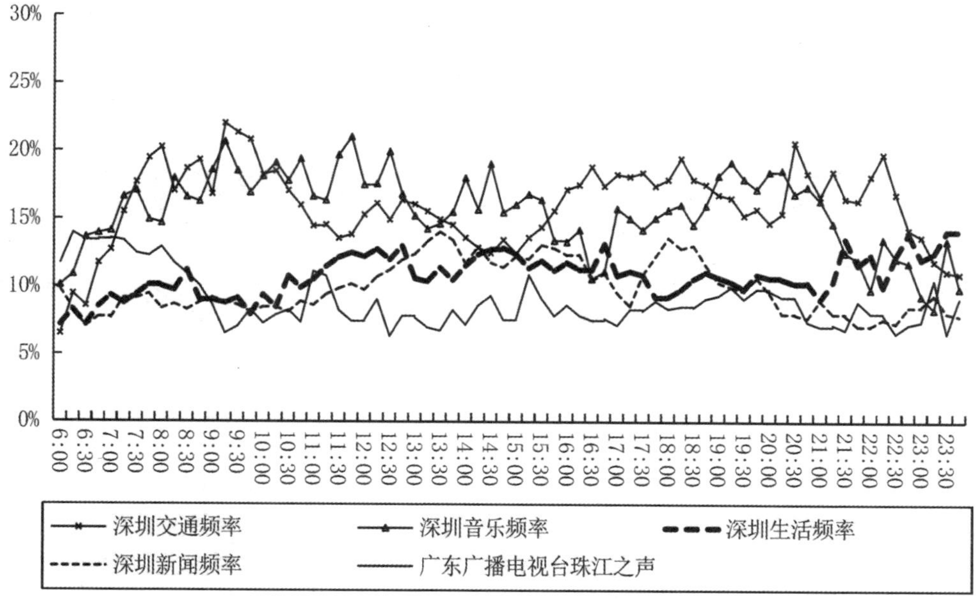

图1.11.3 深圳地区主要电台的时段占有率-1

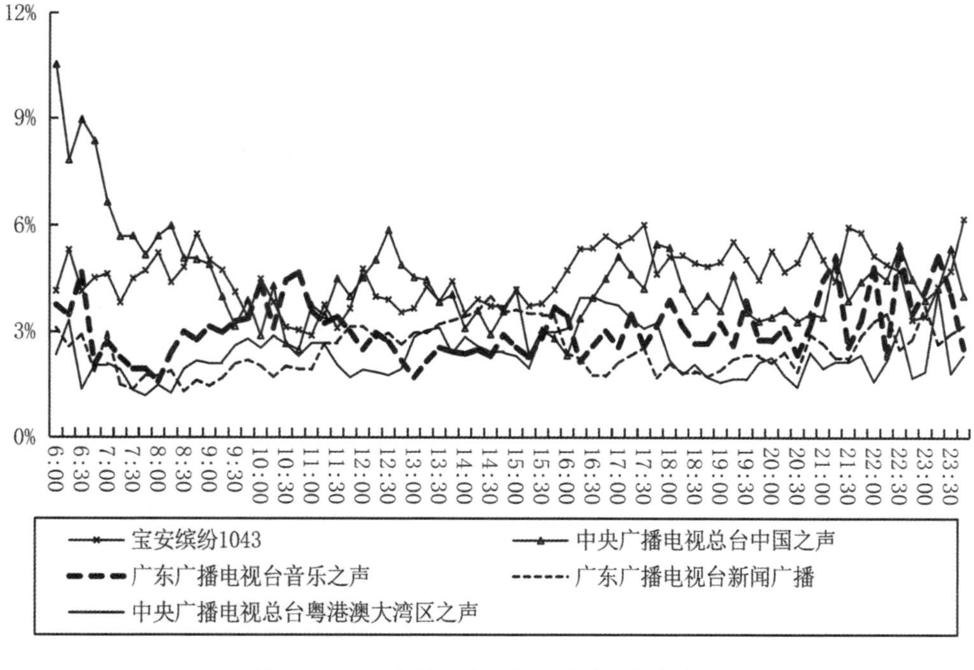

图1.11.4 深圳地区主要电台的时段占有率-2

十二、重庆地区收听率数据

表1.12.1　重庆地区主要电台频率的平均收听率和市场份额

排名	电台名称	平均收听率（%）	市场份额（%）
1	重庆都市广播私家车938	1.10	20.5
2	重庆交通广播	1.07	20.0
3	重庆音乐广播	1.06	19.9
4	重庆之声	1.02	19.1
5	中央广播电视总台中国之声	0.27	5.1
6	重庆经济广播	0.27	5.0
7	中央广播电视总台经济之声	0.16	3.0
8	中央广播电视总台音乐之声	0.12	2.2
9	中国国际电台环球资讯广播	0.11	2.1
10	中国国际流行音乐广播	0.02	0.3

表1.12.2　重庆地区主要电台频率的到达率和日到达率

排名	电台名称	到达率（%）	日到达率（%）
1	重庆交通广播	33.9	14.5
2	重庆之声	28.3	11.5
3	重庆都市广播私家车938	22.3	8.6
4	重庆音乐广播	20.5	8.6
5	中央广播电视总台中国之声	10.0	3.2
6	中央广播电视总台经济之声	8.9	2.4
7	中国国际电台环球资讯广播	6.9	1.5
8	重庆经济广播	6.3	1.6
9	中央广播电视总台音乐之声	3.5	1.2
10	中国国际流行音乐广播	0.7	0.1

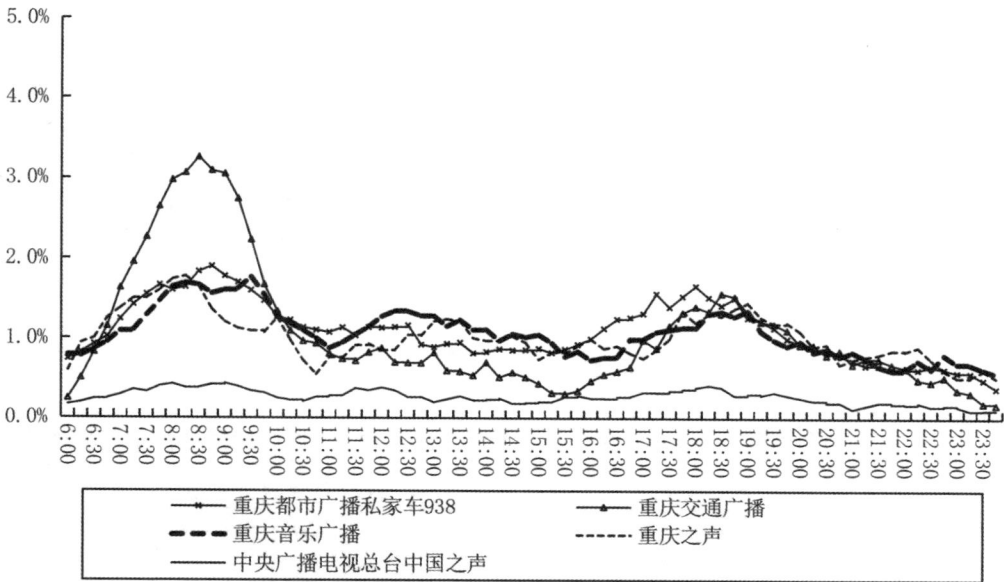

图1.12.1 重庆地区主要电台的时段收听率-1

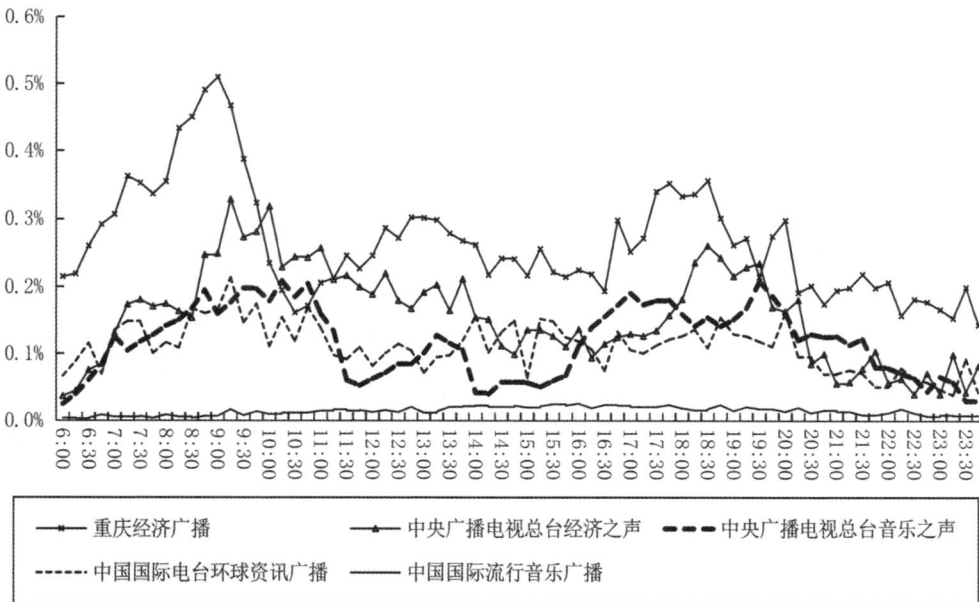

图1.12.2 重庆地区主要电台的时段收听率-2

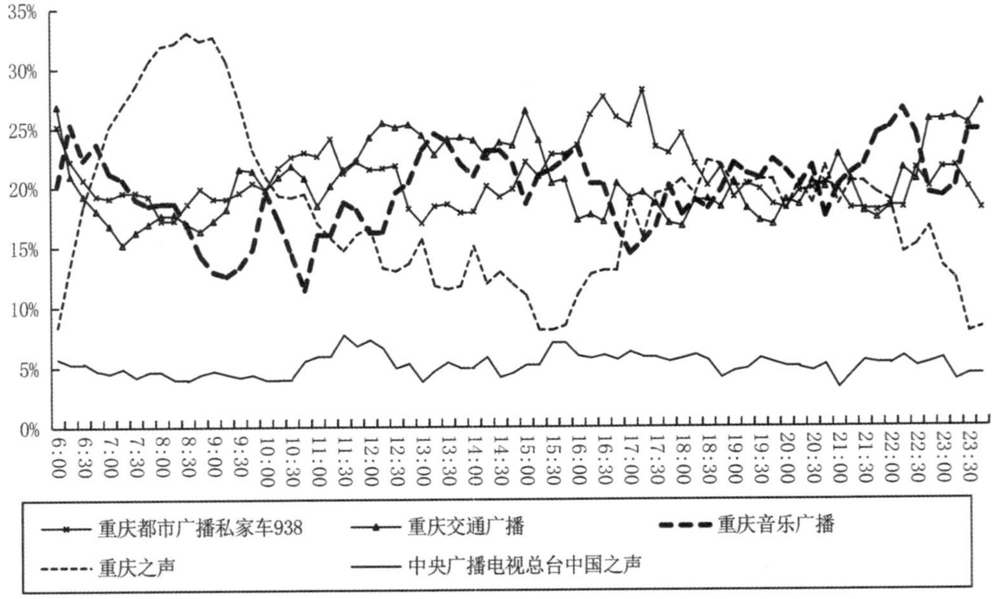

图1.12.3 重庆地区主要电台的时段占有率-1

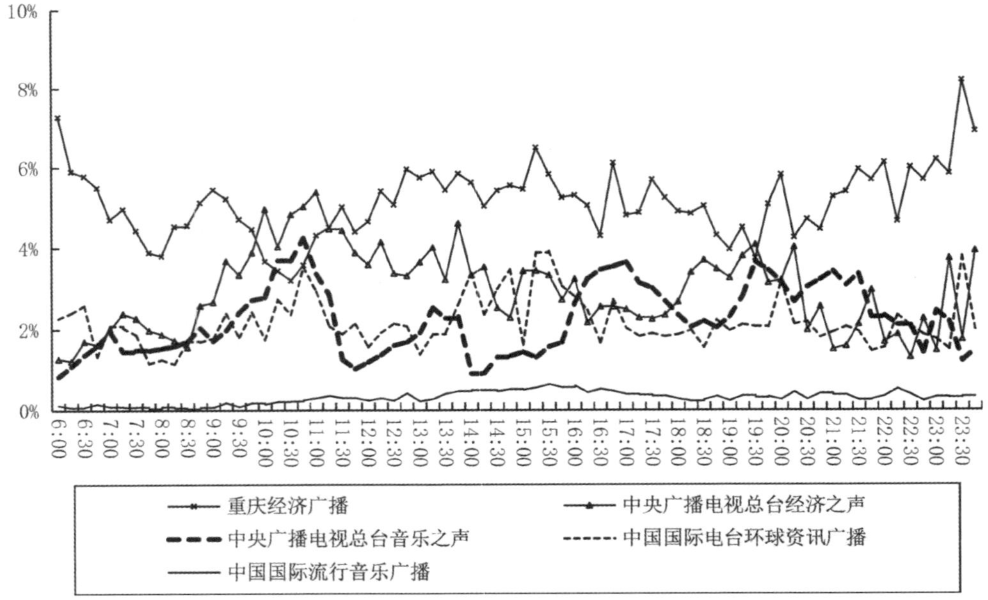

图1.12.4 重庆地区主要电台的时段占有率-2

十三、成都地区收听率数据

表1.13.1　成都地区主要电台频率的平均收听率和市场份额

排名	电台名称	平均收听率（%）	市场份额（%）
1	四川交通广播	1.38	18.6
2	成都电台交通文艺广播	0.94	12.7
3	成都电台新闻广播	0.70	9.4
4	四川新闻频率	0.68	9.2
5	四川岷江音乐	0.61	8.3
6	四川天府之声私家车广播	0.47	6.3
7	成都电台经济广播	0.46	6.2
8	成都电台文化休闲广播经典946	0.45	6.1
9	四川城市之音	0.44	5.9
10	四川财富广播	0.40	5.4

表1.13.2　成都地区主要电台频率的到达率和日到达率

排名	电台名称	到达率（%）	日到达率（%）
1	四川交通广播	41.5	21.2
2	成都电台交通文艺广播	35.5	15.6
3	成都电台新闻广播	33.6	13.0
4	四川新闻频率	28.4	12.0
5	四川岷江音乐	27.7	12.5
6	成都电台经济广播	22.8	9.1
7	四川之声	21.8	7.1
8	成都电台文化休闲广播经典946	21.6	8.9
9	四川天府之声私家车广播	21.3	9.5
10	四川城市之音	20.1	8.2

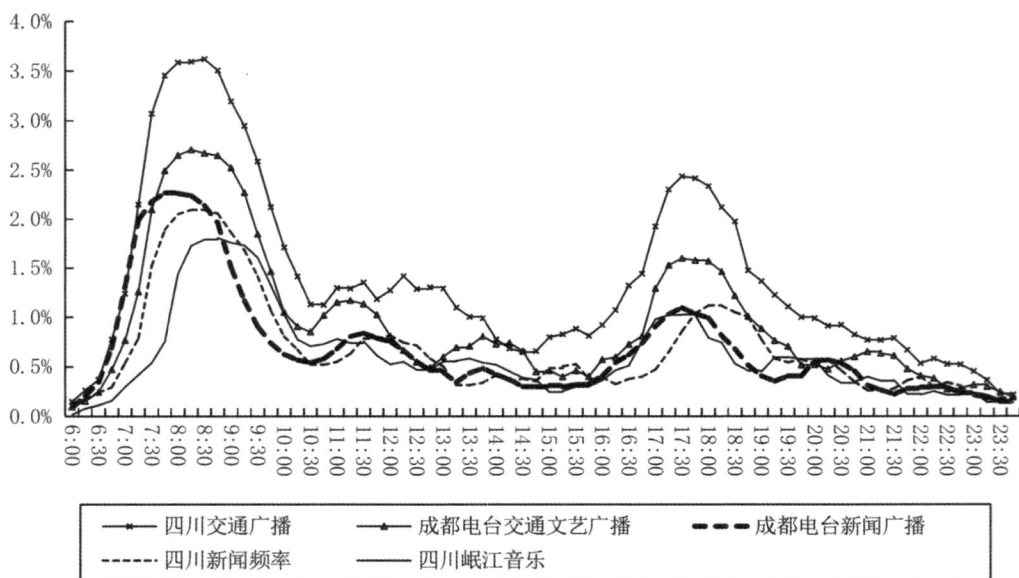

图1.13.1　成都地区主要电台的时段收听率-1

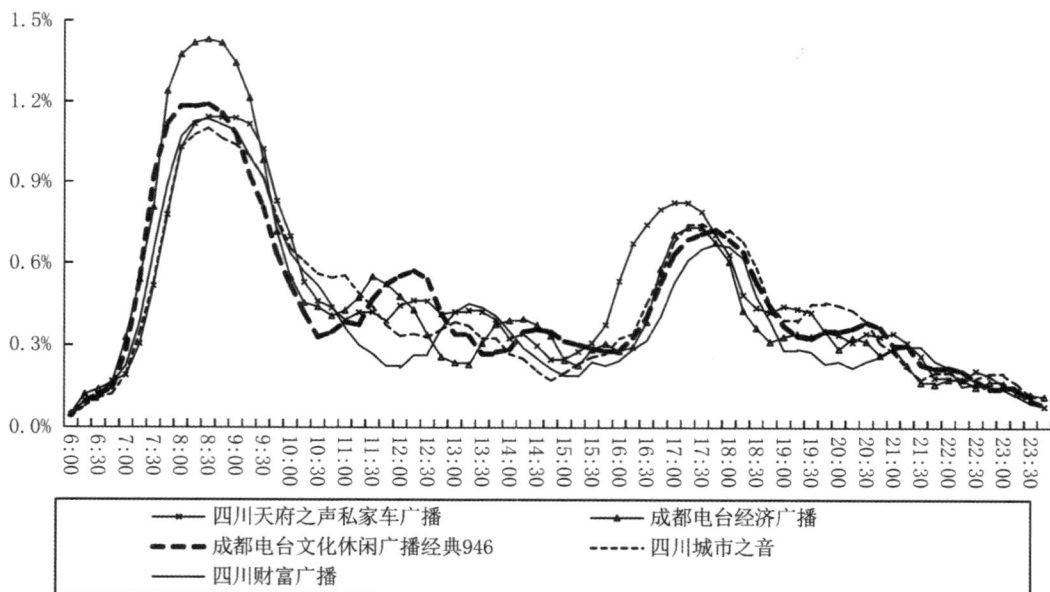

图1.13.2　成都地区主要电台的时段收听率-2

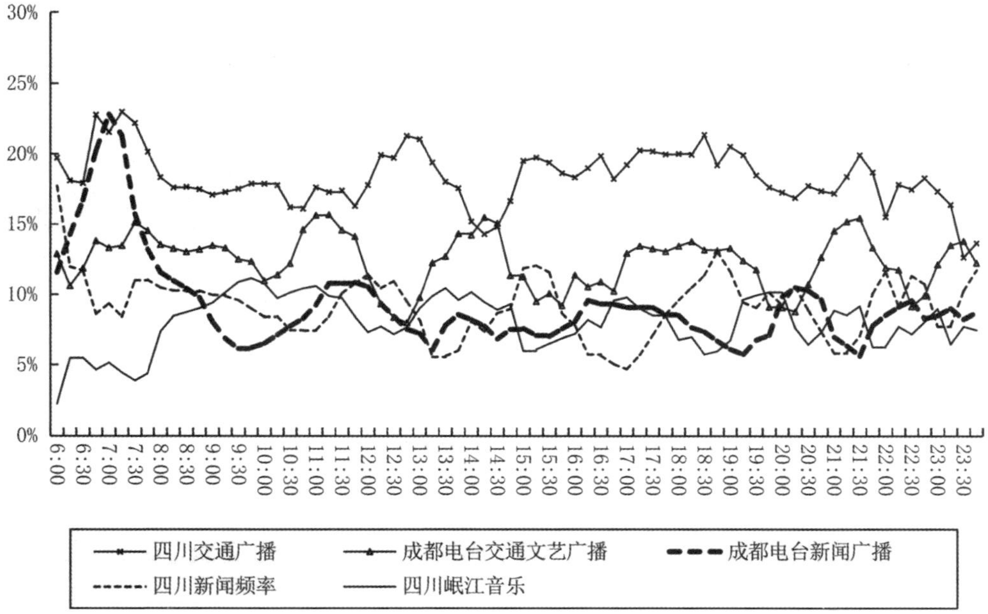

图1.13.3　成都地区主要电台的时段占有率-1

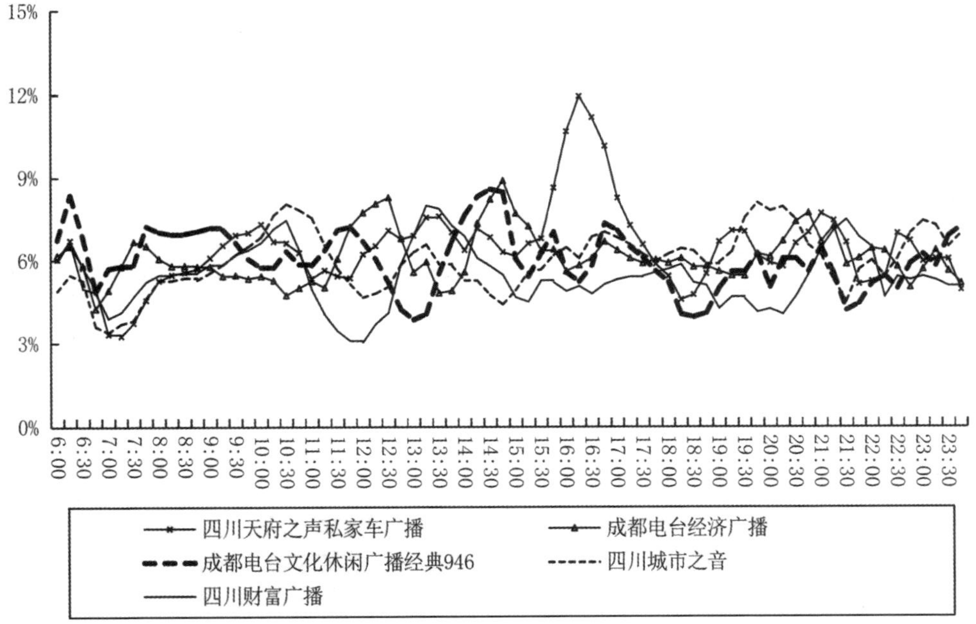

图1.13.4　成都地区主要电台的时段占有率-2

十四、哈尔滨地区收听率数据

表1.14.1 哈尔滨地区主要电台频率的平均收听率和市场份额

排名	电台名称	平均收听率（%）	市场份额（%）
1	龙广交通台	1.38	13.9
2	龙广都市女性台	1.36	13.6
3	哈尔滨文艺广播	1.29	13.0
4	哈尔滨交通广播	1.26	12.7
5	哈尔滨新闻广播	1.13	11.4
6	龙广爱家频道	1.12	11.3
7	龙广私家车频道	0.64	6.5
8	龙广新闻台	0.51	5.1
9	哈尔滨音乐广播	0.42	4.2
10	龙广音乐台	0.21	2.1

表1.14.2 哈尔滨地区主要电台频率的到达率和日到达率

排名	电台名称	到达率（%）	日到达率（%）
1	龙广都市女性台	39.6	13.1
2	龙广交通台	39.4	15.0
3	哈尔滨交通广播	36.2	15.8
4	哈尔滨文艺广播	36.0	14.0
5	哈尔滨新闻广播	34.3	13.5
6	龙广爱家频道	32.2	13.5
7	龙广私家车频道	22.9	10.3
8	龙广新闻台	20.8	7.4
9	哈尔滨音乐广播	17.5	7.4
10	龙广音乐台	14.8	3.6

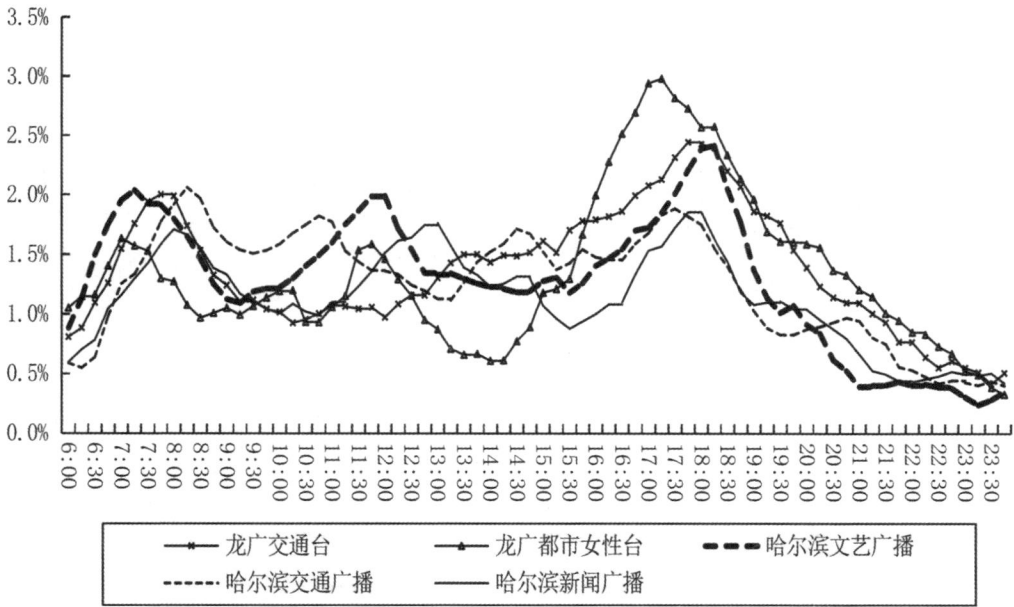

图1.14.1　哈尔滨地区主要电台的时段收听率-1

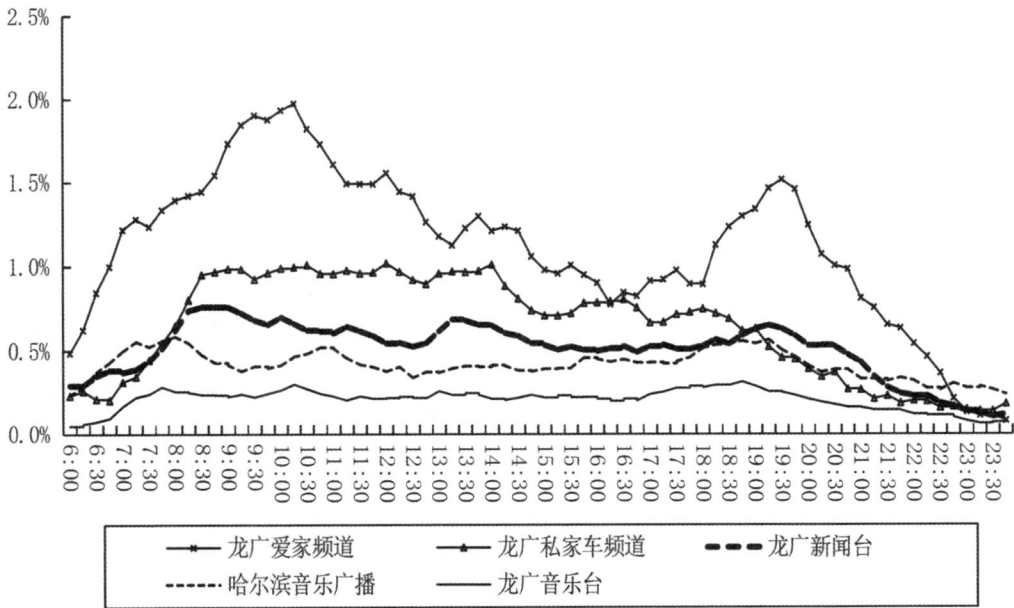

图1.14.2　哈尔滨地区主要电台的时段收听率-2

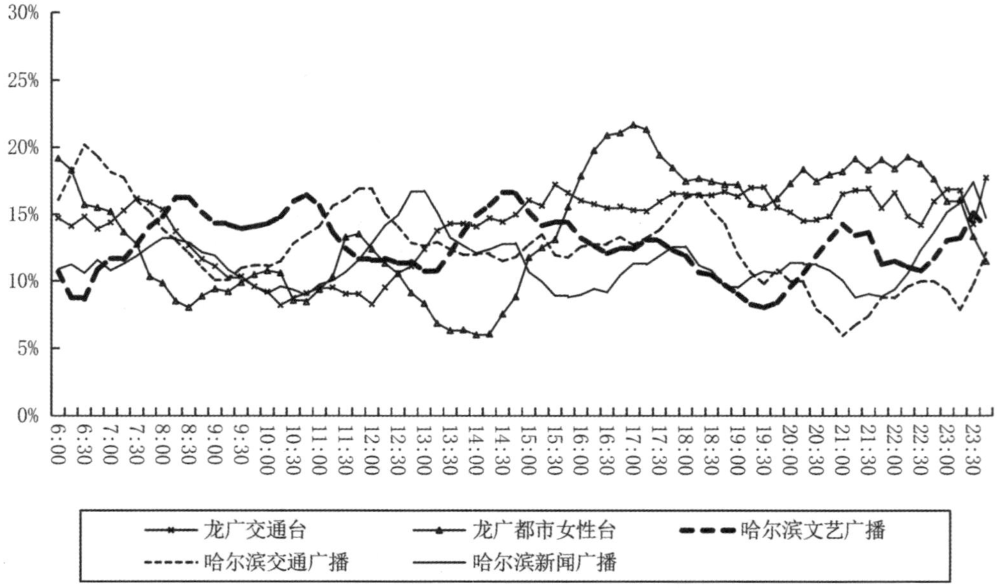

图1.14.3　哈尔滨地区主要电台的时段占有率-1

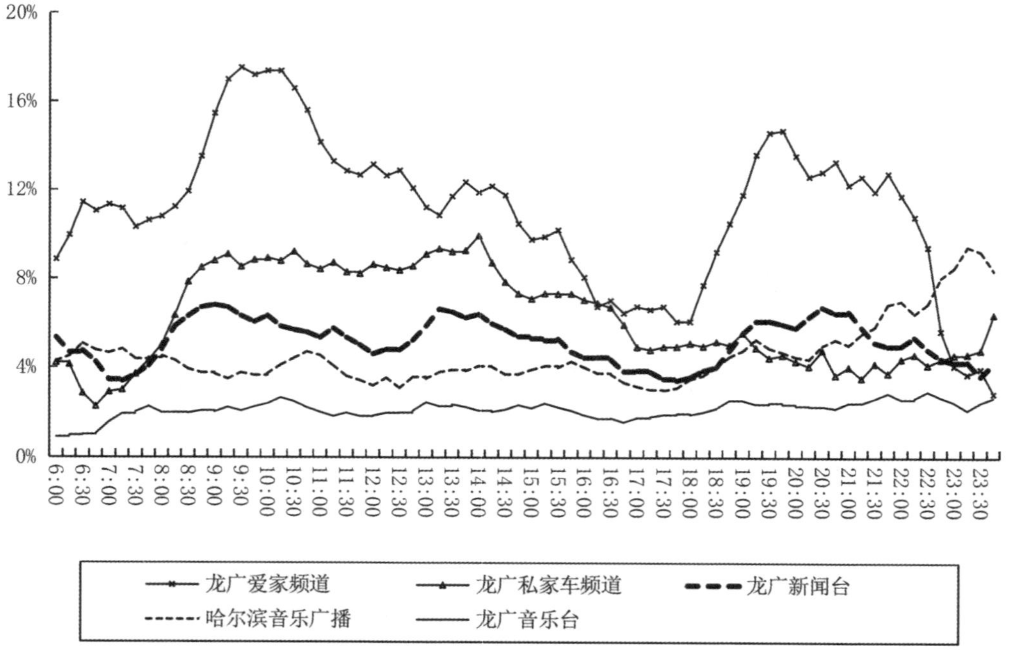

图1.14.4　哈尔滨地区主要电台的时段占有率-2

十五、长春地区收听率数据

表1.15.1 长春地区主要电台频率的平均收听率和市场份额

排名	电台名称	平均收听率（%）	市场份额（%）
1	长春交通之声	1.32	23.2
2	吉林交通广播	0.70	12.3
3	吉林新闻综合广播	0.68	12.0
4	长春新闻广播	0.39	6.9
5	吉林资讯广播	0.38	6.7
6	吉林音乐广播	0.36	6.4
7	中央广播电视总台中国之声	0.32	5.6
8	长春乡村戏曲广播 多彩90	0.24	4.2
9	吉林健康娱乐广播	0.23	4.1
9	长春UFM88.0	0.23	4.1

表1.15.2 长春地区主要电台频率的到达率和日到达率

排名	电台名称	到达率（%）	日到达率（%）
1	长春交通之声	28.2	14.2
2	吉林交通广播	26.1	10.4
3	吉林新闻综合广播	25.1	9.7
4	长春新闻广播	24.2	6.6
5	吉林音乐广播	20.3	6.4
6	吉林资讯广播	18.9	6.8
7	吉林健康娱乐广播	17.3	5.5
8	中央广播电视总台中国之声	16.7	6.5
9	长春UFM88.0	16.7	5.0
10	长春城市生活广播	16.4	4.3

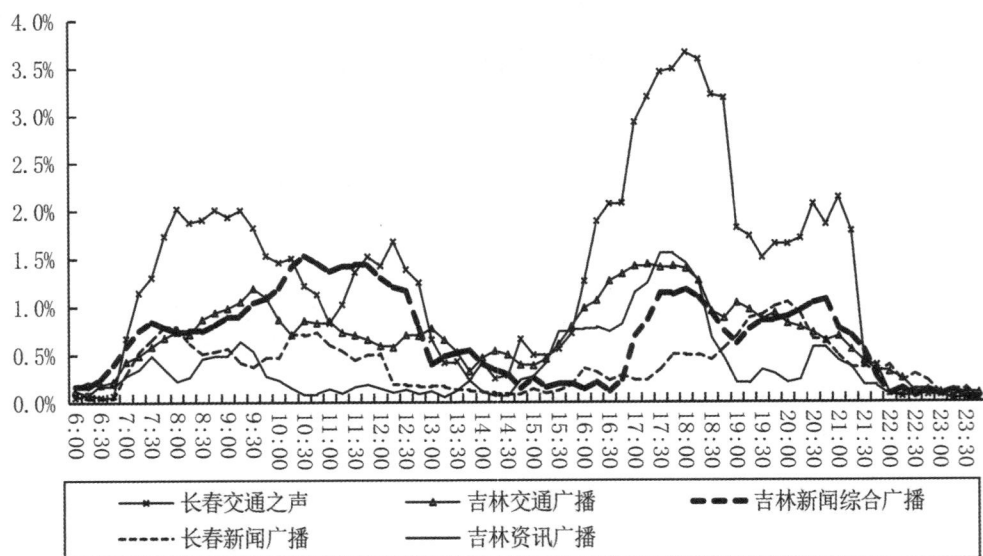

图1.15.1　长春地区主要电台的时段收听率-1

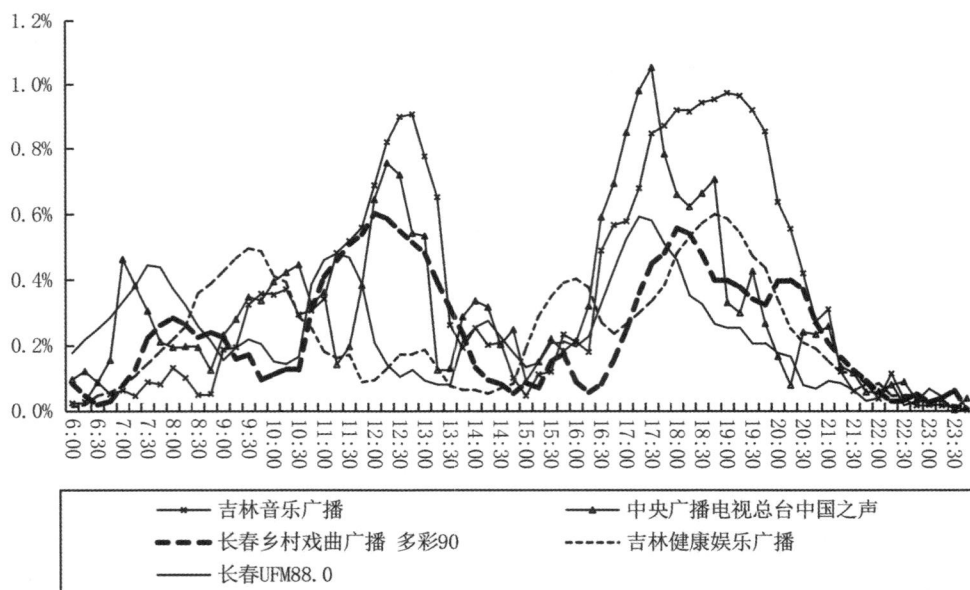

图1.15.2　长春地区主要电台的时段收听率-2

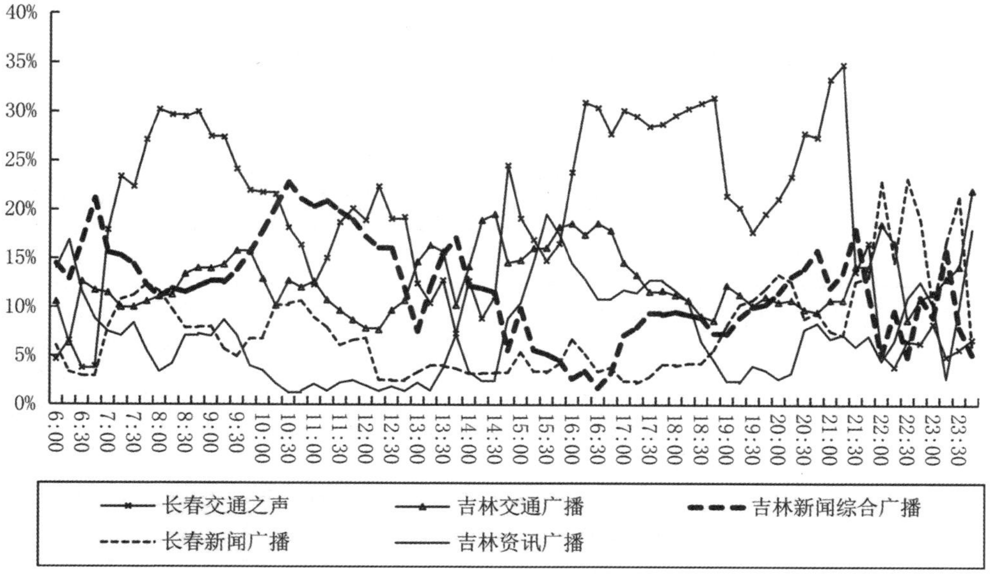

图1.15.3　长春地区主要电台的时段占有率-1

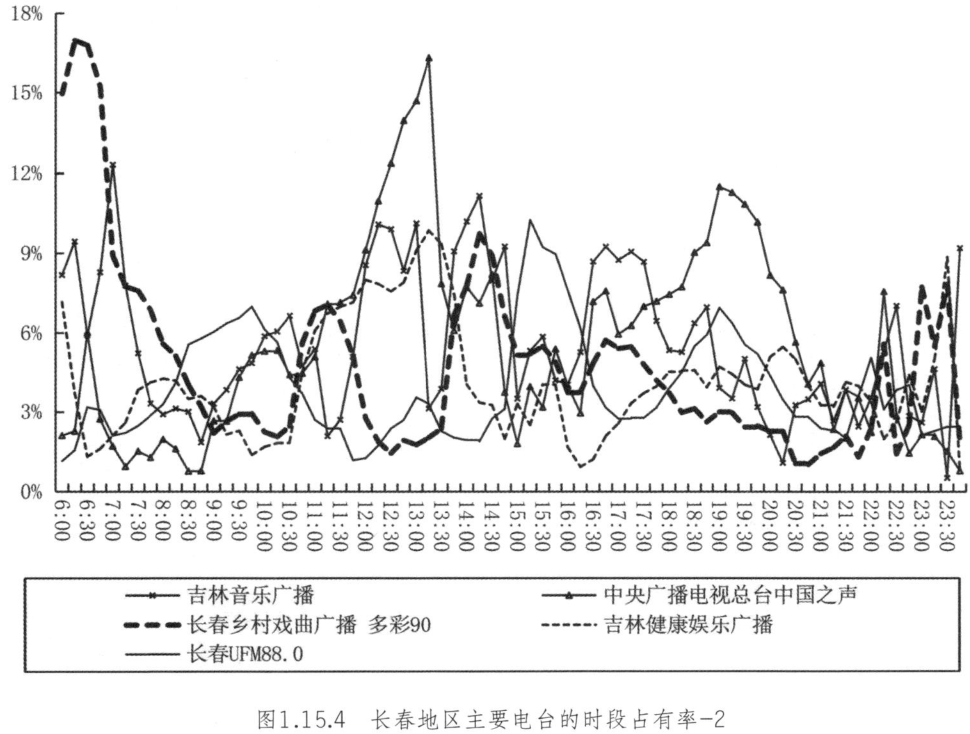

图1.15.4　长春地区主要电台的时段占有率-2

67

十六、石家庄地区收听率数据

表1.16.1　石家庄地区主要电台频率的平均收听率和市场份额

排名	电台名称	平均收听率（%）	市场份额（%）
1	石家庄交通广播	0.70	13.9
2	石家庄新闻广播	0.62	12.3
3	河北交通广播	0.60	12.0
4	石家庄音乐广播	0.48	9.5
5	河北新闻广播	0.39	7.8
6	中央广播电视总台交通广播	0.39	7.7
7	河北音乐广播	0.33	6.5
8	中央广播电视总台中国之声	0.31	6.2
9	河北私家车广播	0.18	3.5
10	石家庄经济广播	0.16	3.2

表1.16.2　石家庄地区主要电台频率的到达率和日到达率

排名	电台名称	到达率（%）	日到达率（%）
1	石家庄交通广播	36.4	12.8
2	石家庄新闻广播	30.4	9.8
3	河北交通广播	26.4	10.0
4	河北新闻广播	22.7	8.3
5	石家庄音乐广播	21.6	8.3
6	河北音乐广播	20.0	7.2
7	中央广播电视总台中国之声	16.3	6.2
8	石家庄经济广播	14.1	4.5
9	河北故事广播	12.5	4.0
10	河北生活广播	9.9	2.8

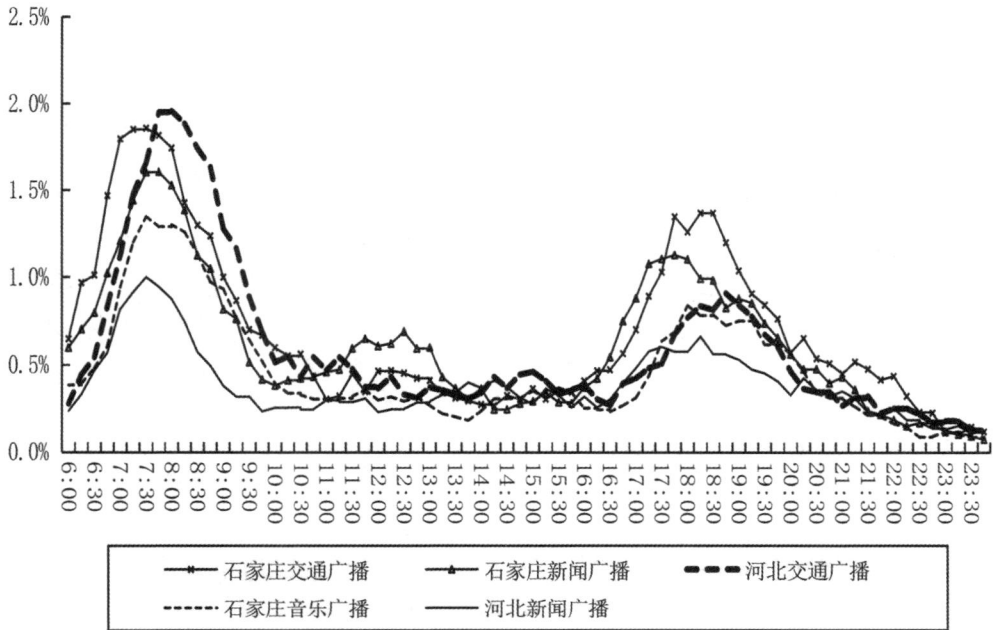

图1.16.1　石家庄地区主要电台的时段收听率-1

图例：
- 石家庄交通广播
- 石家庄新闻广播
- 河北交通广播
- 石家庄音乐广播
- 河北新闻广播

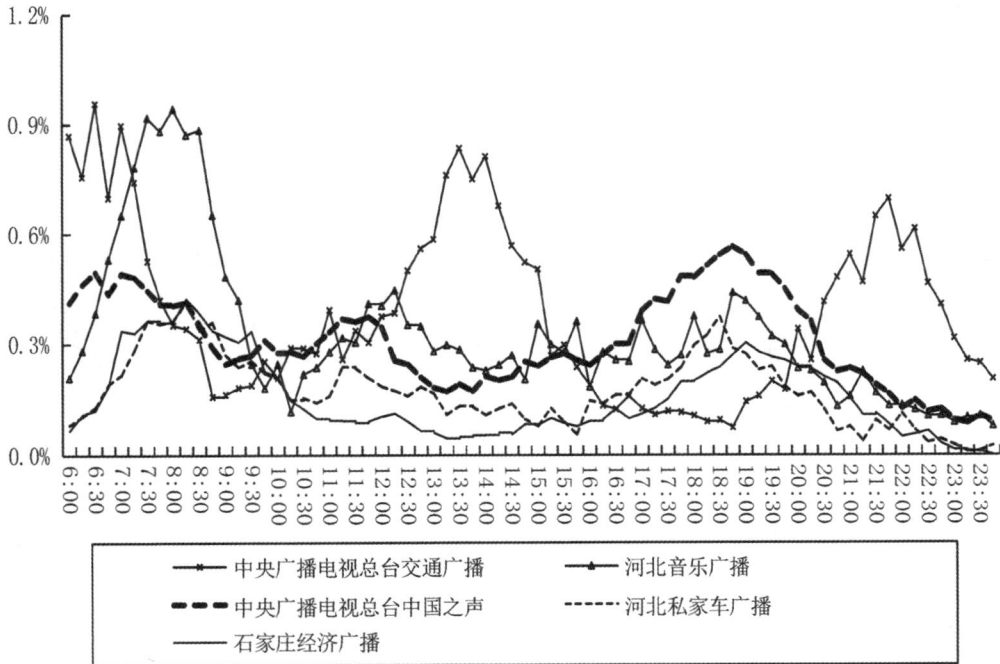

图1.16.2　石家庄地区主要电台的时段收听率-2

图例：
- 中央广播电视总台交通广播
- 河北音乐广播
- 中央广播电视总台中国之声
- 河北私家车广播
- 石家庄经济广播

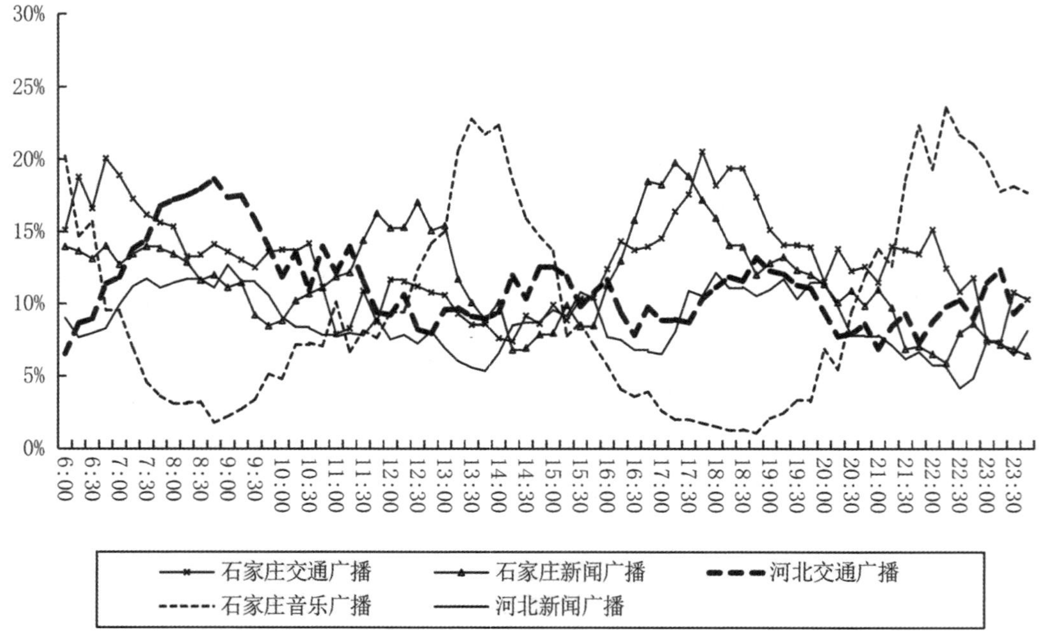

1.16.3　石家庄地区主要电台的时段占有率-1

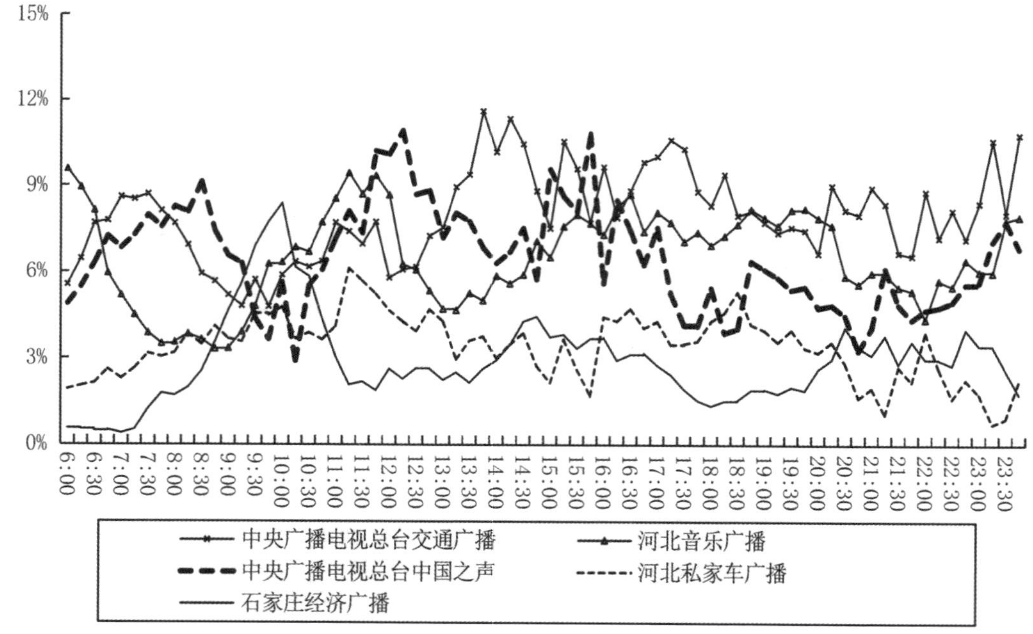

图1.16.4　石家庄地区主要电台的时段占有率-2

十七、太原地区收听率数据

表1.17.1　太原地区主要电台频率的平均收听率和市场份额

排名	电台名称	平均收听率（%）	市场份额（%）
1	太原交通广播	1.10	21.5
2	太原音乐广播	0.72	14.0
3	太原经济广播	0.56	10.8
4	山西交通广播	0.41	8.0
5	太原综合广播	0.36	6.9
6	山西经济广播	0.29	5.6
7	山西音乐广播	0.22	4.2
8	太原老年之声	0.20	3.9
9	山西综合广播	0.18	3.6
10	中央广播电视总台经济之声	0.18	3.5

表1.17.2　太原地区主要电台频率的到达率和日到达率

排名	电台名称	到达率（%）	日到达率（%）
1	太原交通广播	29.9	12.7
2	太原音乐广播	21.0	8.9
3	中央广播电视总台中国之声	18.3	3.9
4	山西综合广播	16.5	3.1
5	太原经济广播	16.0	6.3
6	太原综合广播	15.5	5.2
7	山西交通广播	15.3	6.4
8	山西文艺广播	12.8	3.2
9	山西音乐广播	10.8	4.1
10	中央广播电视总台经济之声	8.2	3.2

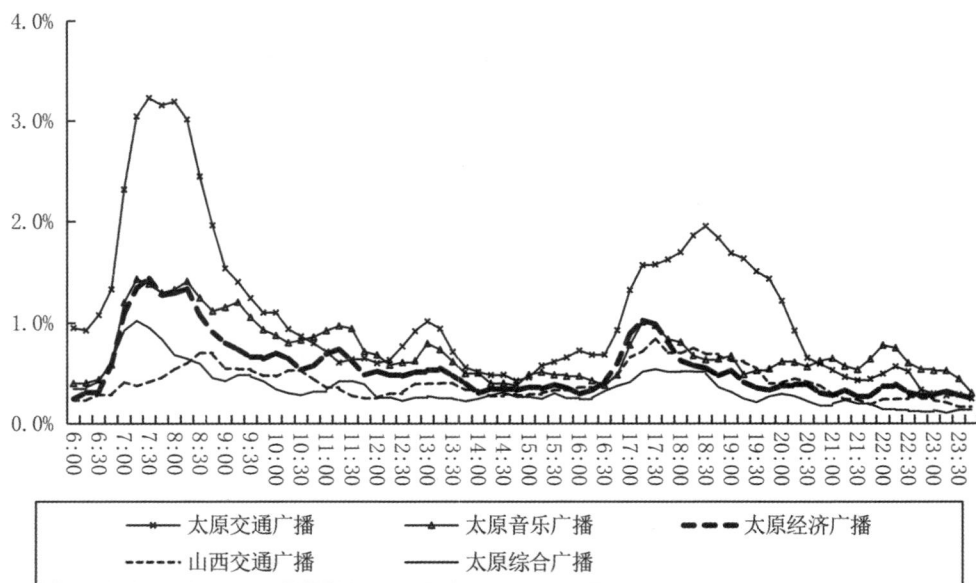

图1.17.1　太原地区主要电台的时段收听率－1

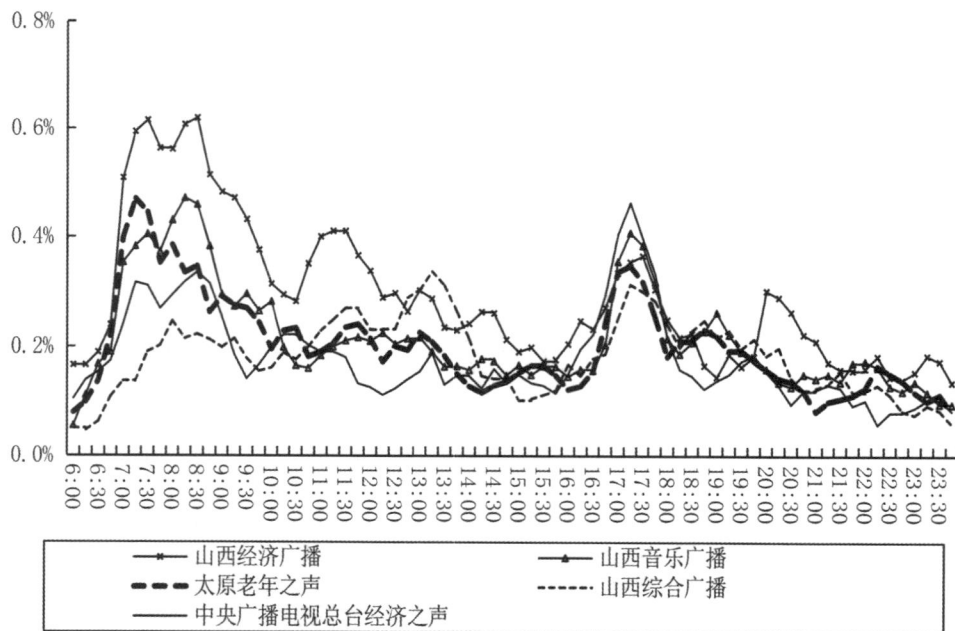

图1.17.2　太原地区主要电台的时段收听率－2

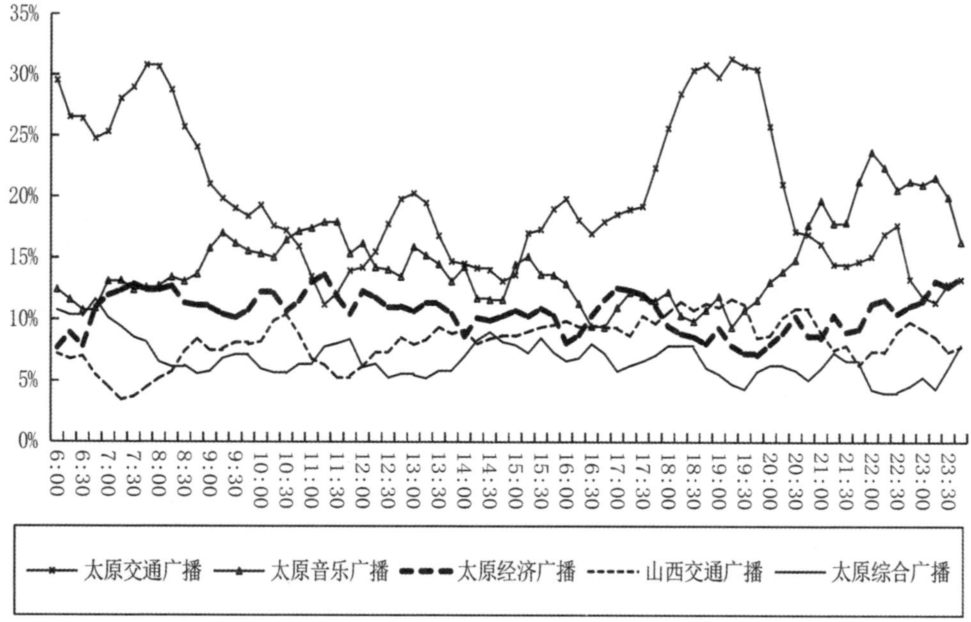

图1.17.3　太原地区主要电台的时段占有率-1

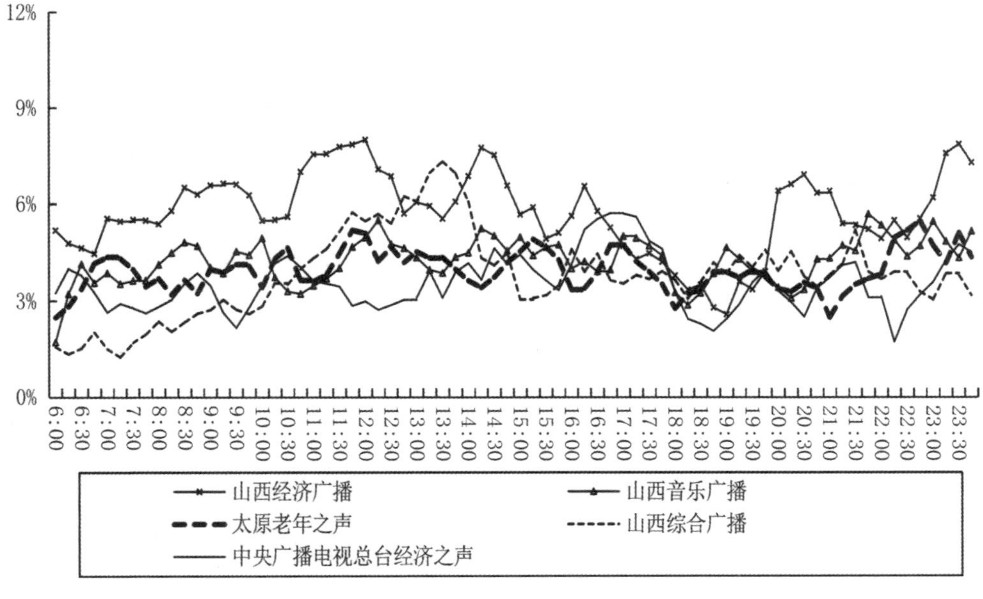

图1.17.4　太原地区主要电台的时段占有率-2

十八、银川地区收听率数据

表1.18.1　银川地区主要电台频率的平均收听率和市场份额

排名	电台名称	平均收听率（%）	市场份额（%）
1	宁夏交通广播	0.65	16.5
2	宁夏经济广播	0.53	13.3
3	宁夏新闻广播	0.52	13.1
4	银川都市经济广播（女主播电台）	0.45	11.3
5	银川交通音乐广播	0.44	11.2
6	宁夏音乐广播	0.35	8.8
7	银川新闻综合广播	0.34	8.6
8	银川新闻综合广播AM801	0.29	7.2
9	宁夏旅游广播	0.24	6.0
10	中央广播电视总台经济之声	0.06	1.5

表1.18.2　银川地区主要电台频率的到达率和日到达率

排名	电台名称	到达率（%）	日到达率（%）
1	宁夏交通广播	39.5	10.7
2	银川交通音乐广播	35.2	8.5
3	宁夏新闻广播	33.2	7.3
4	宁夏经济广播	31.9	7.2
5	宁夏旅游广播	29.5	5.1
6	银川都市经济广播（女主播电台）	24.9	7.0
7	中央广播电视总台经济之声	20.1	2.4
8	中央广播电视总台中国之声	20.1	1.7
9	银川新闻综合广播AM801	19.5	5.7
10	中央广播电视总台音乐之声	18.3	1.4

图1.18.1　银川地区主要电台的时段收听率-1

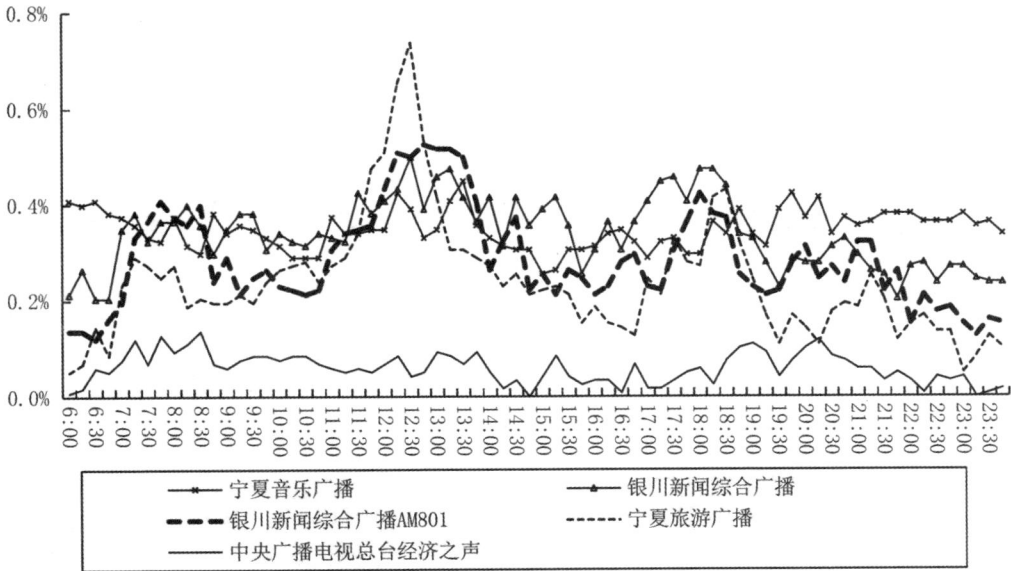

图1.18.2　银川地区主要电台的时段收听率-2

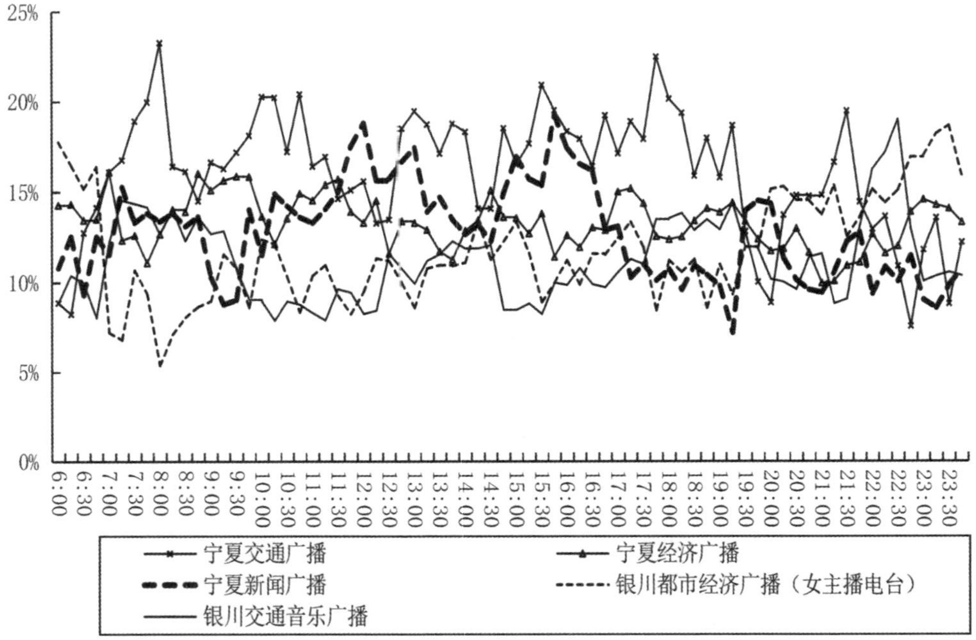

图1.18.3 银川地区主要电台的时段占有率-1

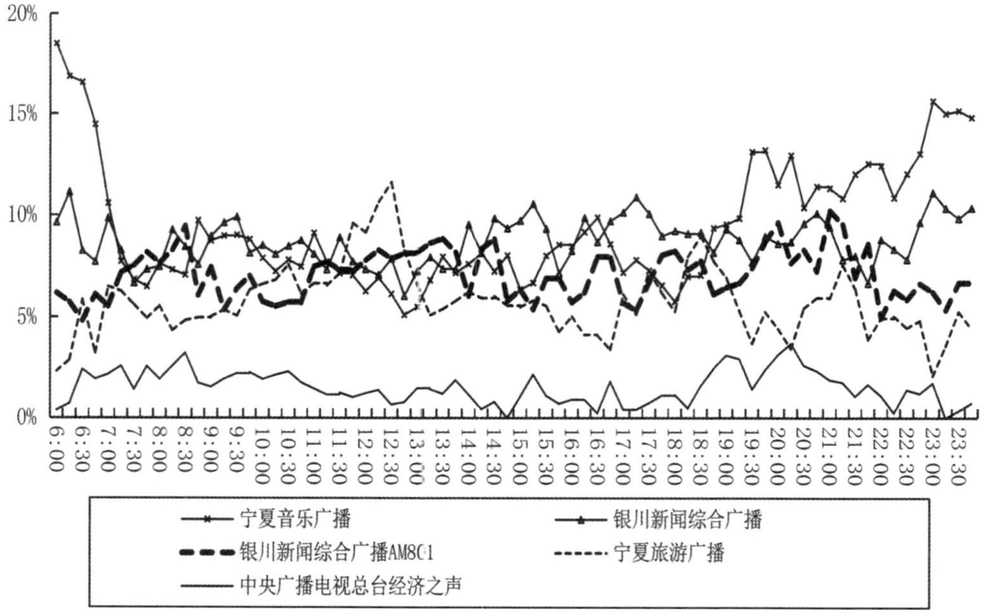

图1.18.4 银川地区主要电台的时段占有率-2

十九、济南地区收听率数据

表1.19.1 济南地区主要电台频率的平均收听率和市场份额

排名	电台名称	平均收听率（%）	市场份额（%）
1	济南音乐广播Music88.7	0.95	14.6
2	山东广播电视台交通广播	0.73	11.2
3	济南交通广播	0.69	10.7
4	济南新闻广播	0.60	9.2
4	山东广播电视台综合广播	0.60	9.2
6	山东广播电视台音乐广播	0.56	8.6
7	山东广播电视台文艺广播	0.33	5.1
8	山东广播电视台经济广播	0.31	4.8
8	中央广播电视总台交通广播	0.31	4.8
10	山东广播电视台体育休闲广播	0.29	4.5

表1.19.2 济南地区主要电台频率的到达率和日到达率

排名	电台名称	到达率（%）	日到达率（%）
1	山东广播电视台交通广播	19.6	10.5
2	济南音乐广播Music88.7	18.0	10.6
3	山东广播电视台综合广播	17.9	6.7
4	济南新闻广播	16.6	8.6
5	济南交通广播	14.5	8.8
6	山东广播电视台文艺广播	12.6	5.6
7	山东广播电视台音乐广播	12.0	6.4
8	济南经济广播	8.6	4.5
9	山东广播电视台经济广播	8.1	3.3
10	山东广播电视台经典音乐广播	7.2	3.0

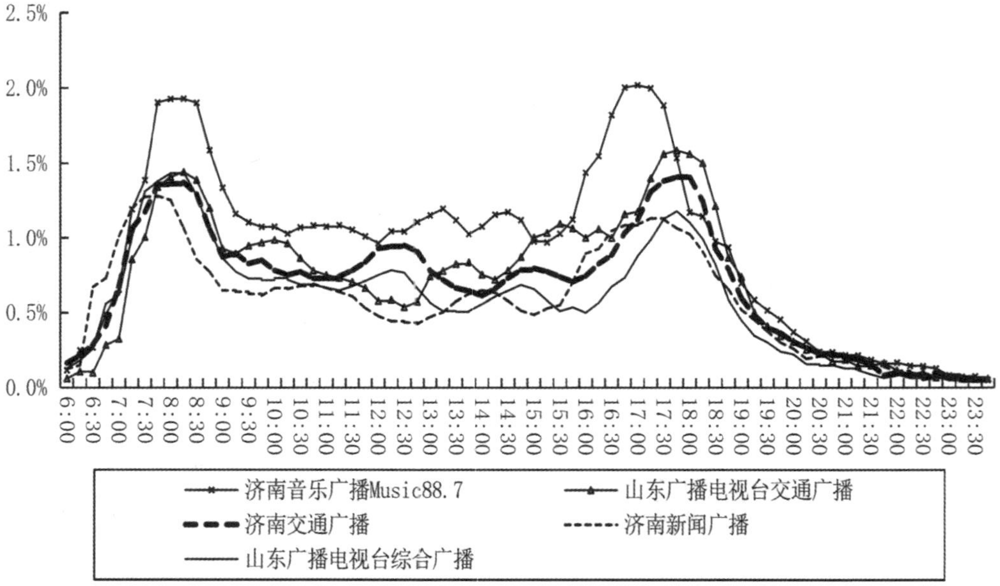

图1.19.1 济南地区主要电台的时段收听率-1

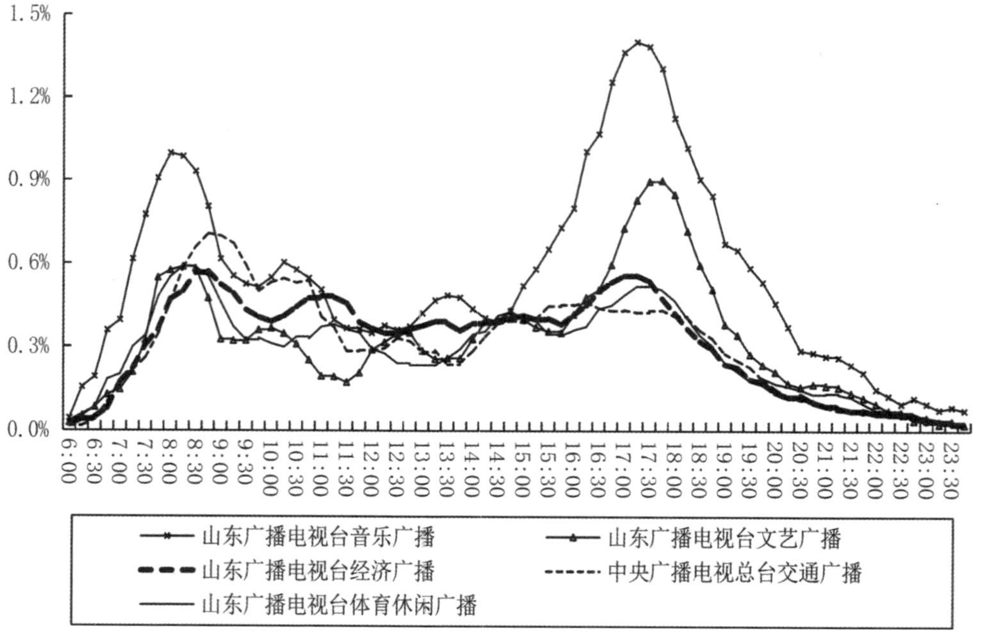

图1.19.2 济南地区主要电台的时段收听率-2

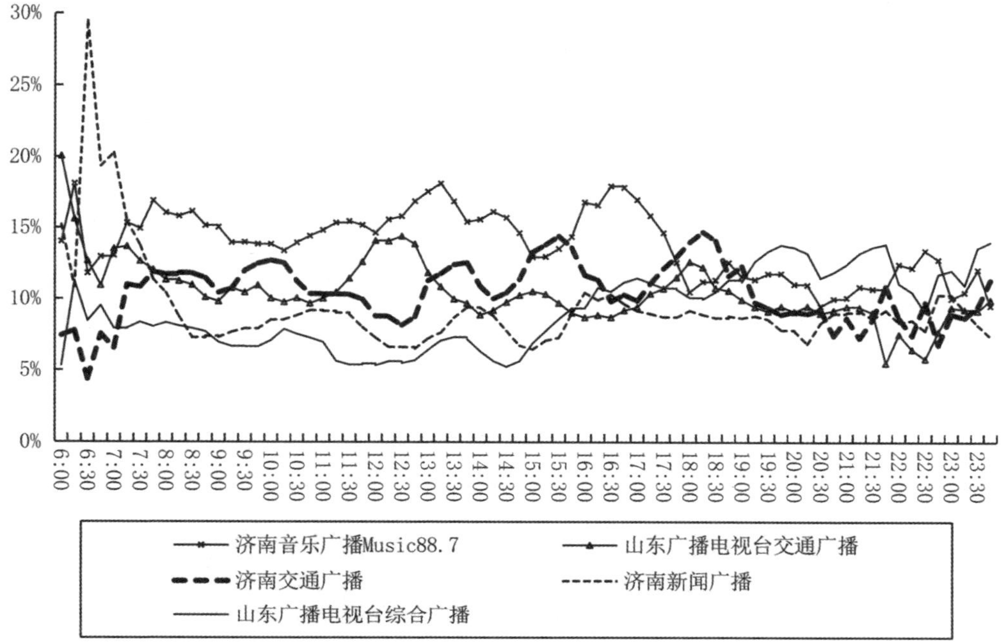

图1.19.3 济南地区主要电台的时段占有率-1

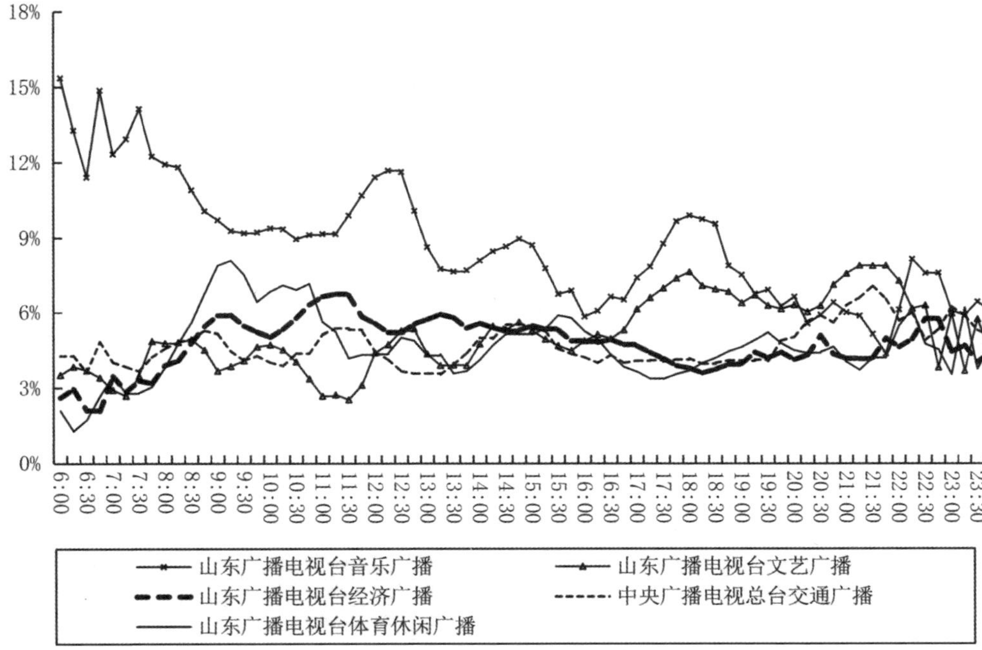

图1.19.4 济南地区主要电台的时段占有率-2

二十、郑州地区收听率数据

表1.20.1　郑州地区主要电台频率的平均收听率和市场份额

排名	电台名称	平均收听率（%）	市场份额（%）
1	河南交通广播	0.74	12.2
2	郑州交通广播	0.72	11.9
3	郑州新闻综合广播	0.66	10.9
3	郑州音乐广播	0.66	10.9
5	河南音乐广播	0.62	10.3
6	河南戏曲广播娱乐976	0.46	7.6
7	河南私家车广播999	0.31	5.2
8	河南流行音乐广播FM90.0MyRadio	0.30	4.9
9	河南新闻广播	0.20	3.2
10	河南经济广播	0.19	3.1

表1.20.2　郑州地区主要电台频率的到达率和日到达率

排名	电台名称	到达率（%）	日到达率（%）
1	河南音乐广播	25.1	10.2
2	河南交通广播	24.9	10.7
3	郑州音乐广播	24.1	8.1
4	郑州新闻综合广播	24.0	7.9
5	河南戏曲广播娱乐976	22.3	6.5
6	郑州交通广播	22.1	6.3
7	河南新闻广播	16.9	3.1
8	河南经济广播	15.7	2.9
9	河南私家车广播999	15.4	5.0
10	河南流行音乐广播FM90.0MyRadio	13.2	5.5

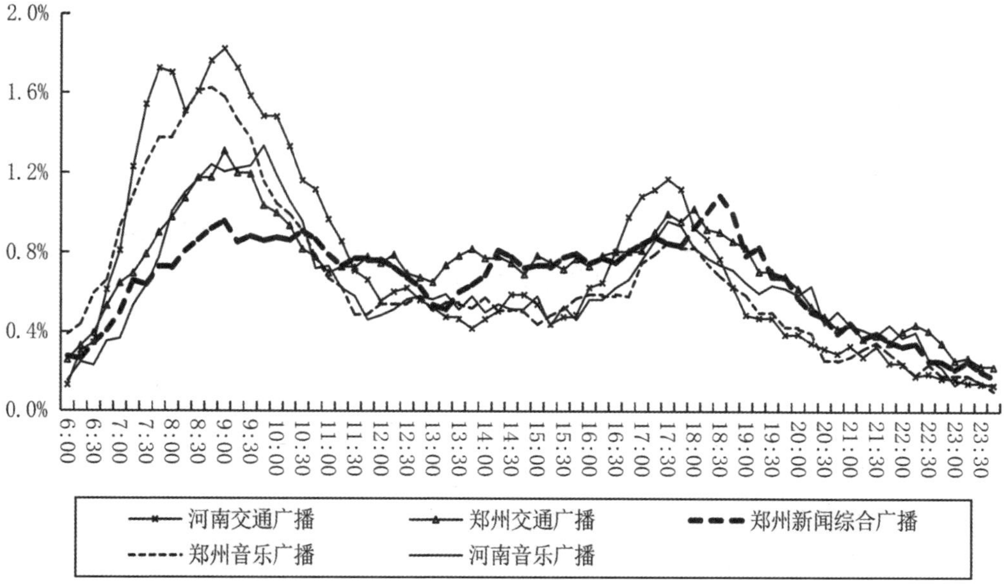

图1.20.1　郑州地区主要电台的时段收听率-1

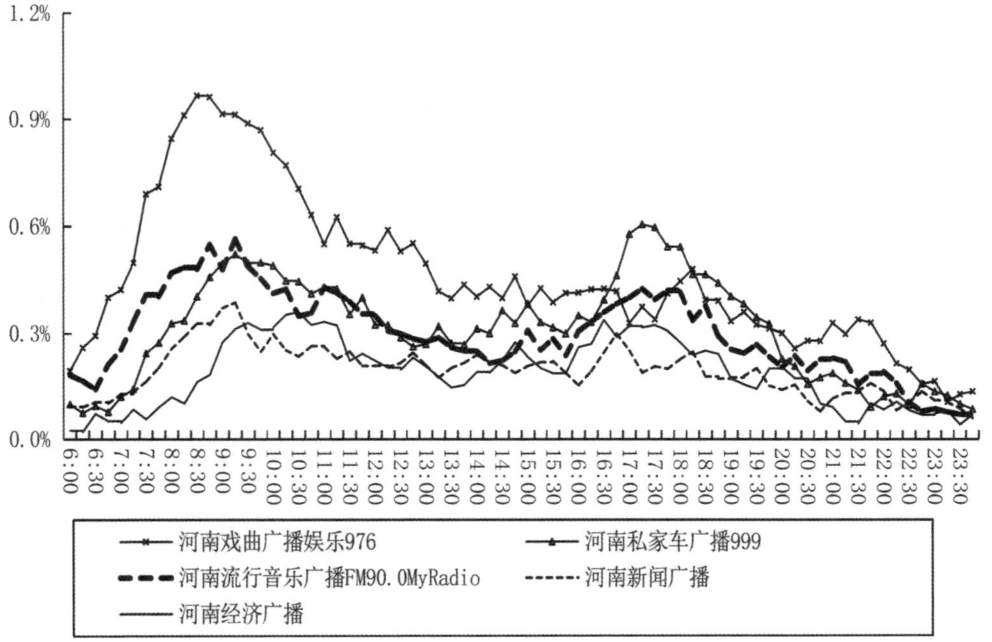

图1.20.2　郑州地区主要电台的时段收听率-2

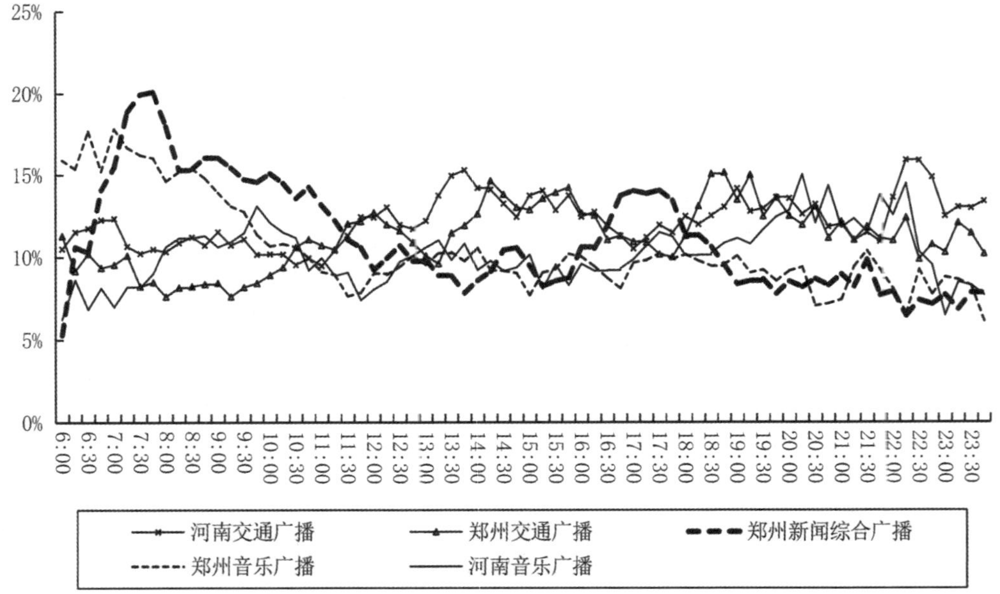

图1.20.3　郑州地区主要电台的时段占有率-1

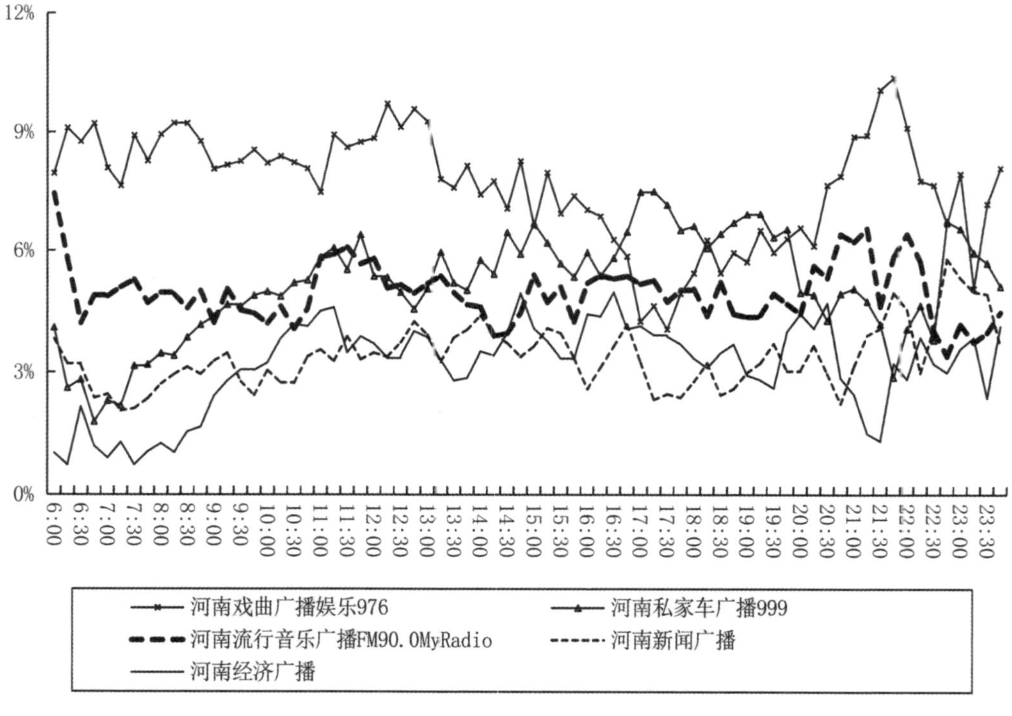

图例：河南交通广播　郑州交通广播　郑州新闻综合广播　郑州音乐广播　河南音乐广播

图1.20.4　郑州地区主要电台的时段占有率-2

图例：河南戏曲广播娱乐976　河南私家车广播999　河南流行音乐广播FM90.0MyRadio　河南新闻广播　河南经济广播

二十一、南京地区收听率数据

表1.21.1 南京地区主要电台频率的平均收听率和市场份额

排名	电台名称	平均收听率（%）	市场份额（%）
1	南京交通广播	0.80	11.7
2	南京新闻广播	0.72	10.6
3	南京音乐广播	0.65	9.5
4	中央广播电视总台交通广播	0.64	9.4
4	江苏交通广播网	0.64	9.4
6	江苏音乐广播	0.61	8.9
7	江苏新闻广播	0.57	8.3
8	江苏经典流行音乐广播	0.53	7.8
9	南京城市管理广播	0.22	3.2
10	南京体育广播	0.18	2.6

表1.21.2 南京地区主要电台频率的到达率和日到达率

排名	电台名称	到达率（%）	日到达率（%）
1	南京交通广播	22.3	7.1
2	南京新闻广播	20.1	6.7
3	中央广播电视总台交通广播	17.9	5.7
4	江苏交通广播网	17.1	6.0
5	江苏音乐广播	16.1	7.3
6	江苏经典流行音乐广播	13.9	7.6
7	江苏新闻广播	13.7	5.3
8	南京音乐广播	13.4	7.0
9	中央广播电视总台中国之声	6.6	2.9
10	南京体育广播	6.4	1.2

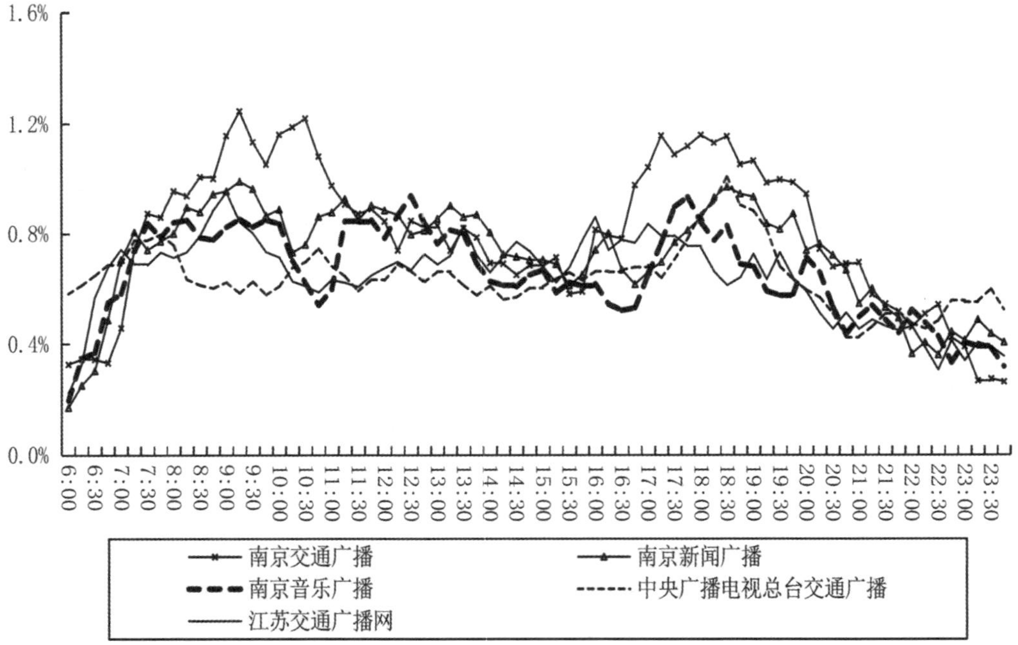

图1.21.1　南京地区主要电台的时段收听率-1

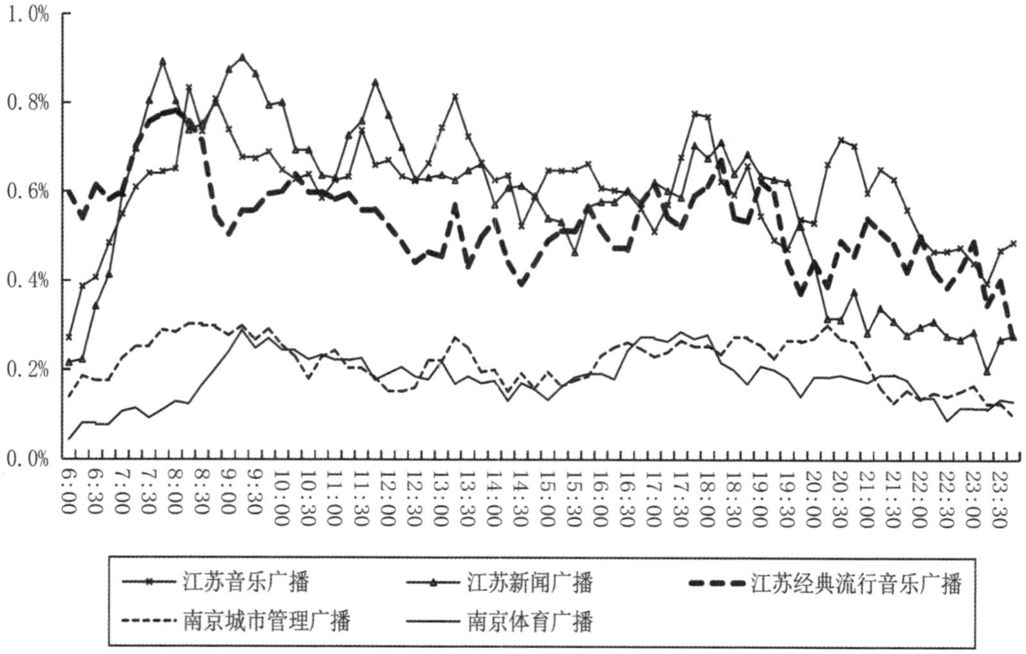

图1.21.2　南京地区主要电台的时段收听率-2

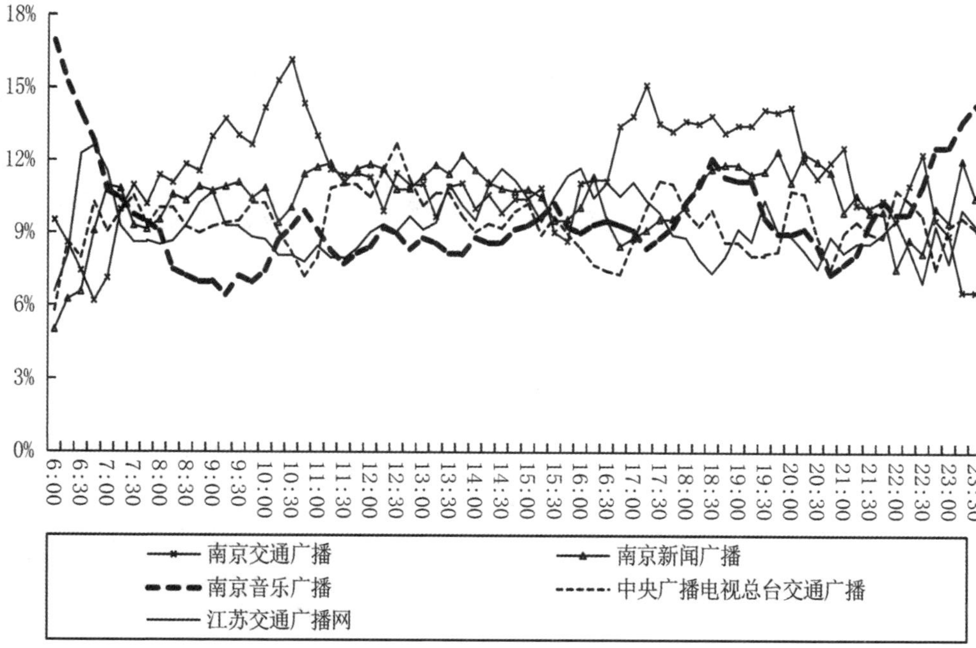

图1.21.3　南京地区主要电台的时段占有率-1

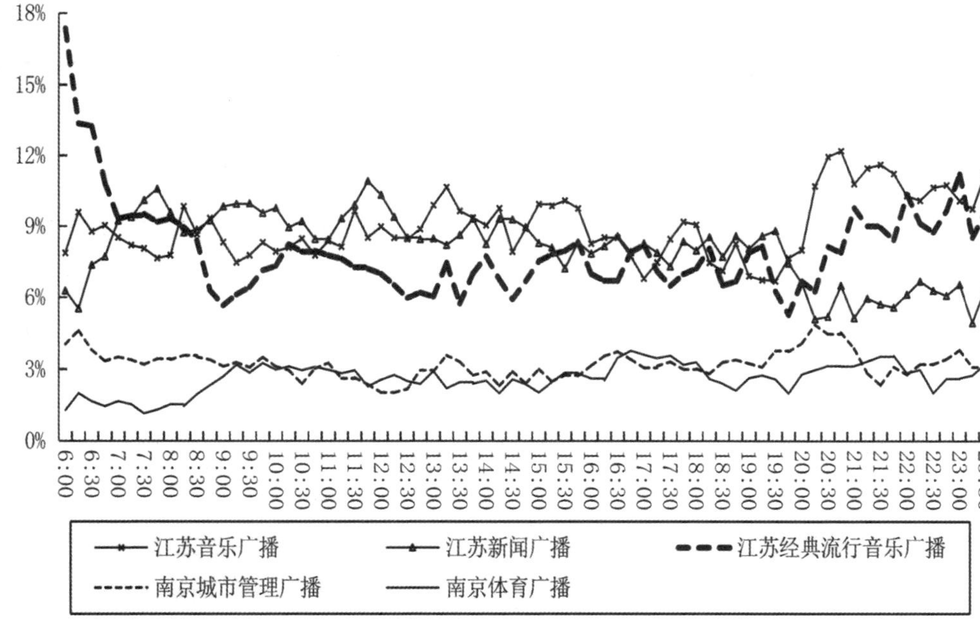

图1.21.4　南京地区主要电台的时段占有率-2

二十二、合肥地区收听率数据

表1.22.1　合肥地区主要电台频率的平均收听率和市场份额

排名	电台名称	平均收听率（%）	市场份额（%）
1	安徽交通广播	0.65	11.2
2	安徽音乐广播	0.56	9.6
3	合肥交通广播	0.54	9.3
4	合肥故事广播	0.53	9.1
5	中央广播电视总台交通广播	0.45	7.8
6	安徽新闻综合广播	0.44	7.5
7	合肥新闻综合广播	0.43	7.4
8	合肥文艺广播	0.30	5.1
9	中央广播电视总台中国之声	0.29	5.1
10	安徽经济广播	0.24	4.0

表1.22.2　合肥地区主要电台频率的到达率和日到达率

排名	电台名称	到达率（%）	日到达率（%）
1	安徽交通广播	24.6	6.8
2	安徽音乐广播	23.9	7.5
3	合肥故事广播	17.4	5.1
4	合肥交通广播	16.6	4.6
5	中央广播电视总台交通广播	14.1	2.5
6	合肥新闻综合广播	13.4	2.3
7	合肥文艺广播	9.5	2.3
8	安徽经济广播	8.8	2.6
9	中央广播电视总台中国之声	8.6	3.7
10	中央广播电视总台音乐之声	8.2	2.4

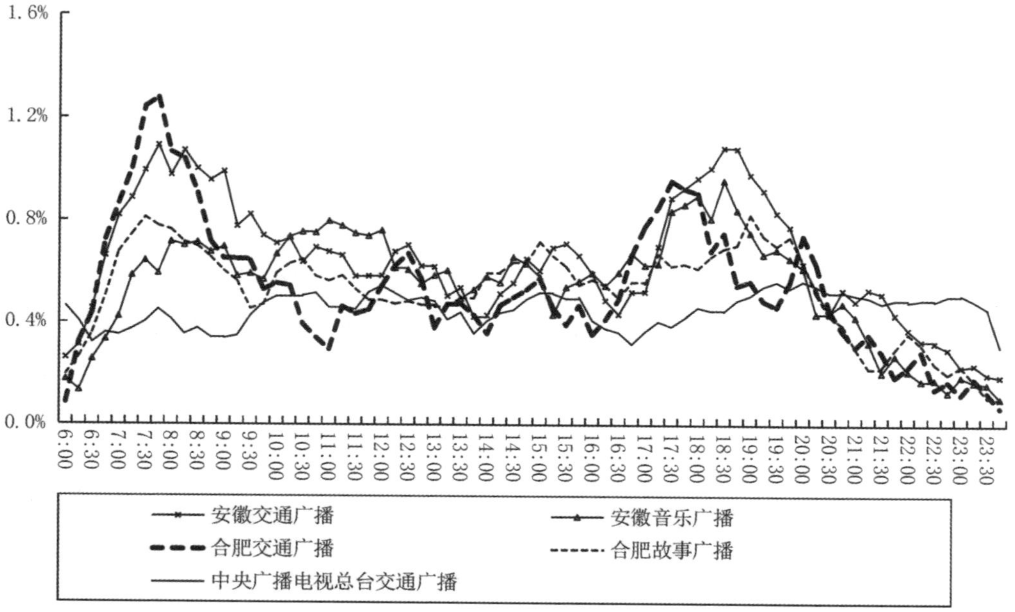

图1.22.1　合肥地区主要电台的时段收听率-1

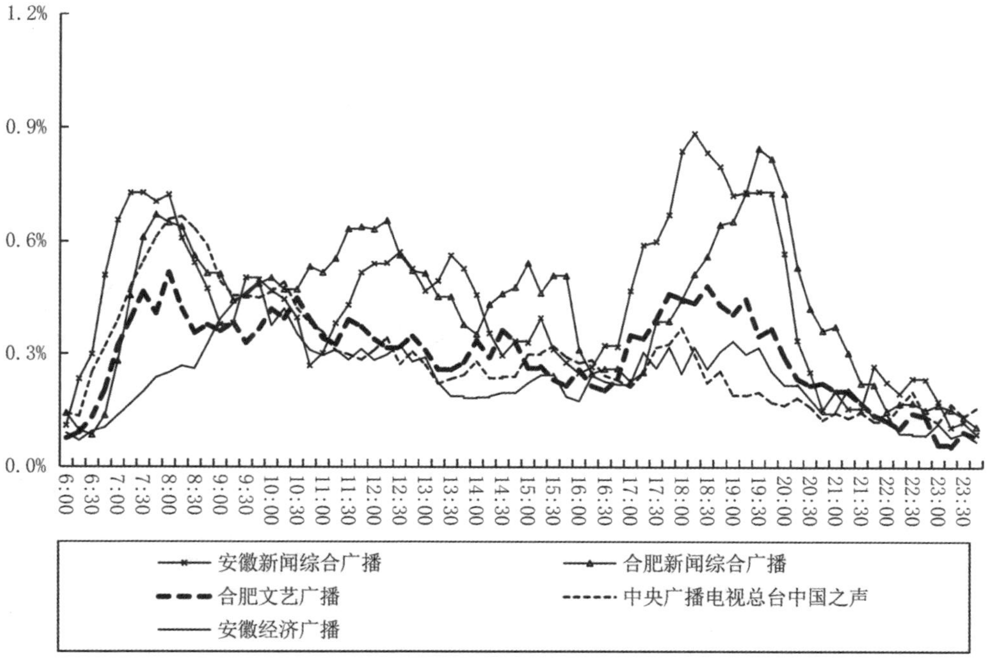

图1.22.2　合肥地区主要电台的时段收听率-2

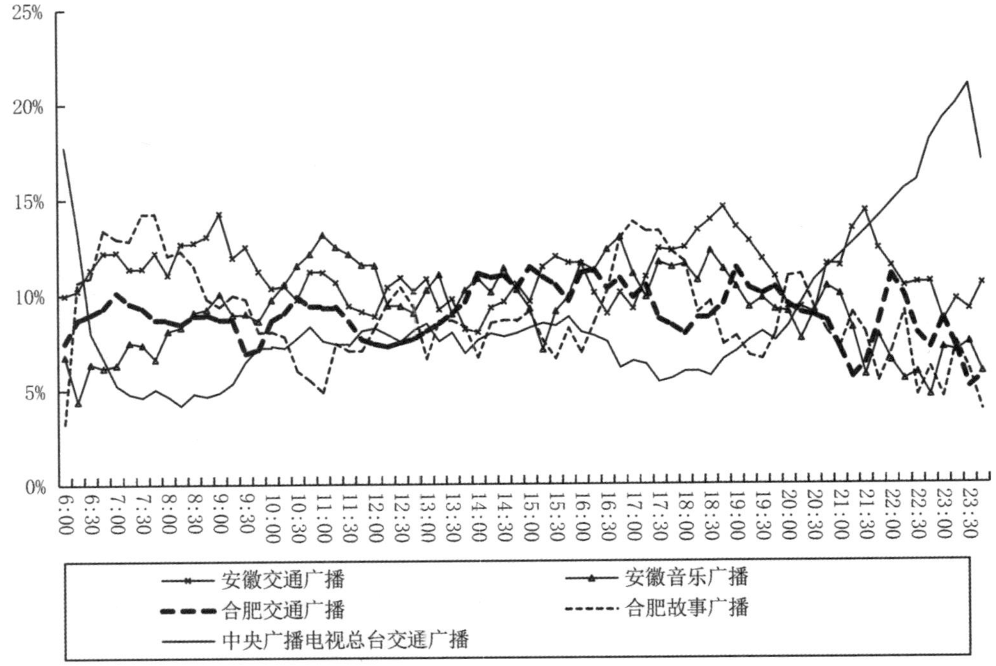

图1.22.3 合肥地区主要电台的时段占有率-1

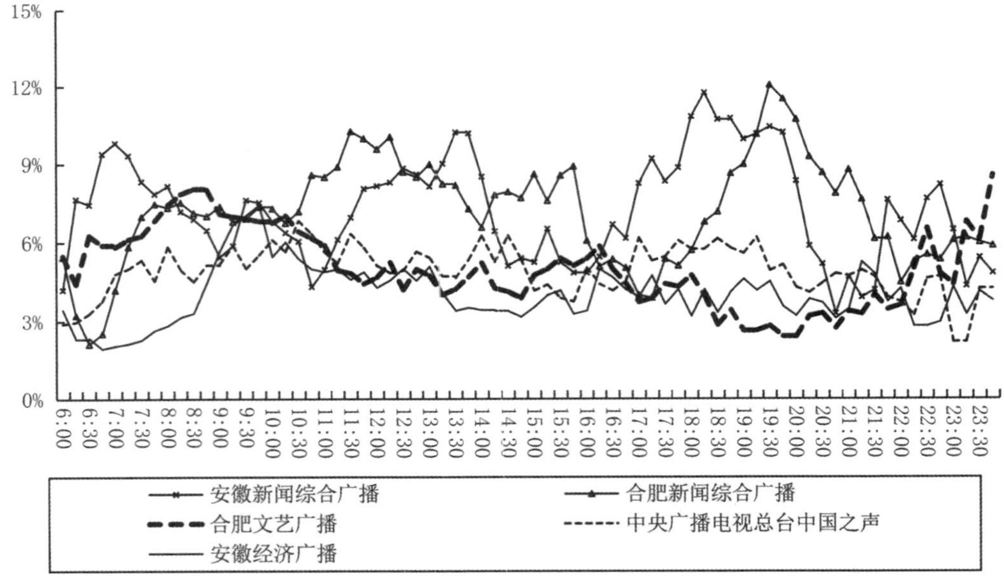

图1.22.4 合肥地区主要电台的时段占有率-2

二十三、南昌地区收听率数据

表1.23.1 南昌地区主要电台频率的平均收听率和市场份额

排名	电台名称	平均收听率（%）	市场份额（%）
1	南昌电台交通广播	1.01	17.6
2	江西交通广播	0.85	14.9
3	南昌电台新闻广播	0.74	12.9
4	江西音乐广播	0.60	10.4
5	南昌经济生活广播	0.39	6.9
6	江西新闻广播	0.35	6.1
7	中央广播电视总台中国之声	0.32	5.5
8	江西都市广播	0.26	4.5
9	中央广播电视总台交通广播	0.22	3.9
10	江西民生广播	0.20	3.4

表1.23.2 南昌地区主要电台频率的到达率和日到达率

排名	电台名称	到达率（%）	日到达率（%）
1	南昌电台交通广播	22.3	10.6
2	江西交通广播	18.2	10.7
3	南昌电台新闻广播	17.6	9.0
4	江西音乐广播	16.2	9.2
5	南昌经济生活广播	12.3	7.0
6	江西新闻广播	10.4	7.0
7	江西民生广播	9.5	6.4
8	江西都市广播	9.4	7.0
9	中央广播电视总台中国之声	9.1	7.8
10	江西故事广播	7.7	4.2

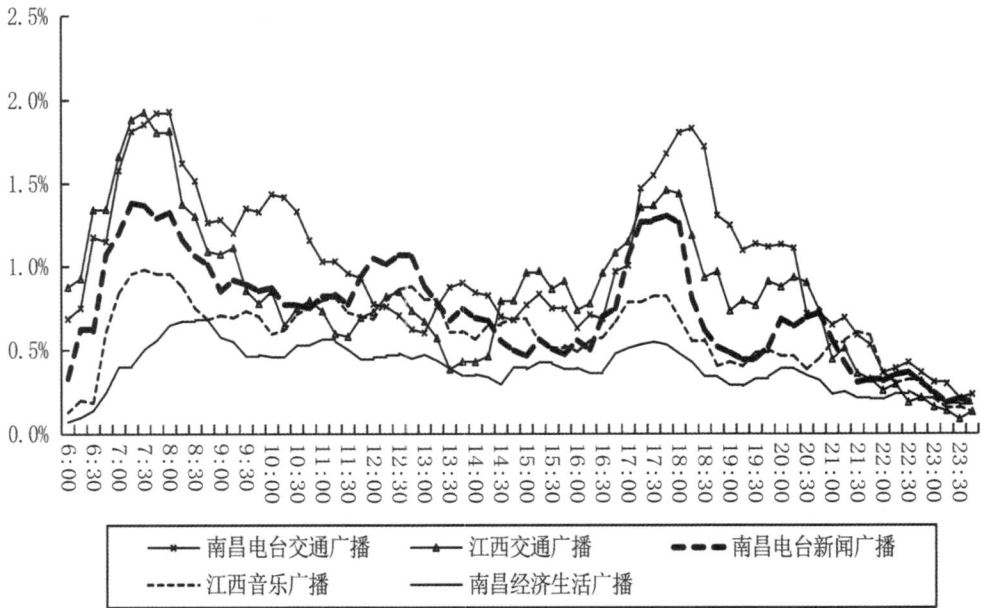

图1.23.1　南昌地区主要电台的时段收听率-1

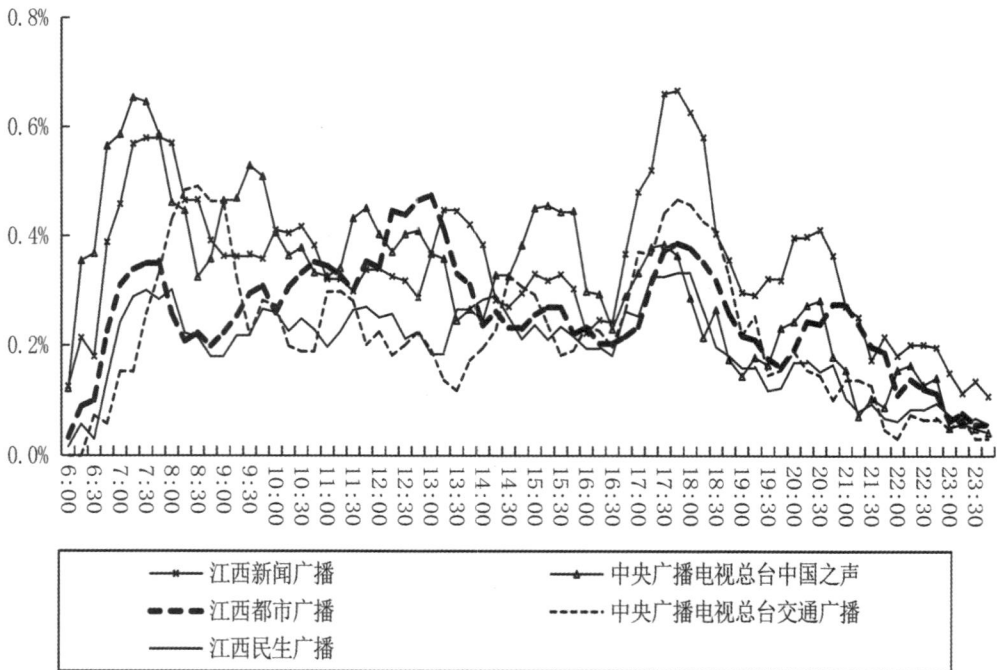

图1.23.2　南昌地区主要电台的时段收听率-2

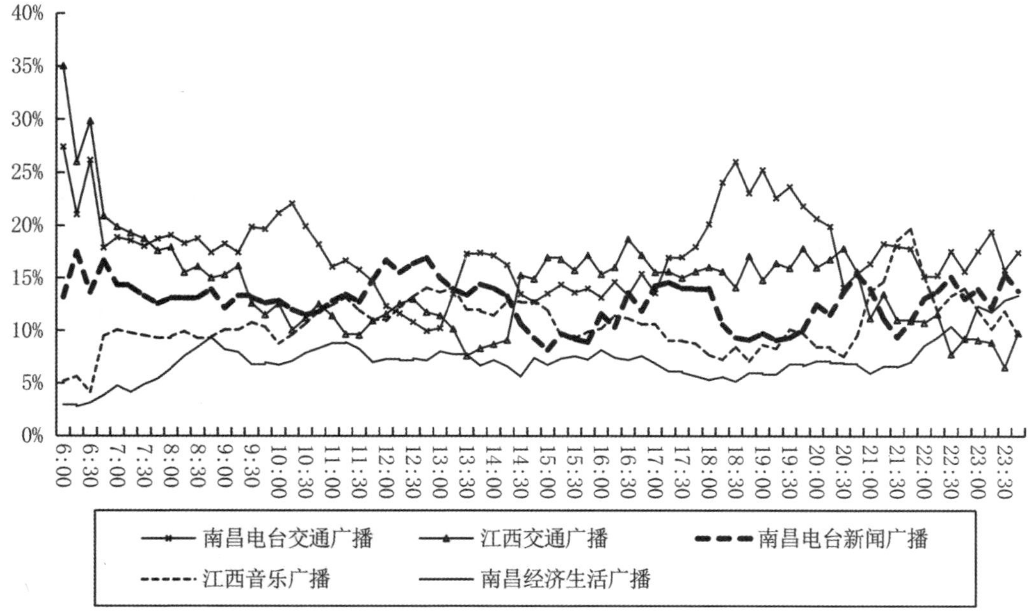

图1.23.3 南昌地区主要电台的时段占有率-1

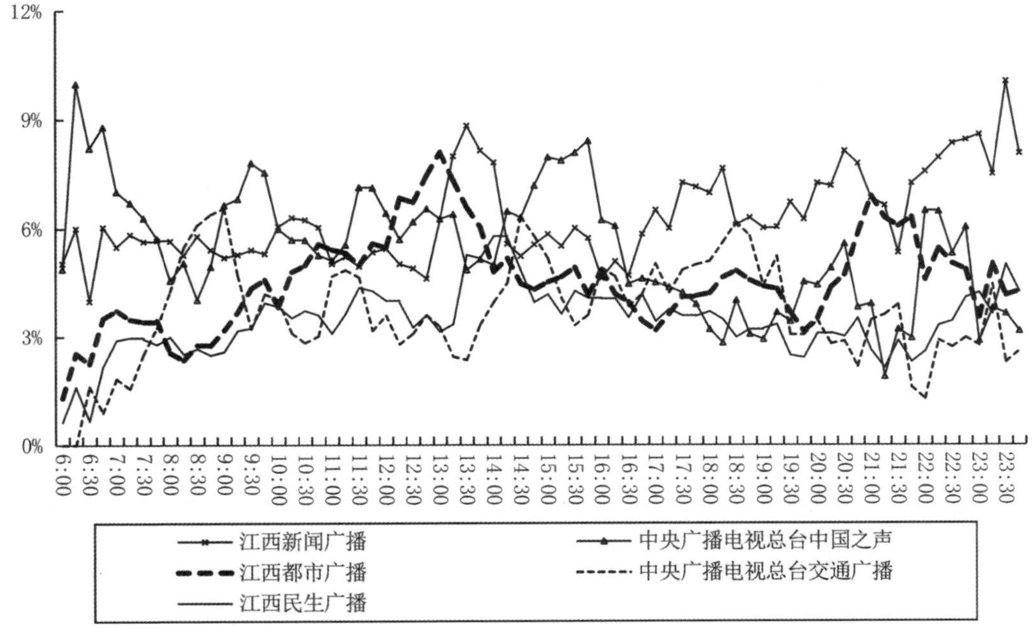

图1.23.4 南昌地区主要电台的时段占有率-2

二十四、贵阳地区收听率数据

表1.24.1　贵阳地区主要电台频率的平均收听率和市场份额

排名	电台名称	平均收听率（%）	市场份额（%）
1	贵州交通广播	1.16	15.9
2	贵阳交通广播	0.94	12.9
3	贵州综合广播	0.92	12.5
4	贵州音乐广播	0.83	11.4
5	贵阳新闻综合广播	0.71	9.6
6	贵阳旅游生活广播	0.56	7.6
7	贵州旅游广播	0.54	7.3
8	贵州经济广播（乡村频率）	0.48	6.6
9	贵州故事广播	0.41	5.6
10	贵州都市广播	0.40	5.4

表1.24.2　贵阳地区主要电台频率的到达率和日到达率

排名	电台名称	到达率（%）	日到达率（%）
1	贵州交通广播	32.2	17.2
2	贵阳交通广播	25.6	13.7
3	贵州综合广播	24.9	11.9
4	贵州音乐广播	22.7	11.6
5	贵阳新闻综合广播	20.1	9.7
6	贵阳旅游生活广播	19.0	10.4
7	贵州经济广播（乡村频率）	18.6	9.0
8	贵州旅游广播	13.3	6.8
9	贵州故事广播	11.1	5.2
10	贵州都市广播	10.3	4.1

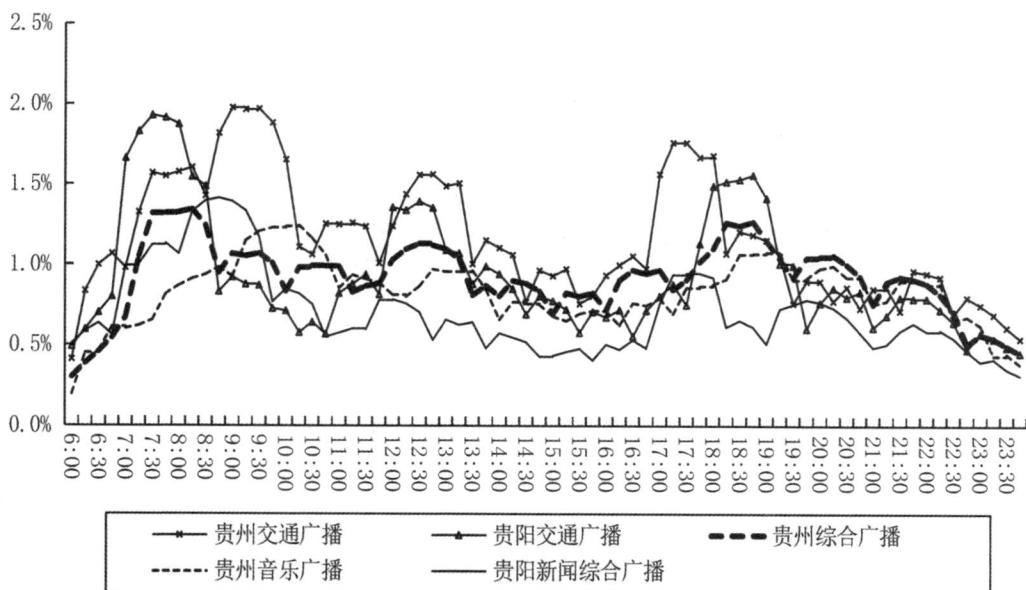

图1.24.1　贵阳地区主要电台的时段收听率－1

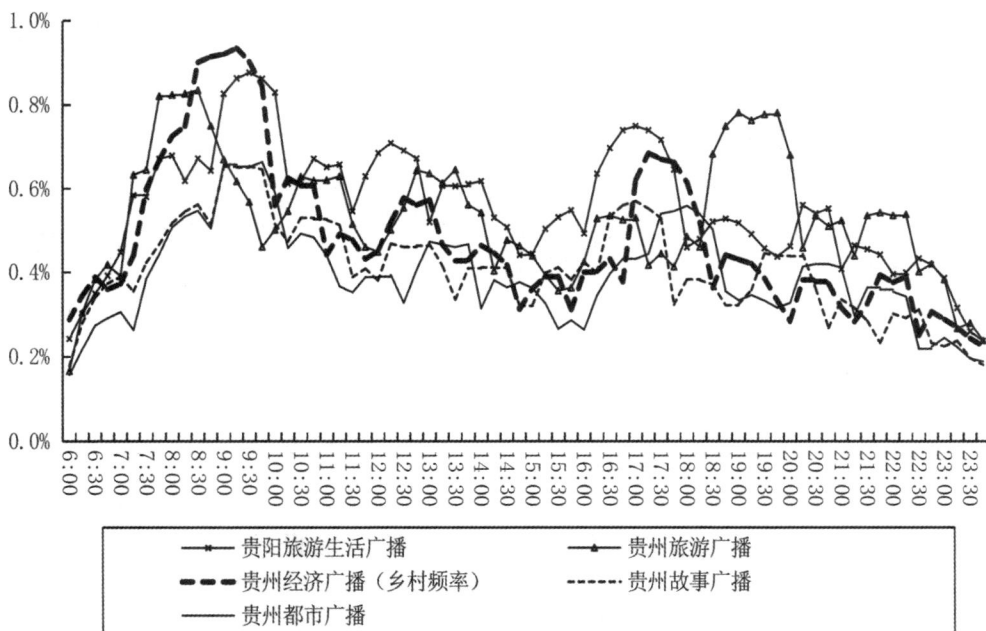

图1.24.2　贵阳地区主要电台的时段收听率－2

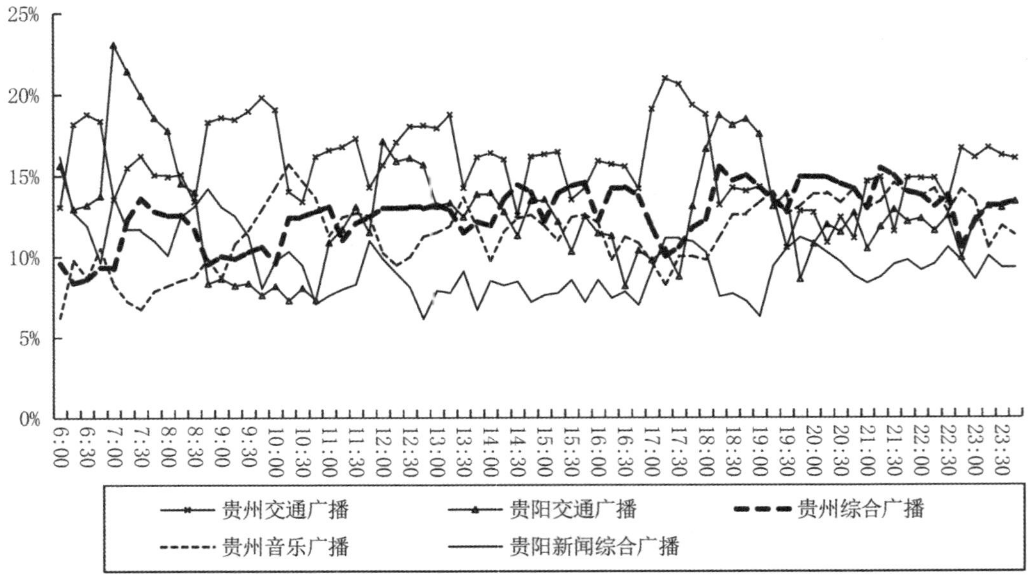

图1.24.3　贵阳地区主要电台的时段占有率-1

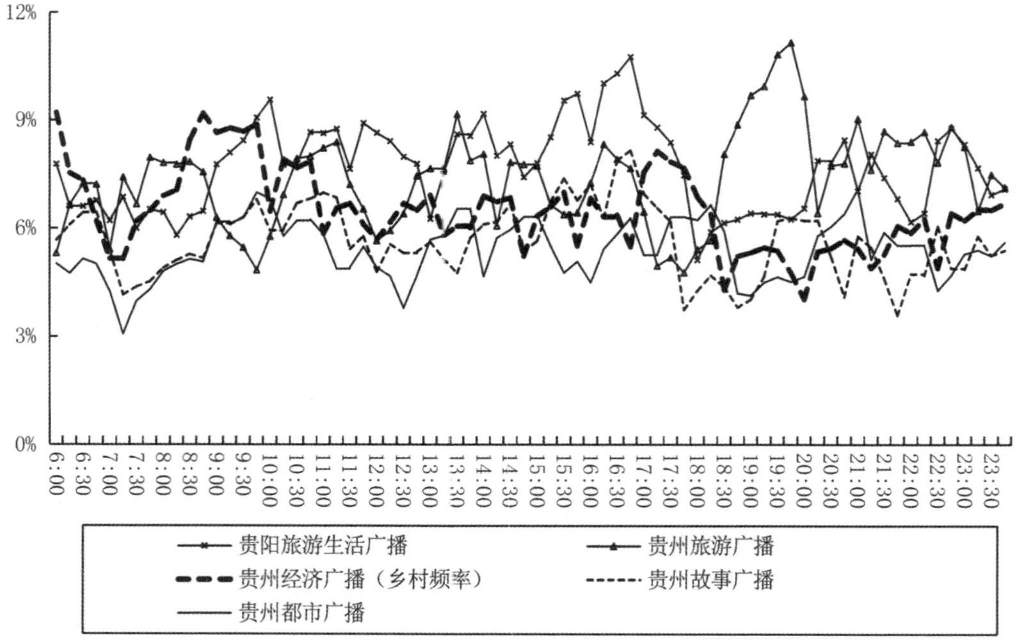

图1.24.4　贵阳地区主要电台的时段占有率-2

二十五、兰州地区收听率数据

表1.25.1　兰州地区主要电台频率的平均收听率和市场份额

排名	电台名称	平均收听率（%）	市场份额（%）
1	甘肃交通广播	0.58	15.8
2	兰州交通音乐广播	0.54	14.7
3	甘肃都市广播	0.34	9.2
4	兰州生活文艺广播	0.31	8.4
5	甘肃新闻综合广播	0.30	8.3
6	中央广播电视总台交通广播	0.30	8.2
7	兰州新闻综合广播	0.29	8.0
8	甘肃青少广播青春调频	0.28	7.6
9	甘肃经济广播黄河之声	0.27	7.5
10	中央广播电视总台经济之声	0.09	2.6

表1.25.2　兰州地区主要电台频率的到达率和日到达率

排名	电台名称	到达率（%）	日到达率（%）
1	兰州交通音乐广播	28.8	10.5
2	甘肃交通广播	26.9	8.0
3	甘肃都市广播	18.5	5.0
4	甘肃青少广播青春调频	16.3	5.2
5	甘肃新闻综合广播	16.1	5.2
6	兰州新闻综合广播	15.1	5.4
7	甘肃经济广播黄河之声	14.6	5.4
8	兰州生活文艺广播	13.9	5.7
9	中央广播电视总台交通广播	9.4	5.0
10	甘肃农村广播乡村之音	8.3	3.1

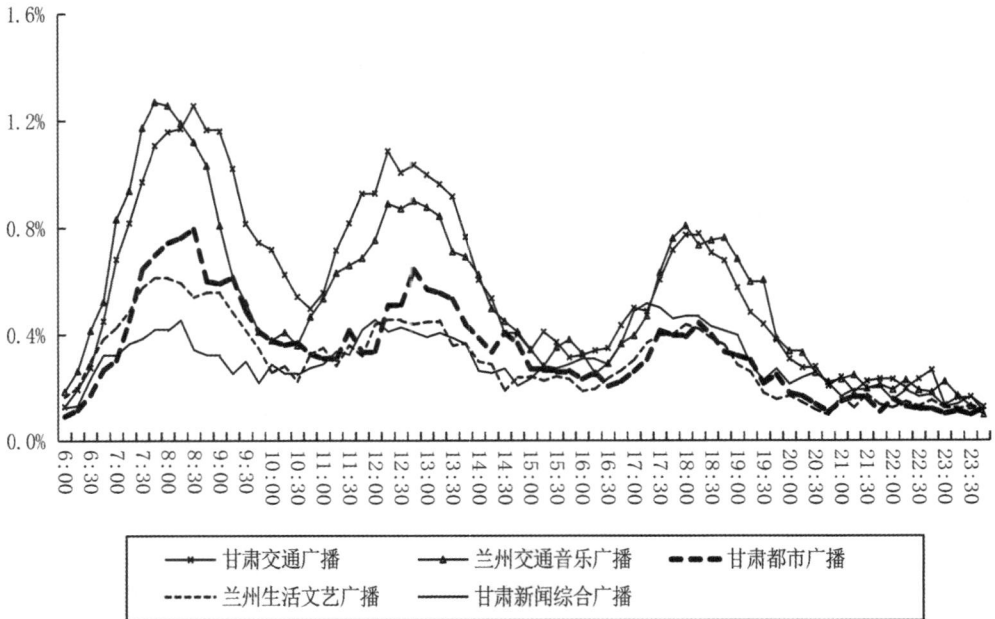

图1.25.1 兰州地区主要电台的时段收听率-1

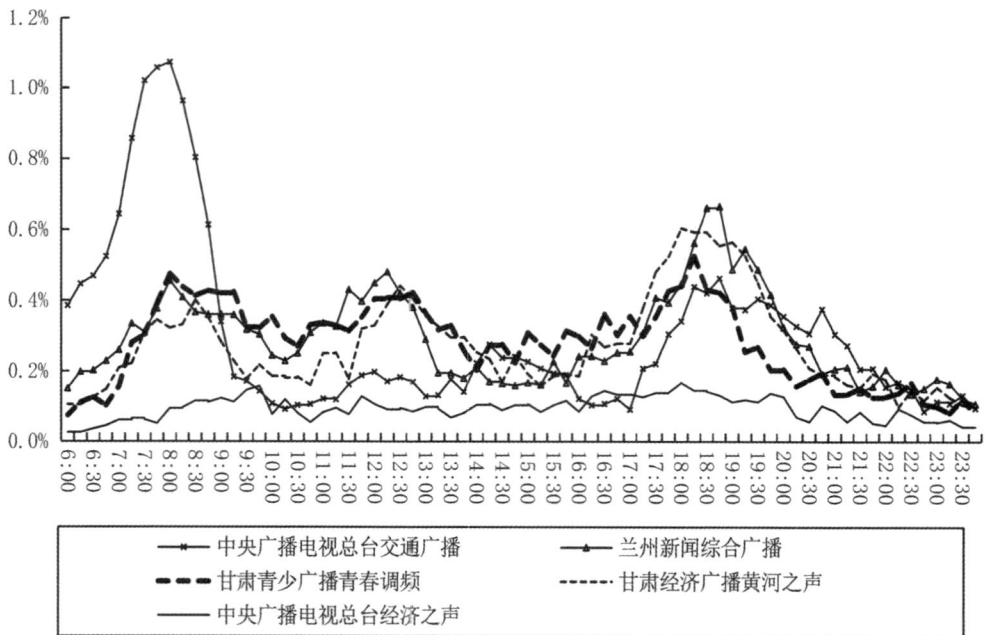

图1.25.2 兰州地区主要电台的时段收听率-2

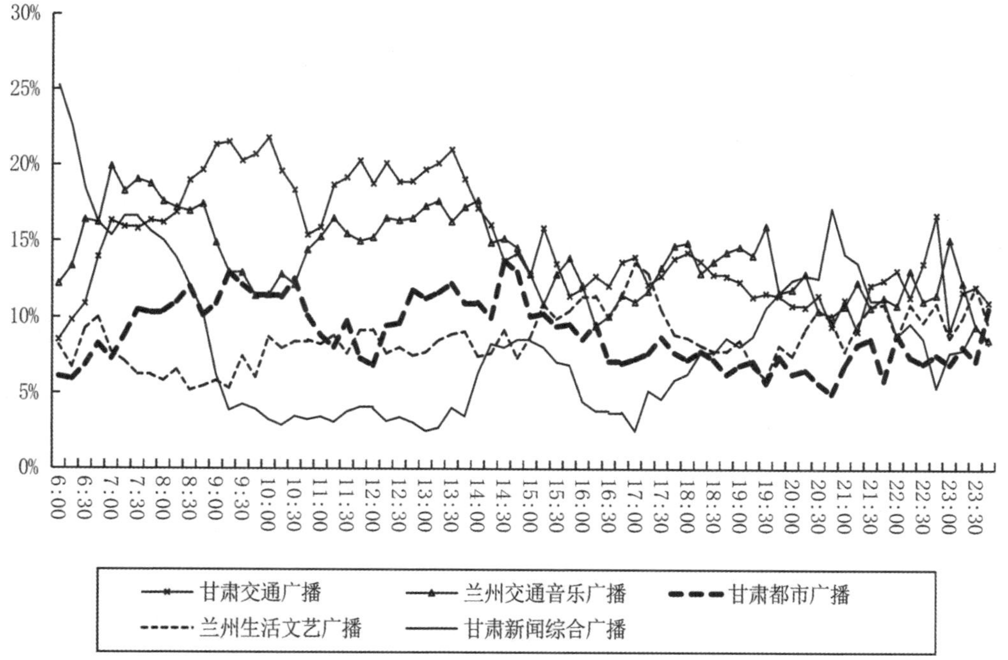

图1.25.3 兰州地区主要电台的时段占有率-1

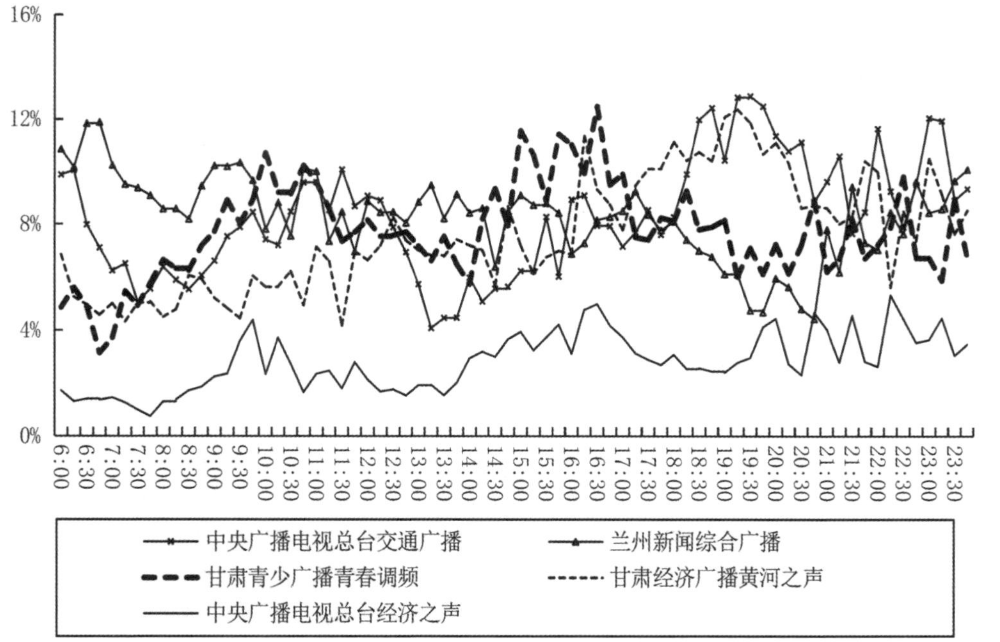

图1.25.4 兰州地区主要电台的时段占有率-2

二十六、福州地区收听率数据

表1.26.1　福州地区主要电台频率的平均收听率和市场份额

排名	电台名称	平均收听率（%）	市场份额（%）
1	福建都市生活广播	1.38	21.6
2	福州交通之声	1.13	17.7
3	福建交通广播	1.10	17.3
4	福建新闻综合广播	0.69	10.8
5	福建音乐广播	0.50	7.8
6	福州新闻广播	0.44	6.9
7	996汽车潮流广播	0.22	3.4
8	福州音乐广播	0.21	3.3
9	福州左海之声	0.19	2.9
10	福建经济广播	0.16	2.4

表1.26.2　福州地区主要电台频率的到达率和日到达率

排名	电台名称	到达率（%）	日到达率（%）
1	福建都市生活广播	34.2	14.6
2	福州交通之声	32.0	12.3
3	福建交通广播	27.9	13.2
4	福建新闻综合广播	24.7	10.9
5	福建音乐广播	14.5	6.8
6	福州新闻广播	14.1	7.4
7	福州音乐广播	10.9	5.0
8	福州左海之声	10.8	4.6
9	福建经济广播	9.6	3.9
10	中央广播电视总台中国之声	9.0	2.1

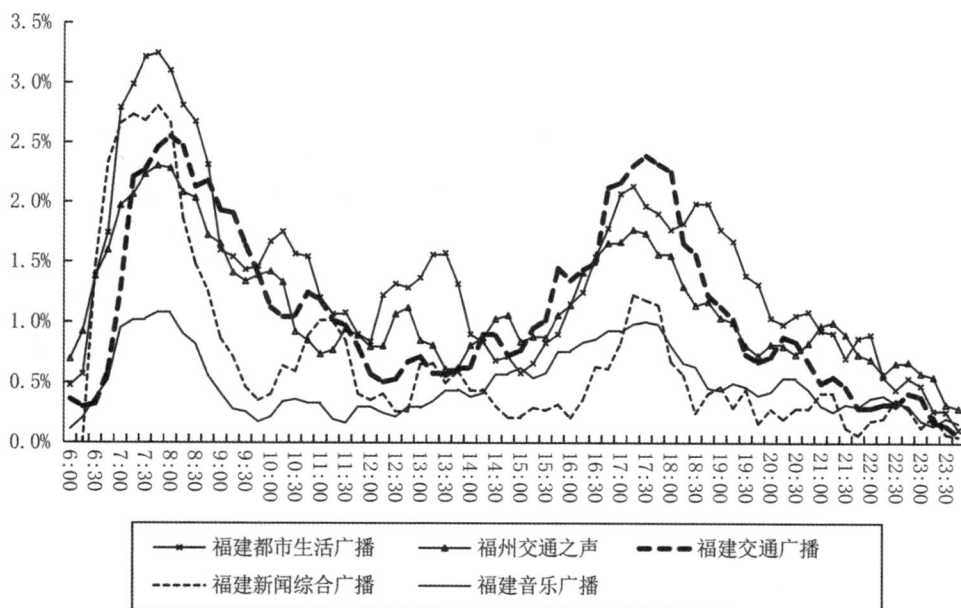

图1.26.1　福州地区主要电台的时段收听率-1

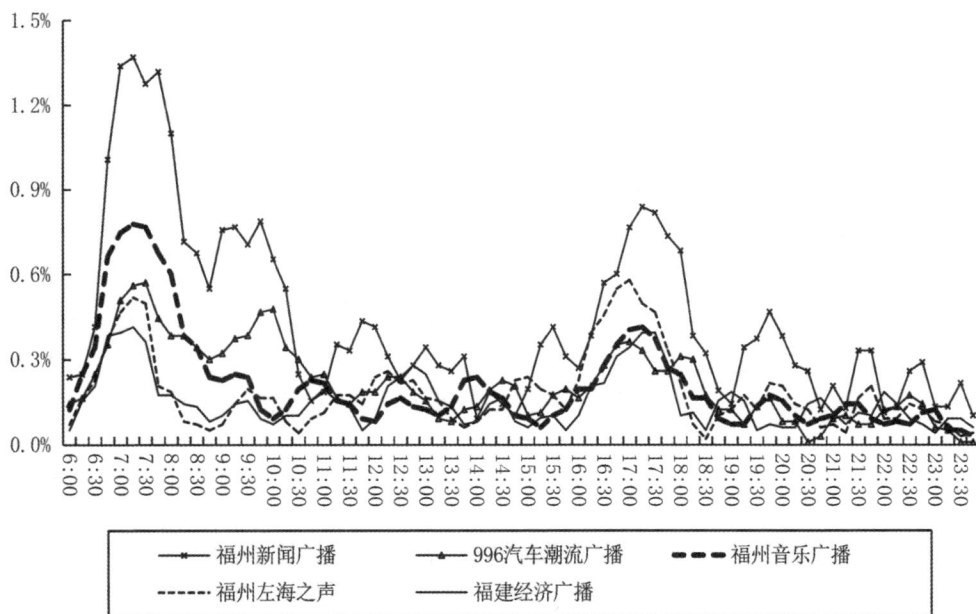

图1.26.2　福州地区主要电台的时段收听率-2

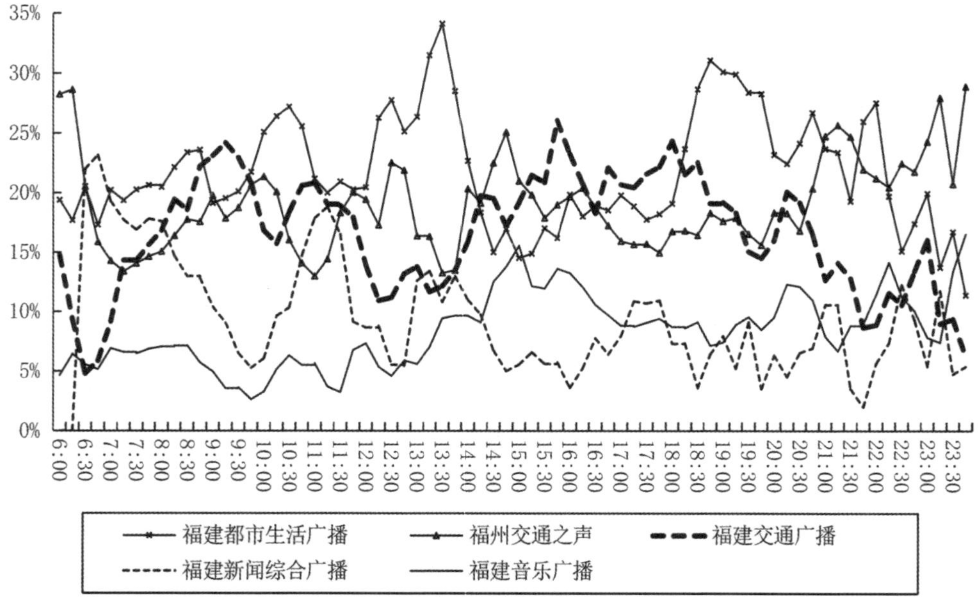

图1.26.3 福州地区主要电台的时段占有率-1

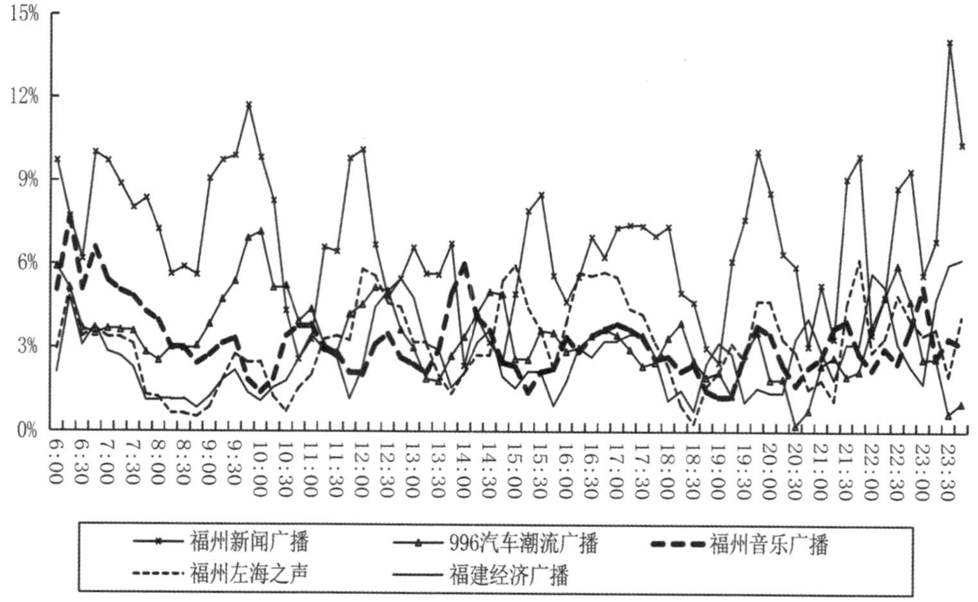

图1.26.4 福州地区主要电台的时段占有率-2

二十七、南宁地区收听率数据

表1.27.1 南宁地区主要电台频率的平均收听率和市场份额

排名	电台名称	平均收听率（%）	市场份额（%）
1	广西教育广播	1.54	20.1
2	广西文艺广播	1.28	16.8
3	南宁交通音乐广播（1074交通台）	1.23	16.1
4	广西经济广播	0.98	12.8
5	南宁综合广播（990新闻台）	0.88	11.5
6	广西综合广播	0.85	11.1
7	南宁乡村生活广播（经典1049）	0.40	5.2
8	广西交通广播	0.36	4.7
9	南宁故事广播（快乐895）	0.07	1.0
10	中央广播电视总台中国之声	0.02	0.3

表1.27.2 南宁地区主要电台频率的到达率和日到达率

排名	电台名称	到达率（%）	日到达率（%）
1	广西教育广播	36.5	20.0
2	南宁交通音乐广播（1074交通台）	35.2	14.9
3	广西文艺广播	31.2	13.4
4	广西经济广播	29.4	12.3
5	南宁综合广播（990新闻台）	28.1	11.6
6	广西综合广播	27.1	11.2
7	南宁乡村生活广播（经典1049）	23.5	7.2
8	广西交通广播	16.4	5.9
9	南宁故事广播（快乐895）	5.3	1.0
10	中央广播电视总台中国之声	4.6	0.6

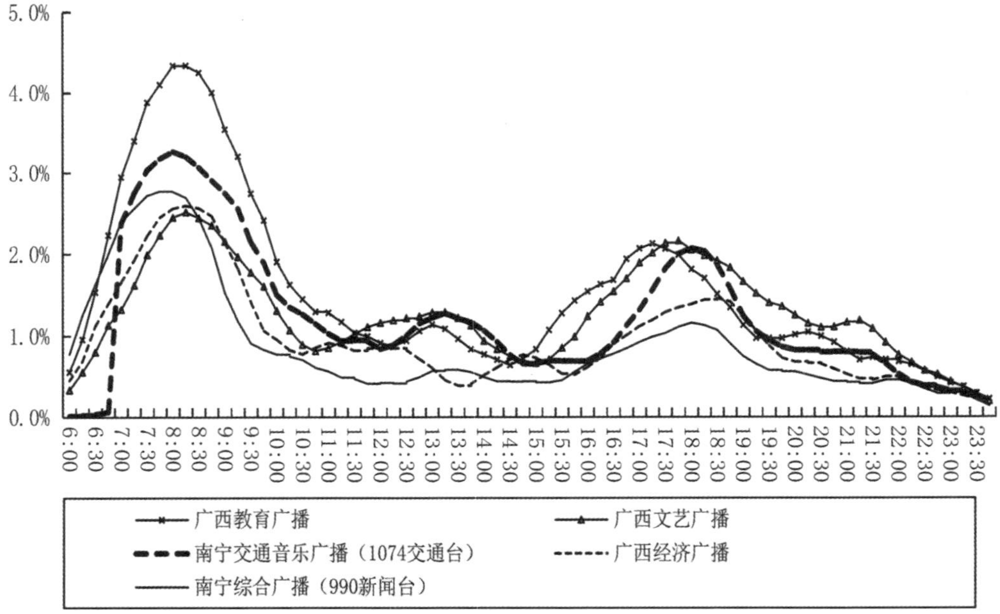

图1.27.1　南宁地区主要电台的时段收听率-1

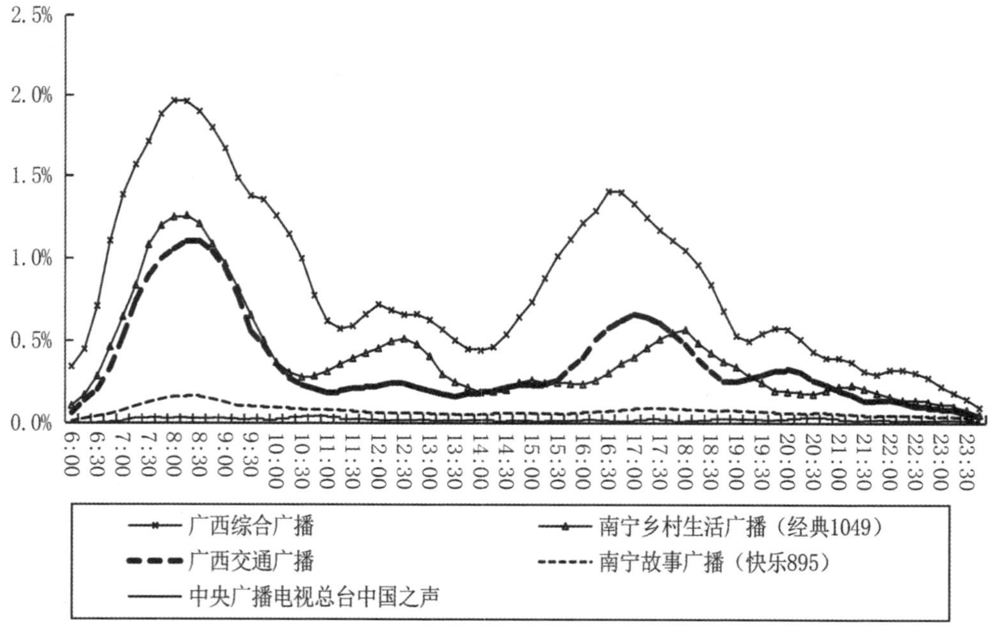

图1.27.2　南宁地区主要电台的时段收听率-2

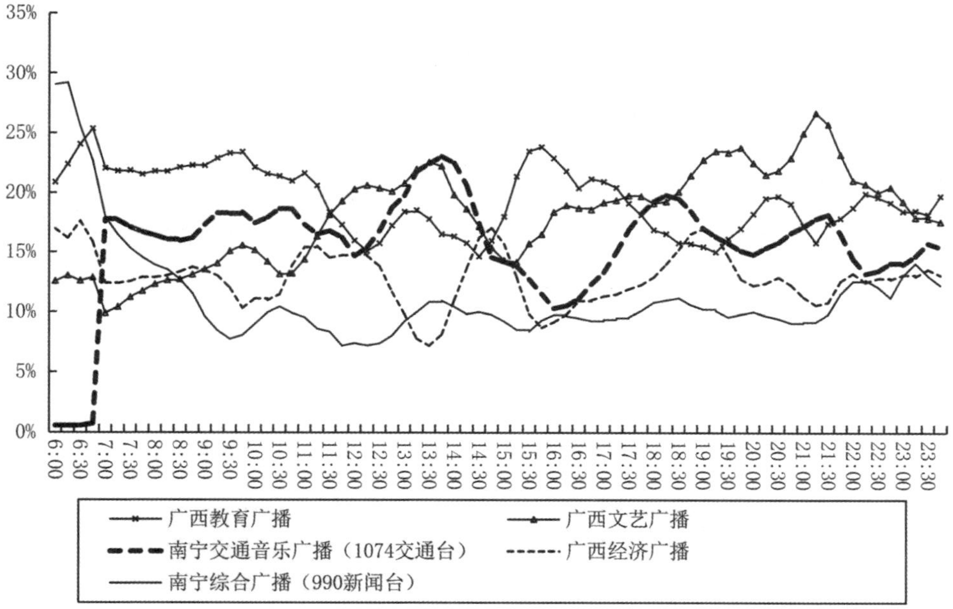

图1.27.3 南宁地区主要电台的时段占有率-1

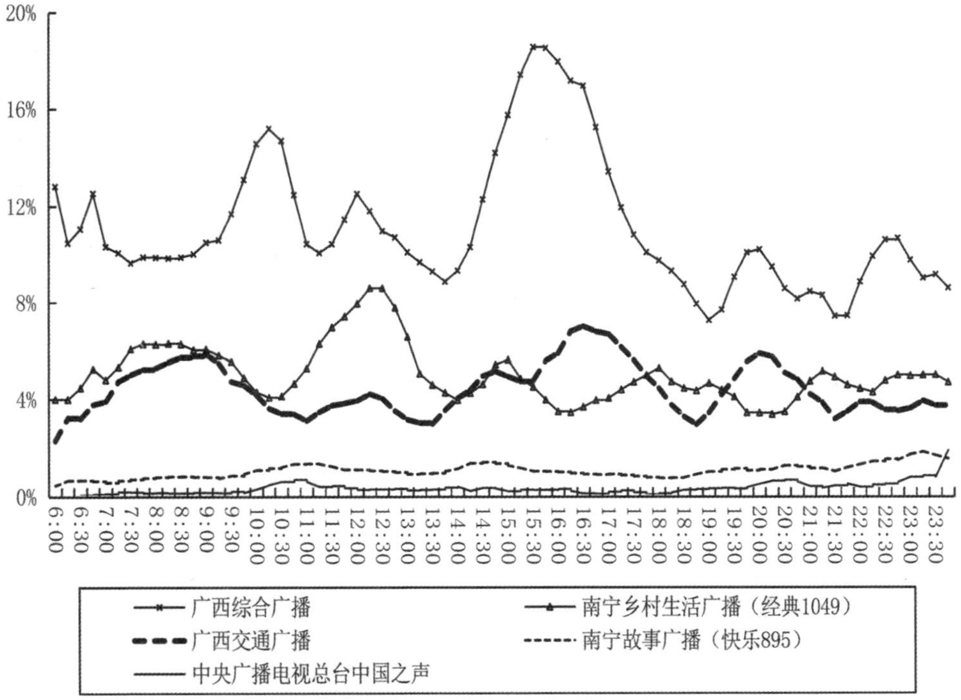

图1.27.4 南宁地区主要电台的时段占有率-2

二十八、海口地区收听率数据

表1.28.1 海口地区主要电台频率的平均收听率和市场份额

排名	电台名称	平均收听率（%）	市场份额（%）
1	海南交通广播	1.28	22.6
2	海南新闻广播	1.04	18.4
3	海南旅游广播	0.74	13.0
4	海口音乐广播	0.62	11.0
5	海南音乐广播	0.55	9.6
6	海口新闻综合广播	0.43	7.6
7	海口交通旅游广播	0.38	6.8
8	海南民生广播	0.28	4.9
9	中央广播电视总台中国之声	0.15	2.7
10	中央广播电视总台音乐之声	0.11	2.0

表1.28.2 海口地区主要电台频率的到达率和日到达率

排名	电台名称	到达率（%）	日到达率（%）
1	海南交通广播	35.0	13.4
2	海口音乐广播	26.8	8.5
3	海南新闻广播	28.5	11.0
4	海口新闻综合广播	16.1	5.6
5	海南旅游广播	19.5	7.7
6	海南音乐广播	18.0	6.7
7	海口交通旅游广播	12.0	5.5
8	海南民生广播	8.9	3.8
9	中央广播电视总台中国之声	8.6	2.6
10	中央广播电视总台音乐之声	6.4	2.3

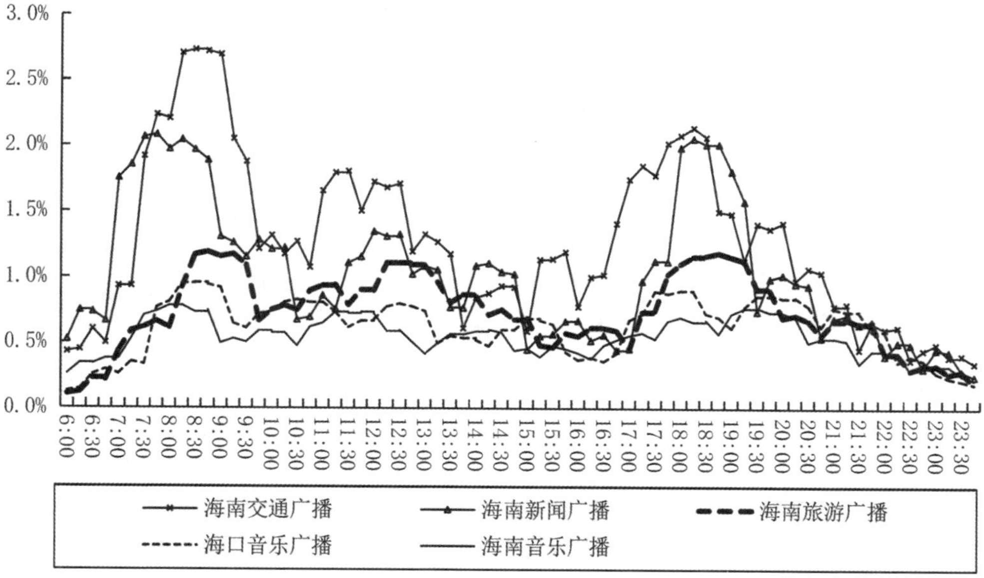

图1.28.1　海口地区主要电台的时段收听率-1

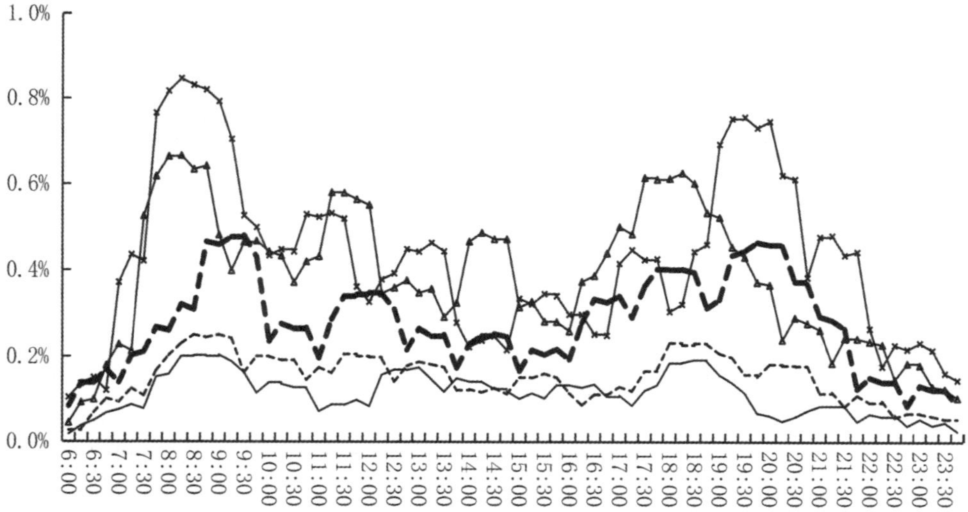

图1.28.2　海口地区主要电台的时段收听率-2

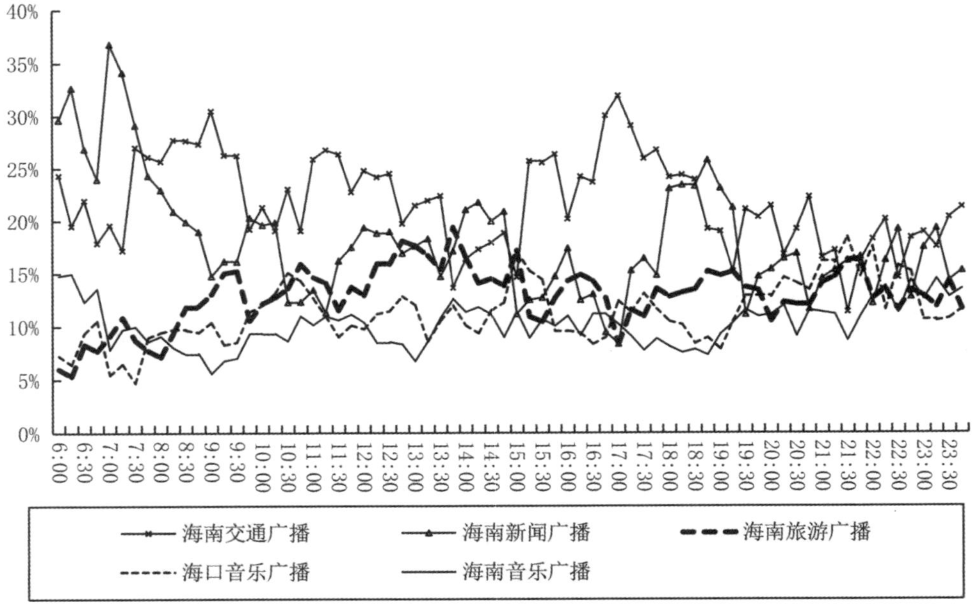

图1.28.3　海口地区主要电台的时段占有率-1

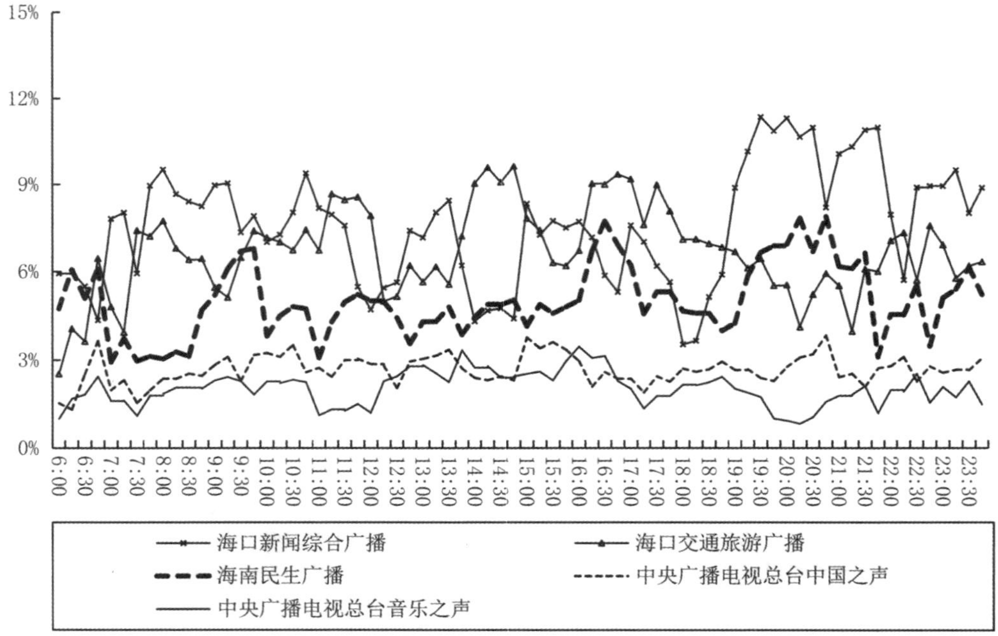

图1.28.4　海口地区主要电台的时段占有率-2

二十九、乌鲁木齐地区收听率数据

表1.29.1　乌鲁木齐地区主要电台频率的平均收听率和市场份额

排名	电台名称	平均收听率（%）	市场份额（%）
1	新疆949交通广播	1.26	15.4
2	乌鲁木齐广播电视台106.5旅游音乐广播	1.09	13.3
3	乌鲁木齐广播电视台97.4交通广播	1.08	13.2
4	中央广播电视总台中国之声	0.70	8.5
5	乌鲁木齐广播电视台100.7新闻广播	0.66	8.0
5	乌鲁木齐广播电视台104.6维语交通文艺广播	0.66	8.0
7	新疆广播电视台文化旅游广播	0.62	7.6
8	新疆音乐广播	0.42	5.2
9	新疆1028故事广播	0.42	5.1
10	昌吉音乐电台	0.20	2.5

表1.29.2　乌鲁木齐地区主要电台频率的到达率和日到达率

排名	电台名称	到达率（%）	日到达率（%）
1	新疆949交通广播	29.1	9.9
2	乌鲁木齐广播电视台106.5旅游音乐广播	27.4	9.9
3	乌鲁木齐广播电视台97.4交通广播	17.9	8.2
4	乌鲁木齐广播电视台100.7新闻广播	16.2	6.3
5	新疆广播电视台文化旅游广播	15.7	6.9
6	乌鲁木齐广播电视台104.6维语交通文艺广播	14.0	6.0
7	新疆1028故事广播	10.7	4.6
8	中央广播电视总台中国之声	8.8	4.9
9	新疆音乐广播	8.6	4.3
10	中央广播电视总台维语广播	7.8	2.3

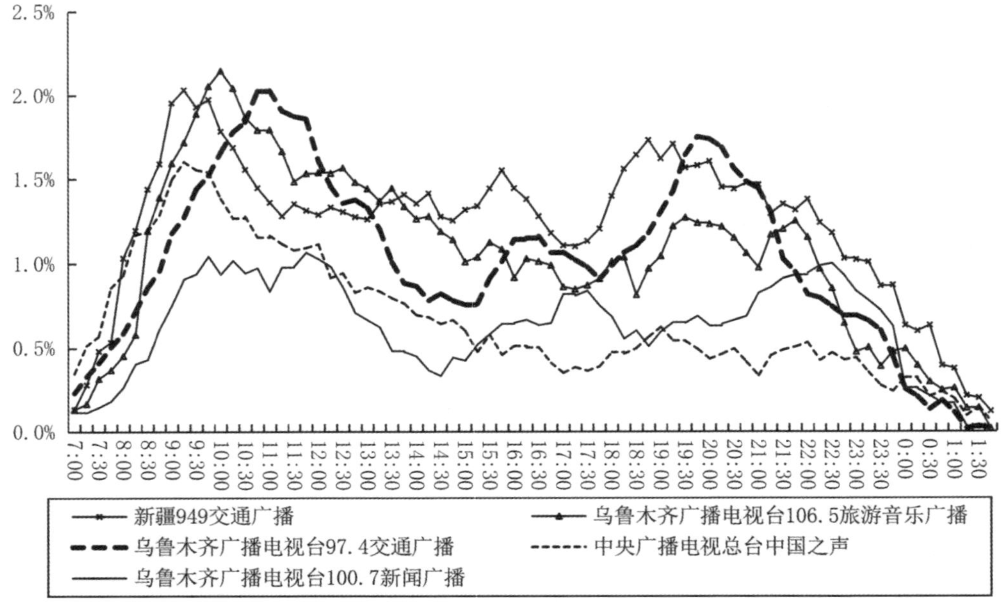

图1.29.1　乌鲁木齐地区主要电台的时段收听率-1

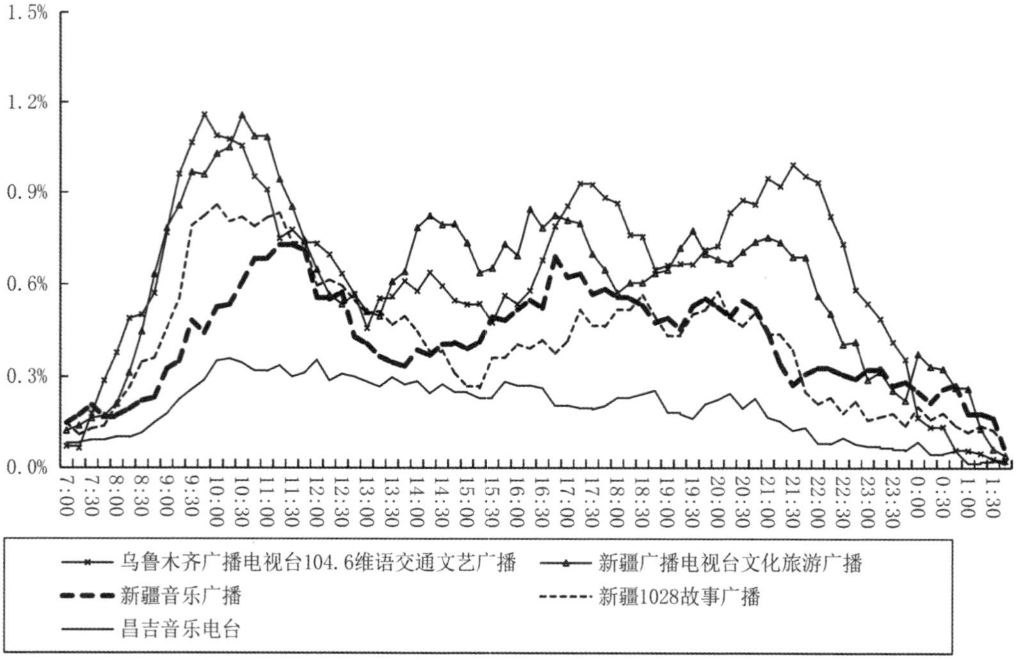

图1.29.2　乌鲁木齐地区主要电台的时段收听率-2

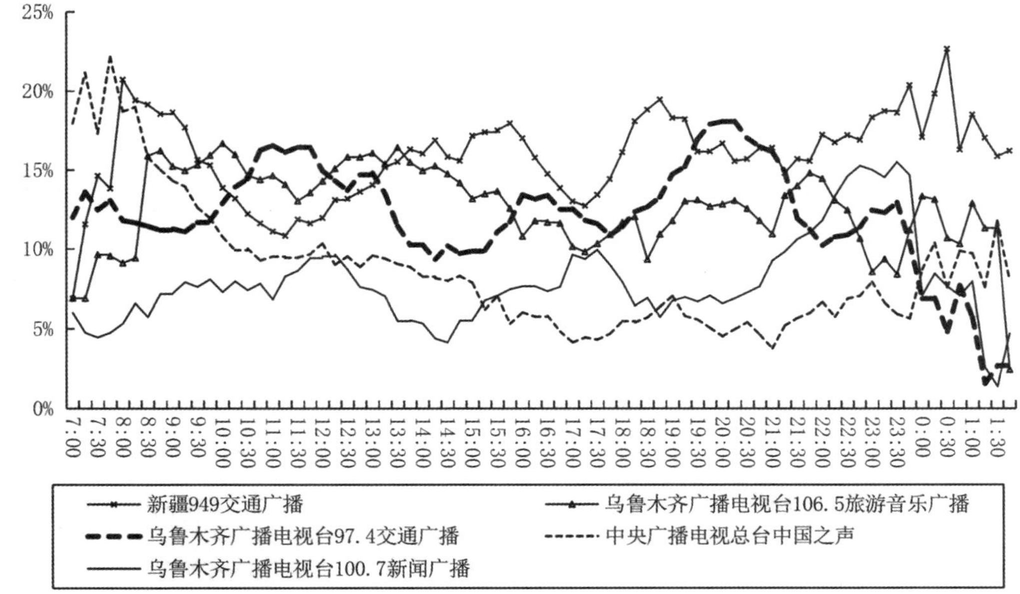

图1.29.3 乌鲁木齐地区主要电台的时段占有率-1

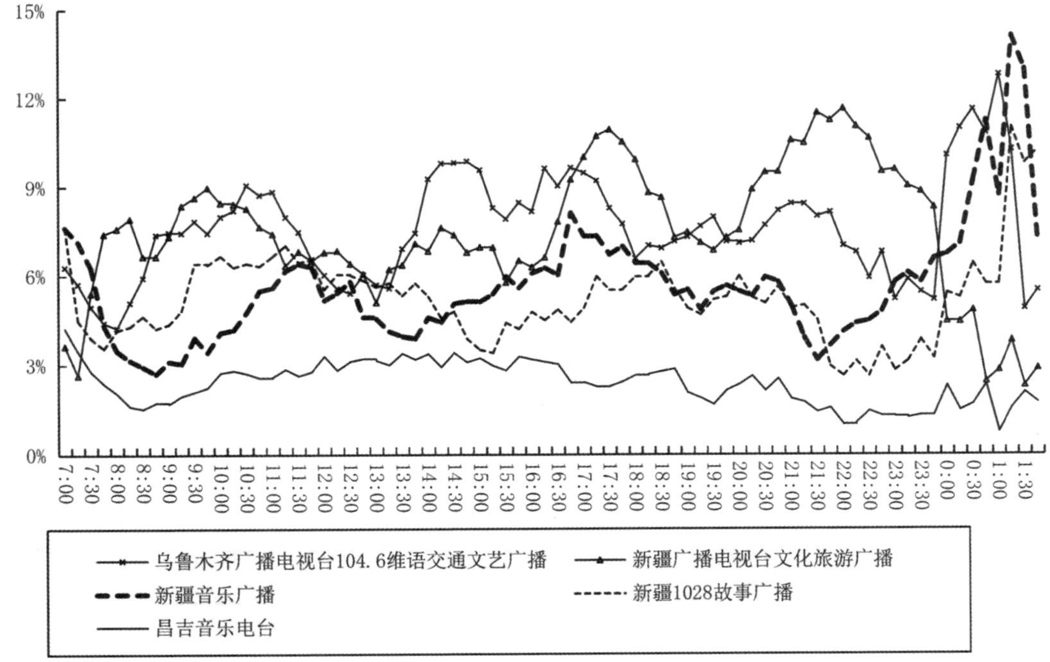

图1.29.4 乌鲁木齐地区主要电台的时段占有率-2

三十、厦门地区收听率数据

表1.30.1　厦门地区主要电台频率的平均收听率和市场份额

排名	电台名称	平均收听率（%）	市场份额（%）
1	厦门音乐广播	1.56	23.5
2	厦门经济交通广播	1.48	22.2
3	厦门综合广播	1.40	21.1
4	厦门闽南之声广播	0.61	9.3
5	厦门旅游广播	0.55	8.2
6	福建新闻综合广播	0.41	6.1
7	中央广播电视总台中国之声	0.31	4.7
8	福建经济广播	0.09	1.4
9	福建交通广播	0.08	1.2
10	中央广播电视总台经济之声	0.07	1.1

表1.30.2　厦门地区主要电台频率的到达率和日到达率

排名	电台名称	到达率（%）	日到达率（%）
1	厦门音乐广播	46.5	19.8
2	厦门经济交通广播	42.5	18.9
3	厦门综合广播	39.8	18.7
4	厦门闽南之声广播	25.9	11.6
5	厦门旅游广播	19.7	9.2
6	福建新闻综合广播	18.7	7.2
7	中央广播电视总台中国之声	13.2	5.4
8	福建经济广播	6.4	2.1
9	福建交通广播	6.2	2.0
10	中央广播电视总台经济之声	4.8	1.9

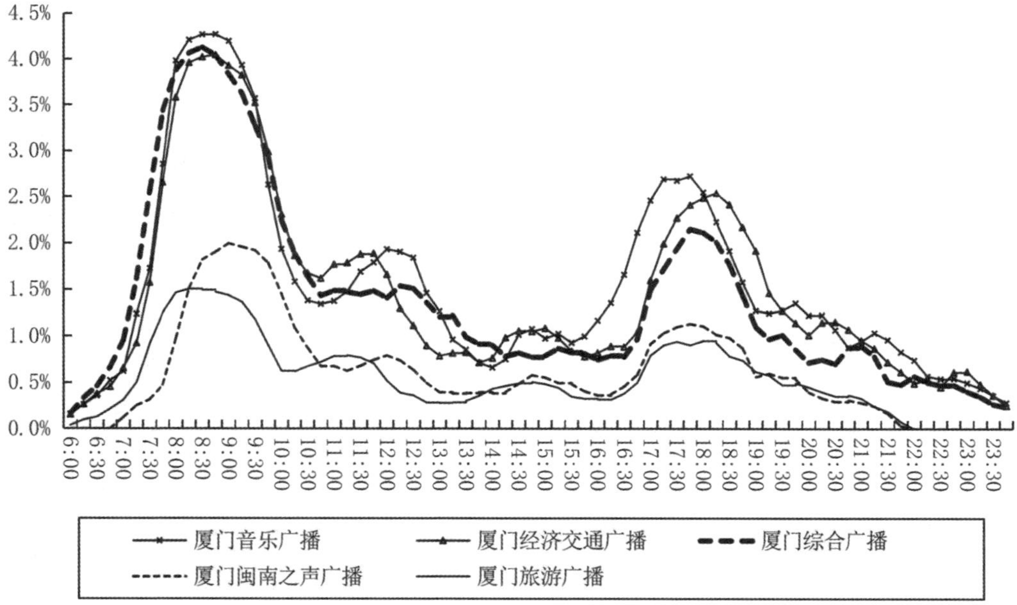

图1.30.1 厦门地区主要电台的时段收听率-1

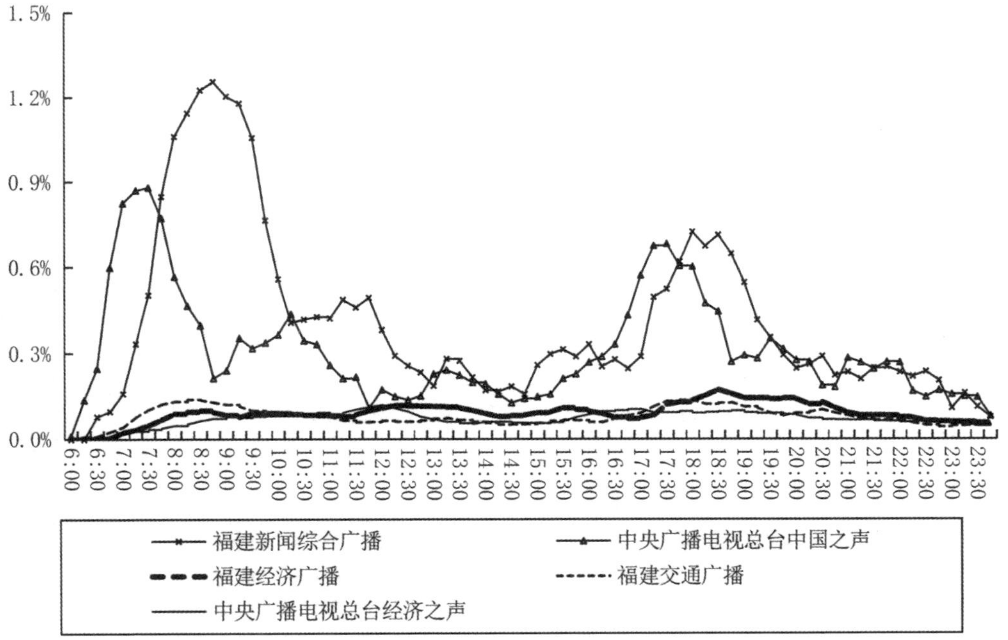

图1.30.2 厦门地区主要电台的时段收听率-2

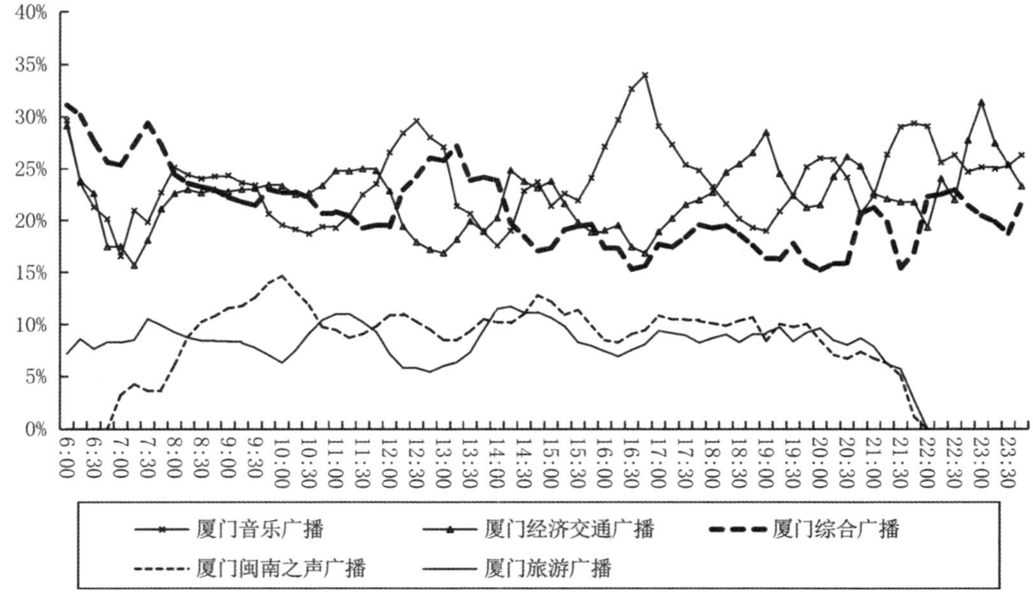

图1.30.3　厦门地区主要电台的时段占有率-1

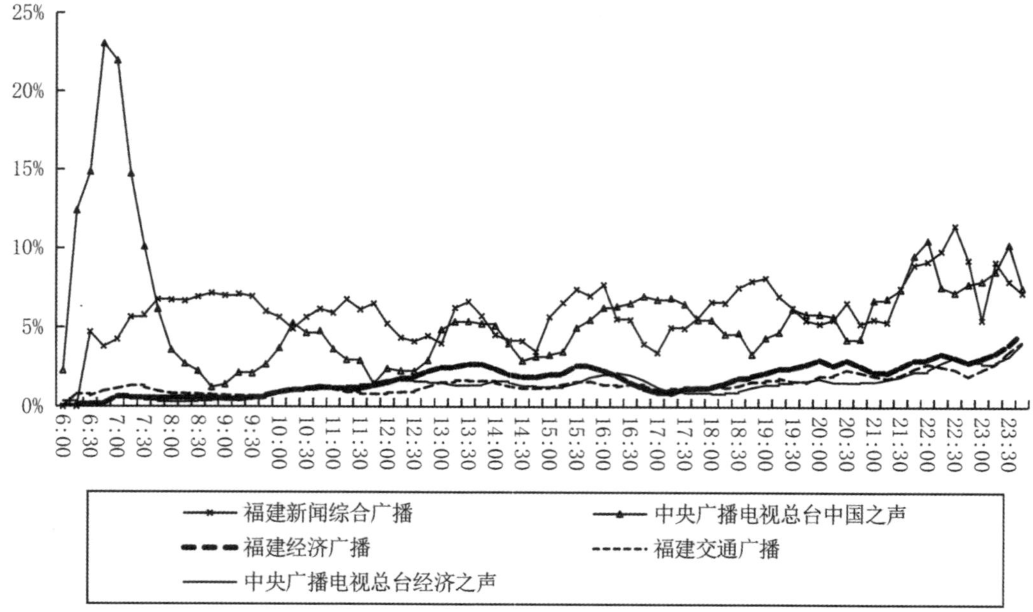

图1.30.4　厦门地区主要电台的时段占有率-2

三十一、青岛地区收听率数据

表1.31.1　青岛地区主要电台频率的平均收听率和市场份额

排名	电台名称	平均收听率（%）	市场份额（%）
1	青岛交通广播	1.58	20.7
2	青岛新闻综合广播	0.99	13.0
3	青岛音乐体育广播	0.86	11.2
4	青岛经济广播	0.84	11.0
5	青岛故事广播	0.52	6.8
6	青岛文艺广播	0.42	5.5
7	山东广播电视台交通广播	0.34	4.4
8	中央广播电视总台中国之声	0.29	3.8
9	青岛经济广播长书频率	0.27	3.5
10	山东广播电视台综合广播	0.25	3.3

表1.31.2　青岛地区主要电台频率的到达率和日到达率

排名	电台名称	到达率（%）	日到达率（%）
1	青岛交通广播	37.1	16.6
2	青岛新闻综合广播	31.2	12.1
3	青岛音乐体育广播	20.2	11.3
4	青岛经济广播	16.4	7.9
5	青岛文艺广播	15.3	6.3
6	青岛故事广播	13.9	7.5
7	青岛经济广播长书频率	8.5	4.0
8	中央广播电视总台中国之声	7.6	4.4
9	山东广播电视台音乐广播	7.1	3.9
10	中央广播电视总台经济之声	6.5	2.5

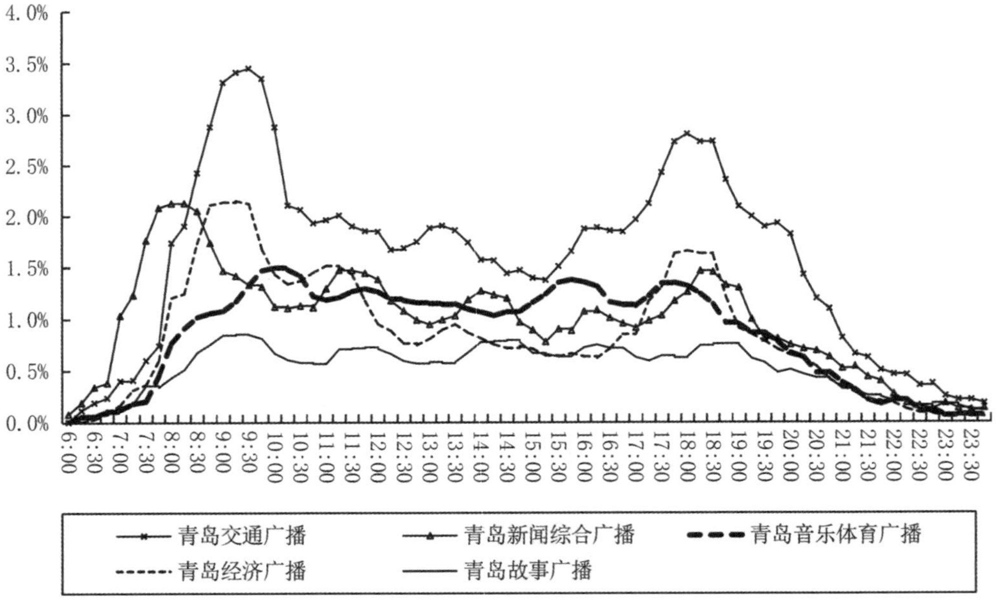

图1.31.1　青岛地区主要电台的时段收听率-1

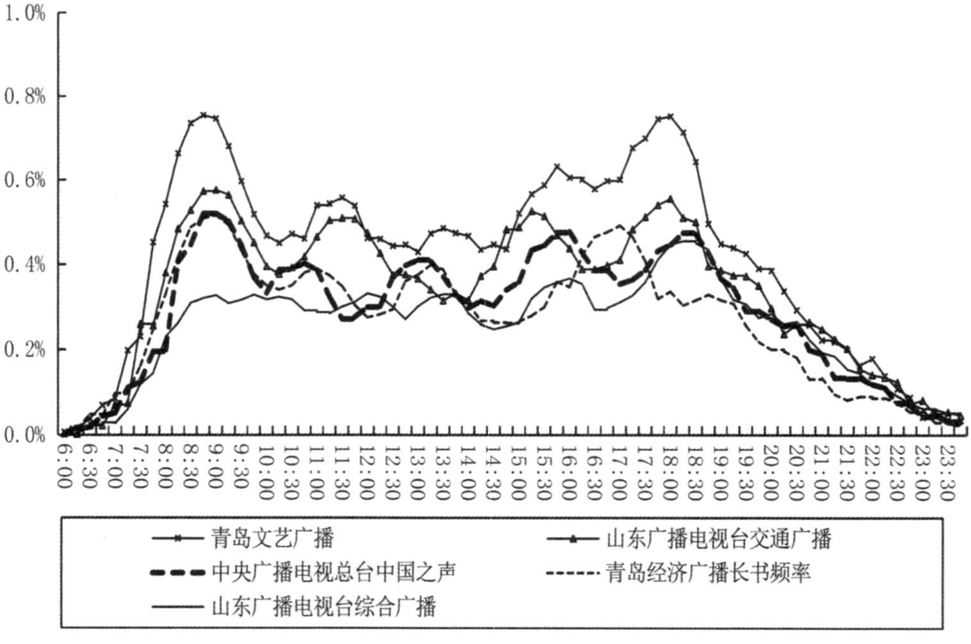

图1.31.2　青岛地区主要电台的时段收听率-2

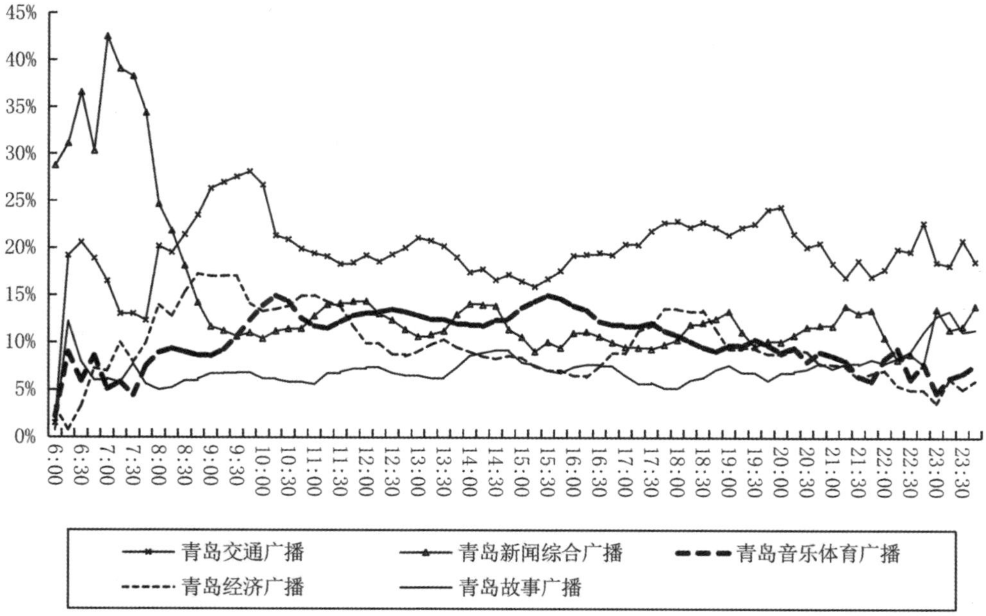

图1.31.3 青岛地区主要电台的时段占有率-1

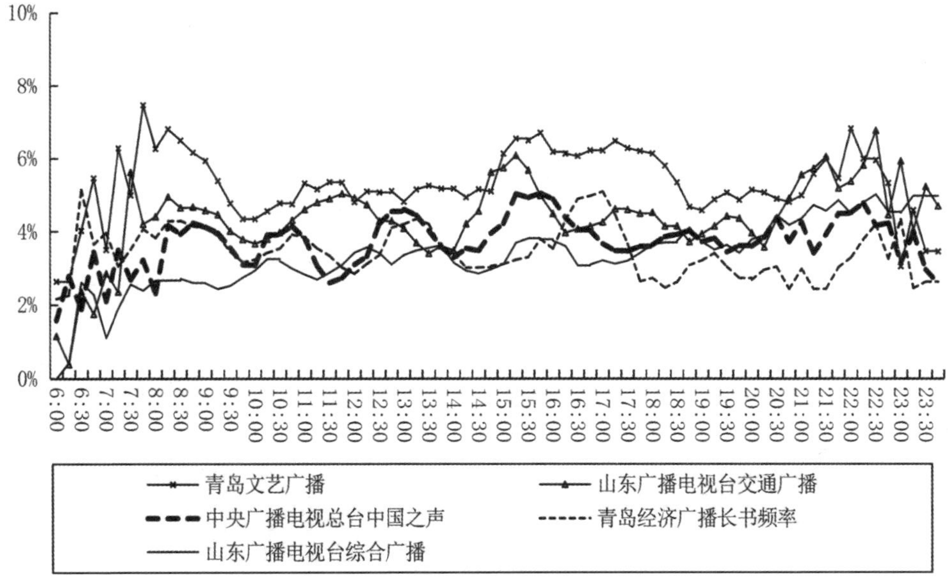

图1.31.4 青岛地区主要电台的时段占有率-2

115

三十二、珠海地区收听率数据

表1.32.1 珠海地区主要电台频率的平均收听率和市场份额

排名	电台名称	平均收听率（%）	市场份额（%）
1	珠海人民广播电台环保经济广播（FM87.5）	2.08	31.0
2	珠海人民广播电台综合广播（FM95.1）	1.56	23.2
3	珠海广播电视台百岛之声（FM91.5）	1.42	21.2
4	广东广播电视台音乐之声	0.32	4.8
5	广东广播电视台新闻广播	0.21	3.1
5	中央广播电视总台中国之声	0.21	3.1
7	中央广播电视总台粤港澳大湾区之声	0.15	2.2
8	中央广播电视总台音乐之声	0.13	1.9
9	广东广播电视台城市之声	0.10	1.5
10	斗门电台	0.09	1.3

表1.32.2 珠海地区主要电台频率的到达率和日到达率

排名	电台名称	到达率（%）	日到达率（%）
1	珠海人民广播电台环保经济广播（FM87.5）	36.9	11.1
2	珠海人民广播电台综合广播（FM95.1）	34.8	10.0
3	珠海广播电视台百岛之声（FM91.5）	23.9	4.6
4	广东广播电视台音乐之声	18.9	2.9
5	中央广播电视总台音乐之声	18.3	2.0
6	广东广播电视台新闻广播	15.4	1.9
7	中央广播电视总台中国之声	13.8	2.1
8	广东广播电视台城市之声	12.0	1.2
9	中山广播电视台FM88.8频率	9.1	0.7
10	中央广播电视总台粤港澳大湾区之声	6.3	0.7

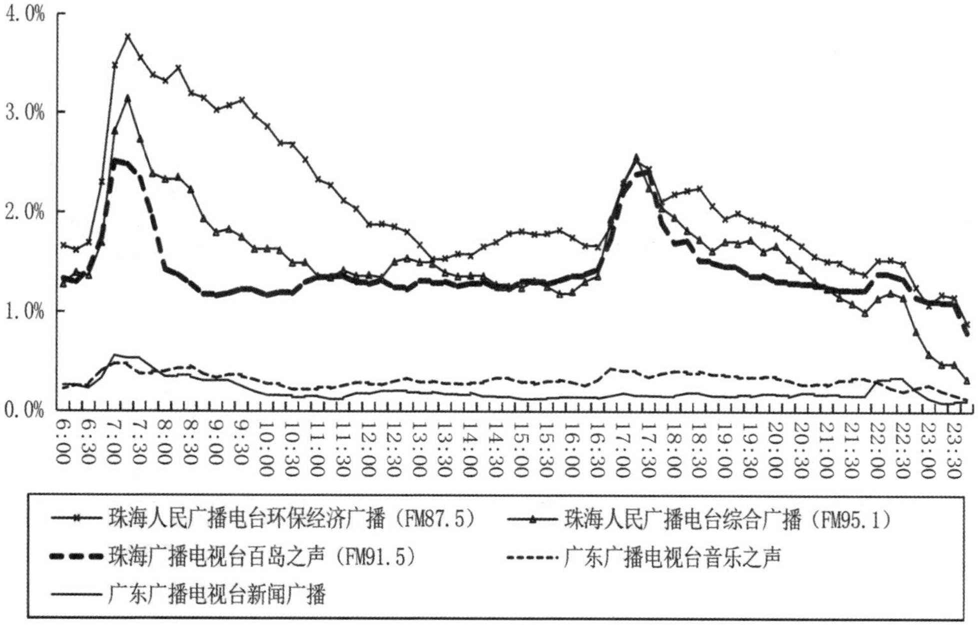

图1.32.1 珠海地区主要电台的时段收听率-1

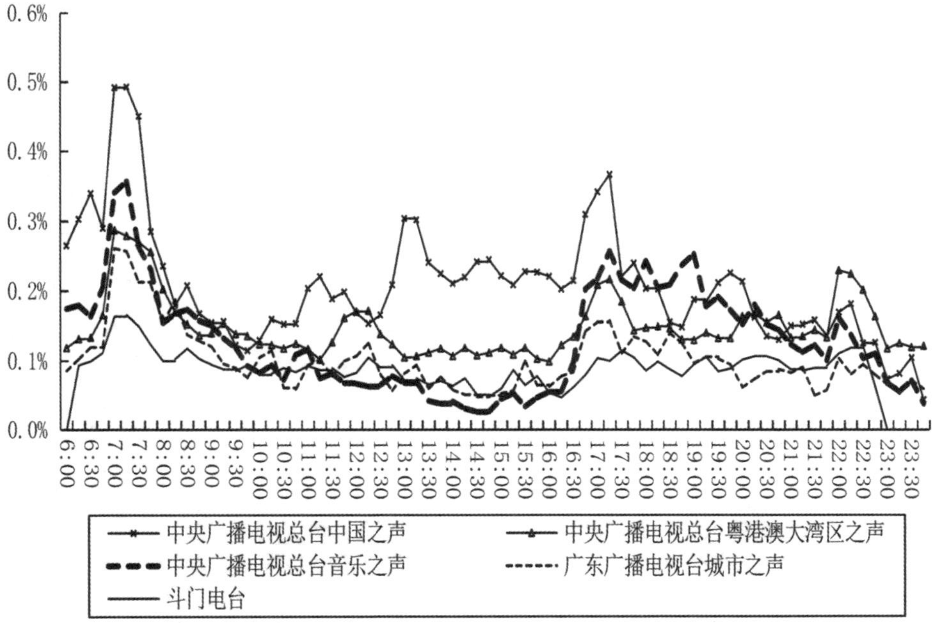

珠海人民广播电台环保经济广播（FM87.5）　珠海人民广播电台综合广播（FM95.1）

珠海广播电视台百岛之声（FM91.5）　广东广播电视台音乐之声

广东广播电视台新闻广播

图1.32.2 珠海地区主要电台的时段收听率-2

中央广播电视总台中国之声　中央广播电视总台粤港澳大湾区之声

中央广播电视总台音乐之声　广东广播电视台城市之声

斗门电台

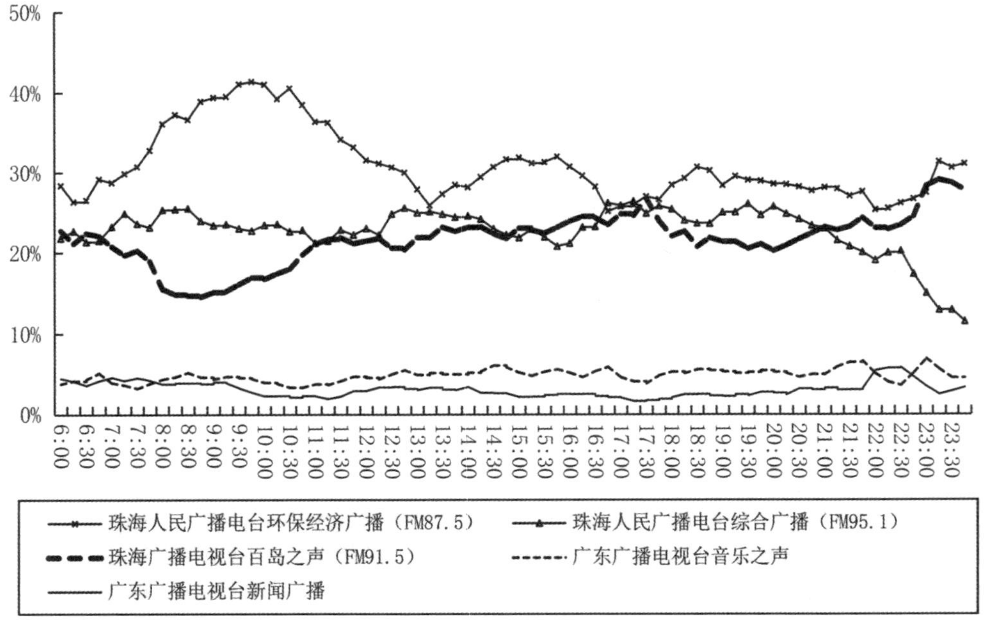

图1.32.3　珠海地区主要电台的时段占有率-1

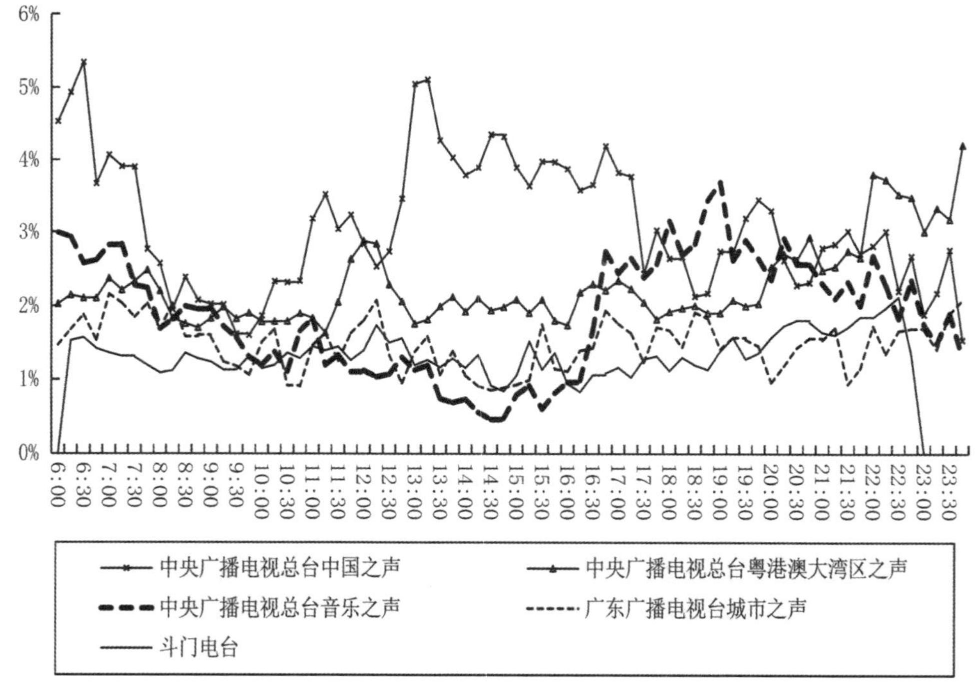

图1.32.4　珠海地区主要电台的时段占有率-2

三十三、佛山地区收听率数据

表1.33.1　佛山地区主要电台频率的平均收听率和市场份额

排名	电台名称	平均收听率（%）	市场份额（%）
1	佛山人民广播电台南海广播	0.89	16.5
2	佛山人民广播电台综合广播	0.68	12.6
3	佛山人民广播电台音乐广播	0.67	12.4
4	佛山人民广播电台顺德广播	0.61	11.3
5	佛山人民广播电台高明广播	0.57	10.6
5	佛山人民广播电台三水广播	0.57	10.6
7	广东广播电视台交通之声	0.35	6.6
8	广东广播电视台新闻广播	0.28	5.2
9	中央广播电视总台音乐之声	0.09	1.7
10	中央广播电视总台中国之声	0.08	1.6

表1.33.2　佛山地区主要电台频率的到达率和日到达率

排名	电台名称	到达率（%）	日到达率（%）
1	佛山人民广播电台南海广播	38.3	13.8
2	佛山人民广播电台综合广播	31.8	12.5
3	佛山人民广播电台顺德广播	27.8	7.5
4	佛山人民广播电台高明广播	27.2	5.9
5	佛山人民广播电台音乐广播	26.9	10.9
6	佛山人民广播电台三水广播	26.4	6.0
7	广东广播电视台交通之声	19.7	6.2
8	广东广播电视台新闻广播	16.0	5.0
9	中央广播电视总台音乐之声	7.9	1.4
10	中央广播电视总台中国之声	7.1	1.6

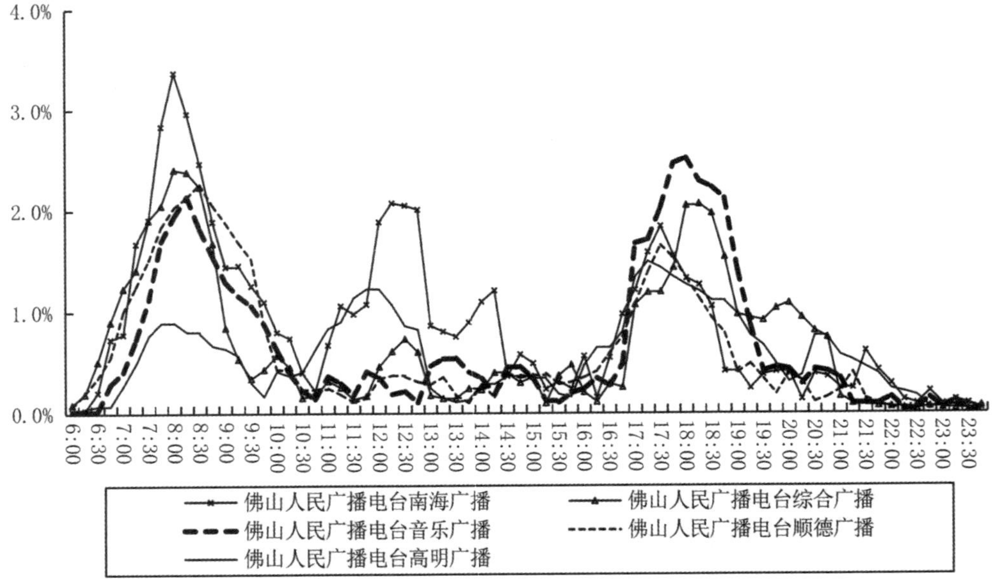

图1.33.1 佛山地区主要电台的时段收听率-1

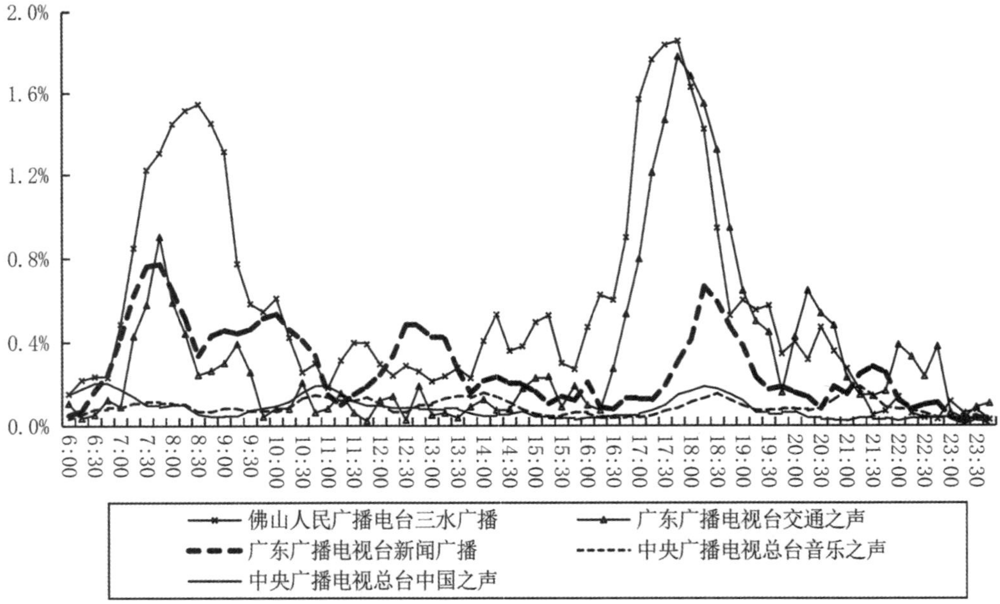

图1.33.2 佛山地区主要电台的时段收听率-2

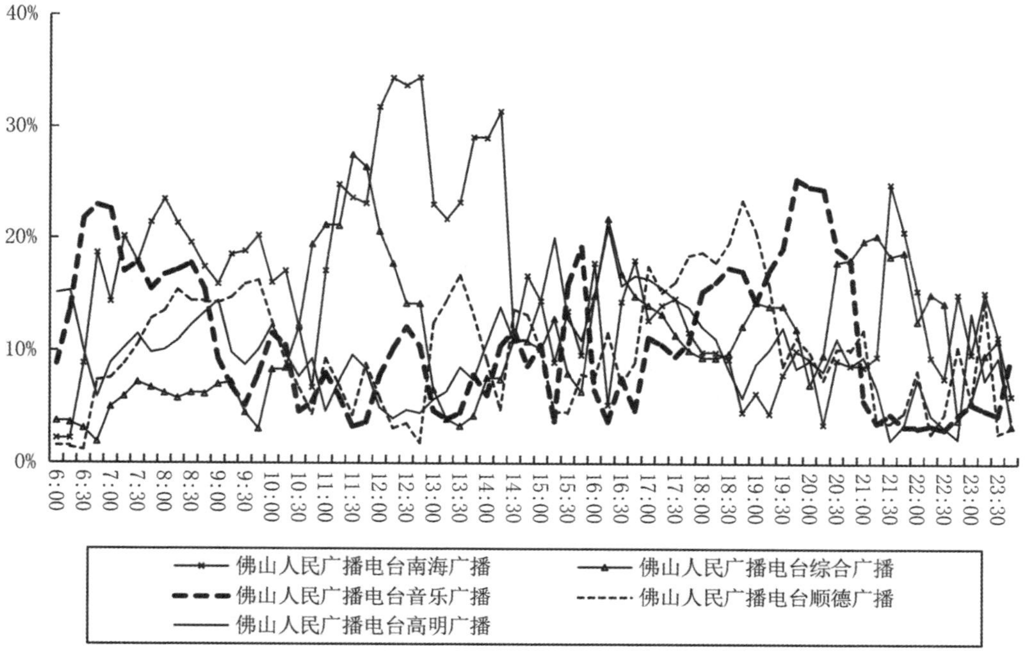

图1.33.3 佛山地区主要电台的时段占有率-1

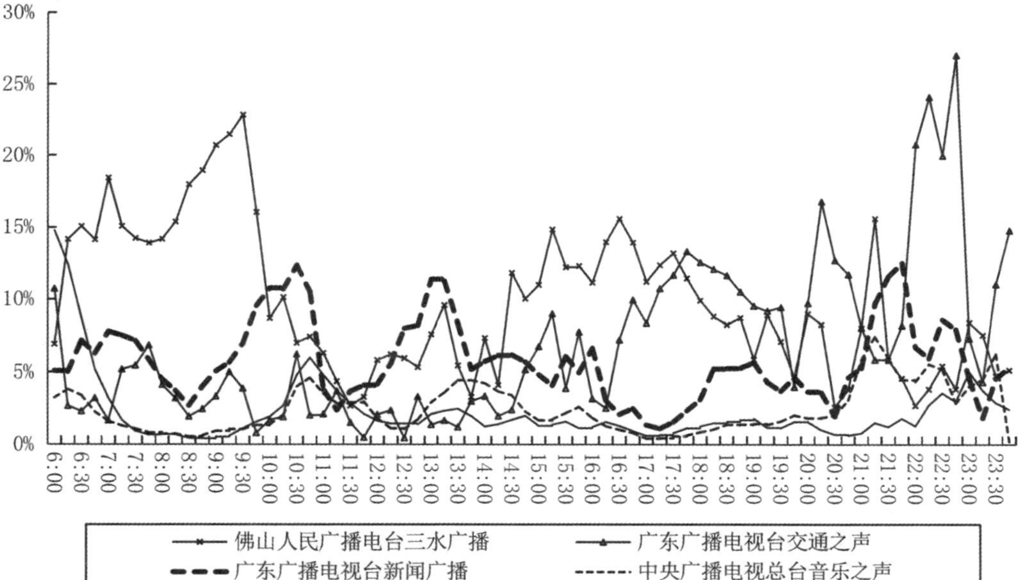

图1.33.4 佛山地区主要电台的时段占有率-2

三十四、邯郸地区收听率数据

表1.34.1　邯郸地区主要电台频率的平均收听率和市场份额

排名	电台名称	平均收听率（%）	市场份额（%）
1	邯郸新闻综合广播	1.05	18.7
2	邯郸交通广播	0.96	17.0
3	邯郸都市生活广播	0.94	16.7
4	邯郸音乐广播	0.81	14.3
5	中央广播电视总台中国之声	0.73	12.9
6	河北交通广播	0.33	5.9
7	河北新闻广播	0.26	4.6
8	旅游音乐广播	0.19	3.3
9	中央广播电视总台经济之声	0.18	3.1
10	中央广播电视总台音乐之声	0.12	2.1

表1.34.2　邯郸地区主要电台频率的到达率和日到达率

排名	电台名称	到达率（%）	日到达率（%）
1	邯郸新闻综合广播	26.9	8.6
2	邯郸都市生活广播	23.7	10.3
3	邯郸交通广播	22.4	8.9
4	邯郸音乐广播	21.6	8.1
5	中央广播电视总台中国之声	17.3	9.4
6	河北交通广播	11.4	6.6
7	旅游音乐广播	10.0	5.6
8	中央广播电视总台经济之声	8.8	4.9
9	河北新闻广播	7.0	4.7
10	中央广播电视总台音乐之声	6.2	1.9

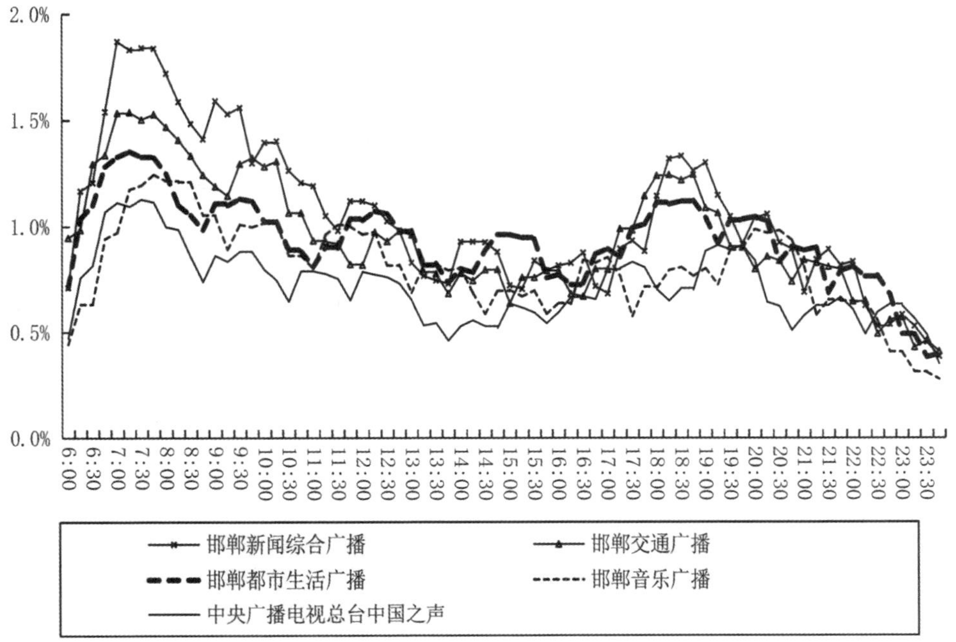

图1.34.1 邯郸地区主要电台的时段收听率-1

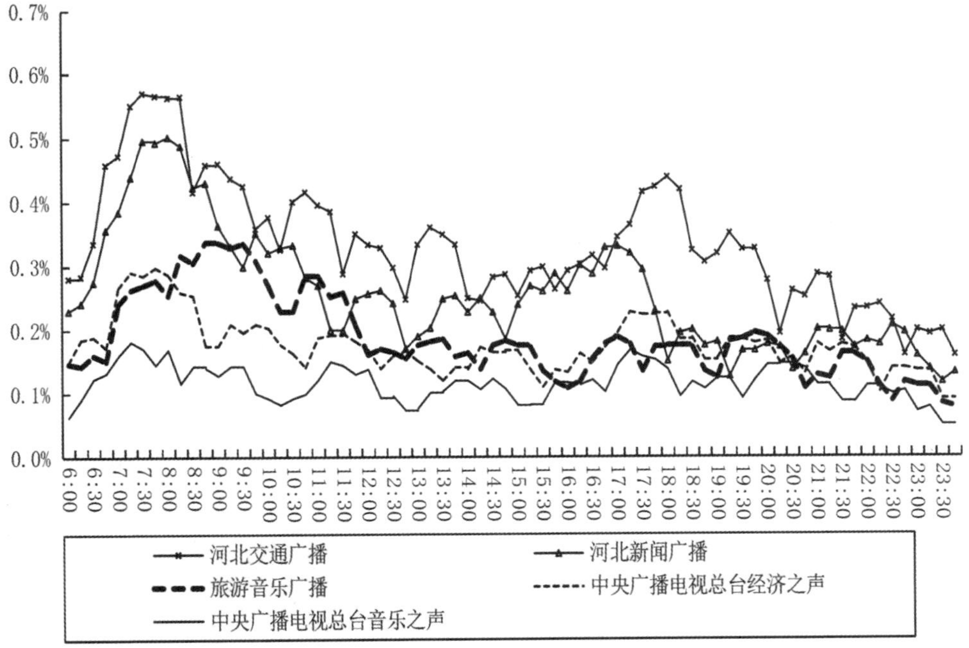

图1.34.2 邯郸地区主要电台的时段收听率-2

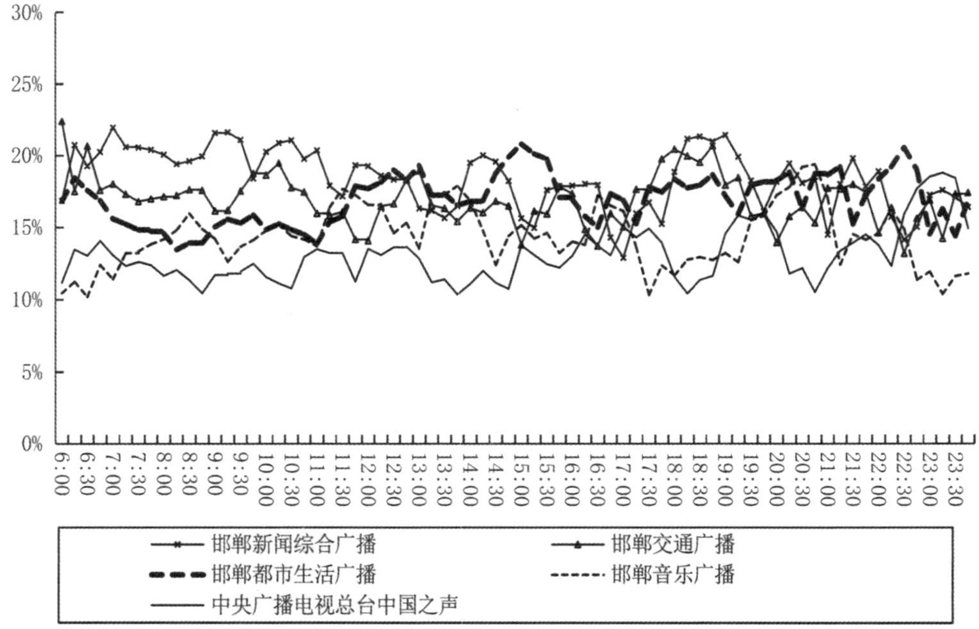

图1.34.3　邯郸地区主要电台的时段占有率-1

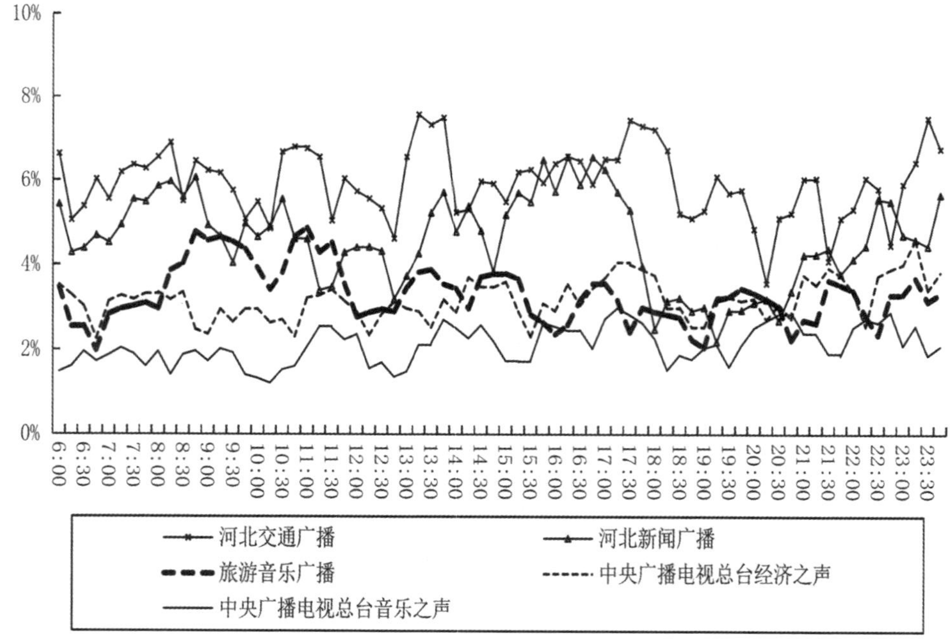

图1.34.4　邯郸地区主要电台的时段占有率-2

三十五、汕头地区收听率数据

表1.35.1 汕头地区主要电台频率的平均收听率和市场份额

排名	电台名称	平均收听率（%）	市场份额（%）
1	汕头电台综合广播1072（交通频率）	2.13	33.5
2	汕头电台音乐广播1025（音乐频率）	1.74	27.4
3	汕头电台经济广播1020（新闻频率）	1.35	21.3
4	广东广播电视台音乐之声	0.37	5.9
5	广东广播电视台新闻广播	0.30	4.7
6	中央广播电视总台中国之声	0.26	4.2
7	中央广播电视总台经济之声	0.08	1.3

表1.35.2 汕头地区主要电台频率的到达率和日到达率

排名	电台名称	到达率（%）	日到达率（%）
1	汕头电台音乐广播1025（音乐频率）	44.3	18.0
2	汕头电台综合广播1072（交通频率）	39.9	16.8
3	汕头电台经济广播1020（新闻频率）	31.8	14.5
4	广东广播电视台音乐之声	12.3	5.7
5	中央广播电视总台中国之声	11.8	5.6
6	广东广播电视台新闻广播	5.9	3.1
7	中央广播电视总台经济之声	5.1	2.3

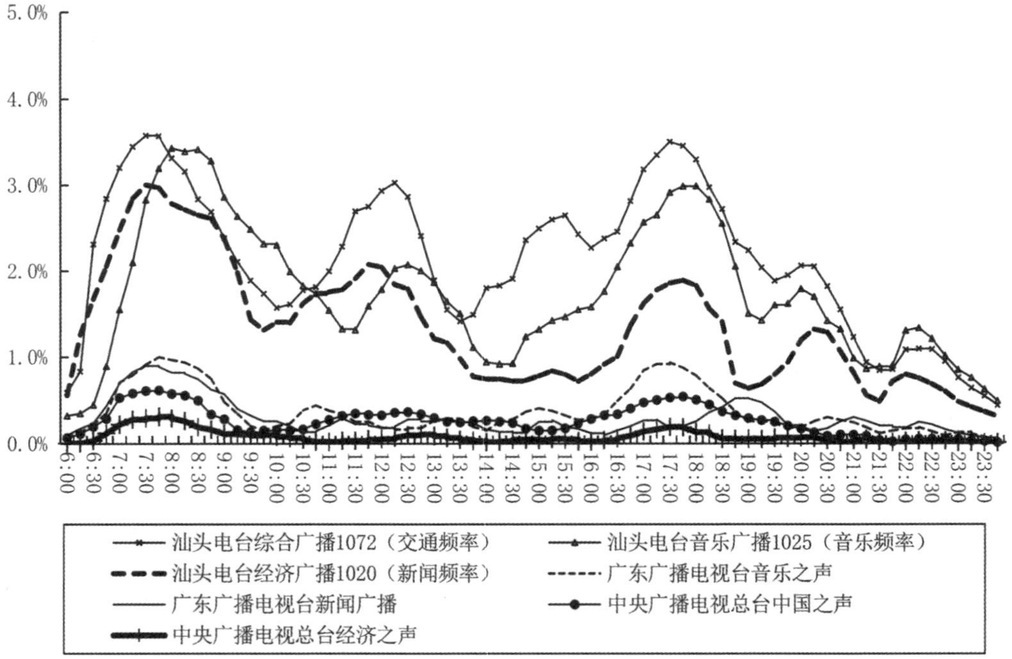

图1.35.1　汕头地区主要电台的时段收听率

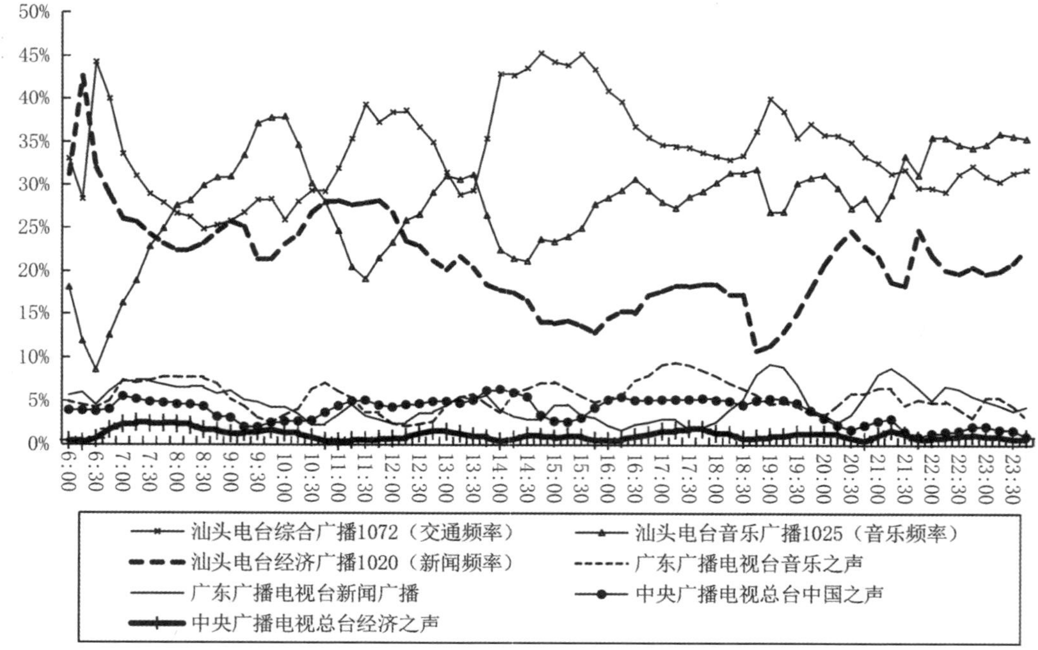

图1.35.2　汕头地区主要电台的时段占有率

三十六、日照地区收听率数据

表1.36.1 日照地区主要电台频率的平均收听率和市场份额

排名	电台名称	平均收听率（%）	市场份额（%）
1	日照交通生活广播	1.78	28.8
2	日照综合广播	1.66	26.9
3	日照音乐广播	1.47	23.7
4	山东广播电视台综合广播	0.55	8.9
5	山东广播电视台经典音乐广播	0.40	6.5
6	中央广播电视总台中国之声	0.21	3.5
7	山东广播电视台文艺广播	0.07	1.1

表1.36.2 日照地区主要电台频率的到达率和日到达率

排名	电台名称	到达率（%）	日到达率（%）
1	日照交通生活广播	40.2	18.7
2	日照综合广播	36.3	16.2
3	日照音乐广播	31.9	14.8
4	山东广播电视台综合广播	16.2	7.6
5	山东广播电视台经典音乐广播	15.0	5.6
6	中央广播电视总台中国之声	9.5	4.5
7	山东广播电视台文艺广播	5.7	1.9

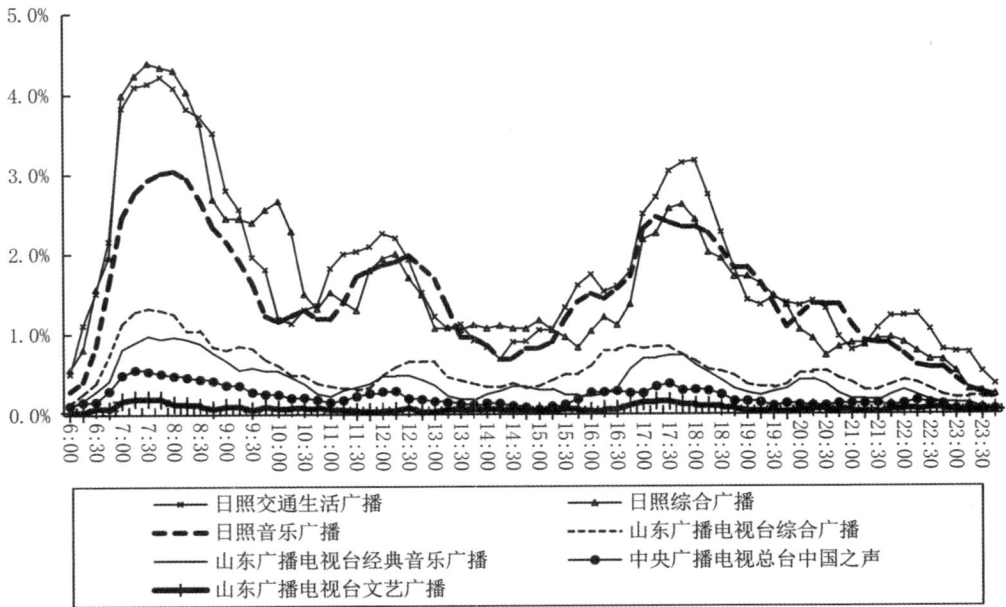

图1.36.1　日照地区主要电台的时段收听率

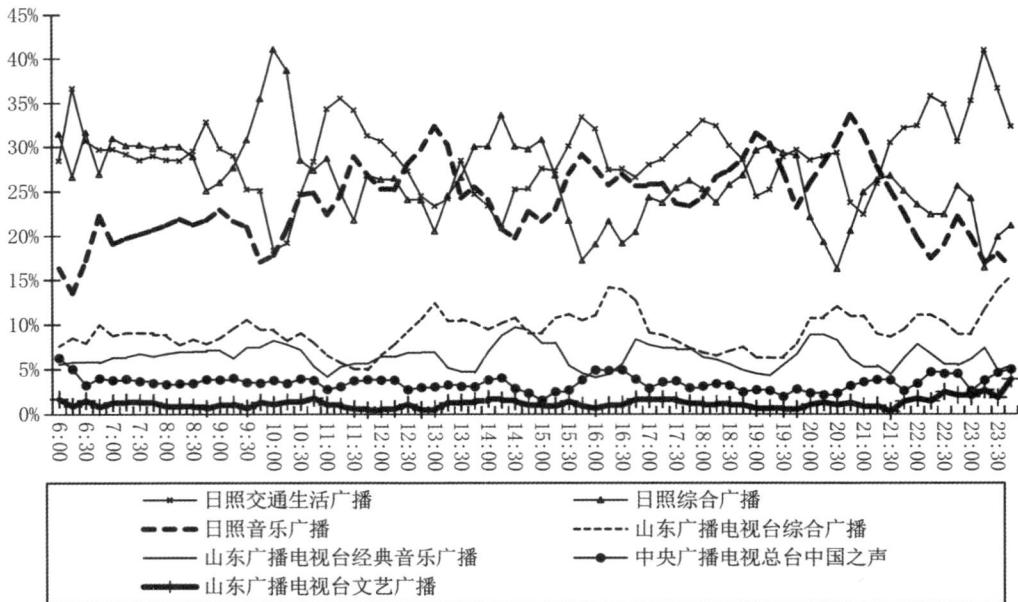

图1.36.2　日照地区主要电台的时段占有率

三十七、常熟地区收听率数据

表1.37.1 常熟地区主要电台频率的平均收听率和市场份额

排名	电台名称	平均收听率（%）	市场份额（%）
1	常熟新闻交通广播	3.00	42.0
2	江苏交通广播网	1.61	22.5
3	江苏新闻综合广播AM702	1.07	15.0
4	中央广播电视总台中国之声	0.17	2.4
5	无锡交通频率	0.16	2.2
6	苏州交通广播	0.15	2.1
7	苏州新闻广播	0.14	1.9
8	无锡新闻综合广播	0.13	1.7
9	苏州生活广播	0.11	1.5
10	中央广播电视总台音乐之声	0.09	1.3

表1.37.2 常熟地区主要电台频率的到达率和日到达率

排名	电台名称	到达率（%）	日到达率（%）
1	常熟新闻交通广播	53.0	14.3
2	江苏交通广播网	35.4	7.6
3	江苏新闻综合广播AM702	26.9	3.5
4	苏州新闻广播	14.8	1.6
5	上海流行音乐广播　动感101	11.4	0.8
6	苏州交通广播	11.2	0.9
7	苏州生活广播	9.9	0.7
8	中央广播电视总台中国之声	9.1	0.8
9	苏州音乐广播	8.3	0.6
10	中央广播电视总台音乐之声	8.1	0.6

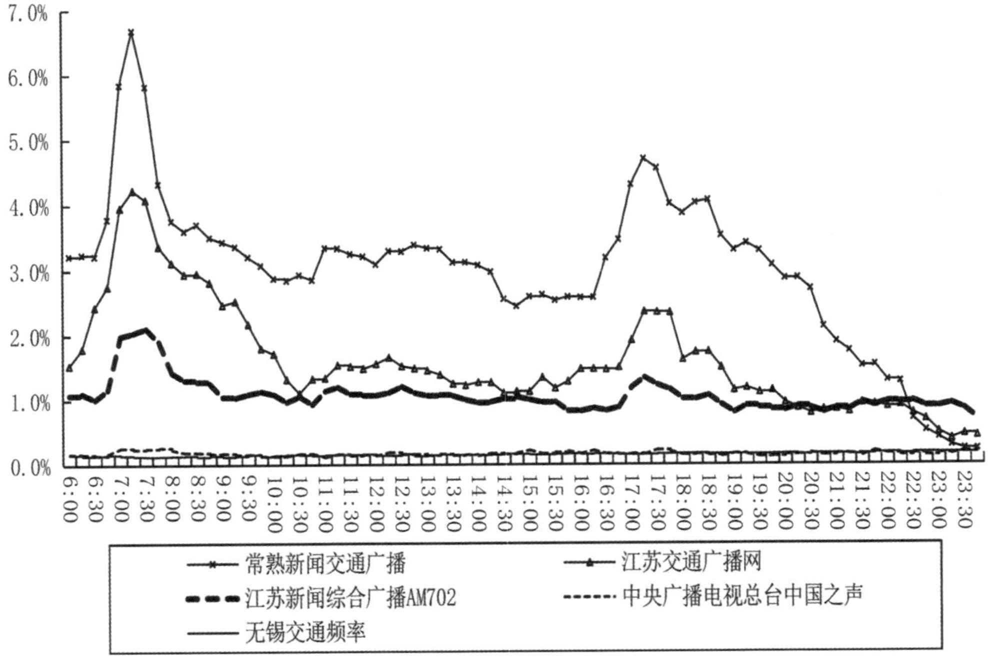

图1.37.1　常熟地区主要电台的时段收听率-1

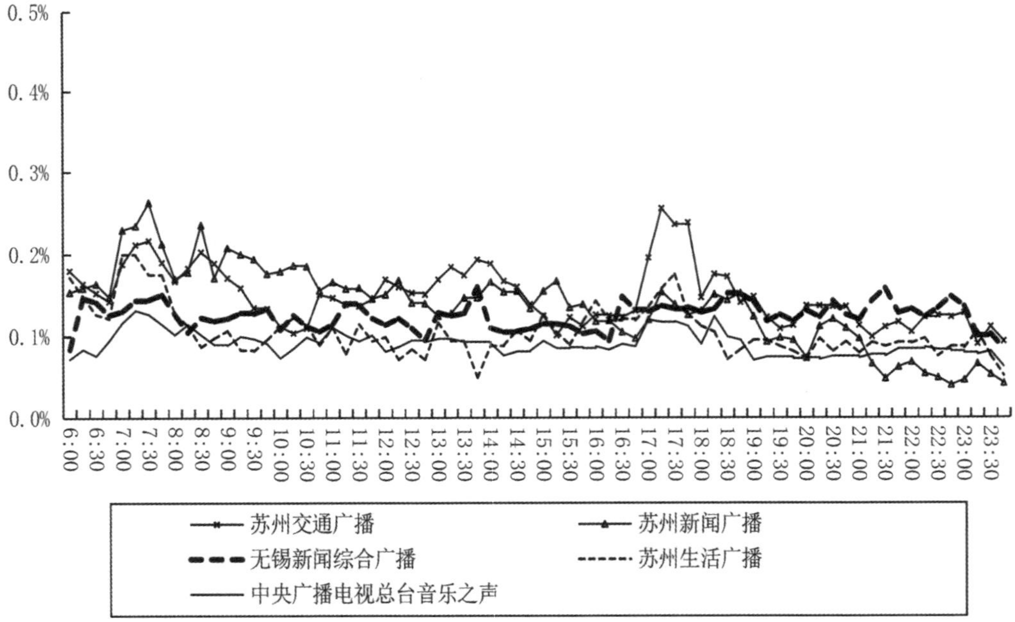

图1.37.2　常熟地区主要电台的时段收听率-2

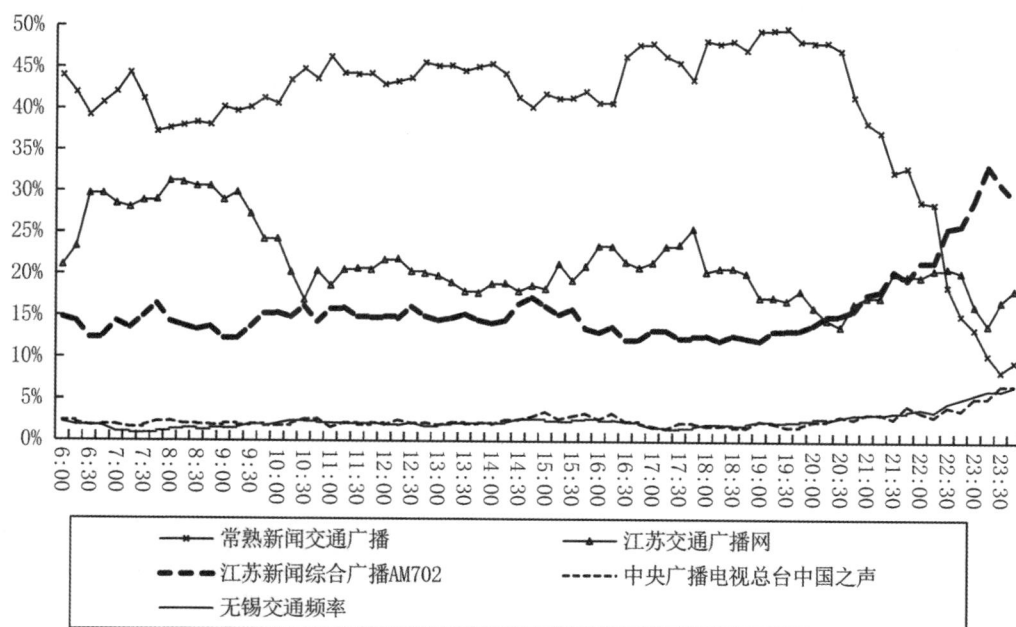

图1.37.3 常熟地区主要电台的时段占有率-1

图1.37.4 常熟地区主要电台的时段占有率-2

三十八、常州地区收听率数据

表1.38.1　常州地区主要电台频率的平均收听率和市场份额

排名	电台名称	平均收听率（%）	市场份额（%）
1	常州交通广播	1.74	26.2
2	常州音乐广播	1.48	22.2
3	常州新闻综合广播	1.14	17.1
4	常州经济广播	0.74	11.1
5	江苏交通广播网	0.36	5.3
6	江苏经典流行音乐广播	0.25	3.7
6	中央广播电视总台中国之声	0.25	3.7
8	江苏新闻广播	0.21	3.1
9	常州交通广播AM747	0.13	1.9
10	江苏音乐广播	0.09	1.4

表1.38.2　常州地区主要电台频率的到达率和日到达率

排名	电台名称	到达率（%）	日到达率（%）
1	常州交通广播	36.4	18.6
2	常州音乐广播	31.9	17.9
3	常州新闻综合广播	24.8	13.4
4	常州经济广播	17.7	9.9
5	江苏交通广播网	7.0	2.3
6	江苏新闻广播	5.2	2.7
7	江苏经典流行音乐广播	5.0	2.1
8	中央广播电视总台中国之声	4.9	3.1
9	江苏音乐广播	3.6	1.6
10	常州音乐广播AM927	3.4	1.9

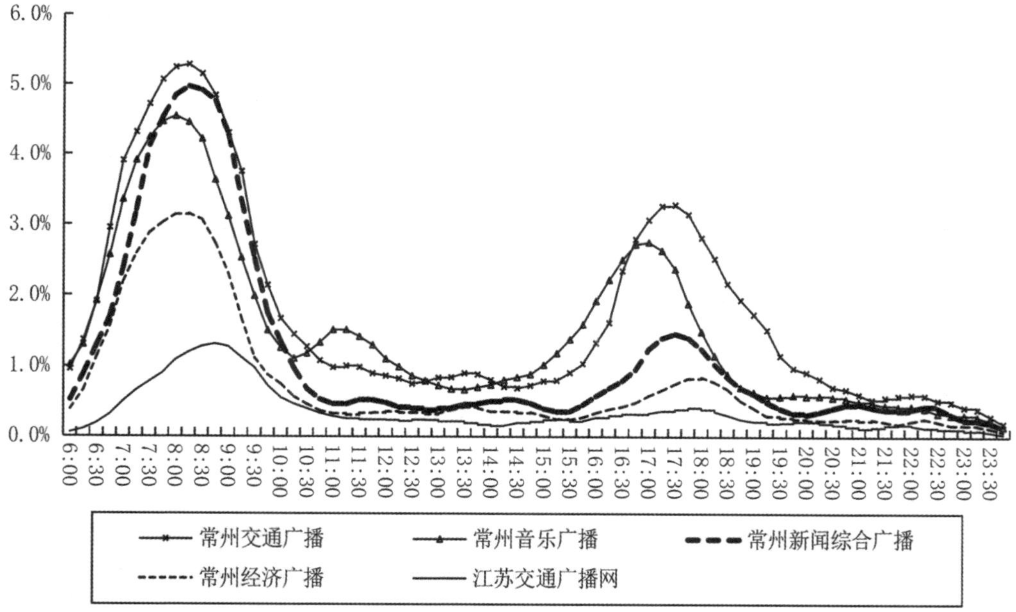

图1.38.1 常州地区主要电台的时段收听率-1

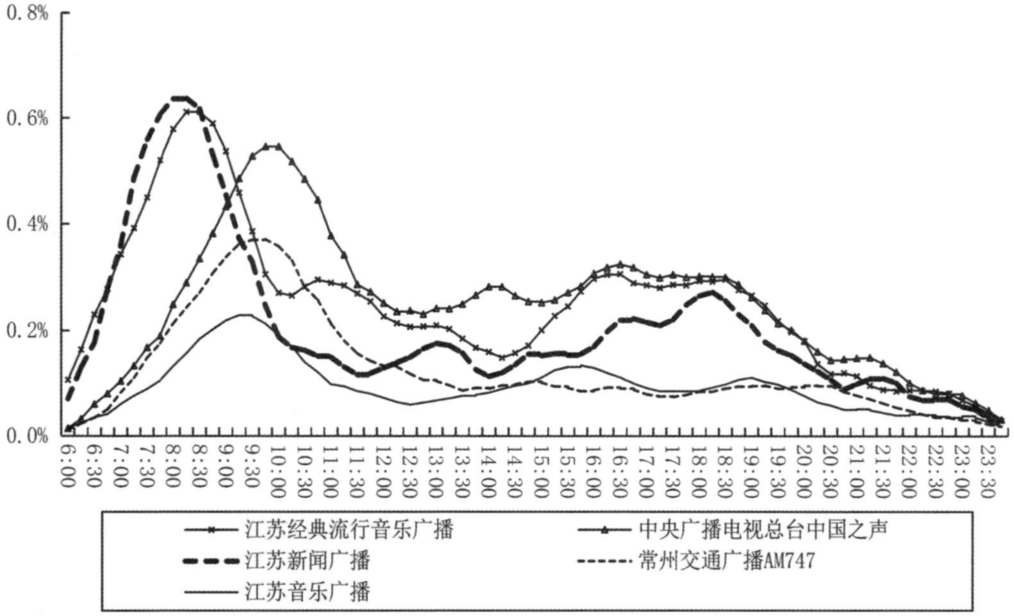

图1.38.2 常州地区主要电台的时段收听率-2

图1.38.3 常州地区主要电台的时段占有率-1

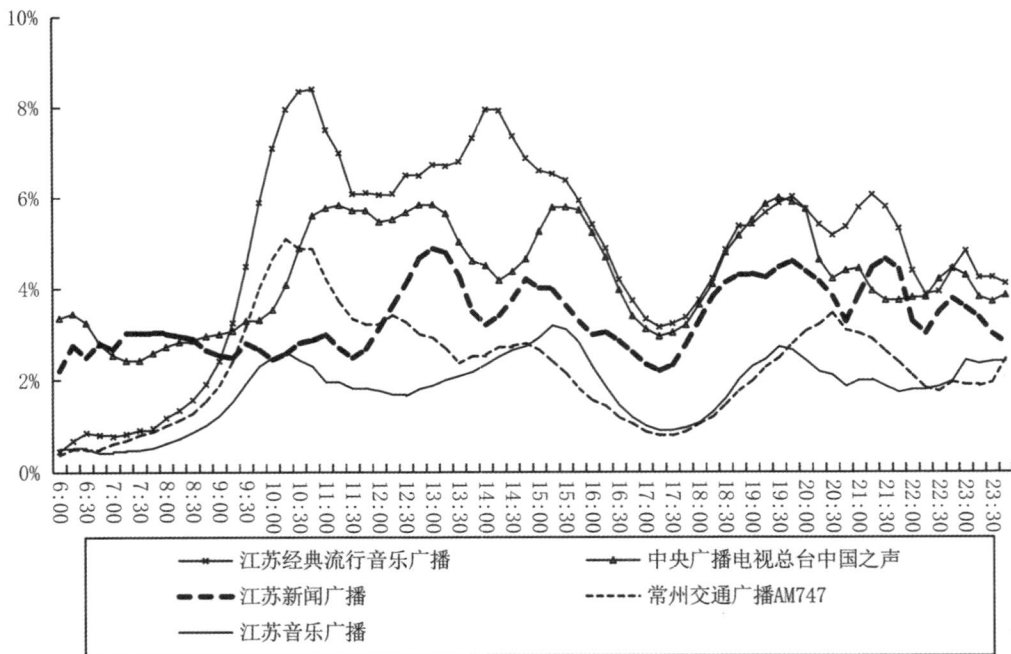

图1.38.4 常州地区主要电台的时段占有率-2

三十九、江阴地区收听率数据

表1.39.1 江阴地区主要电台频率的平均收听率和市场份额

排名	电台名称	平均收听率（%）	市场份额（%）
1	江阴人民广播电台FM90.7	2.58	42.4
2	江苏交通广播网	0.88	14.5
3	江苏新闻综合广播AM702	0.86	14.2
4	无锡交通频率	0.24	4.0
4	江阴人民广播电台AM1386	0.24	4.0
6	无锡音乐广播	0.22	3.6
7	无锡新闻综合广播AM1161	0.20	3.4
8	无锡都市生活广播	0.15	2.5
9	无锡梁溪之声广播	0.15	2.4
10	无锡经济广播	0.11	1.7

表1.39.2 江阴地区主要电台频率的到达率和日到达率

排名	电台名称	到达率（%）	日到达率（%）
1	江阴人民广播电台FM90.7	22.0	4.3
2	江阴人民广播电台AM1386	20.1	1.5
3	江苏交通广播网	18.8	3.3
4	无锡交通频率	17.0	1.8
5	无锡音乐广播	16.1	1.5
6	无锡经济广播	15.8	1.2
7	江苏新闻综合广播AM702	15.2	2.1
8	无锡都市生活广播	14.8	1.1
9	无锡新闻综合广播AM1161	13.8	1.5
10	无锡梁溪之声广播	12.9	1.2

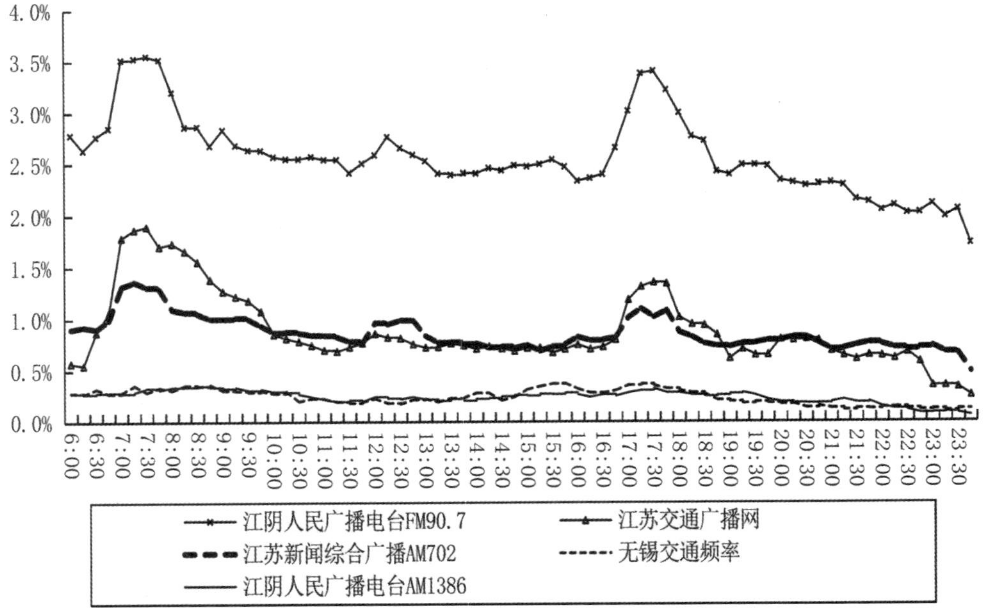

图1.39.1　江阴地区主要电台的时段收听率-1

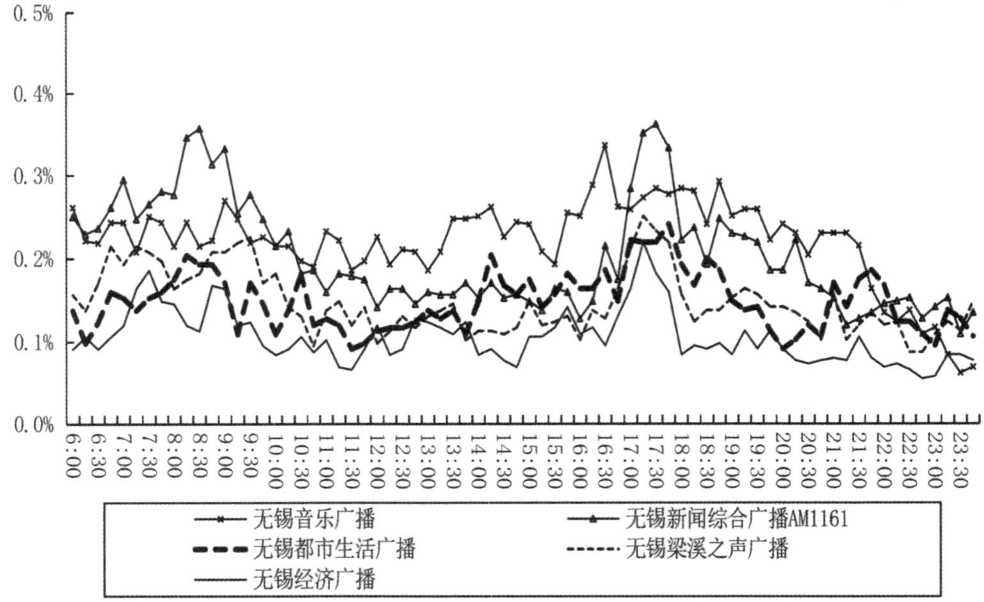

图1.39.2　江阴地区主要电台的时段收听率-2

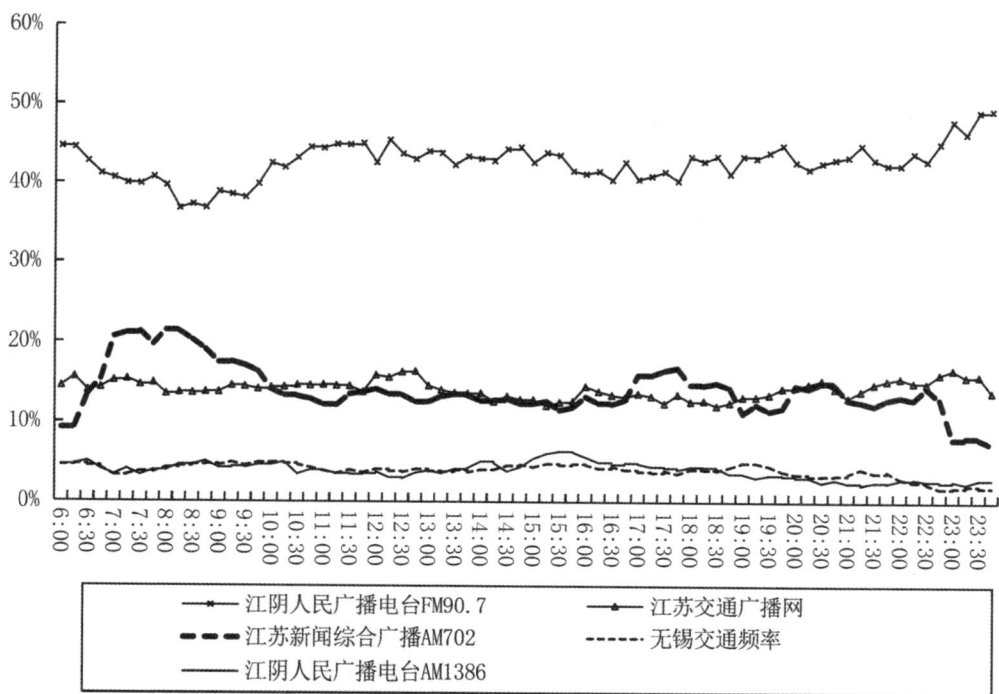

图1.39.3 江阴地区主要电台的时段占有率-1

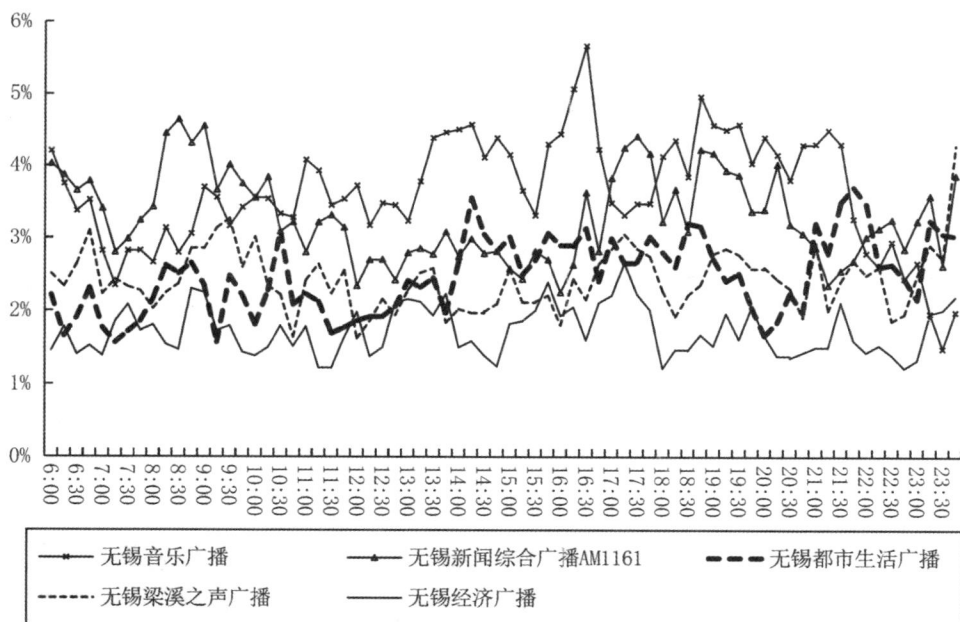

图1.39.4 江阴地区主要电台的时段占有率-2

四十、南通地区收听率数据

表1.40.1　南通地区主要电台频率的平均收听率和市场份额

排名	电台名称	平均收听率（%）	市场份额（%）
1	南通交通广播	1.62	25.9
2	南通新闻广播	1.49	23.8
3	南通音乐广播	1.46	23.4
4	南通私家车广播	1.11	17.7
5	江苏交通广播网	0.39	6.2
6	中央广播电视总台中国之声	0.10	1.5
7	中央广播电视总台经济之声	0.08	1.2

表1.40.2　南通地区主要电台频率的到达率和日到达率

排名	电台名称	到达率（%）	日到达率（%）
1	南通交通广播	42.9	19.0
2	南通新闻广播	36.5	16.6
3	南通私家车广播	32.9	15.0
4	南通音乐广播	29.4	14.5
5	江苏交通广播网	14.7	6.6
6	中央广播电视总台中国之声	11.4	3.3
7	中央广播电视总台经济之声	4.7	1.5

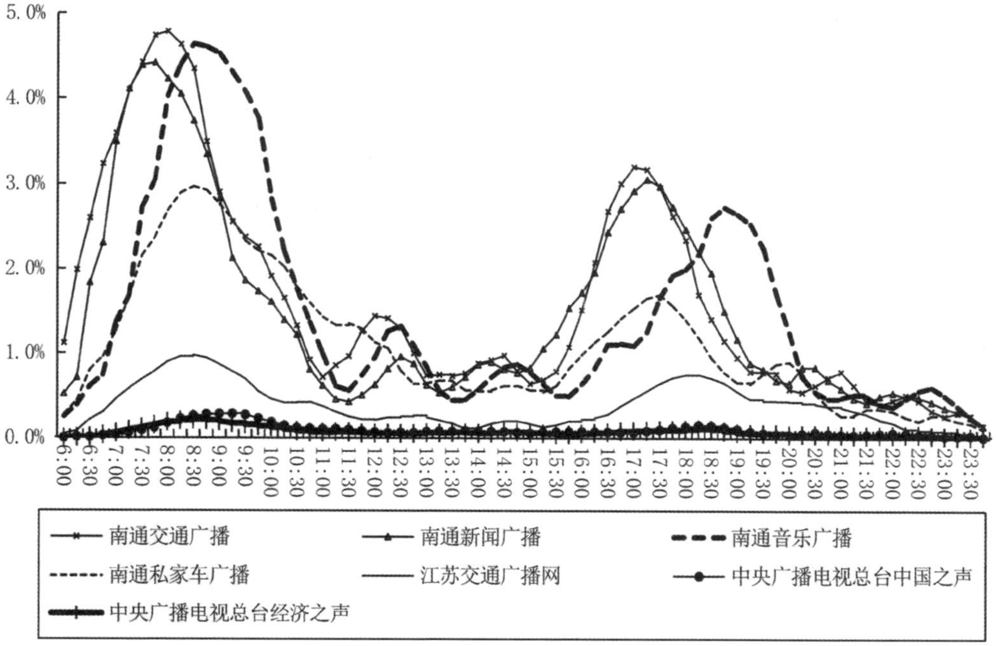

图1.40.1　南通地区主要电台的时段收听率

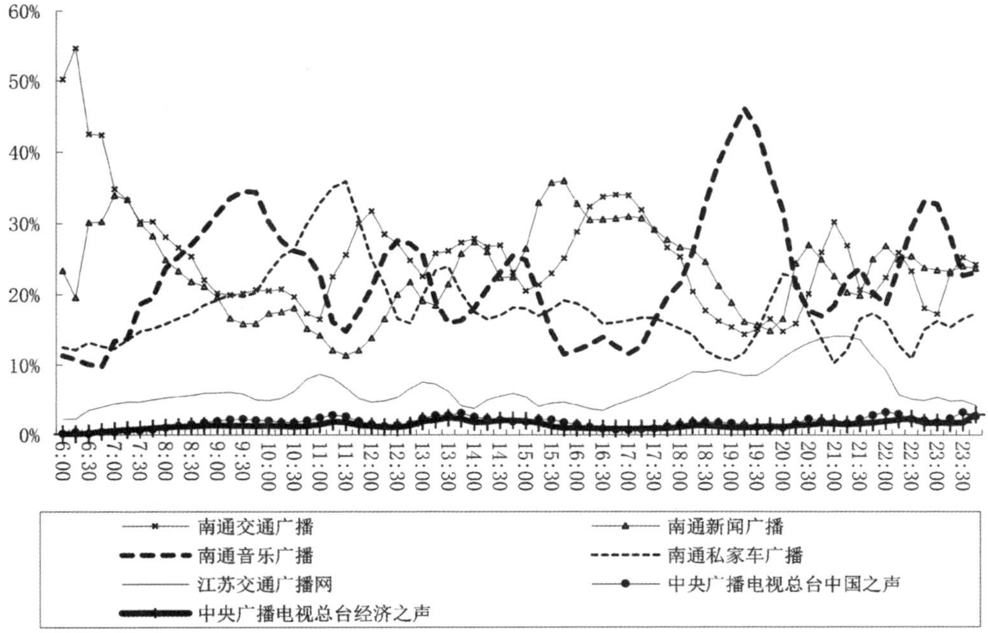

图1.40.2　南通地区主要电台的时段占有率

四十一、徐州地区收听率数据

表1.41.1　徐州地区主要电台频率的平均收听率和市场份额

排名	电台名称	平均收听率（%）	市场份额（%）
1	徐州交通广播	1.87	34.0
2	徐州新闻综合广播	1.48	26.9
3	徐州音乐广播	0.95	17.2
4	江苏交通广播网	0.38	6.8
5	徐州农村广播	0.37	6.7
6	江苏新闻广播	0.20	3.6
7	中央广播电视总台中国之声	0.13	2.3
8	江苏新闻综合广播AM702	0.05	0.9
9	中央广播电视总台经济之声	0.03	0.6
9	铜山电台	0.03	0.6

表1.41.2　徐州地区主要电台频率的到达率和日到达率

排名	电台名称	到达率（%）	日到达率（%）
1	徐州交通广播	35.4	15.8
2	徐州新闻综合广播	27.3	14.1
3	徐州音乐广播	20.3	9.7
4	徐州农村广播	8.2	2.8
5	江苏交通广播网	7.8	4.5
6	江苏新闻广播	7.5	3.8
7	中央广播电视总台中国之声	5.3	2.0
8	江苏新闻综合广播AM702	2.3	0.7
9	铜山电台	1.4	0.4
10	中央广播电视总台经济之声	1.2	0.3

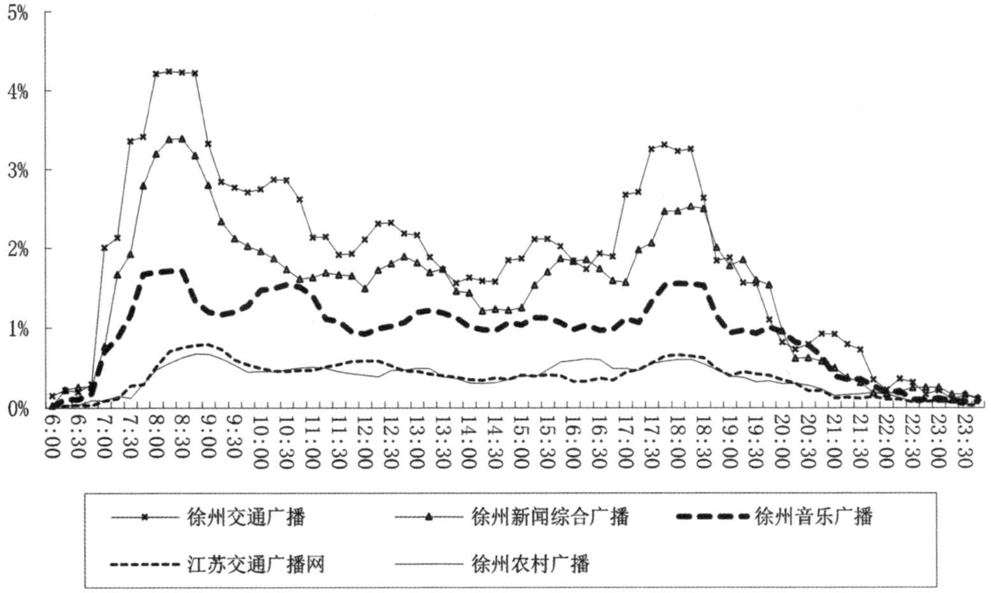

图1.41.1　徐州地区主要电台的时段收听率-1

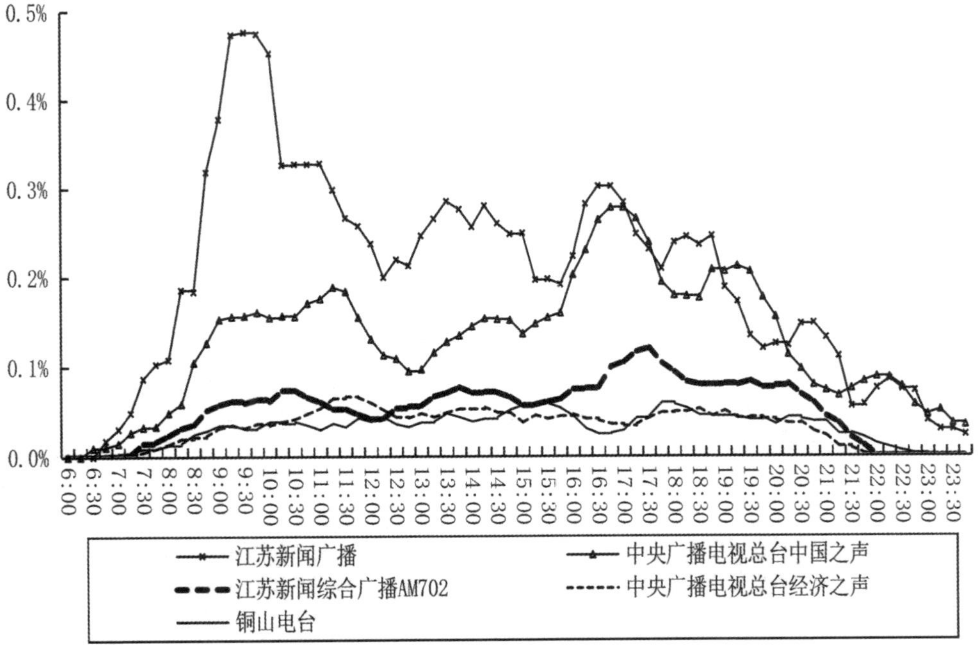

图1.41.2　徐州地区主要电台的时段收听率-2

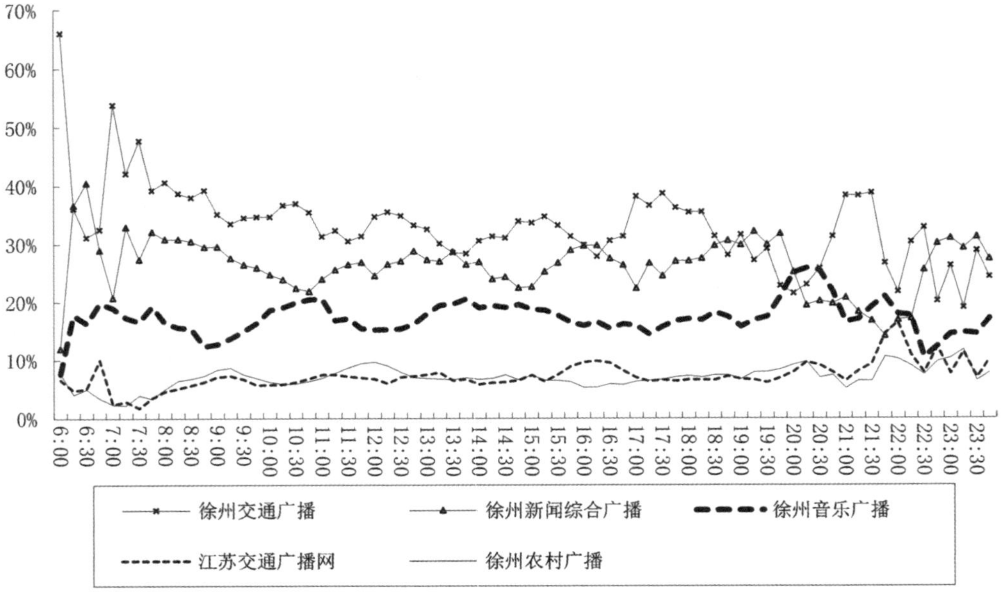

图1.41.3　徐州地区主要电台的时段占有率-1

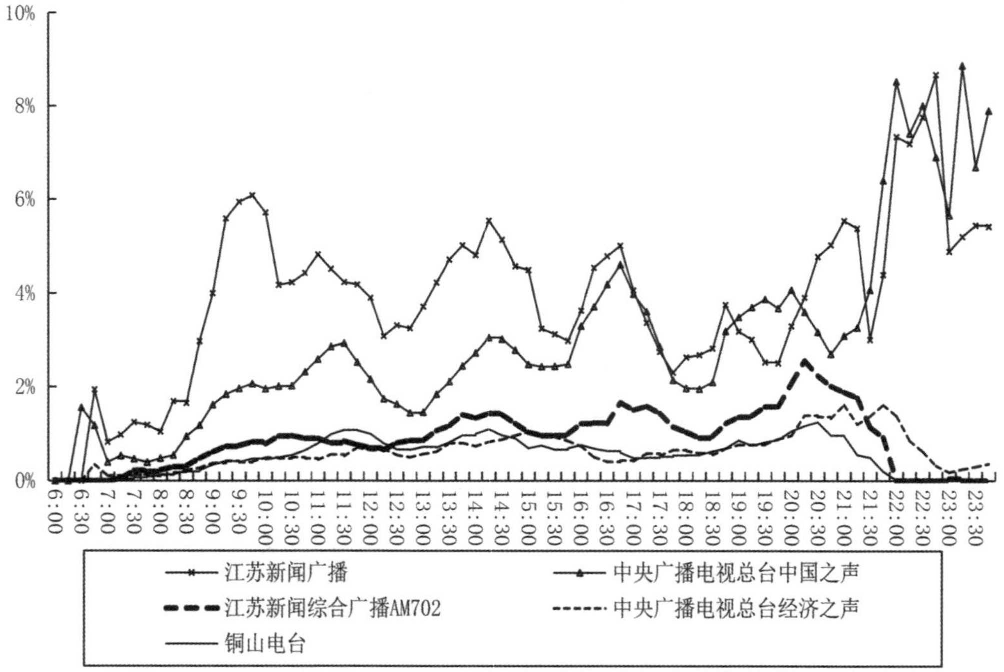

图1.41.4　徐州地区主要电台的时段占有率-2

四十二、池州地区收听率数据

表1.42.1　池州地区主要电台频率的平均收听率和市场份额

排名	电台名称	平均收听率（%）	市场份额（%）
1	池州交通旅游广播	1.37	23.4
2	池州新闻综合广播	1.01	17.2
3	安徽交通广播	0.85	14.5
4	安徽新闻综合广播	0.69	11.7
5	中央广播电视总台中国之声	0.58	9.9
6	安徽音乐广播	0.25	4.2
7	安徽旅游广播高速之声	0.19	3.3
8	安徽生活广播	0.15	2.5
8	安徽经济广播	0.15	2.5
10	安徽戏曲广播	0.14	2.3

表1.42.2　池州地区主要电台频率的到达率和日到达率

排名	电台名称	到达率（%）	日到达率（%）
1	池州交通旅游广播	27.8	10.9
2	池州新闻综合广播	21.5	7.9
3	安徽交通广播	19.2	9.4
4	安徽音乐广播	16.9	5.1
5	中央广播电视总台中国之声	16.3	7.4
6	安徽新闻综合广播	14.9	7.4
7	安徽旅游广播高速之声	10.8	3.8
8	安徽生活广播	10.3	3.3
9	安徽戏曲广播	9.3	2.5
10	中央广播电视总台经济之声	8.8	3.2

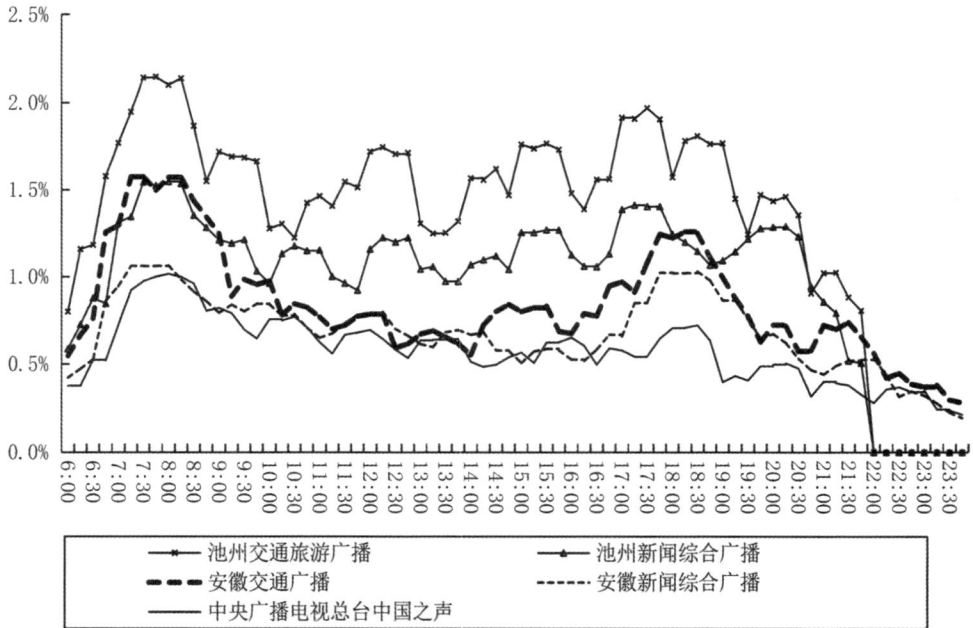

图1.42.1　池州地区主要电台的时段收听率-1

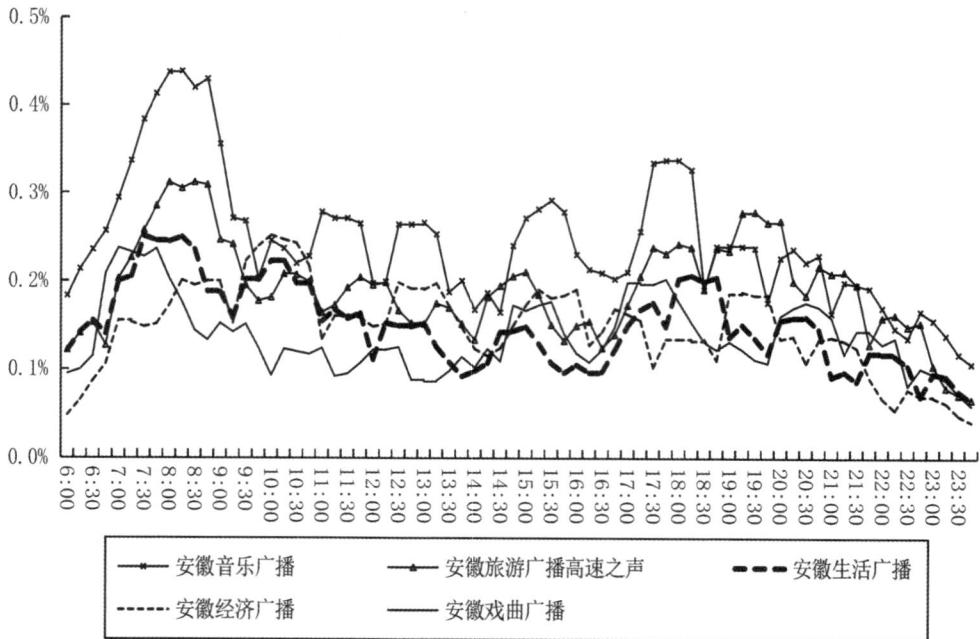

图1.42.2　池州地区主要电台的时段收听率-2

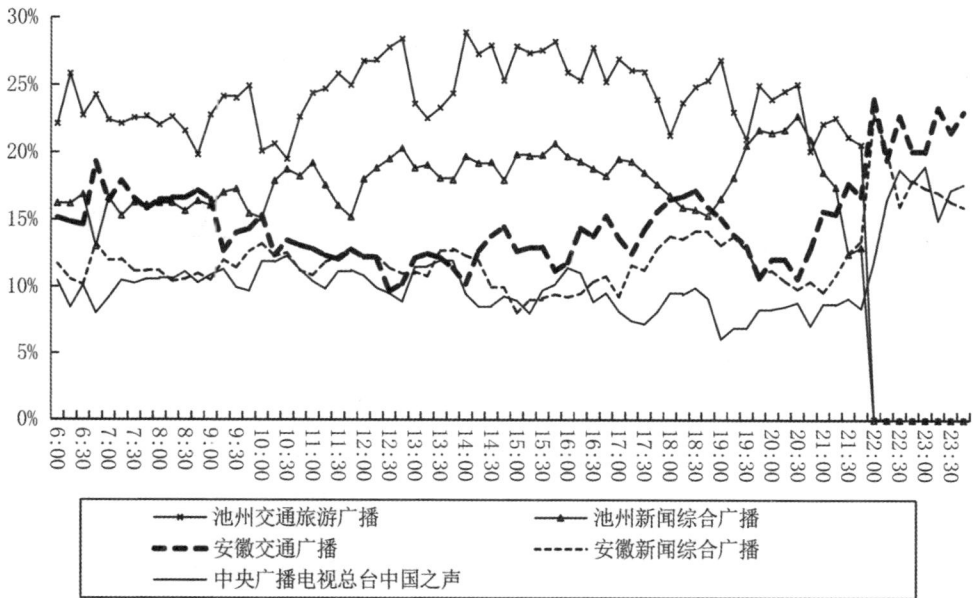

图1.42.3 池州地区主要电台的时段占有率-1

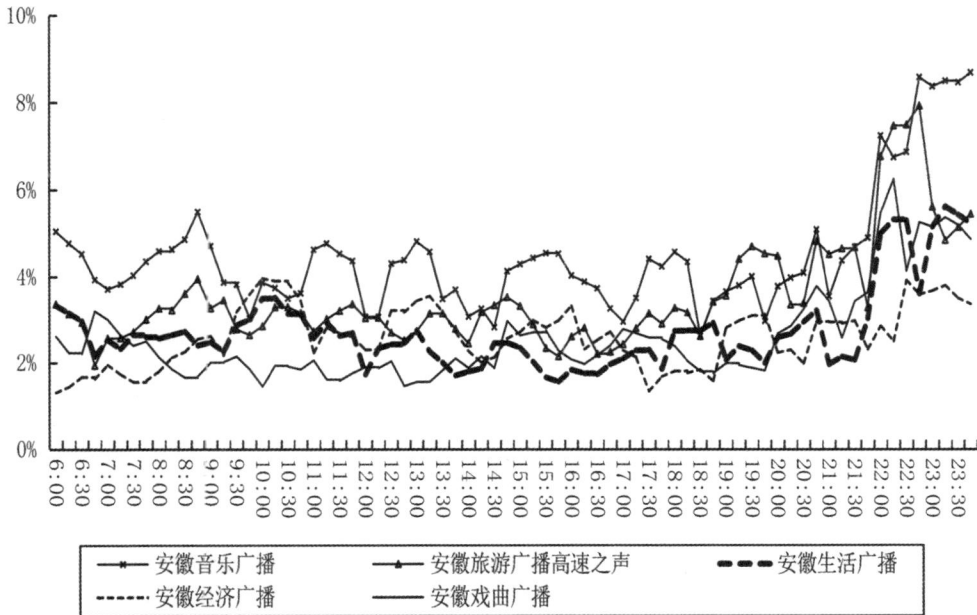

图1.42.4 池州地区主要电台的时段占有率-2

四十三、襄阳地区收听率数据

表1.43.1 襄阳地区主要电台频率的平均收听率和市场份额

排名	电台名称	平均收听率（%）	市场份额（%）
1	襄阳交通音乐广播	1.59	30.8
2	襄阳综合广播	0.95	18.4
3	湖北之声	0.63	12.1
4	襄阳文化教育广播	0.39	7.4
5	中央广播电视总台中国之声	0.29	5.7
6	湖北生活广播	0.25	4.9
7	湖北楚天音乐广播	0.21	4.1
8	楚天交通广播	0.21	4.0
9	湖北经济广播	0.17	3.2
10	襄州广播电台	0.13	2.5

表1.43.2 襄阳地区主要电台频率的到达率和日到达率

排名	电台名称	到达率（%）	日到达率（%）
1	襄阳交通音乐广播	42.3	12.3
2	襄阳综合广播	28.7	9.6
3	湖北之声	20.0	6.7
4	襄阳文化教育广播	10.5	2.4
5	湖北生活广播	9.4	3.8
6	中央广播电视总台中国之声	9.2	3.1
7	湖北经济广播	9.0	2.8
8	楚天交通广播	7.5	1.8
9	襄州广播电台	6.2	2.0
10	湖北楚天音乐广播	5.5	1.6

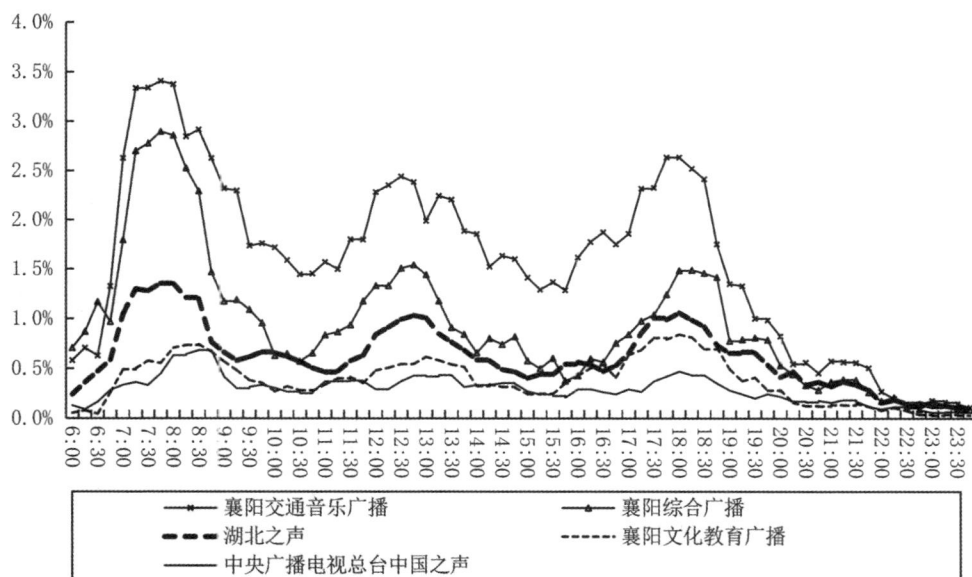

图1.43.1　襄阳地区主要电台的时段收听率-1

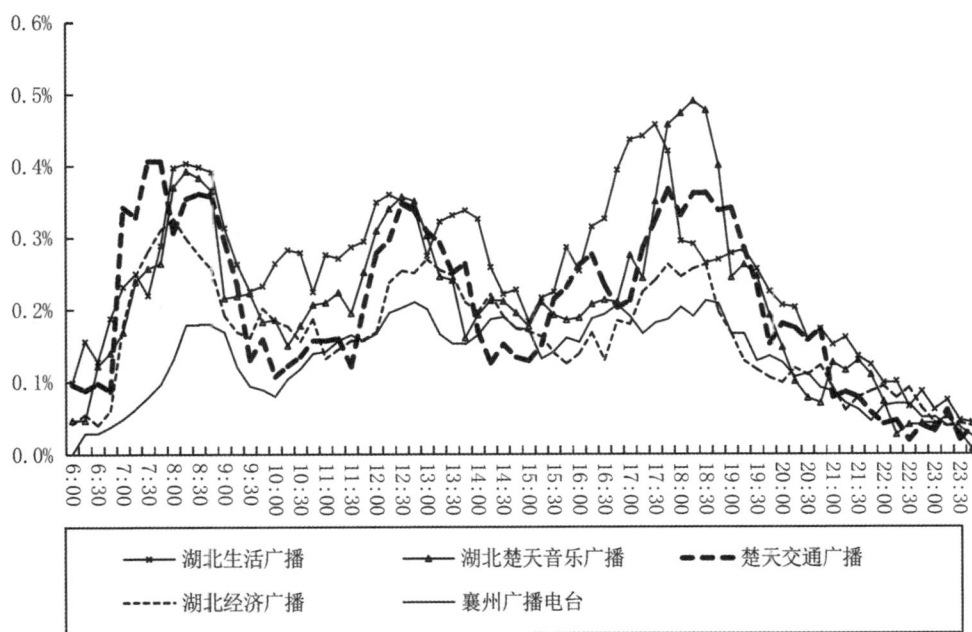

图1.43.2　襄阳地区主要电台的时段收听率-2

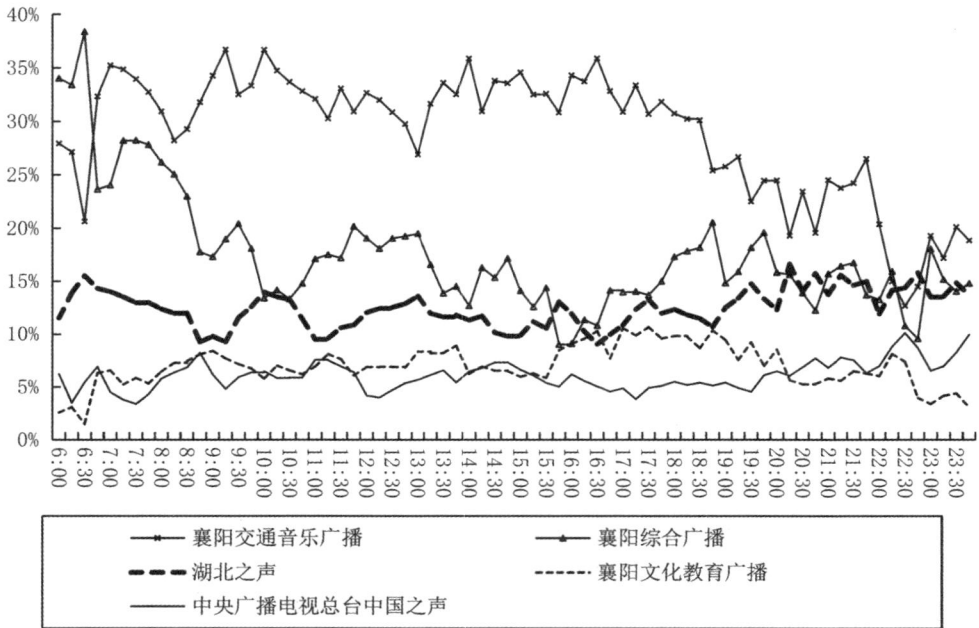

图1.43.3 襄阳地区主要电台的时段占有率-1

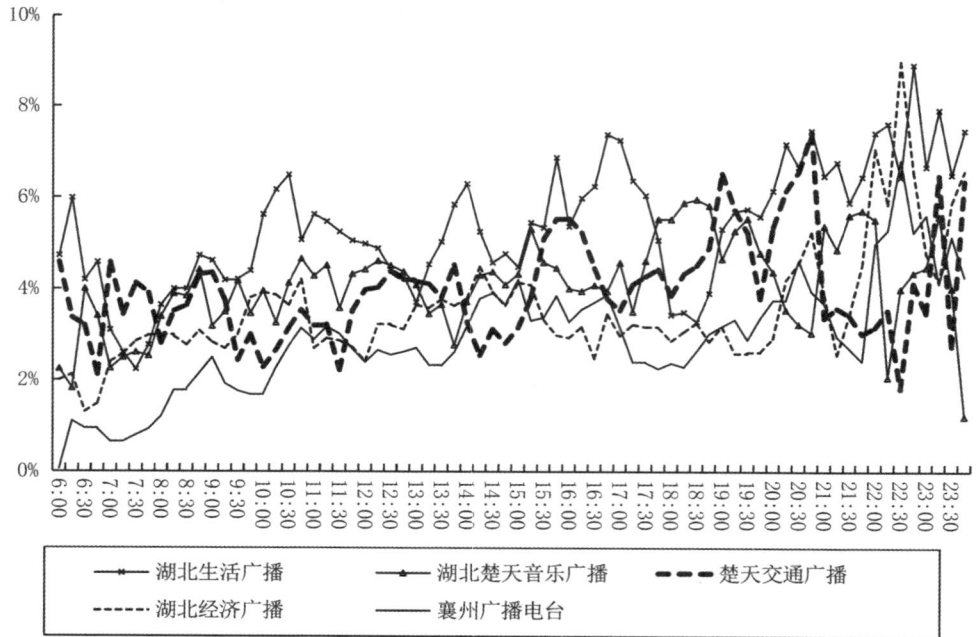

图1.43.4 襄阳地区主要电台的时段占有率-2

四十四、凉山地区收听率数据

表1.44.1 凉山地区主要电台频率的平均收听率和市场份额

排名	电台名称	平均收听率（%）	市场份额（%）
1	凉山综合广播	1.74	39.7
2	四川交通广播	0.94	21.6
3	西昌人民广播电台新闻频率	0.79	18.0
4	四川之声	0.46	10.6
5	中央广播电视总台中国之声	0.24	5.5
6	四川民族频率	0.18	4.1

表1.44.2 凉山地区主要电台频率的到达率和日到达率

排名	电台名称	到达率（%）	日到达率（%）
1	凉山综合广播	33.1	16.8
2	四川交通广播	29.9	17.4
3	西昌人民广播电台新闻频率	24.6	12.5
4	四川之声	18.0	7.0
5	中央广播电视总台中国之声	10.2	3.9
6	四川民族频率	9.8	3.3

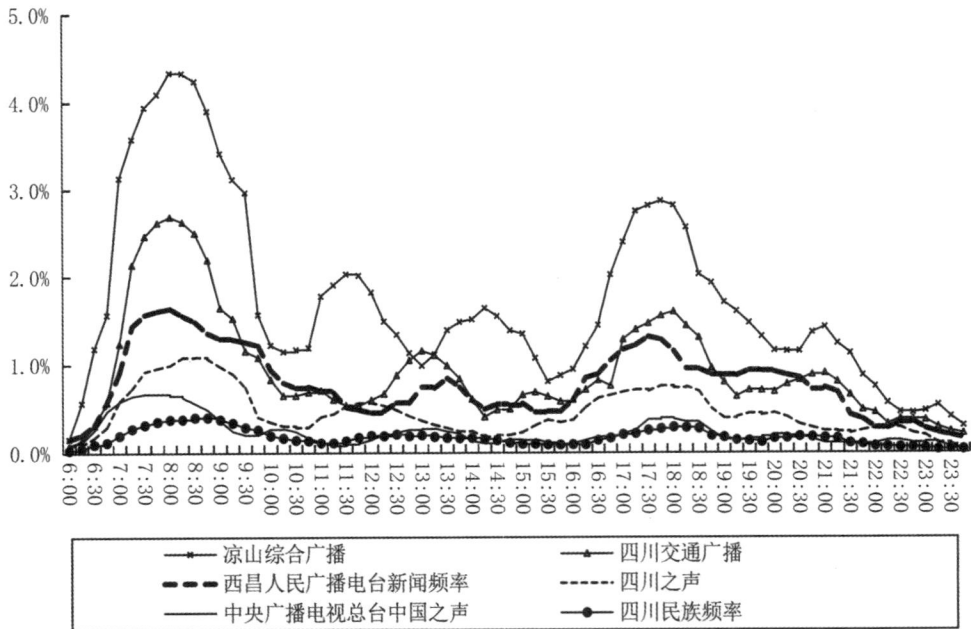

图1.44.1　凉山地区主要电台的时段收听率

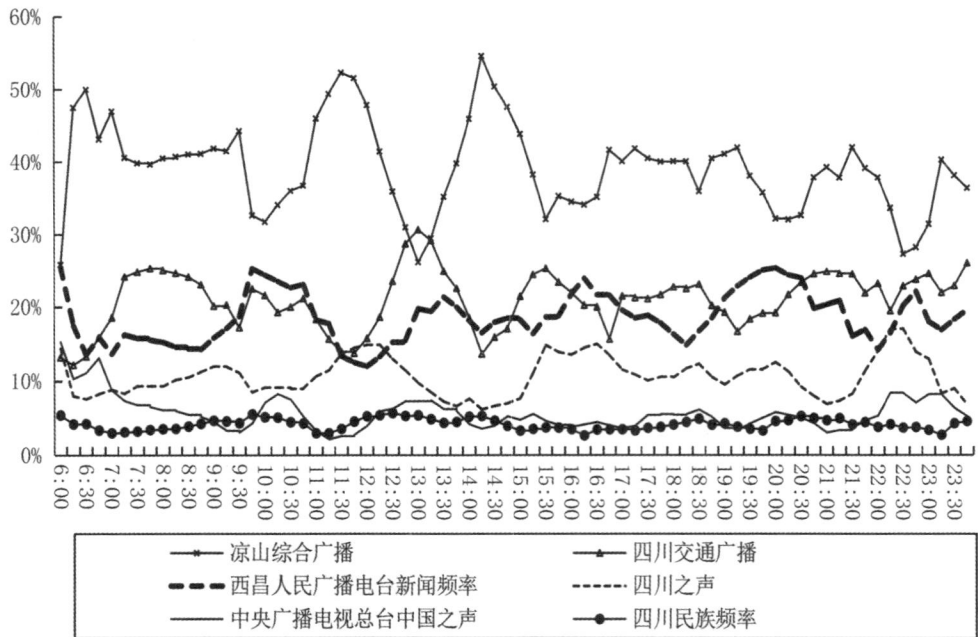

图1.44.2　凉山地区主要电台的时段占有率

四十五、湖州地区收听率数据

表1.45.1　湖州地区主要电台频率的平均收听率和市场份额

排名	电台名称	平均收听率（%）	市场份额（%）
1	湖州经济广播	1.09	21.5
2	湖州综合广播	1.00	19.8
3	湖州交通文艺广播	0.82	16.2
4	浙江交通之声	0.74	14.6
5	浙江之声	0.43	8.6
6	浙江动听968音乐调频	0.24	4.7
7	浙江旅游之声	0.20	3.9
8	浙江电台FM95经济广播	0.17	3.3
9	浙江民生资讯广播	0.14	2.7
10	中央广播电视总台中国之声	0.08	1.7

表1.45.2　湖州地区主要电台频率的到达率和日到达率

排名	电台名称	到达率（%）	日到达率（%）
1	湖州经济广播	27.4	10.6
2	湖州综合广播	25.3	11.5
3	湖州交通文艺广播	17.4	11.1
4	浙江电台FM95经济广播	14.5	4.9
5	浙江交通之声	14.4	9.1
6	浙江之声	11.7	7.6
7	浙江动听968音乐调频	8.5	5.1
8	浙江旅游之声	7.6	4.0
9	浙江民生资讯广播	5.7	3.0
10	中央广播电视总台中国之声	4.5	2.4

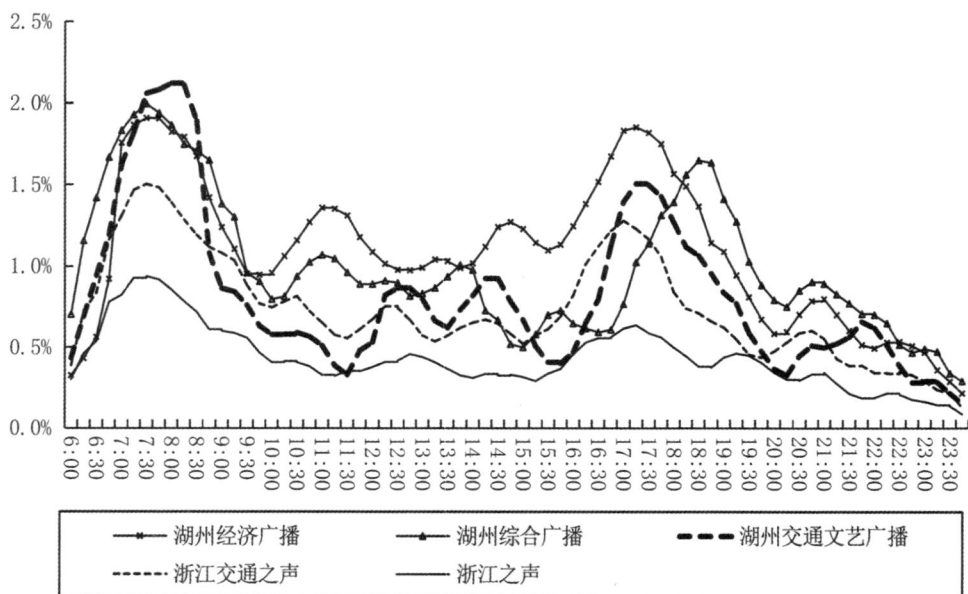

图1.45.1　湖州地区主要电台的时段收听率−1

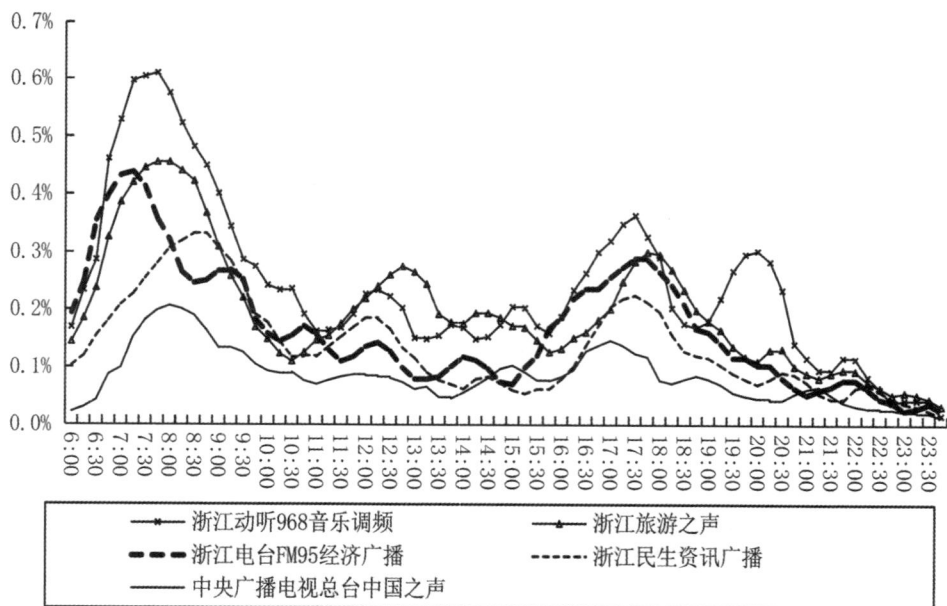

图1.45.2　湖州地区主要电台的时段收听率−2

图1.45.3　湖州地区主要电台的时段占有率-1

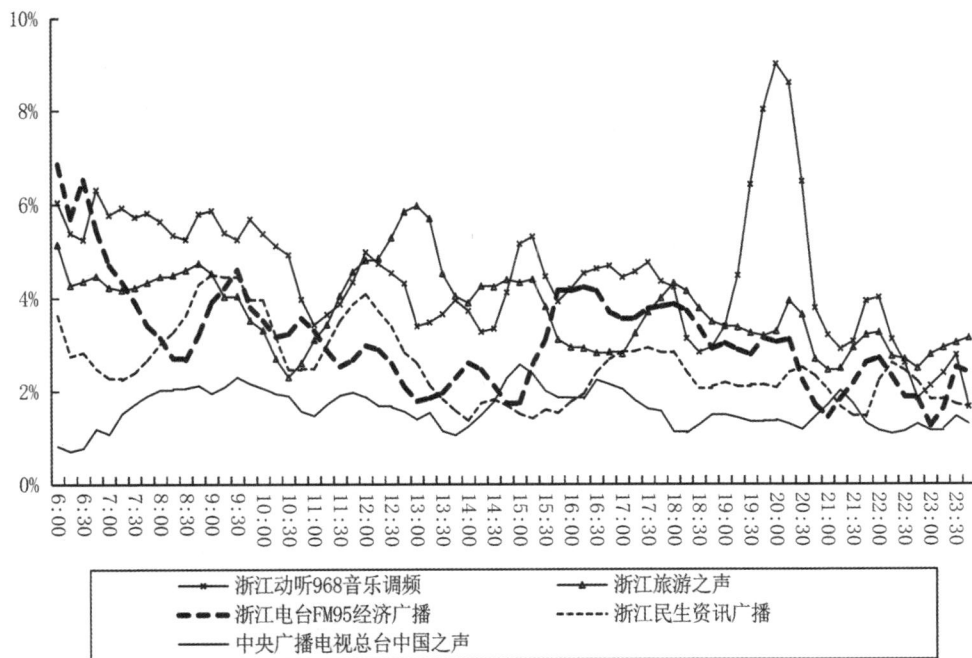

图1.45.4　湖州地区主要电台的时段占有率-2

四十六、嘉兴地区收听率数据

表1.46.1　嘉兴地区主要电台频率的平均收听率和市场份额

排名	电台名称	平均收听率（％）	市场份额（％）
1	嘉兴交通经济频率	2.07	33.4
2	嘉兴音乐生活频率	1.42	22.9
3	嘉兴新闻综合频率	1.35	21.8
4	浙江交通之声	0.35	5.6
5	中央广播电视总台中国之声	0.15	2.4
6	上海流行音乐广播　动感101	0.14	2.2
7	上海交通广播	0.12	1.9
7	浙江城市之声	0.12	1.9
9	上海人民广播电台上海新闻广播	0.10	1.6
10	中央广播电视总台音乐之声	0.08	1.2

表1.46.2　嘉兴地区主要电台频率的到达率和日到达率

排名	电台名称	到达率（％）	日到达率（％）
1	嘉兴交通经济频率	37.7	17.9
2	嘉兴新闻综合频率	31.5	14.0
3	嘉兴音乐生活频率	26.7	11.9
4	浙江交通之声	9.9	4.5
5	上海交通广播	6.0	2.2
6	上海流行音乐广播　动感101	5.5	3.3
7	中央广播电视总台中国之声	5.3	2.7
8	上海人民广播电台上海新闻广播	5.2	2.7
9	中央广播电视总台音乐之声	4.4	1.3
10	第一财经广播	4.1	1.6

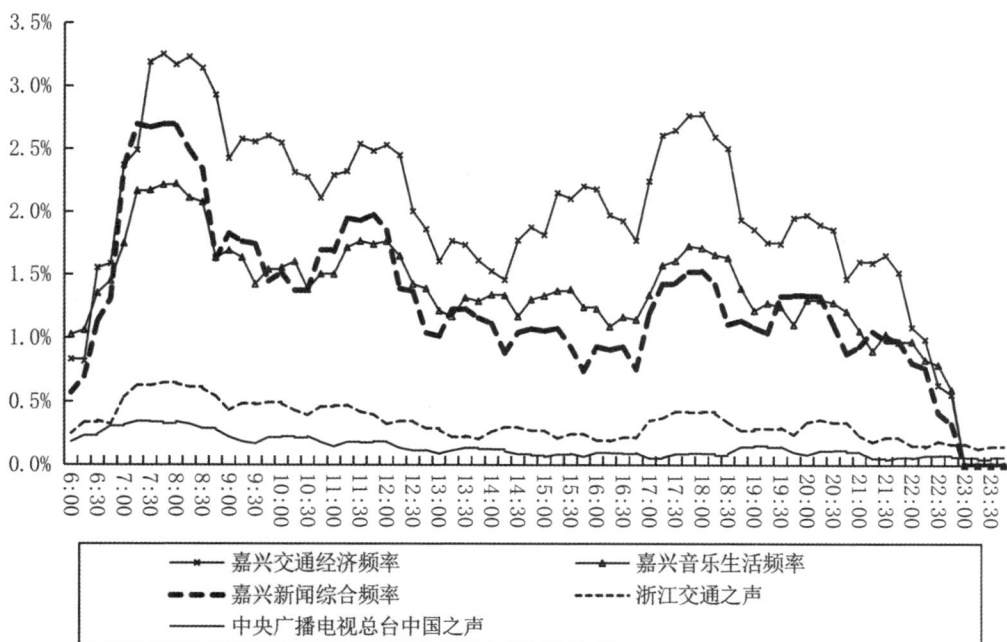

图1.46.1　嘉兴地区主要电台的时段收听率-1

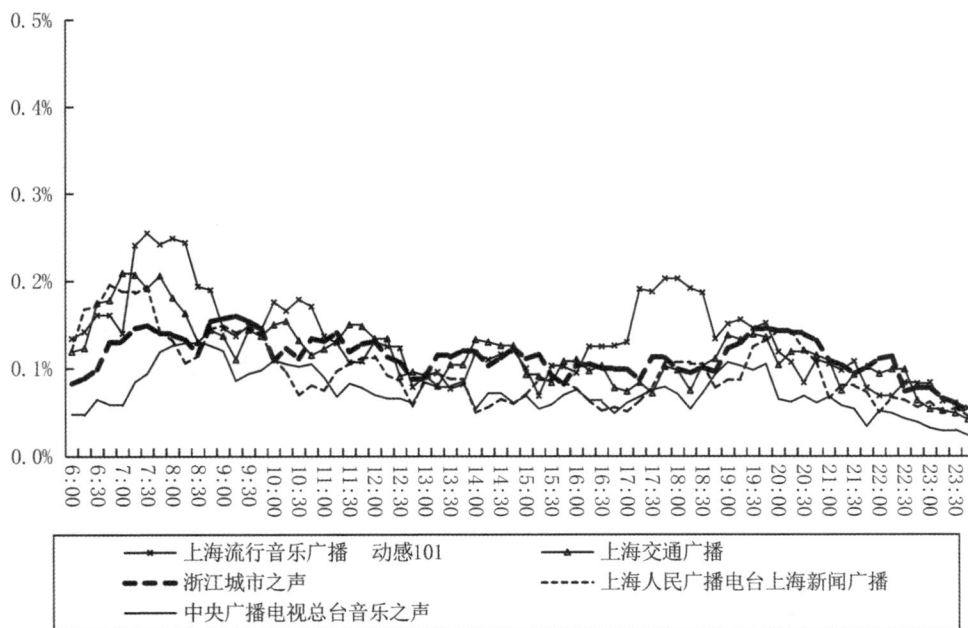

图1.46.2　嘉兴地区主要电台的时段收听率-2

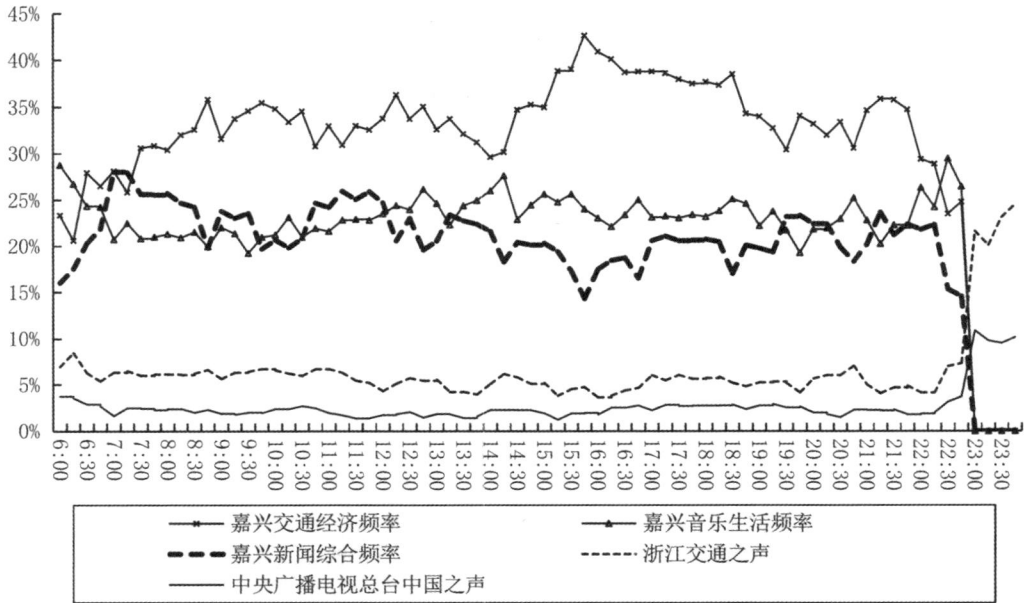

图1.46.3　嘉兴地区主要电台的时段占有率-1

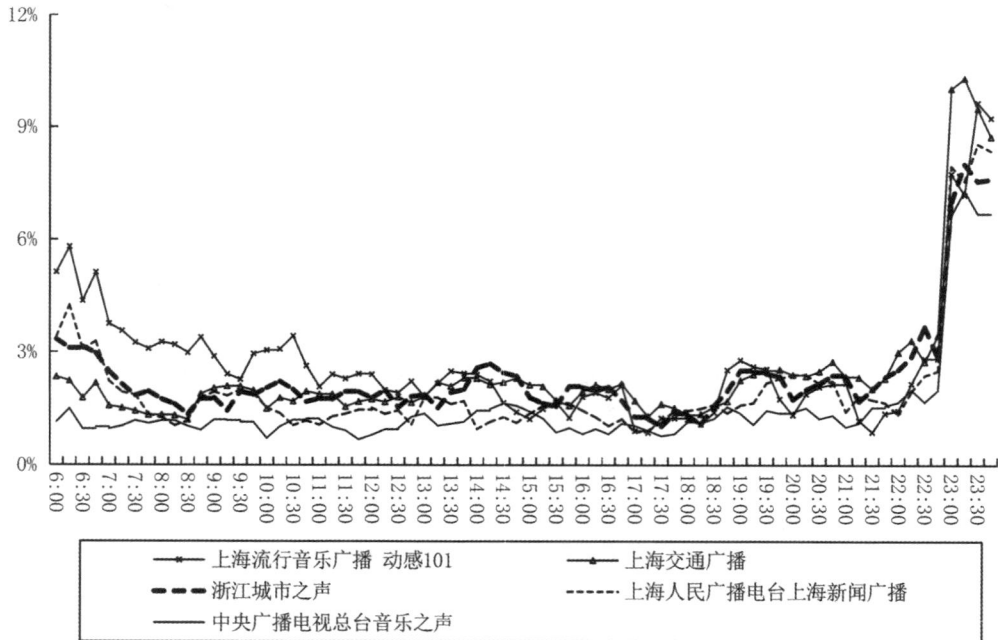

图1.46.4　嘉兴地区主要电台的时段占有率-2

四十七、宁波地区收听率数据

表1.47.1　宁波地区主要电台频率的平均收听率和市场份额

排名	电台名称	平均收听率（%）	市场份额（%）
1	宁波电台交通广播	1.14	16.5
2	宁波电台新闻综合广播	0.86	12.5
3	1047Nice FM	0.78	11.3
4	宁波电台音乐广播私家车986	0.77	11.1
5	浙江交通之声	0.61	8.9
6	1008可乐台	0.56	8.1
7	宁波电台经济广播	0.55	7.9
8	FM105.2 Love Radio	0.44	6.4
9	浙江之声	0.32	4.6
10	宁波电台老少广播阳光904	0.23	3.4

表1.47.2　宁波地区主要电台频率的到达率和日到达率

排名	电台名称	到达率（%）	日到达率（%）
1	宁波电台交通广播	37.7	24.0
2	宁波电台新闻综合广播	28.7	19.3
3	浙江交通之声	25.3	16.6
4	宁波电台经济广播	23.2	14.3
5	宁波电台音乐广播私家车986	21.3	15.4
6	1047Nice FM	18.1	13.4
7	1008可乐台	15.4	11.1
8	宁波电台老少广播阳光904	12.9	8.1
9	FM105.2 Love Radio	12.5	9.2
10	浙江之声	12.4	8.0

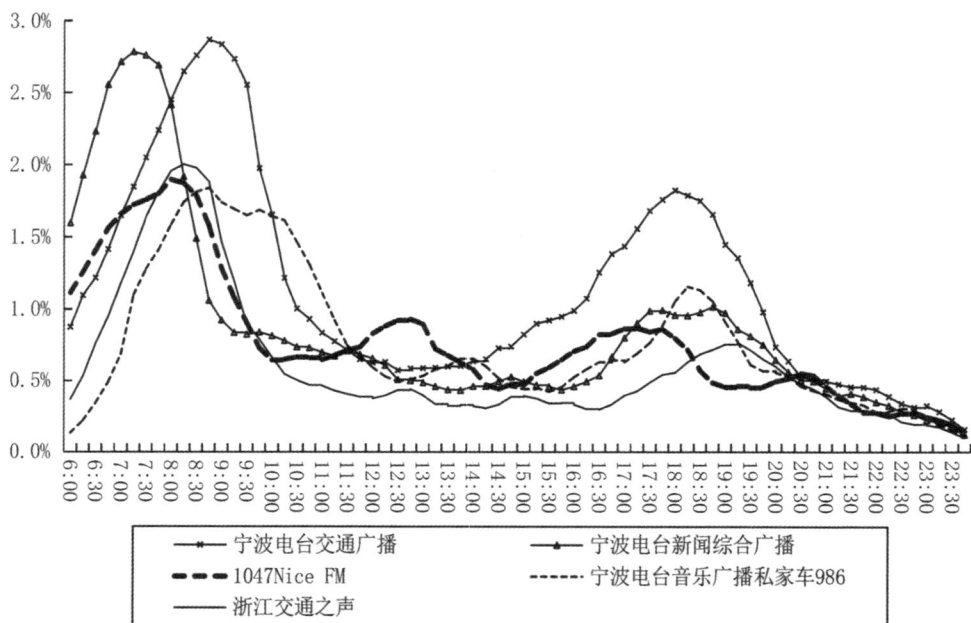

图1.47.1　宁波地区主要电台的时段收听率-1

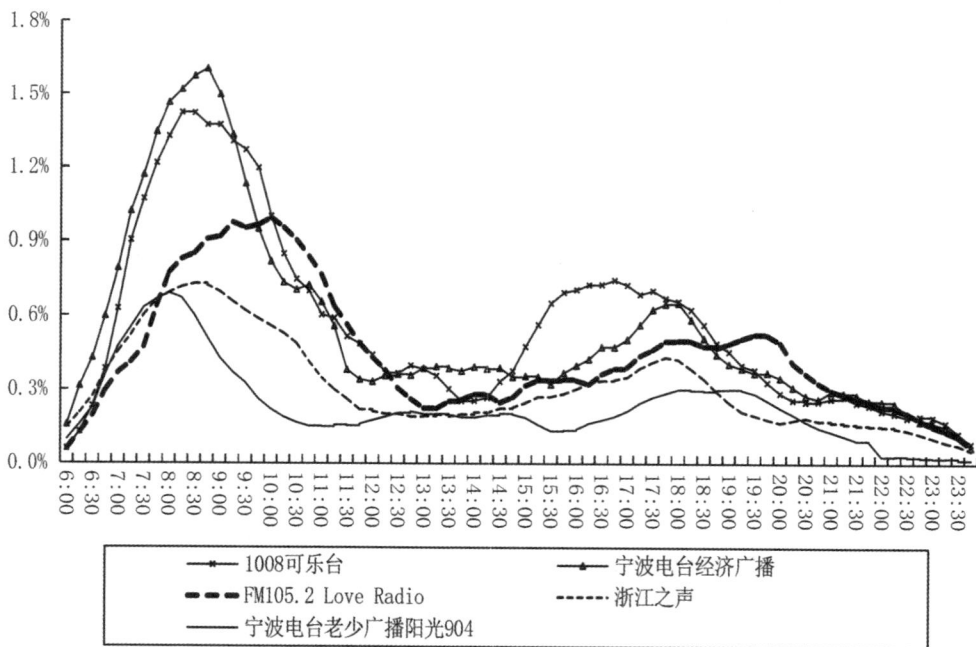

图1.47.2　宁波地区主要电台的时段收听率-2

图1.47.3　宁波地区主要电台的时段占有率-1

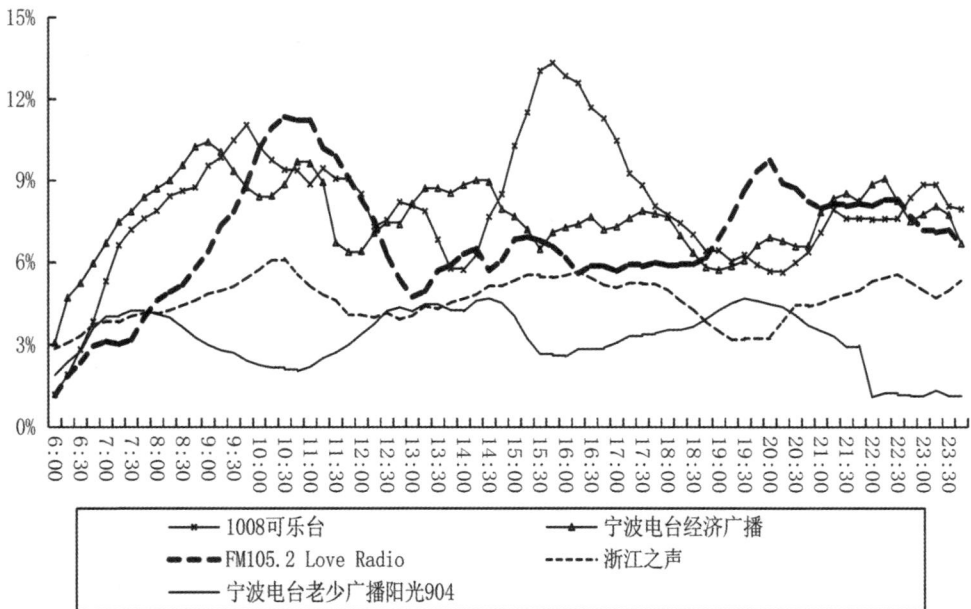

图1.47.4　宁波地区主要电台的时段占有率-2

四十八、绍兴地区收听率数据

表1.48.1　绍兴地区主要电台频率的平均收听率和市场份额

排名	电台名称	平均收听率（%）	市场份额（%）
1	绍兴交通频率	1.26	23.8
2	绍兴新闻综合频率	1.11	20.9
3	绍兴私家车音乐广播103.5	1.01	18.9
4	浙江交通之声	0.50	9.5
5	浙江动听968音乐调频	0.37	7.0
6	浙江旅游之声	0.30	5.6
7	浙江民生资讯广播	0.21	3.9
8	浙江城市之声	0.20	3.7
9	浙江电台FM95经济广播	0.13	2.3
10	中央广播电视总台经济之声	0.10	1.8

表1.48.2　绍兴地区主要电台频率的到达率和日到达率

排名	电台名称	到达率（%）	日到达率（%）
1	绍兴新闻综合频率	22.4	12.6
2	绍兴交通频率	20.2	10.2
3	绍兴私家车音乐广播103.5	18.2	11.6
4	浙江交通之声	16.1	8.0
5	浙江动听968音乐调频	9.7	7.0
6	浙江旅游之声	9.3	6.1
7	浙江城市之声	6.7	4.2
8	浙江民生资讯广播	5.0	3.4
9	浙江电台FM95经济广播	4.2	2.4
10	中央广播电视总台经济之声	3.5	2.4

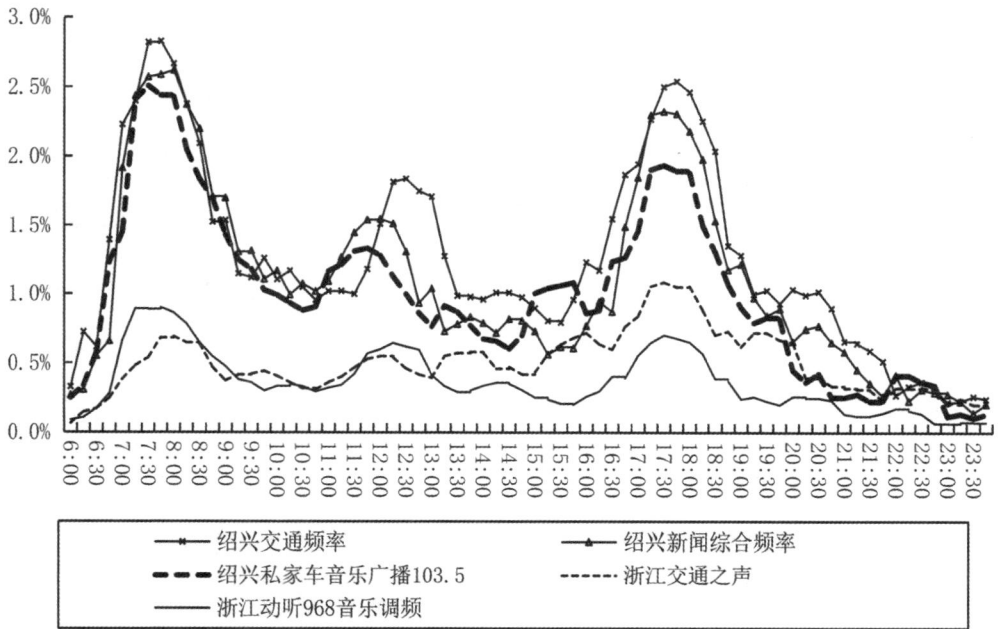

图1.48.1　绍兴地区主要电台的时段收听率-1

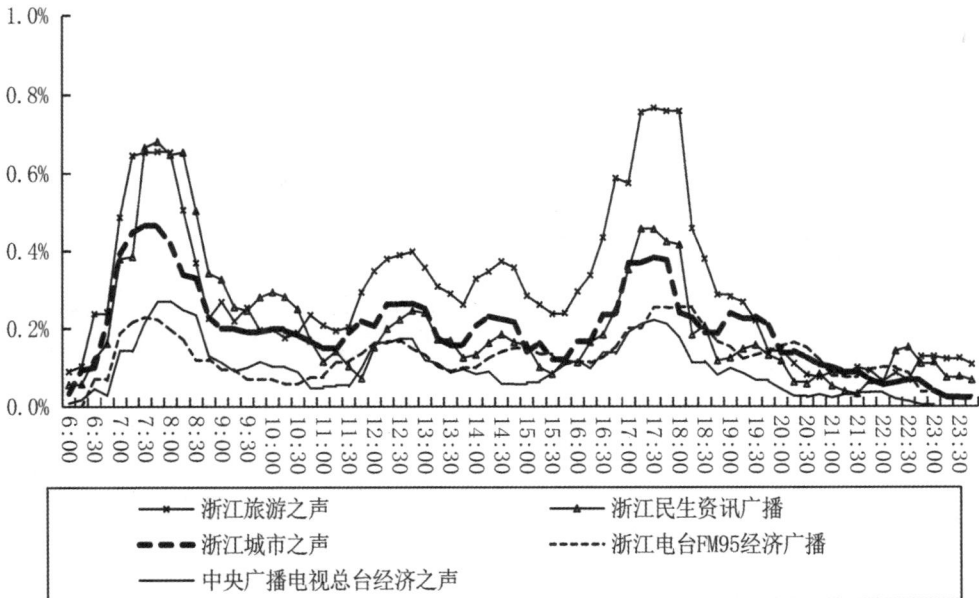

图1.48.2　绍兴地区主要电台的时段收听率-2

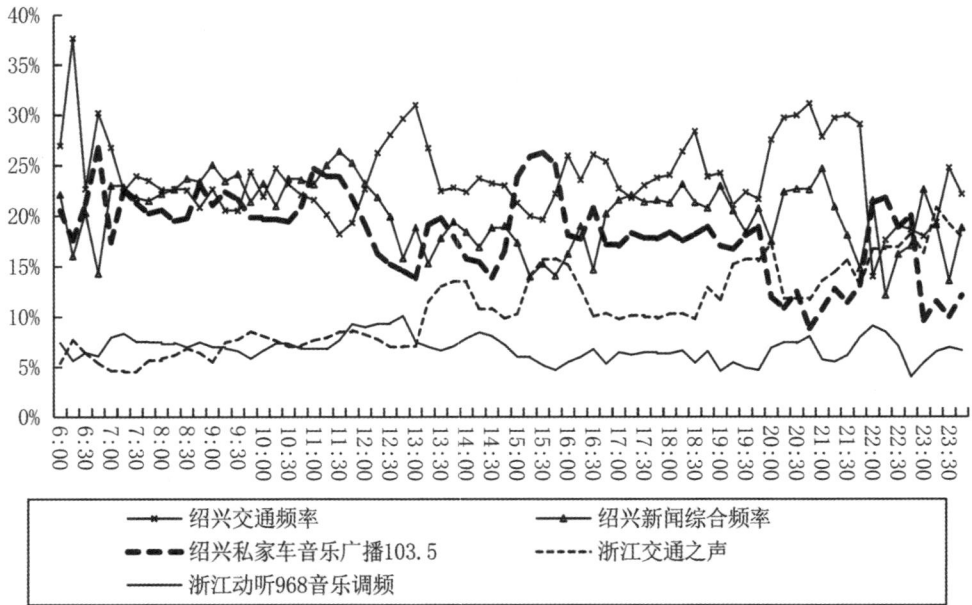

图1.48.3 绍兴地区主要电台的时段占有率-1

图1.48.4 绍兴地区主要电台的时段占有率-2

四十九、义乌地区收听率数据

表1.49.1　义乌地区主要电台频率的平均收听率和市场份额

排名	电台名称	平均收听率（%）	市场份额（%）
1	义乌电台交通广播	1.24	26.8
2	义乌电台新闻广播	1.04	22.4
3	浙江之声	0.39	8.3
4	金华交通音乐广播	0.29	6.3
5	中央广播电视总台中国之声	0.29	6.2
6	金华综合频率	0.26	5.7
7	浙江交通之声	0.22	4.8
8	金华经济频率	0.20	4.3
9	浙江城市之声	0.17	3.7
10	浙江动听968音乐调频	0.15	3.2

表1.49.2　义乌地区主要电台频率的到达率和日到达率

排名	电台名称	到达率（%）	日到达率（%）
1	义乌电台交通广播	42.4	17.8
2	义乌电台新闻广播	38.5	15.0
3	金华交通音乐广播	20.1	4.5
4	浙江交通之声	18.0	3.9
5	中央广播电视总台中国之声	12.7	4.4
6	东阳人民广播电台	11.0	2.8
7	浙江之声	10.9	3.5
8	浙江动听968音乐调频	10.1	3.1
9	金华综合频率	9.8	3.2
10	浙江城市之声	9.1	3.0

义乌电台交通广播　　　　　义乌电台新闻广播
浙江之声　　　　　　　　　金华交通音乐广播
中央广播电视总台中国之声

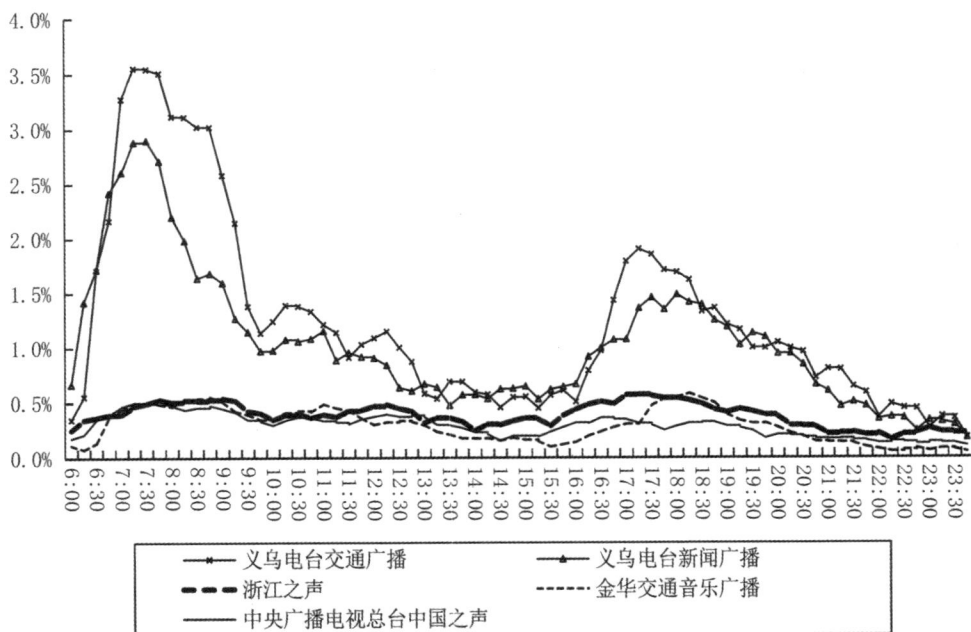

图1.49.1　义乌地区主要电台的时段收听率-1

金华综合频率　　　浙江交通之声　　　金华经济频率
浙江城市之声　　　浙江动听968音乐调频

图1.49.2　义乌地区主要电台的时段收听率-2

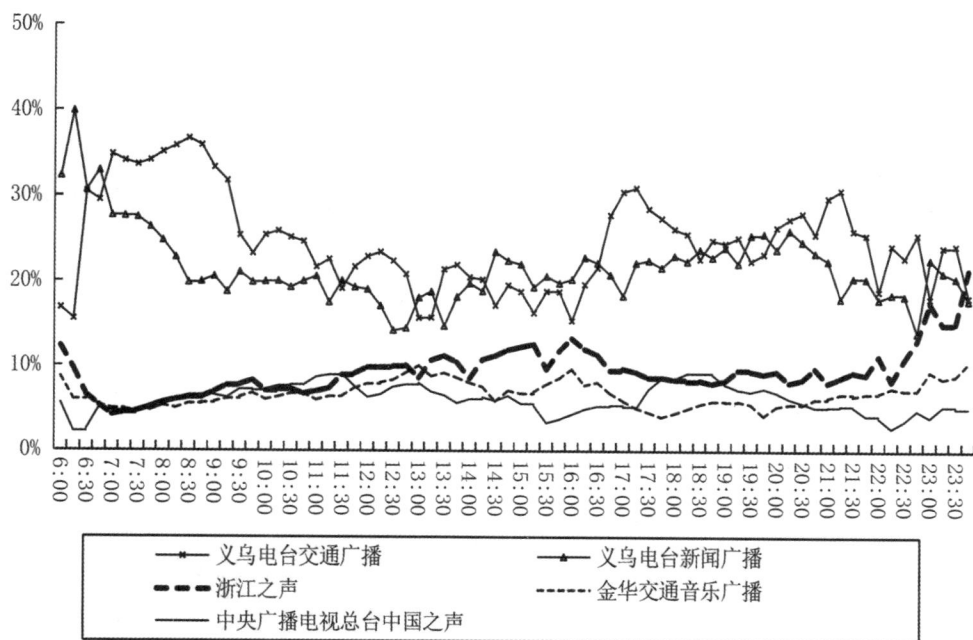

图1.49.3　义乌地区主要电台的时段占有率-1

图1.49.4　义乌地区主要电台的时段占有率-2

五十、金华地区收听率数据

表1.50.1　金华地区主要电台频率的平均收听率和市场份额

排名	电台名称	平均收听率（%）	市场份额（%）
1	金华交通音乐广播	1.13	21.5
2	金华综合频率	0.71	13.4
3	金华经济频率	0.65	12.3
4	金华对农广播	0.42	8.0
5	浙江动听968音乐调频	0.41	7.8
6	浙江交通之声	0.37	6.9
7	浙江电台FM95经济广播	0.33	6.3
8	浙江之声	0.26	4.9
9	浙江城市之声	0.24	4.5
10	浙江民生资讯广播	0.20	3.7

表1.50.2　金华地区主要电台频率的到达率和日到达率

排名	电台名称	到达率（%）	日到达率（%）
1	金华交通音乐广播	34.1	10.7
2	金华经济频率	28.8	8.0
3	金华对农广播	23.9	5.5
4	金华综合频率	18.3	7.0
5	浙江交通之声	15.6	5.1
6	浙江动听968音乐调频	15.1	5.1
7	浙江之声	12.5	3.6
8	浙江电台FM95经济广播	12.0	4.8
9	浙江民生资讯广播	11.6	3.3
10	中央广播电视总台中国之声	10.5	1.5

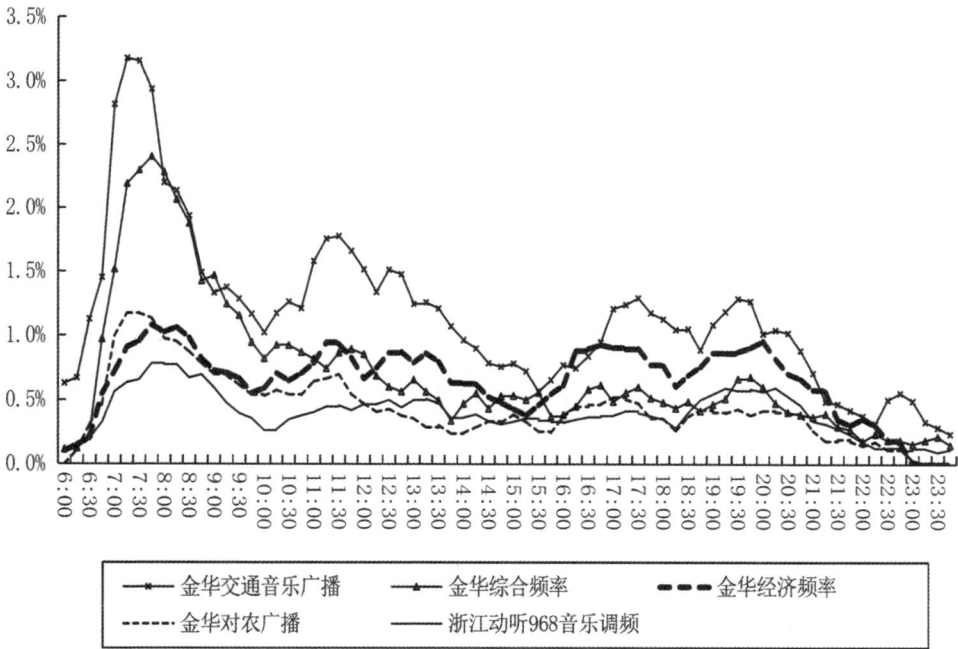

图1.50.1　金华地区主要电台的时段收听率-1

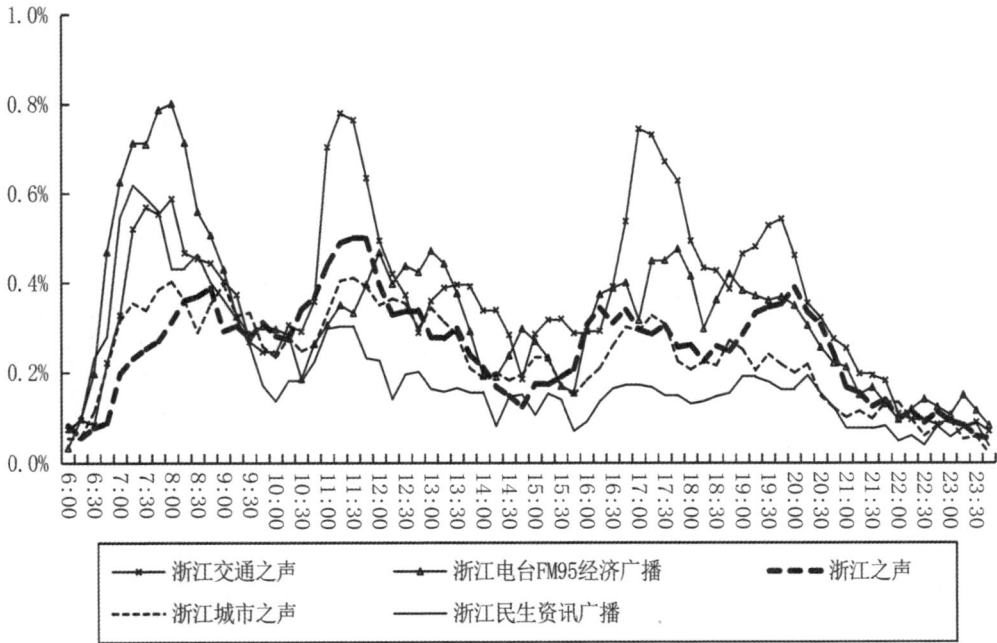

图1.50.2　金华地区主要电台的时段收听率-2

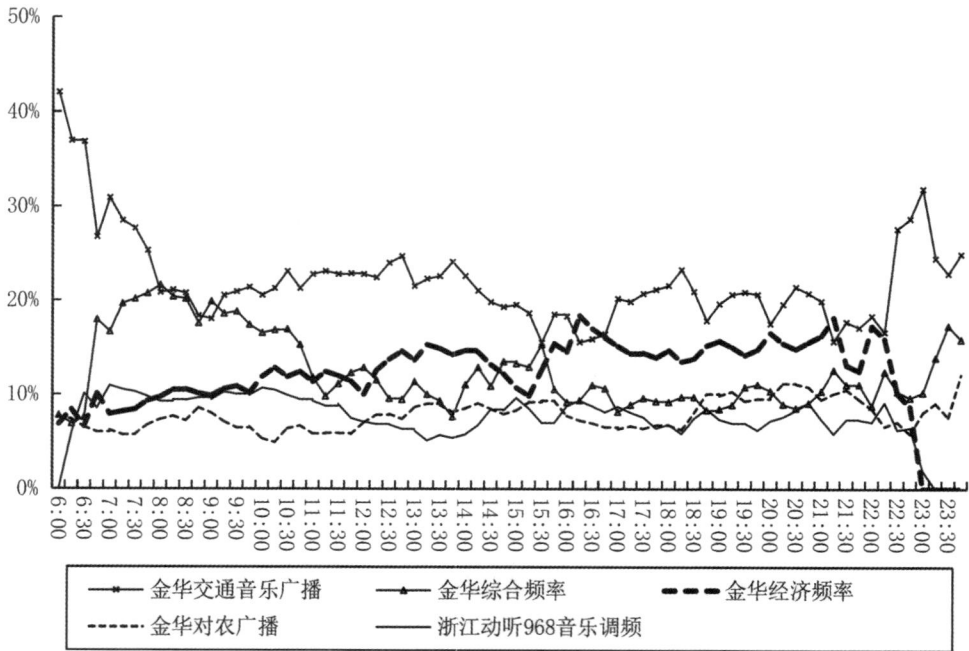

图1.50.3　金华地区主要电台的时段占有率-1

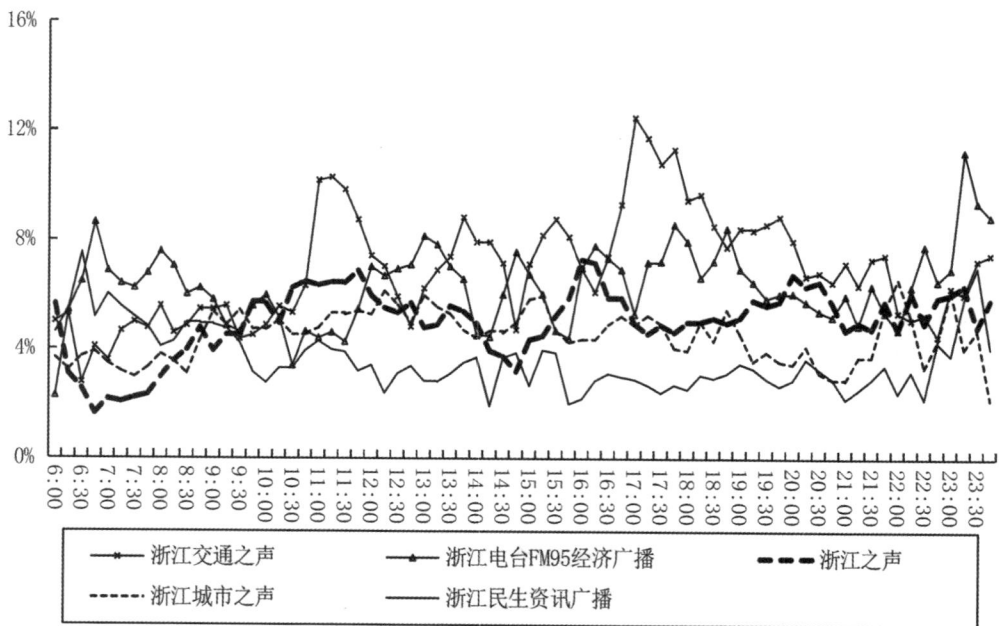

图1.50.4　金华地区主要电台的时段占有率-2

五十一、台州地区收听率数据

表1.51.1　台州地区主要电台频率的平均收听率和市场份额

排名	电台名称	平均收听率（%）	市场份额（%）
1	台州交通广播	2.01	24.7
1	FM1001台州音乐广播	2.01	24.7
3	FM98.7台州综合广播	2.01	24.6
4	浙江动听968音乐调频	0.54	6.7
5	浙江之声	0.33	4.0
6	浙江电台FM95经济广播	0.29	3.6
7	浙江城市之声	0.25	3.0
8	浙江民生资讯广播	0.22	2.7
9	黄岩人民广播电台	0.08	1.0
10	中央广播电视总台中国之声	0.06	0.7

表1.51.2　台州地区主要电台频率的到达率和日到达率

排名	电台名称	到达率（%）	日到达率（%）
1	台州交通广播	41.2	14.3
2	FM1001台州音乐广播	39.4	12.1
3	FM98.7台州综合广播	38.2	13.4
4	浙江之声	27.7	5.0
5	浙江城市之声	25.6	3.3
6	浙江动听968音乐调频	21.9	4.2
7	浙江电台FM95经济广播	20.5	3.5
8	浙江民生资讯广播	16.1	2.2
9	中央广播电视总台中国之声	14.3	1.6
10	浙江交通之声	10.5	0.7

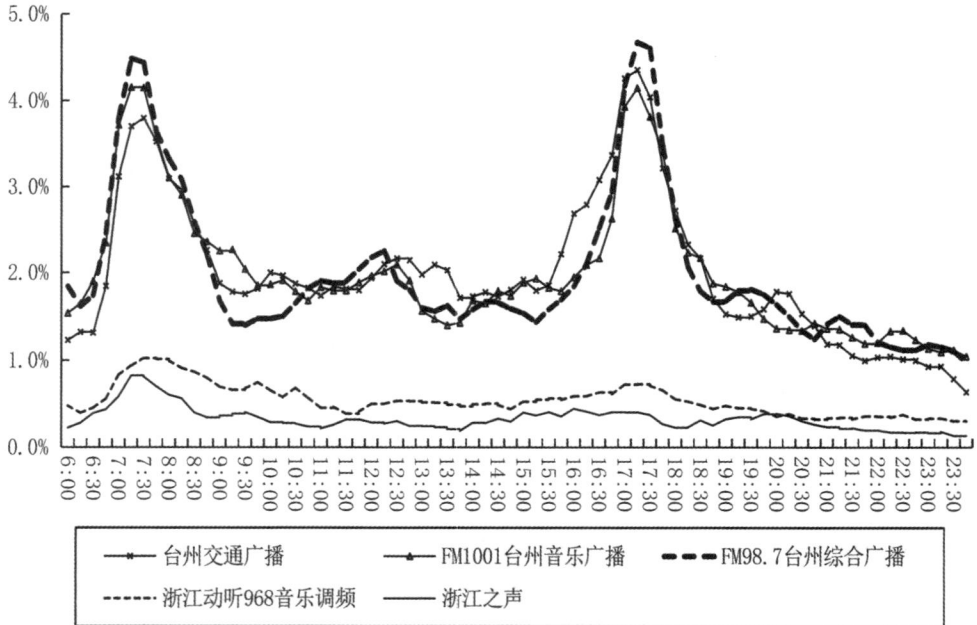

图1.51.1　台州地区主要电台的时段收听率-1

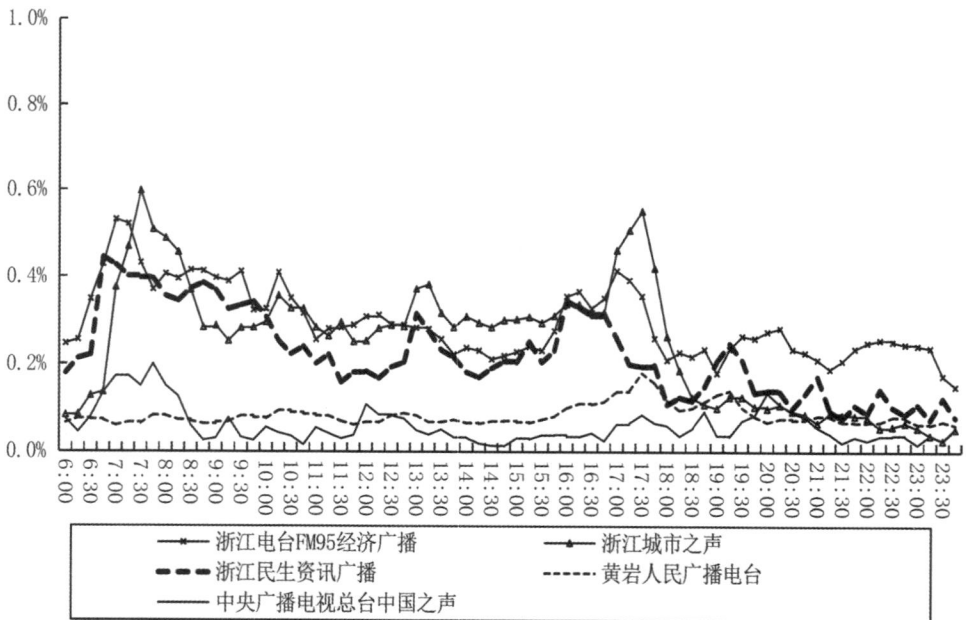

图1.51.2　台州地区主要电台的时段收听率-2

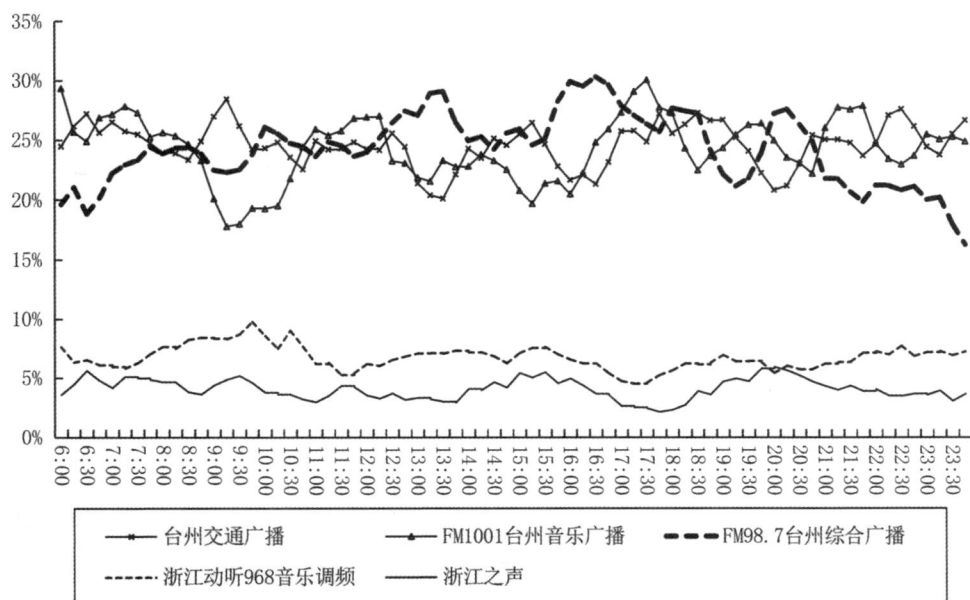

图1.51.3　台州地区主要电台的时段占有率-1

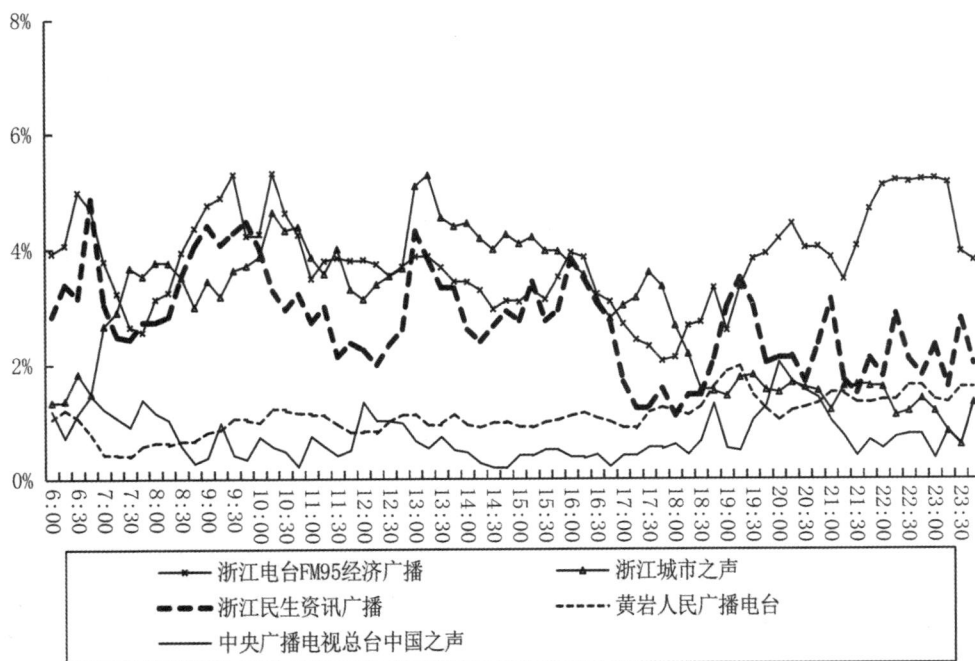

图1.51.4　台州地区主要电台的时段占有率-2

五十二、丽水地区收听率数据

表1.52.1 丽水地区主要电台频率的平均收听率和市场份额

排名	电台名称	平均收听率（%）	市场份额（%）
1	丽水新闻综合频率	1.52	33.9
2	丽水交通音乐频率	1.52	33.7
3	浙江交通之声	0.48	10.6
4	丽水新农村广播	0.34	7.5
5	浙江城市之声	0.27	5.9
6	浙江之声	0.24	5.3
7	浙江动听968音乐调频	0.09	2.1
8	浙江旅游之声	0.02	0.5
9	中央广播电视总台中国之声	0.01	0.3

表1.52.2 丽水地区主要电台频率的到达率和日到达率

排名	电台名称	到达率（%）	日到达率（%）
1	丽水新闻综合频率	32.6	19.2
2	丽水交通音乐频率	26.0	15.3
3	浙江交通之声	14.1	7.2
4	浙江之声	11.4	5.2
5	丽水新农村广播	9.1	5.0
6	浙江旅游之声	7.5	1.1
7	浙江城市之声	6.9	4.2
8	浙江动听968音乐调频	3.1	2.0
9	中央广播电视总台中国之声	3.1	0.5

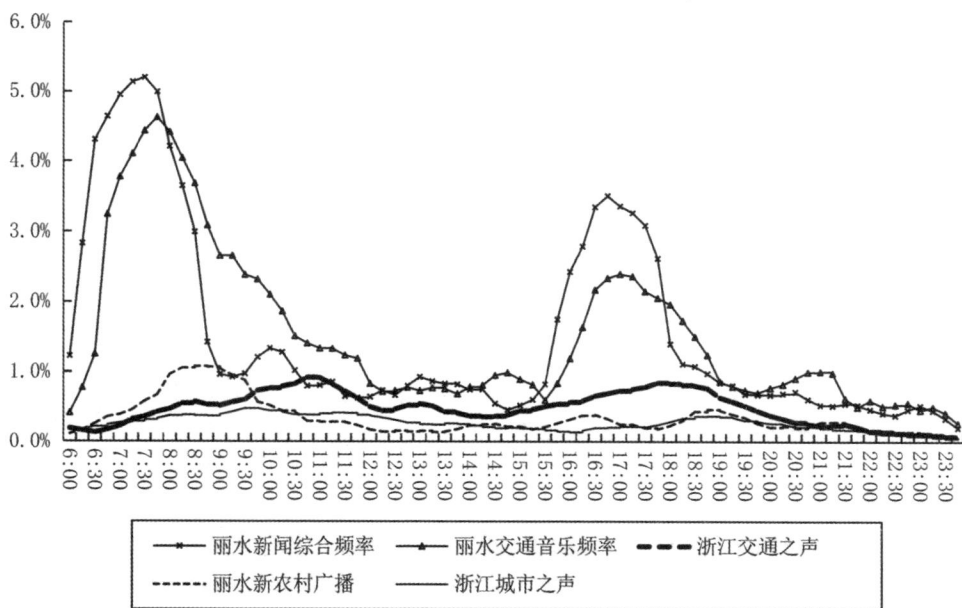

图1.52.1 丽水地区主要电台的时段收听率-1

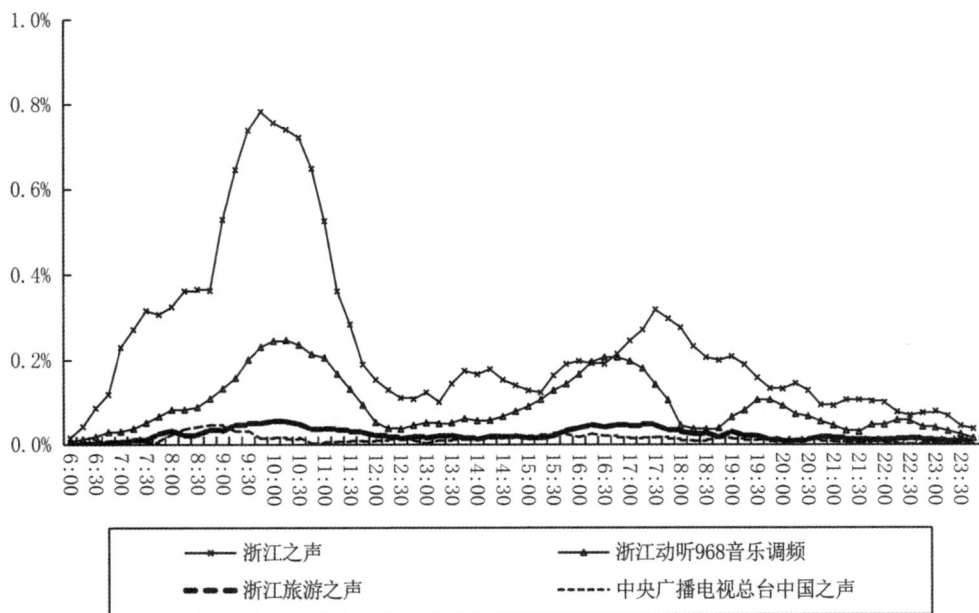

图1.52.2 丽水地区主要电台的时段收听率-2

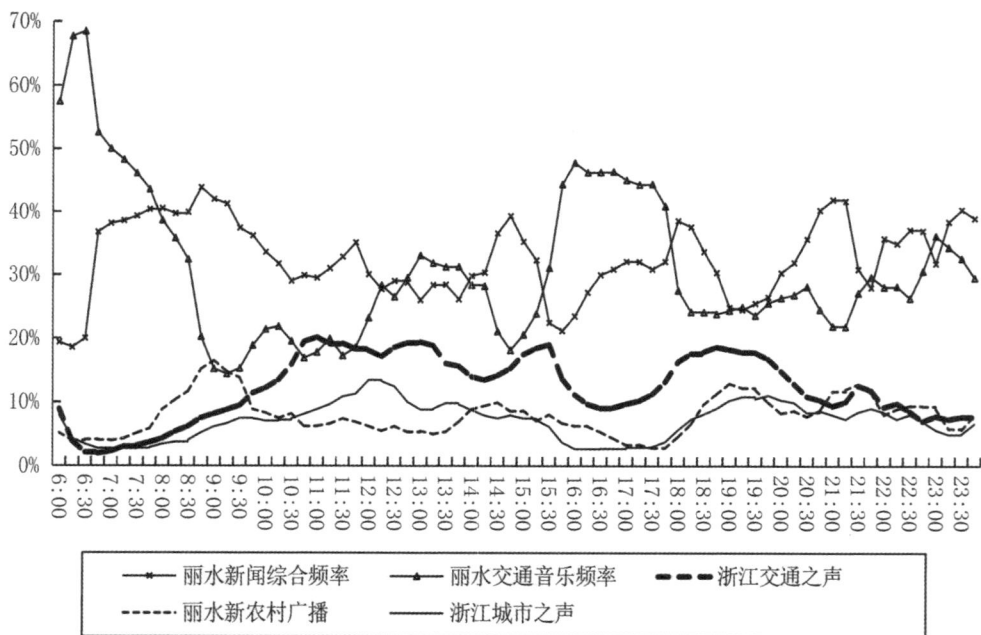

图1.52.3　丽水地区主要电台的时段占有率-1

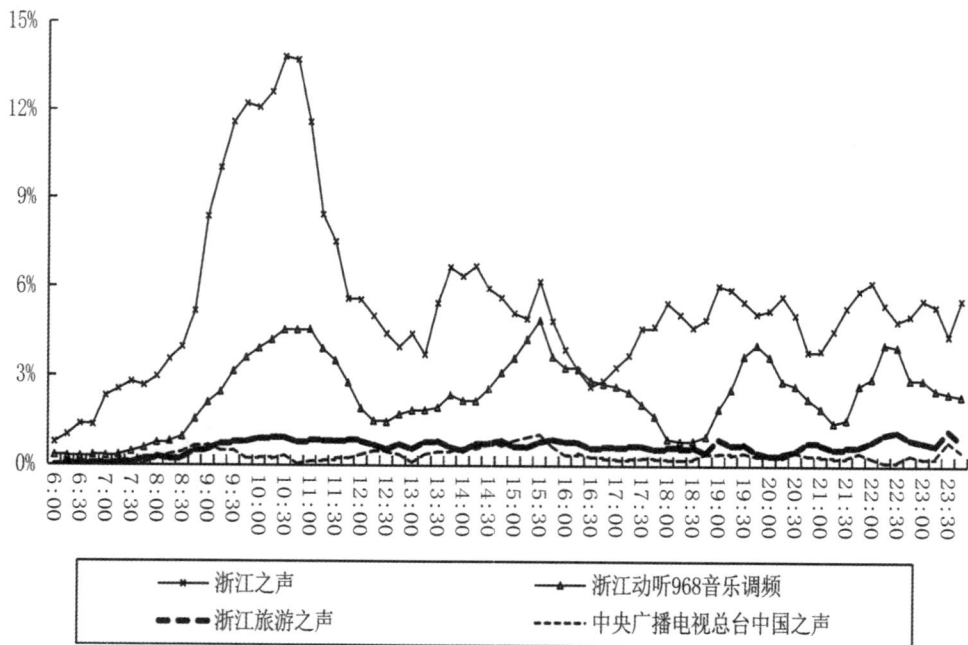

图1.52.4　丽水地区主要电台的时段占有率-2

五十三、温州地区收听率数据

表1.53.1 温州地区主要电台频率的平均收听率和市场份额

排名	电台名称	平均收听率（%）	市场份额（%）
1	温州交通广播	3.99	33.6
2	温州音乐之声	2.50	21.1
3	温州综合广播	1.77	14.9
4	温州经济广播	1.50	12.7
5	温州对农广播	0.66	5.6
6	浙江交通之声	0.40	3.3
7	浙江之声	0.33	2.8
8	浙江城市之声	0.21	1.8
9	中央广播电视总台中国之声	0.17	1.4
10	浙江旅游之声	0.15	1.3

表1.53.2 温州地区主要电台频率的到达率和日到达率

排名	电台名称	到达率（%）	日到达率（%）
1	温州交通广播	37.1	21.2
2	温州音乐之声	34.0	17.2
3	温州综合广播	30.2	14.4
4	温州经济广播	29.0	13.0
5	温州对农广播	12.5	7.0
6	浙江交通之声	11.4	4.5
7	浙江之声	9.7	4.2
8	浙江城市之声	7.3	3.2
9	浙江旅游之声	5.9	2.5
10	中央广播电视总台中国之声	5.6	2.6

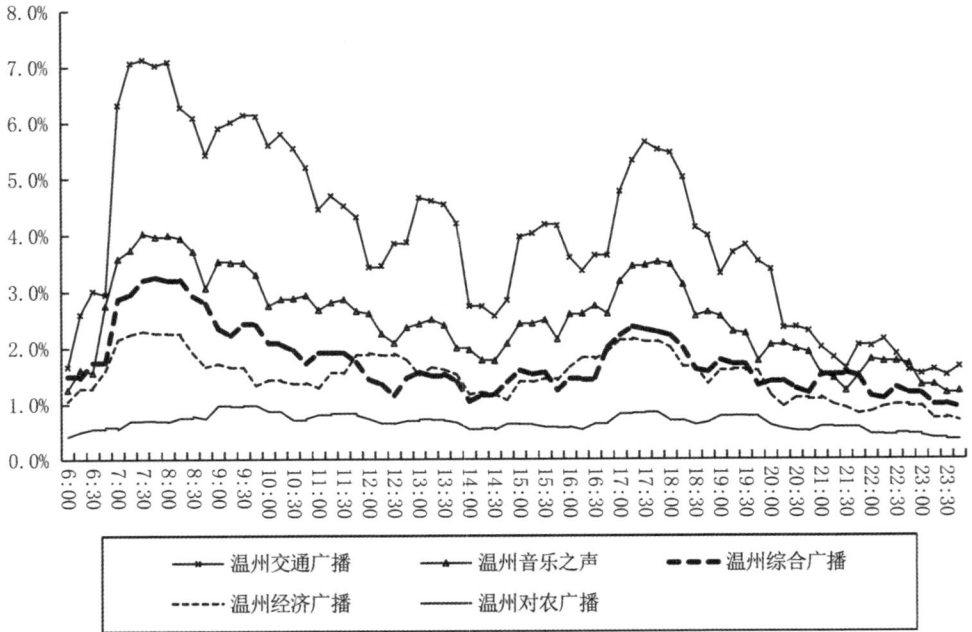

图1.53.1　温州地区主要电台的时段收听率-1

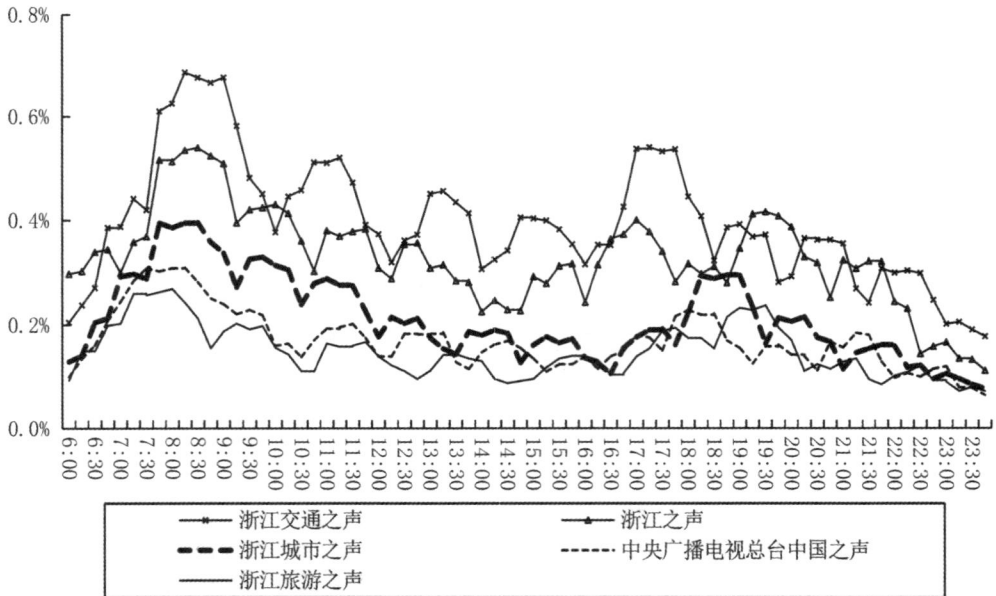

图1.53.2　温州地区主要电台的时段收听率-2

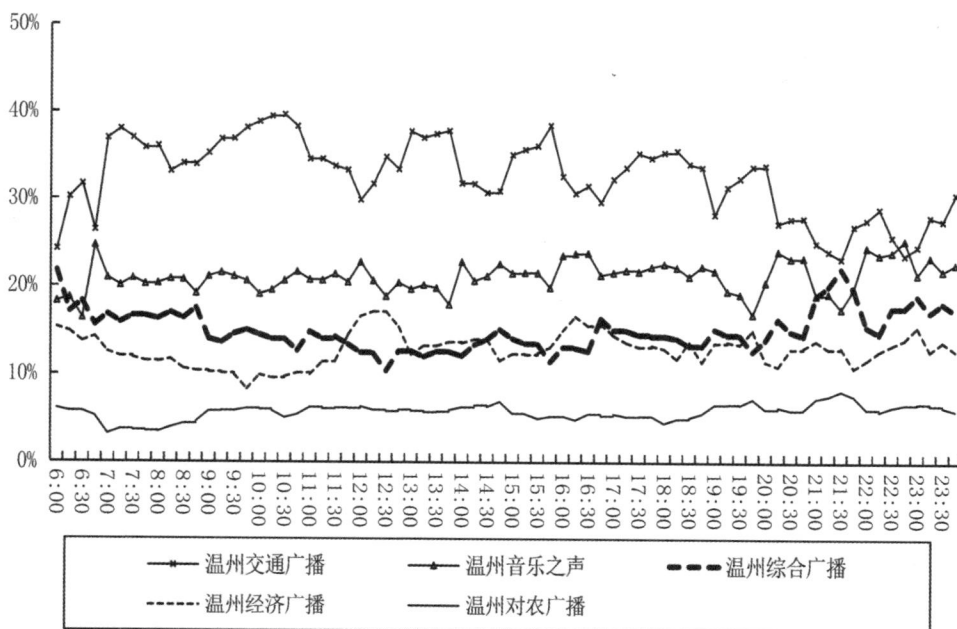

图1.53.3 温州地区主要电台的时段占有率-1

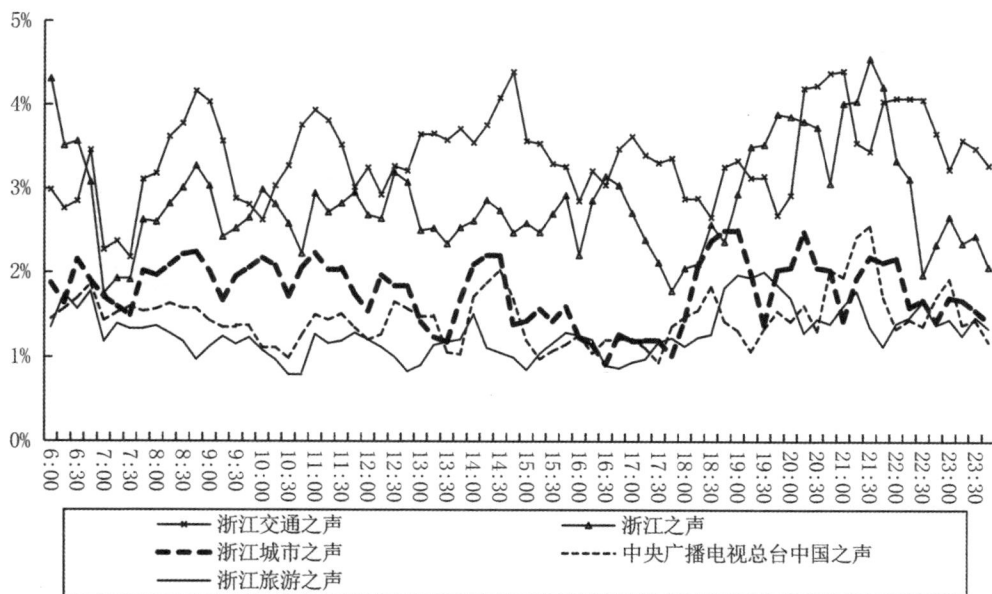

图1.53.4 温州地区主要电台的时段占有率-2

五十四、惠州地区收听率数据

表1.54.1　惠州地区主要电台频率的平均收听率和市场份额

排名	电台名称	平均收听率（%）	市场份额（%）
1	惠州经济环保广播	1.69	25.1
2	惠州音乐广播	1.62	24.2
3	惠州综合广播	1.60	23.8
4	广东广播电视台音乐之声	0.28	4.2
5	广东广播电视台新闻广播	0.26	3.9
6	广东广播电视台文体广播	0.23	3.4
7	广东广播电视台南方生活广播	0.17	2.5
8	广东广播电视台珠江之声	0.16	2.4
8	广东广播电视台股市广播	0.16	2.4
10	中央广播电视总台中国之声	0.15	2.2

表1.54.2　惠州地区主要电台频率的到达率和日到达率

排名	电台名称	到达率（%）	日到达率（%）
1	惠州经济环保广播	39.9	12.4
2	惠州综合广播	37.8	12.2
3	惠州音乐广播	28.6	10.4
4	广东广播电视台新闻广播	11.8	3.4
5	广东广播电视台珠江之声	10.7	2.1
6	广东广播电视台音乐之声	10.6	2.8
7	广东广播电视台文体广播	8.7	1.7
8	中央广播电视总台中国之声	8.7	1.6
9	广东广播电视台南方生活广播	7.6	1.7
10	惠阳人民广播电台	7.0	1.2

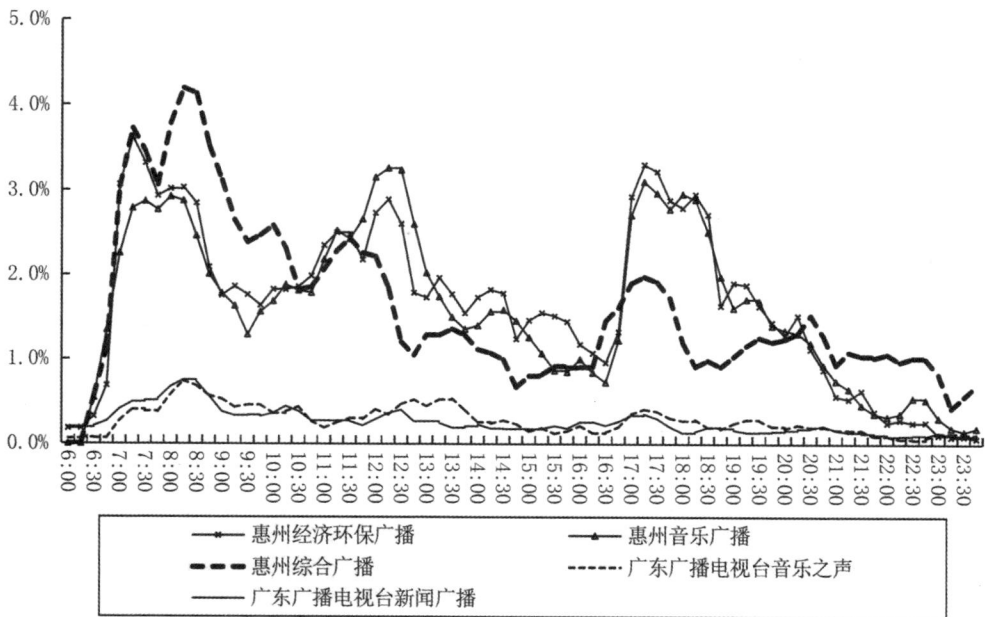

图1.54.1　惠州地区主要电台的时段收听率-1

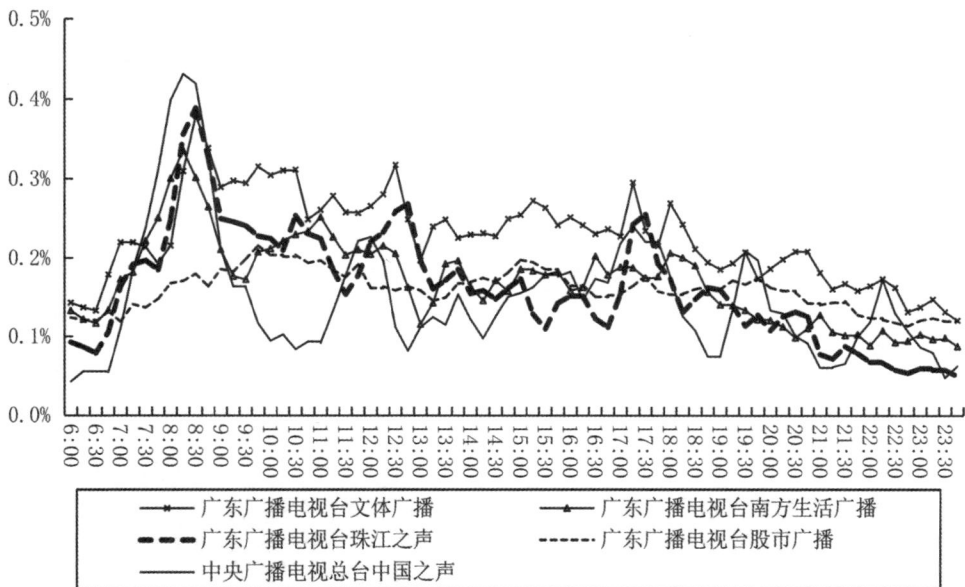

图1.54.2　惠州地区主要电台的时段收听率-2

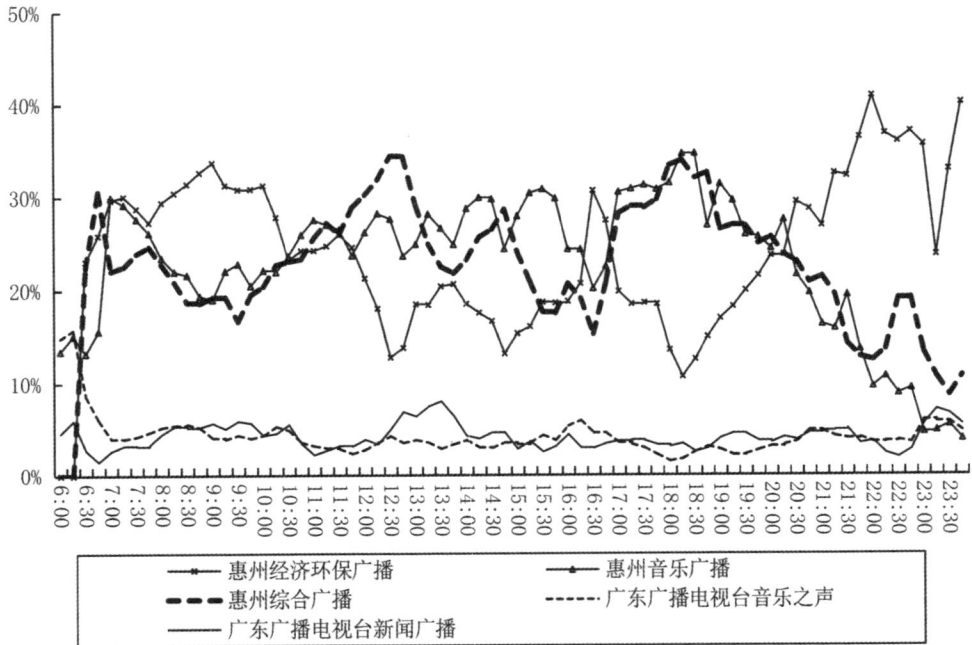

图1.54.3　惠州地区主要电台的时段占有率-1

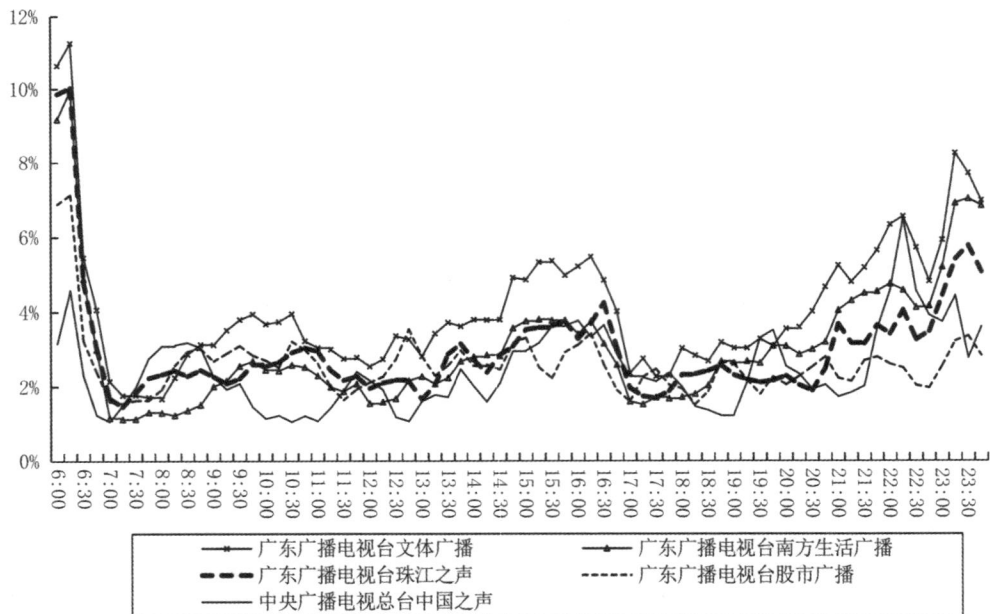

图1.54.4　惠州地区主要电台的时段占有率-2

五十五、东莞地区收听率数据

表1.55.1 东莞地区主要电台频率的平均收听率和市场份额

排名	电台名称	平均收听率（%）	市场份额（%）
1	东莞交通广播	2.02	30.4
2	东莞综合广播	1.89	28.4
3	东莞音乐广播	1.14	17.2
4	广东广播电视台交通之声	0.33	5.0
5	广东广播电视台音乐之声	0.15	2.3
6	广东广播电视台新闻广播	0.11	1.7
7	中央广播电视总台中国之声	0.11	1.6
8	中国国际电台劲曲调频广播	0.10	1.5
9	广东广播电视台文体广播	0.09	1.4
10	广东广播电视台珠江经济台	0.09	1.3

表1.55.2 东莞地区主要电台频率的到达率和日到达率

排名	电台名称	到达率（%）	日到达率（%）
1	东莞交通广播	38.0	17.0
2	东莞综合广播	36.6	14.5
3	东莞音乐广播	27.3	11.5
4	广东广播电视台交通之声	13.7	6.1
5	广东广播电视台新闻广播	8.4	2.9
6	广东广播电视台音乐之声	8.4	2.8
7	广东广播电视台南方生活广播	7.6	1.8
8	广东广播电视台珠江经济台	7.6	2.4
9	广东广播电视台城市之声	7.1	2.0
10	中国国际电台劲曲调频广播	6.7	2.2

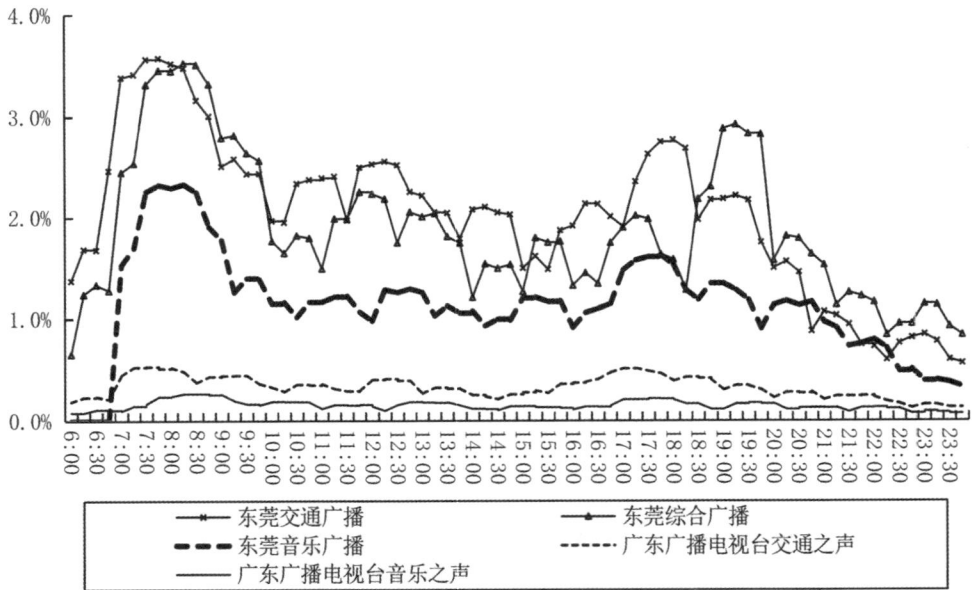

图1.55.1　东莞地区主要电台的时段收听率-1

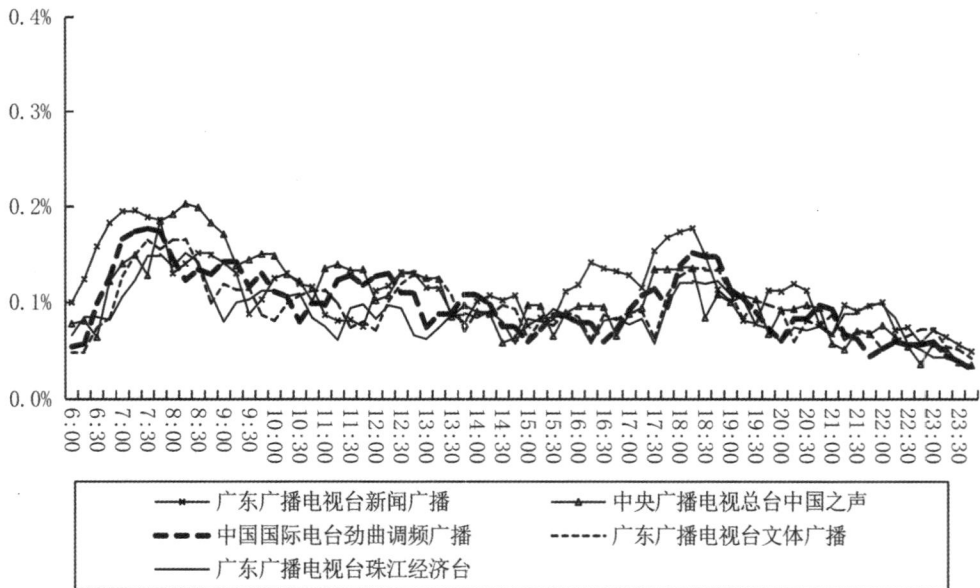

图1.55.2　东莞地区主要电台的时段收听率-2

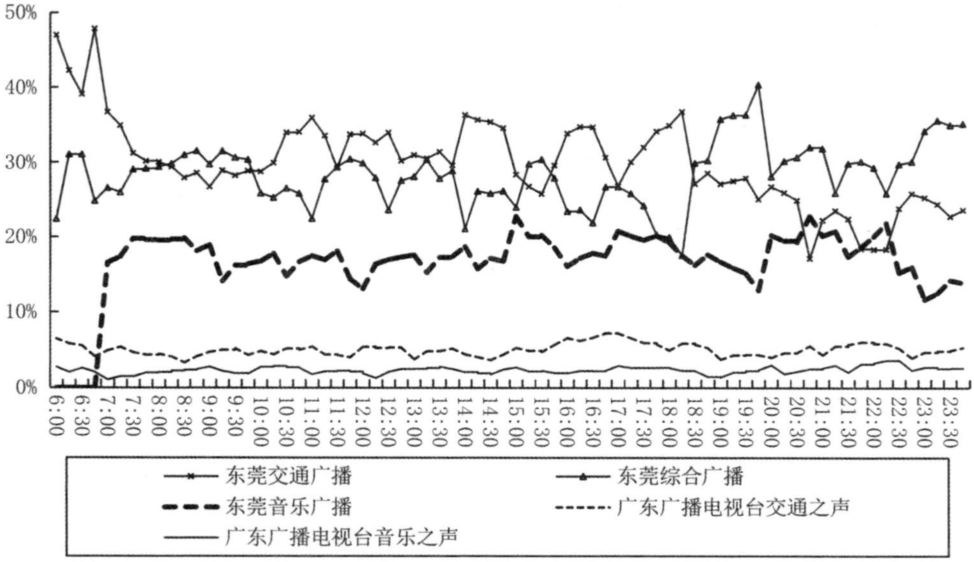

图1.55.3　东莞地区主要电台的时段占有率-1

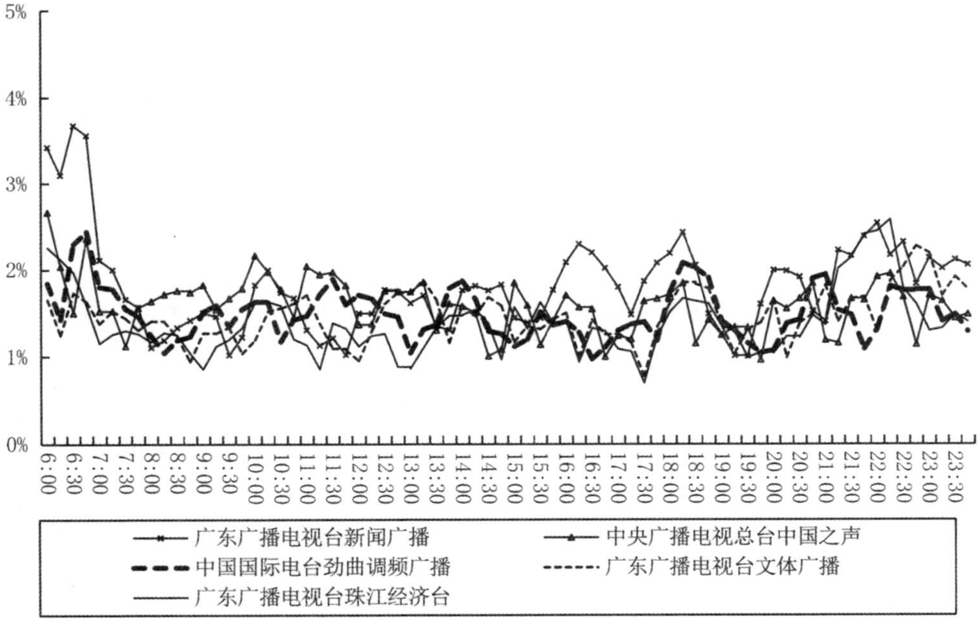

图1.55.4　东莞地区主要电台的时段占有率-2

五十六、中山地区收听率数据

表1.56.1 中山地区主要电台频率的平均收听率和市场份额

排名	电台名称	平均收听率（％）	市场份额（％）
1	中山广播电视台FM88.8频率	2.36	37.6
2	中山广播电视台FM96.7频率	2.13	34.0
3	广东广播电视台新闻广播	0.24	3.8
4	广东广播电视台交通之声	0.21	3.4
5	中央广播电视总台中国之声	0.21	3.3
6	广东广播电视台城市之声	0.20	3.1
7	广东广播电视台南方生活广播	0.13	2.1
8	广东广播电视台音乐之声	0.11	1.8
8	中国国际电台环球资讯广播	0.11	1.8
10	中央广播电视总台音乐之声	0.10	1.6

表1.56.2 中山地区主要电台频率的到达率和日到达率

排名	电台名称	到达率（％）	日到达率（％）
1	中山广播电视台FM88.8频率	35.5	18.0
2	中山广播电视台FM96.7频率	31.8	15.0
3	广东广播电视台交通之声	11.7	4.7
4	广东广播电视台城市之声	11.2	5.0
5	中央广播电视总台中国之声	9.7	4.5
6	江门旅游音乐频率	9.3	2.9
7	广东广播电视台新闻广播	9.1	4.3
8	中国国际电台环球资讯广播	8.3	3.3
9	广东广播电视台珠江经济台	7.9	2.2
10	广东广播电视台音乐之声	7.7	2.6

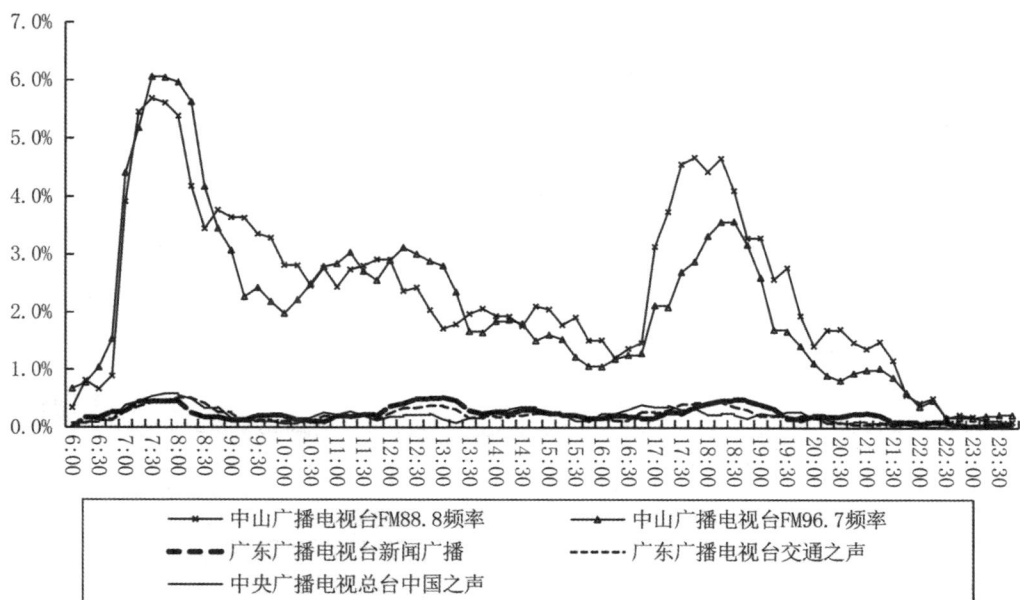

图1.56.1 中山地区主要电台的时段收听率-1

图1.56.2 中山地区主要电台的时段收听率-2

图1.56.3　中山地区主要电台的时段占有率-1

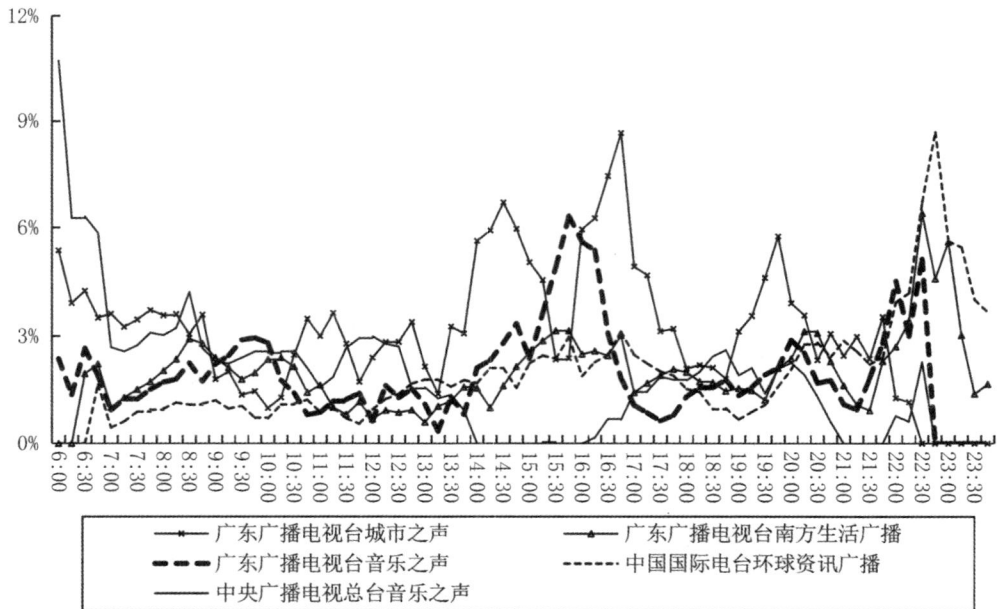

图1.56.4　中山地区主要电台的时段占有率-2

五十七、桂林地区收听率数据

表1.57.1 桂林地区主要电台频率的平均收听率和市场份额

排名	电台名称	平均收听率（%）	市场份额（%）
1	桂林电台旅游音乐广播	1.66	30.6
2	桂林新闻综合广播	1.17	21.6
3	桂林电台生活广播	1.04	19.2
4	广西综合广播	0.31	5.8
5	广西交通广播	0.30	5.4
6	广西文艺广播	0.28	5.2
7	广西教育广播	0.28	5.1
8	广西经济广播	0.14	2.6
9	中央广播电视总台中国之声	0.11	2.1
10	中央广播电视总台经济之声	0.08	1.5

表1.57.2 桂林地区主要电台频率的到达率和日到达率

排名	电台名称	到达率（%）	日到达率（%）
1	桂林电台旅游音乐广播	49.2	13.0
2	桂林新闻综合广播	33.4	4.8
3	桂林电台生活广播	26.0	3.0
4	广西文艺广播	19.4	2.0
5	广西综合广播	16.0	1.5
6	广西交通广播	15.6	1.7
7	广西教育广播	13.3	1.1
8	中央广播电视总台中国之声	12.6	1.2
9	广西经济广播	12.3	1.1
10	中央广播电视总台经济之声	4.1	0.3

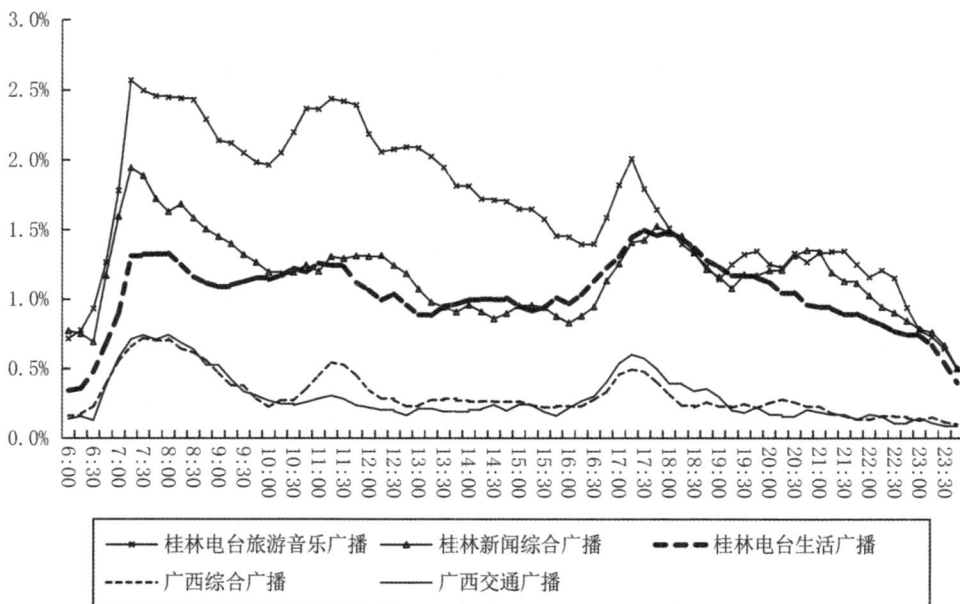

图1.57.1　桂林地区主要电台的时段收听率-1

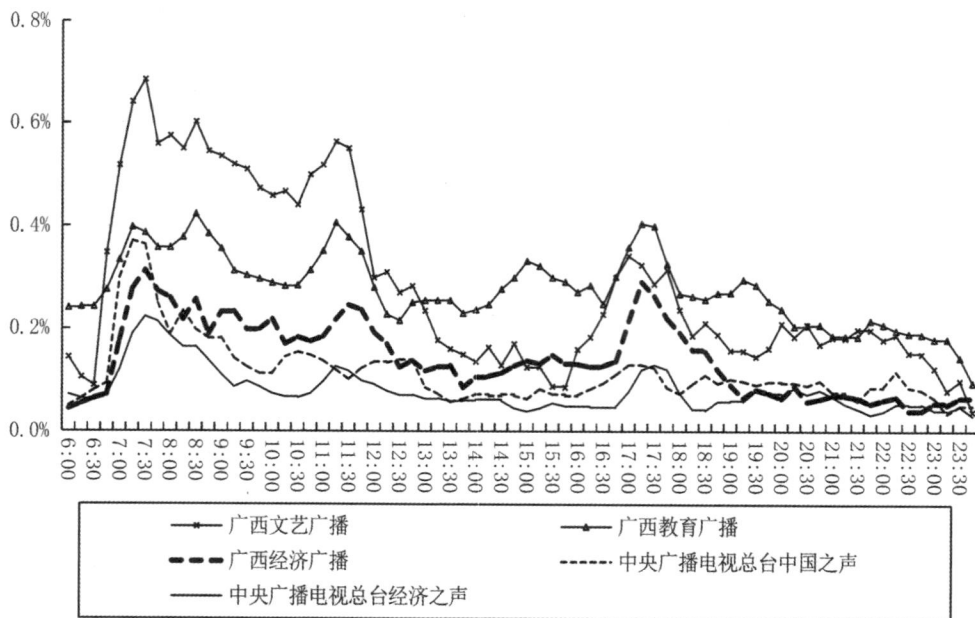

图1.57.2　桂林地区主要电台的时段收听率-2

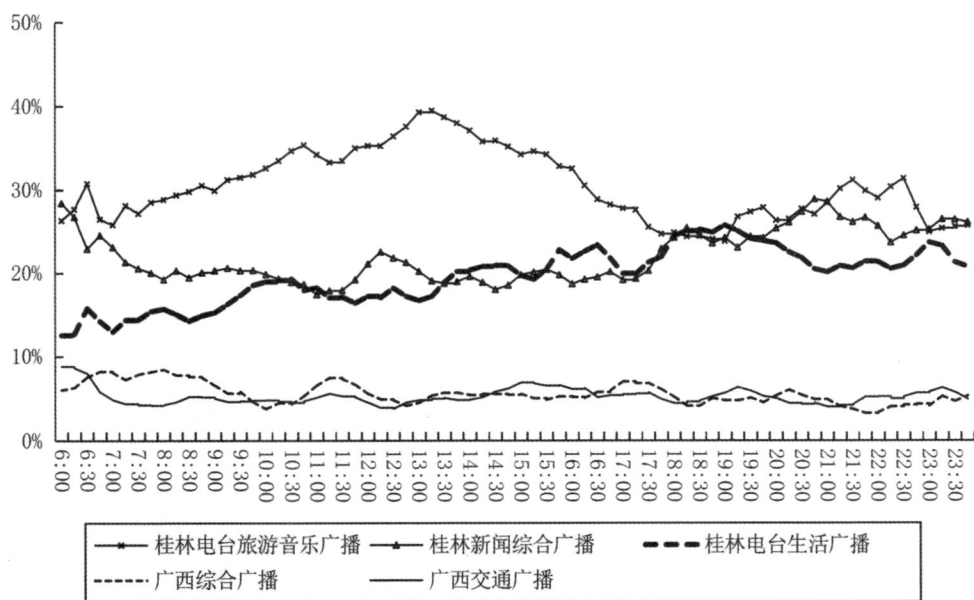

图1.57.3 桂林地区主要电台的时段占有率-1

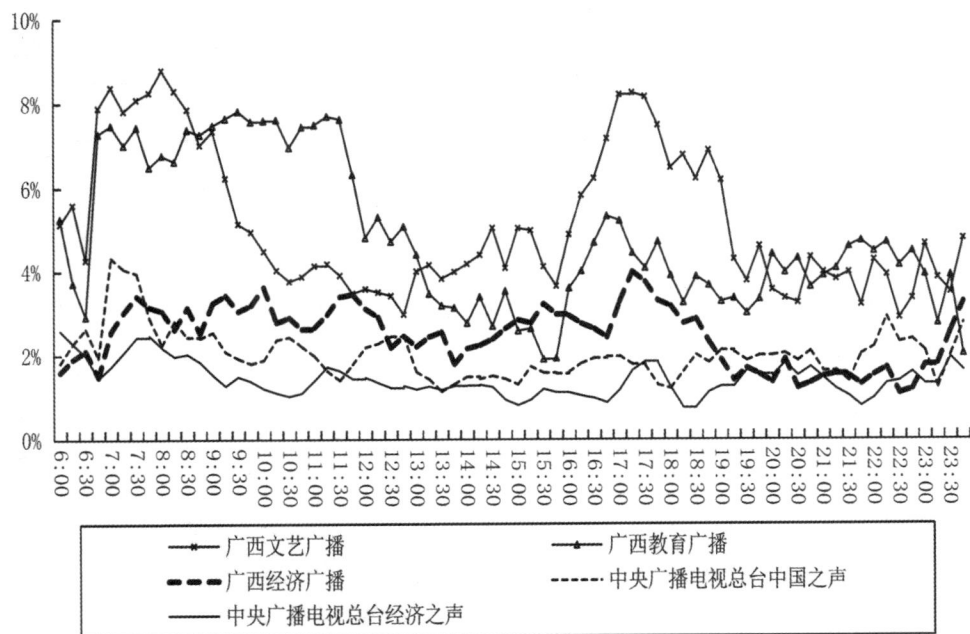

图1.57.4 桂林地区主要电台的时段占有率-2

五十八、玉林地区收听率数据

表1.58.1 玉林地区主要电台频率的平均收听率和市场份额

排名	电台名称	平均收听率（%）	市场份额（%）
1	玉林交通音乐广播	1.33	31.0
2	玉林新闻综合广播	0.78	18.1
3	广西教育广播	0.53	12.4
4	广西经济广播	0.45	10.5
5	广西文艺广播	0.41	9.6
6	广西交通广播	0.32	7.5
7	广西综合广播	0.28	6.4
8	中央广播电视总台中国之声	0.15	3.5
9	北流电台	0.03	0.7

表1.58.2 玉林地区主要电台频率的到达率和日到达率

排名	电台名称	到达率（%）	日到达率（%）
1	玉林交通音乐广播	34.4	15.5
2	玉林新闻综合广播	29.3	11.3
3	广西教育广播	16.7	6.6
4	广西经济广播	15.3	6.4
5	广西文艺广播	13.4	6.4
6	广西交通广播	13.4	5.5
7	广西综合广播	9.2	4.1
8	中央广播电视总台中国之声	8.6	2.8
9	北流电台	1.6	0.5

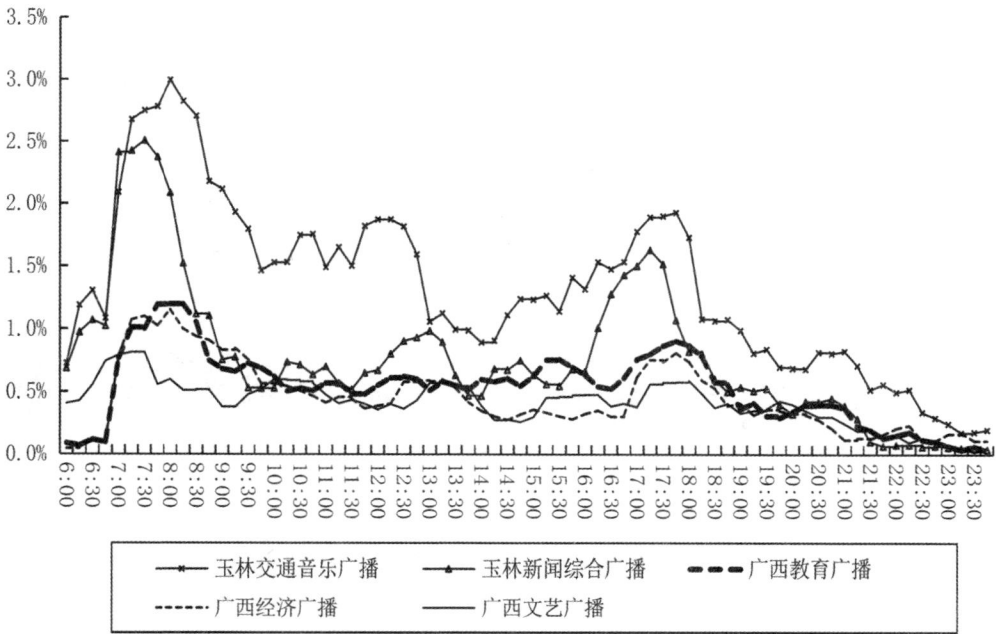

图1.58.1 玉林地区主要电台的时段收听率-1

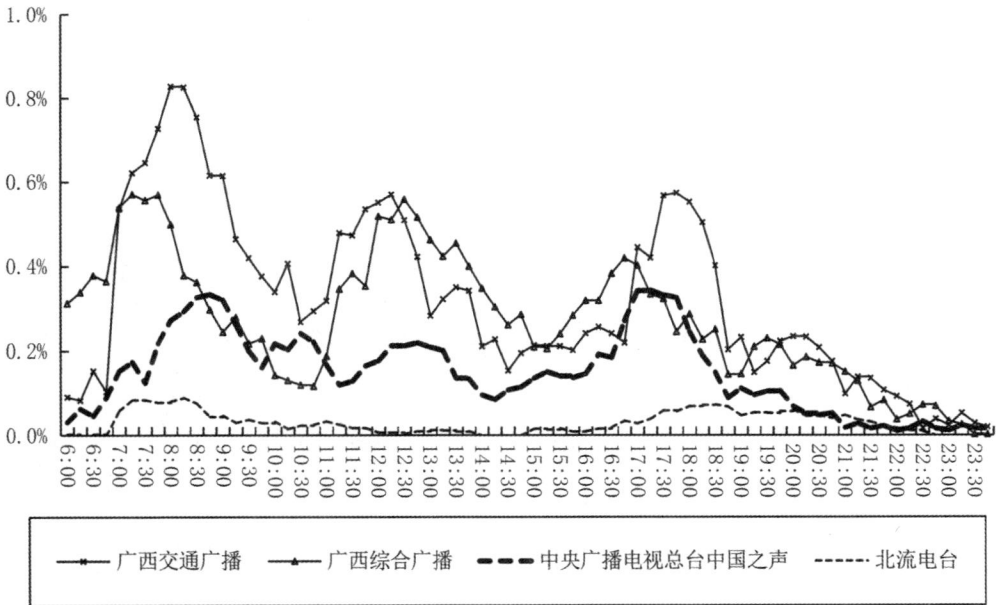

图1.58.2 玉林地区主要电台的时段收听率-2

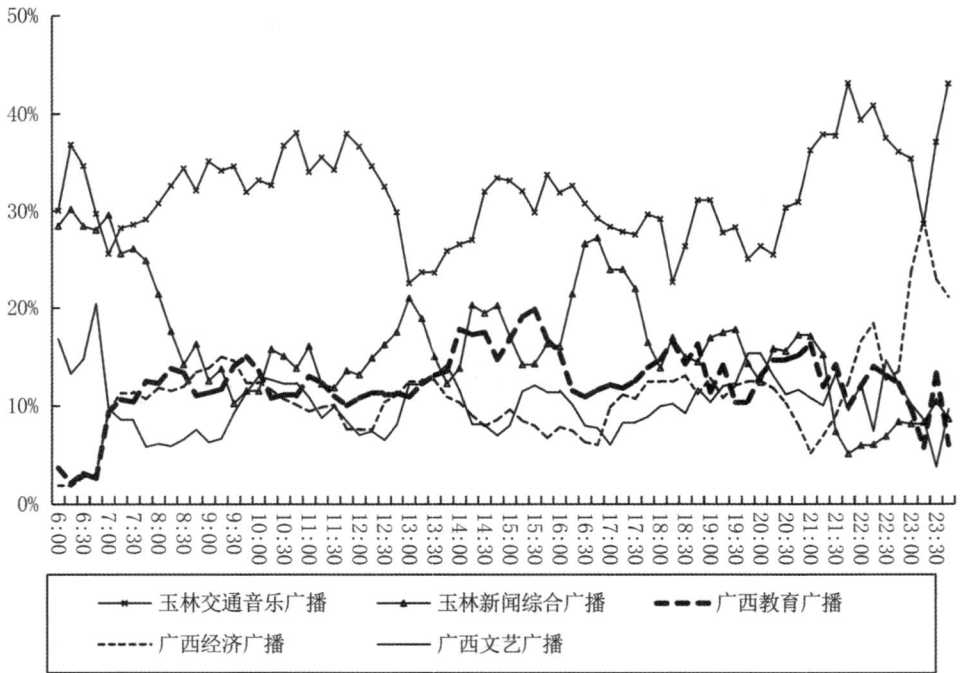

图1.58.3　玉林地区主要电台的时段占有率-1

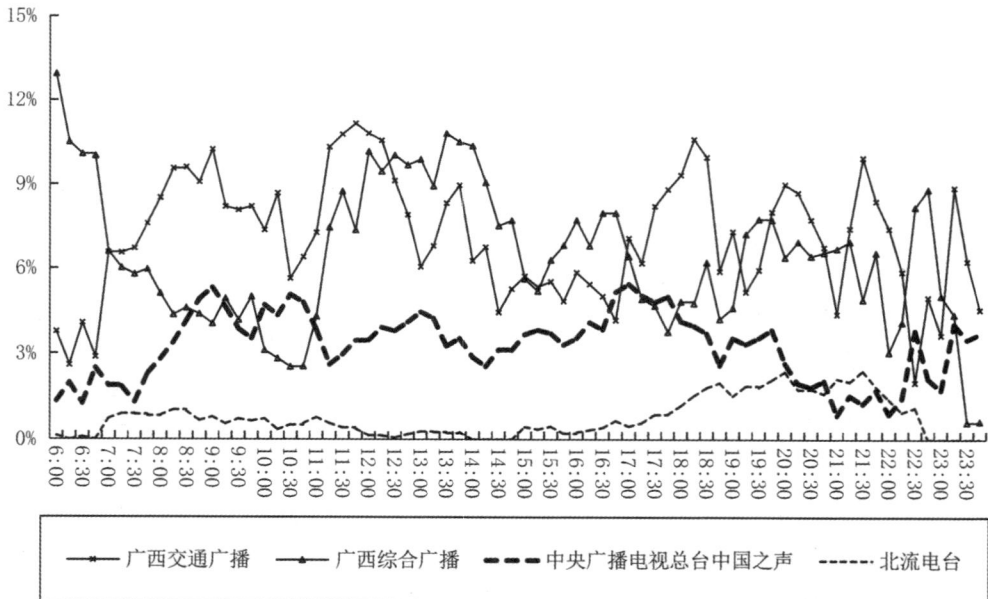

图1.58.4　玉林地区主要电台的时段占有率-2

第二部分 2022年广播综合传播力数据

一、2022年省级电台及城市电台综合传播力指数

省级电台综合传播力

表1.59.1 省级电台新型广播综合传播力指数TOP10

排名	电台名称	新型广播综合传播力指数
1	广东台	750.0
2	上海台	729.1
3	湖北台	688.1
4	浙江台	619.8
5	北京台	609.7
6	广西台	564.9
7	福建台	554.9
8	河南台	554.4
9	吉林台	549.7
10	天津台	541.5

城市电台综合传播力（分地区）

表1.59.2 北部地区城市电台新型广播综合传播力指数TOP9

排名	电台名称	新型广播综合传播力指数
1	太原台	665.7
2	沈阳台	661.2
3	哈尔滨台	615.6
4	阳泉台	477.1
5	邯郸台	463.9
6	乌鲁木齐台	426.3
7	石家庄台	331.9
8	长春台	281.6
9	西安台	188.1

表1.59.3　华东地区城市电台新型广播综合传播力指数TOP10

排名	电台名称	新型广播综合传播力指数
1	青岛台	749.1
2	厦门台	662.9
3	温州台	628.2
4	杭州台	595.7
5	宁波台	586.6
6	济南台	582.8
7	南京台	560.1
8	徐州台	542.2
9	台州台	533.6
10	日照台	520.5

表1.59.4　华南地区城市电台新型广播综合传播力指数TOP10

排名	电台名称	新型广播综合传播力指数
1	佛山台	775.4
2	广州台	640.3
3	东莞台	582.3
4	深圳台	577.9
5	南宁台	565.8
6	中山台	528.8
7	惠州台	424.1
8	汕头台	413.0
9	桂林台	408.1
10	珠海台	394.2

表1.59.5 华中、西南地区城市电台新型广播综合传播力指数TOP9

排名	电台名称	新型广播综合传播力指数
1	郑州台	826.8
2	成都台	664.3
3	绵阳台	608.8
4	昆明台	601.1
5	襄阳台	541.8
6	武汉台	491.5
7	贵阳台	336.0
8	长沙台	283.0
9	凉山台	162.4

表1.59.6 省会电台新型广播综合传播力指数TOP10

排名	电台名称	新型广播综合传播力指数
1	郑州台	686.1
2	沈阳台	683.7
3	哈尔滨台	680.7
4	济南台	675.2
5	杭州台	650.2
6	太原台	630.8
7	广州台	629.3
8	南京台	626.5
9	成都台	564.1
10	昆明台	538.2

表1.59.7 城市电台新型广播综合传播力指数TOP10

排名	电台名称	新型广播综合传播力指数
1	青岛台	782.0
2	佛山台	716.0
3	厦门台	697.8
4	温州台	654.9
5	绵阳台	628.4
6	宁波台	569.7
7	徐州台	563.3
8	台州台	554.1
9	南通台	545.0
10	深圳台	544.0

省级电台广播频率综合传播力

表1.59.8 省级电台频率新型广播综合传播力指数TOP10

排名	电台名称	新型广播综合传播力指数
1	北京交通广播	818.1
2	广西教育广播	786.0
3	广东广播电视台交通之声	783.0
4	楚天交通广播	770.3
5	广东珠江经济台	757.2
6	浙江交通之声	753.7
7	浙江之声	750.8
8	河南广播电视台交通广播FM104.1	746.3
9	湖北之声	734.7
10	四川交通广播	725.6

城市电台广播频率综合传播力

表1.59.9　省会电台频率新型广播综合传播力指数TOP10

排名	电台名称	新型广播综合传播力指数
1	杭州交通经济广播	857.6
2	广州交通广播	778.4
3	沈阳交通广播	751.8
4	长春交通之声	743.1
5	广州新闻电台	738.9
6	郑州新闻广播	725.4
7	沈阳都市广播	717.0
8	太原广播电视台交通广播	715.4
9	昆明汽车音乐广播	696.2
10	FM105.4西湖之声	682.8

表1.59.10　城市电台频率新型广播综合传播力指数TOP10

排名	电台名称	新型广播综合传播力指数
1	青岛交通广播FM89.7	735.5
2	绵阳交通广播	697.1
3	台州交通广播	690.8
4	嘉兴交通经济频率	689.1
5	温州交通广播	684.9
6	青岛新闻综合广播FM107.6/FM103.6	674.8
7	佛山电台FM92.4	660.0
8	宁波电台交通广播	654.9
9	襄阳交通音乐广播	631.2
10	宁波电台新闻综合广播	578.5

二、2022年省级电台及城市电台广播线上点击量

省级电台线上点击量

表1.60.1 省级电台新型广播点击量TOP10

排名	电台名称	点击量(万)
1	上海电台	67526.9
2	广东电台	61190.9
3	北京电台	55598.0
4	河北电台	55134.2
5	江苏电台	53733.0
6	浙江电台	30753.5
7	黑龙江电台	17773.0
8	陕西电台	16623.9
9	吉林电台	16501.9
10	山东电台	10842.2

城市电台线上点击量（分地区）

表1.60.2 东北地区城市电台新型广播点击量TOP10

排名	电台名称	点击量(万)
1	沈阳电台	17512.6
2	哈尔滨电台	15088.3
3	长春电台	5221.5
4	大连电台	2788.0
5	吉林市电台	1837.8
6	抚顺电台	1006.8
7	牡丹江电台	886.1
8	延边电台	771.6
9	朝阳电台	725.7
10	丹东电台	544.7

表1.60.3　华北地区城市电台新型广播点击量TOP10

排名	电台名称	点击量(万)
1	太原电台	10577.6
2	石家庄电台	4965.5
3	邯郸电台	2106.5
4	包头电台	2098.2
5	保定电台	1256.1
6	秦皇岛电台	1110.9
7	赤峰电台	773.0
8	衡水电台	684.4
9	鄂尔多斯电台	635.1
10	运城电台	597.8

表1.60.4　华东地区城市电台新型广播点击量TOP10

排名	电台名称	点击量(万)
1	济南电台	14160.7
2	苏州电台	11912.0
3	杭州电台	11190.6
4	南京电台	8043.3
5	青岛电台	5538.8
6	无锡电台	3605.4
7	嘉兴电台	3210.2
8	泉州电台	2158.8
9	厦门电台	2037.2
10	宁波电台	2024.7

表1.60.5 华南地区城市电台新型广播点击量TOP10

排名	电台名称	点击量(万)
1	深圳电台	13939.3
2	广州电台	12097.3
3	佛山电台	3509.0
4	中山电台	3162.8
5	江门电台	2556.1
6	东莞电台	2529.5
7	潮州电台	1420.1
8	南宁电台	941.0
9	云浮电台	833.6
10	海口电台	727.1

表1.60.6 华中地区城市电台新型广播点击量TOP10

排名	电台名称	点击量(万)
1	郑州电台	12542.1
2	武汉电台	3354.3
3	南阳电台	1604.8
4	洛阳电台	1501.4
5	长沙电台	1473.8
6	郴州电台	684.9
7	襄阳电台	663.9
8	开封电台	394.1
9	新乡电台	317.0
10	安阳电台	305.9

表1.60.7　西北地区城市电台新型广播点击量TOP10

排名	电台名称	点击量(万)
1	西安电台	2500.0
2	兰州电台	1489.5
3	伊犁电台	670.6
4	乌鲁木齐电台	630.3
5	咸阳电台	512.6
6	西宁电台	347.3
7	银川电台	342.1
8	天水电台	267.4
9	巴州电台	240.0
10	渭南电台	223.4

表1.60.8　西南地区城市电台新型广播点击量TOP10

排名	电台名称	点击量(万)
1	成都电台	4474.1
2	昆明电台	2002.8
3	德阳电台	869.1
4	绵阳电台	512.5
5	贵阳电台	420.5
6	泸州电台	313.0
7	毕节电台	225.5
8	德宏电台	225.0
9	攀枝花电台	203.0
10	红河电台	202.8

省级电台广播频率线上点击量

表1.60.9 省级电台频率新型广播点击量TOP10

排名	省份	电台名称	点击量(万)
1	江苏	江苏新闻广播	26189.9
2	河北	河北新闻广播	26019.4
3	北京	北京新闻广播	25141.7
4	上海	上海新闻广播	18048.4
5	河北	河北音乐广播	18041.3
6	上海	上海第一财经广播	16205.6
7	广东	广东珠江经济台	16196.6
8	北京	北京交通广播	14504.7
9	江苏	江苏经典流行音乐广播	13161.2
10	广东	广东股市广播	12307.4

城市电台广播频率线上点击量（分地区）

表1.60.10 东北地区电台频率新型广播点击量TOP10

排名	电台名称	点击量(万)
1	沈阳新闻广播	8914.5
2	哈尔滨文艺广播	7356.2
3	沈阳都市广播	5364.3
4	长春交通之声	3931.5
5	哈尔滨音乐广播	3795.4
6	哈尔滨交通广播	2778.9
7	沈阳交通广播	2496.2
8	大连体育广播	1818.7
9	抚顺交通广播	818.4
10	沈阳生活广播	737.6

表1.60.11 华北地区电台频率新型广播点击量TOP10

排名	电台名称	点击量(万)
1	太原交通广播	5185.7
2	太原经济广播	3082.5
3	石家庄新闻广播	2400.8
4	太原综合广播	1631.4
5	石家庄交通广播	1380.0
6	邯郸新闻综合广播	1235.0
7	包头综合广播	985.4
8	石家庄音乐广播	622.5
9	太原老年之声	574.1
10	石家庄经济广播	468.3

表1.60.12 华东地区电台频率新型广播点击量TOP10

排名	电台名称	点击量(万)
1	济南新闻广播	7765.1
2	杭州交通经济广播	5757.4
3	苏州音乐广播	4175.1
4	FM105.4西湖之声	3849.9
5	苏州交通广播	3565.4
6	济南经济广播	3494.8
7	苏州新闻广播	2444.7
8	南京音乐广播	2185.6
9	嘉兴交通经济频率	2021.0
10	青岛新闻综合广播FM107.6/FM103.6	2006.3

表1.60.13 华南地区电台频率新型广播点击量TOP10

排名	电台名称	点击量(万)
1	深圳新闻频率	10405.7
2	广州新闻电台	5743.9
3	广州交通广播	3230.7
4	中山FM88.8频率	2368.1
5	佛山三水广播	1991.0
6	江门旅游音乐频率	1867.0
7	广州青少年广播	1785.5
8	深圳交通频率	1652.9
9	深圳飞扬971	1404.7
10	广州金曲音乐广播	1337.3

表1.60.14 华中地区电台频率新型广播点击量TOP10

排名	电台名称	点击量(万)
1	郑州新闻广播	5455.0
2	郑州经典1079	4456.8
3	武汉经济广播	1163.8
4	郑州经济广播	1049.4
5	南阳综合频率	940.5
6	郑州交通广播	904.2
7	武汉音乐广播FM1018	760.8
8	武汉新闻广播	759.2
9	长沙FM101.7城市之声	670.0
10	郴州综合广播	661.2

表1.60.15　西北地区电台频率新型广播点击量TOP10

排名	电台名称	点击量(万)
1	兰州新闻综合广播	1126.5
2	西安音乐广播	966.4
3	西安新闻广播	765.3
4	西安交通旅游广播	556.5
5	咸阳西咸之声	421.4
6	伊犁维吾尔语新闻综合广播	268.2
7	乌鲁木齐1071维语综合广播	260.6
8	兰州交通音乐广播	247.6
9	伊犁经济广播	219.5
10	西安私家车1061	211.8

表1.60.16　西南地区电台频率新型广播点击量TOP10

排名	电台名称	点击量(万)
1	FM946	1549.1
2	昆明汽车音乐广播	1380.7
3	成都新闻广播	1078.9
4	成都经济广播	1017.9
5	德阳经济生活广播	548.8
6	成都交通文艺广播	546.7
7	成都故事广播	281.6
8	绵阳交通广播	257.5
9	德阳音乐交通广播	233.7
10	昆明文艺旅游广播	225.7

三、2022年省级电台及城市电台新型广播影响指数

省级电台新型广播影响指数

表1.61.1 省级电台新型广播影响指数TOP10

排名	电台名称	影响指数
1	北京台	823.8
2	广东台	820.4
3	上海台	799.9
4	湖北台	662.8
5	浙江台	649.0
6	四川台	617.3
7	河南台	598.2
8	河北台	595.8
9	陕西台	586.3
10	江苏台	564.4

地区城市电台新型广播影响指数

表1.61.2 东北、华北、西北地区城市电台新型广播影响指数TOP9

排名	电台名称	影响指数
1	哈尔滨台	773.6
2	沈阳台	715.0
3	石家庄台	683.6
4	太原台	592.3
5	邯郸台	557.4
6	乌鲁木齐台	235.0
7	西安台	227.5
8	阳泉台	167.7
9	长春台	149.6

表1.61.3　华东地区城市电台新型广播影响指数TOP10

排名	电台名称	影响指数
1	杭州台	870.3
2	青岛台	857.4
3	南京台	684.7
4	济南台	683.6
5	宁波台	674.4
6	徐州台	652.0
7	温州台	602.1
8	厦门台	579.6
9	南通台	517.7
10	台州台	516.8

表1.61.4　华南地区城市电台新型广播影响指数TOP10

排名	电台名称	影响指数
1	广州台	891.0
2	深圳台	847.7
3	佛山台	758.7
4	南宁台	647.7
5	东莞台	602.3
6	惠州台	403.6
7	中山台	381.2
8	玉林台	323.0
9	海口台	303.2
10	桂林台	285.4

表1.61.5　华中、西南地区城市电台新型广播影响指数TOP9

排名	电台名称	影响指数
1	郑州台	988.6
2	成都台	839.9
3	昆明台	611.6
4	长沙台	524.6
5	武汉台	518.2
6	绵阳台	462.4
7	贵阳台	275.4
8	襄阳台	227.2
9	凉山台	100.0

表1.61.6　省会电台新型广播影响指数TOP10

排名	电台名称	影响指数
1	广州台	810.1
2	杭州台	776.7
3	郑州台	739.7
4	沈阳台	727.8
5	哈尔滨台	725.8
6	成都台	670.7
7	济南台	575.9
8	南京台	537.8
9	西安台	518.0
10	石家庄台	507.8

表1.61.7　城市电台新型广播影响指数TOP10

排名	电台名称	影响指数
1	深圳台	878.3
1	青岛台	878.3
3	佛山台	820.9
4	东莞台	686.1
5	宁波台	661.1
6	徐州台	644.3
7	邯郸台	628.3
8	厦门台	612.8
9	温州台	599.1
10	绵阳台	548.2

省级电台频率新型广播影响指数

表1.61.8　省级电台频率新型广播影响指数TOP10

排名	电台名称	影响指数
1	北京交通广播	893.7
2	广东交通之声	851.8
3	上海动感101	850.2
4	广东珠江经济台	834.2
5	北京新闻广播	833.2
6	上海新闻广播	793.7
7	上海第一财经广播	789.7
8	四川交通广播	785.6
9	上海交通广播	772.7
10	上海经典金曲广播Love Radio103.7	764.4

城市电台频率新型广播影响指数

表1.61.9　省会电台频率新型广播影响指数TOP10

排名	电台名称	影响指数
1	广州交通广播	878.8
2	杭州交通经济广播	876.0
3	广州新闻电台	856.8
4	郑州新闻广播	802.6
5	沈阳交通广播	781.5
6	沈阳新闻广播	761.3
7	哈尔滨交通广播	758.4
8	FM105.4西湖之声	748.2
9	广州金曲音乐广播	729.8
10	长春交通之声	712.7

表1.61.10　城市电台频率新型广播影响指数TOP10

排名	电台名称	影响指数
1	青岛交通广播FM89.7	913.3
2	深圳新闻频率	864.3
3	青岛新闻综合广播FM107.6/FM103.6	835.7
4	佛山电台FM92.4	826.9
5	宁波交通广播	798.2
6	深圳交通频率	796.9
7	深圳飞扬971	734.9
8	台州交通广播	711.0
9	深圳生活广播	706.7
10	佛山电台FM94.6	703.5

四、2022年省级电台及城市电台新型广播云听指数

省级电台新型广播云听指数

表1.62.1 省级电台新型广播云听指数TOP10

排名	电台名称	云听指数
1	上海台	994.2
2	广东台	944.0
3	北京台	889.2
4	江苏台	875.3
5	河北台	867.6
6	浙江台	758.3
7	吉林台	679.9
8	黑龙江台	664.4
9	陕西台	631.3
10	山东台	547.6

地区城市电台新型广播云听指数

表1.62.2 东北、华北、西北地区城市电台新型广播云听指数TOP9

排名	电台名称	云听指数
1	沈阳台	1000.0
1	太原台	1000.0
3	哈尔滨台	604.3
4	石家庄台	592.7
5	西安台	250.0
6	邯郸台	127.7
7	阳泉台	100.0
7	乌鲁木齐台	100.0
7	长春台	100.0

表1.62.3　华东地区城市电台新型广播云听指数TOP10

排名	电台名称	云听指数
1	济南台	1000.0
2	杭州台	918.4
3	南京台	834.0
4	青岛台	757.7
5	嘉兴台	682.7
6	厦门台	589.8
7	宁波台	587.0
8	湖州台	543.7
9	温州台	500.7
10	常熟台	447.2

表1.62.4　华南地区城市电台新型广播云听指数TOP10

排名	电台名称	云听指数
1	深圳台	987.5
2	广州台	915.4
3	佛山台	766.1
4	中山台	647.3
5	东莞台	569.1
6	南宁台	479.7
7	海口台	387.9
8	惠州台	367.1
9	珠海台	293.1
10	玉林台	219.5

表1.62.5 华中、西南地区城市电台新型广播云听指数TOP9

排名	电台名称	云听指数
1	成都台	1000.0
1	郑州台	1000.0
3	武汉台	717.6
4	昆明台	620.2
5	长沙台	390.8
6	绵阳台	331.2
7	贵阳台	188.2
8	襄阳台	100.0
8	凉山台	100.0

表1.62.6 省会电台新型广播云听指数TOP10

排名	电台名称	云听指数
1	沈阳台	1000.0
2	哈尔滨台	931.3
3	济南台	881.9
4	广州台	825.4
5	郑州台	784.3
6	杭州台	754.9
7	太原台	694.9
8	南京台	631.3
9	石家庄台	570.6
10	长春台	536.0

表1.62.7　城市电台新型广播云听指数TOP10

排名	电台名称	云听指数
1	深圳台	1000.0
2	佛山台	868.1
3	青岛台	822.2
4	嘉兴台	741.1
5	中山台	737.1
6	东莞台	672.4
7	邯郸台	609.1
8	厦门台	601.4
9	宁波台	599.4
10	湖州台	562.1

省级电台频率新型广播云听指数

表1.62.8　省级电台频率新型广播云听指数TOP10

排名	电台名称	云听指数
1	江苏新闻广播	987.6
2	北京新闻广播	977.3
3	河北新闻广播	962.9
4	上海新闻广播	924.2
5	广东珠江经济台	909.6
6	第一财经广播	907.1
7	河北音乐广播	895.2
8	北京交通广播	894.9
9	江苏经典流行音乐广播	877.2
10	广东股市广播	867.5

城市电台频率新型广播云听指数

表1.62.9　省会电台频率新型广播云听指数TOP10

排名	电台名称	云听指数
1	沈阳新闻广播	1000.0
2	济南新闻广播	967.6
3	哈尔滨文艺广播	953.9
4	广州新闻电台	904.1
5	杭州交通经济广播	901.2
6	郑州新闻广播	891.7
7	沈阳都市广播	886.0
8	太原交通广播	874.9
9	郑州经典1079	825.1
10	长春交通之声	817.3

表1.62.10　城市电台频率新型广播云听指数TOP10

排名	电台名称	云听指数
1	深圳新闻频率	1000.0
2	中山FM88.8频率	843.5
3	佛山三水广播	827.3
4	深圳交通频率	820.6
5	嘉兴交通经济频率	818.4
6	青岛新闻综合广播FM107.6/FM103.6	814.3
7	青岛交通广播FM89.7	795.3
8	佛山电台FM94.6	779.4
9	湖州交通广播	769.3
10	深圳飞扬971	767.2

五、2022年省级电台及城市电台新型广播交互指数

省级电台新型广播交互指数

表1.63.1 省级电台新型广播交互指数TOP10

排名	电台名称	交互指数
1	湖北台	940.6
2	江西台	767.5
3	福建台	755.0
4	山东台	708.8
5	广东台	688.8
6	河南台	651.6
7	江苏台	610.1
8	广西台	597.8
9	北京台	594.2
10	海南台	584.8

地区城市电台新型广播交互指数

表1.63.2 东北、华北、西北地区城市电台新型广播交互指数TOP9

排名	电台名称	交互指数
1	太原台	1000.0
2	沈阳台	966.6
3	石家庄台	343.7
4	长春台	324.5
5	哈尔滨台	306.2
6	西安台	235.0
7	乌鲁木齐台	190.0
8	阳泉台	170.3
9	邯郸台	163.6

表1.63.3 华东地区城市电台新型广播交互指数TOP10

排名	电台名称	交互指数
1	南京台	815.0
2	江阴台	796.1
3	日照台	761.5
4	青岛台	703.0
5	合肥台	698.9
6	台州台	684.5
7	南昌台	580.5
8	厦门台	577.9
9	杭州台	575.2
10	福州台	535.1

表1.63.4 华南地区城市电台新型广播交互指数TOP10

排名	电台名称	交互指数
1	南宁台	927.8
2	广州台	828.4
3	佛山台	753.3
4	玉林台	601.2
5	中山台	520.6
6	桂林台	452.2
7	东莞台	407.2
8	深圳台	351.1
9	海口台	318.4
10	珠海台	209.1

表1.63.5 华中、西南地区城市电台新型广播交互指数TOP9

排名	电台名称	交互指数
1	郑州台	1000.0
2	昆明台	922.5
3	绵阳台	731.2
4	襄阳台	564.2
5	贵阳台	507.2
6	武汉台	409.4
7	长沙台	240.3
8	成都台	145.3
9	凉山台	100.0

表1.63.6 省会电台新型广播交互指数TOP10

排名	电台名称	交互指数
1	南京台	891.1
2	郑州台	846.3
3	合肥台	746.5
4	南宁台	740.2
5	南昌台	735.4
6	昆明台	690.9
7	广州台	688.5
8	沈阳台	628.7
9	杭州台	558.3
10	太原台	555.1

表1.63.7　城市电台新型广播交互指数TOP10

排名	电台名称	交互指数
1	青岛台	811.8
2	江阴台	807.5
3	日照台	772.5
4	台州台	758.1
5	绵阳台	690.4
6	厦门台	688.5
7	佛山台	682.3
8	徐州台	601.2
9	宁波台	588.5
10	襄阳台	583.1

省级电台频率新型广播交互指数

表1.63.8　省级电台频率新型广播交互指数TOP10

排名	电台名称	交互指数
1	楚天交通广播	945.9
2	江西旅游广播	910.0
3	福建都市生活广播	828.2
4	广西教育广播	809.9
5	江西民生广播	804.1
6	北京交通广播	796.6
7	河南交通广播FM104.1	794.3
8	安徽交通广播	786.5
9	江苏新闻广播	782.3
10	海南交通广播	777.3

城市电台频率新型广播交互指数

表1.63.9　省会电台频率新型广播交互指数TOP10

排名	电台名称	交互指数
1	合肥交通广播	931.3
2	广州交通广播	903.9
3	沈阳交通广播	858.1
4	杭州交通经济广播	798.0
5	济南交通广播	738.4
6	杭州之声	709.1
7	郑州新闻广播	681.0
8	广州新闻电台	671.4
9	哈尔滨经济广播	667.6
10	沈阳生活广播	658.0

表1.63.10　城市电台频率新型广播交互指数TOP10

排名	电台名称	交互指数
1	台州交通广播	974.0
2	青岛新闻综合广播FM107.6/FM103.6	883.1
3	宁波电台新闻综合广播	770.9
4	青岛交通广播FM89.7	762.5
5	绵阳交通广播	725.4
6	襄阳交通音乐广播	688.6
7	襄阳综合广播	654.6
8	青岛音乐体育广播FM91.5	640.2
9	青岛文艺广播FM96.4	618.7
10	佛山电台FM92.4	617.8

六、2022年主要广播频率时段线上点击量

（时段月均点击量数据）

表1.64.1　主要广播频率新型广播各时段月均点击量-1

单位：万

时段	江苏新闻广播	河北新闻广播	北京新闻广播	上海人民广播电台上海新闻广播	河北音乐广播
00:00-00:30	10.1	26.1	11.6	6.8	17.9
00:30-01:00	13.1	29.5	14.5	7.8	14.9
01:00-01:30	10.2	24.8	11.3	5.7	11.6
01:30-02:00	8.3	22.4	9.2	4.6	8.3
02:00-02:30	7.3	21.1	7.8	4.1	6.1
02:30-03:00	6.8	16.4	7.4	4.1	4.9
03:00-03:30	6.9	17.9	7.1	4.3	4.4
03:30-04:00	7.0	17.9	7.0	4.7	4.2
04:00-04:30	7.7	15.9	8.1	6.2	4.7
04:30-05:00	9.1	20.4	11.1	9.3	5.6
05:00-05:30	13.4	36.5	19.0	19.8	10.4
05:30-06:00	34.0	53.4	40.9	52.0	20.5
06:00-06:30	92.9	75.8	92.4	99.2	32.7
06:30-07:00	132.4	96.7	133.1	114.3	51.1
07:00-07:30	150.5	107.8	168.2	129.9	74.0
07:30-08:00	156.6	101.8	172.1	124.5	72.1
08:00-08:30	137.9	85.8	143.3	103.4	63.7
08:30-09:00	106.2	62.1	102.5	77.4	53.0
09:00-09:30	83.4	46.2	73.5	56.3	50.0
09:30-10:00	62.0	36.9	53.1	41.5	43.8
10:00-10:30	52.9	33.5	42.6	37.0	39.6

（续表）

时段	江苏新闻广播	河北新闻广播	北京新闻广播	上海人民广播电台上海新闻广播	河北音乐广播
10:30-11:00	46.2	31.1	35.9	28.7	36.3
11:00-11:30	40.6	30.7	32.4	24.4	36.9
11:30-12:00	40.4	30.1	34.0	24.7	38.8
12:00-12:30	42.3	35.2	37.7	26.1	36.7
12:30-13:00	39.6	37.0	35.6	23.7	36.3
13:00-13:30	36.8	35.2	31.1	22.2	35.2
13:30-14:00	33.0	31.2	27.4	19.2	35.0
14:00-14:30	32.0	28.9	26.2	18.2	33.7
14:30-15:00	30.6	24.9	24.7	17.5	34.1
15:00-15:30	32.7	23.9	24.9	18.3	34.5
15:30-16:00	32.2	22.9	25.8	17.4	31.4
16:00-16:30	36.2	24.0	32.5	17.4	30.1
16:30-17:00	48.2	23.8	32.8	19.2	29.7
17:00-17:30	49.2	24.7	34.8	22.8	32.1
17:30-18:00	49.8	27.3	39.2	28.9	33.4
18:00-18:30	52.7	30.9	46.6	34.6	32.6
18:30-19:00	48.8	36.4	50.5	30.8	29.3
19:00-19:30	48.2	53.3	67.7	26.6	27.9
19:30-20:00	45.3	53.9	55.4	22.2	28.1
20:00-20:30	46.0	48.3	41.9	21.0	29.8
20:30-21:00	40.1	58.8	34.8	18.9	30.3
21:00-21:30	39.9	93.7	34.1	20.4	33.1
21:30-22:00	37.5	81.2	33.8	20.0	36.5
22:00-22:30	36.6	102.2	34.3	19.4	41.0
22:30-23:00	33.3	81.8	31.7	17.8	39.7
23:00-23:30	27.6	76.2	27.7	15.4	36.0
23:30-23:59	27.7	71.9	25.9	15.0	31.5

表1.64.2 主要广播频率新型广播各时段月均点击量-2

单位：万

时段	上海人民广播电台第一财经广播	广东珠江经济台	北京交通广播	江苏经典流行音乐广播	广东广播电视台股市广播
00:00-00:30	7.1	13.0	10.5	6.1	8.4
00:30-01:00	8.3	15.4	10.8	7.1	5.4
01:00-01:30	6.1	11.6	7.8	5.7	3.9
01:30-02:00	4.8	9.4	6.1	4.6	3.2
02:00-02:30	3.9	7.7	5.2	3.8	2.7
02:30-03:00	3.4	6.2	4.5	3.4	2.3
03:00-03:30	3.1	5.6	4.1	3.1	1.7
03:30-04:00	3.2	5.1	4.0	2.9	1.7
04:00-04:30	3.6	4.9	4.5	3.0	1.6
04:30-05:00	4.5	5.0	6.1	3.6	2.3
05:00-05:30	6.9	6.0	11.2	6.1	2.5
05:30-06:00	12.2	7.8	21.3	16.0	3.4
06:00-06:30	23.9	12.4	36.6	43.8	5.0
06:30-07:00	35.4	19.2	52.9	54.6	9.7
07:00-07:30	60.5	30.2	62.1	60.3	20.7
07:30-08:00	80.4	53.9	63.6	58.1	27.9
08:00-08:30	84.5	64.7	61.0	51.2	28.2
08:30-09:00	75.9	56.1	49.6	42.0	36.7
09:00-09:30	65.7	47.3	39.2	38.2	51.8
09:30-10:00	48.7	38.0	33.1	33.5	51.7
10:00-10:30	37.3	32.2	28.7	29.5	46.1
10:30-11:00	31.7	28.9	23.9	27.4	45.1
11:00-11:30	30.5	27.4	21.3	23.7	40.2
11:30-12:00	36.4	30.8	21.5	22.1	27.3

（续表）

时段	上海人民广播电台第一财经广播	广东珠江经济台	北京交通广播	江苏经典流行音乐广播	广东广播电视台股市广播
12：00－12：30	32.3	53.0	22.9	22.3	21.0
12：30－13：00	27.1	46.8	23.4	23.4	26.0
13：00－13：30	24.2	36.0	23.7	23.0	38.7
13：30－14：00	21.7	31.0	24.6	22.5	35.3
14：00－14：30	20.8	29.5	23.1	23.0	37.1
14：30－15：00	21.2	27.7	20.4	23.2	36.8
15：00－15：30	34.1	27.0	19.8	23.1	23.1
15：30－16：00	32.3	24.8	20.4	23.3	18.6
16：00－16：30	37.8	24.9	26.0	23.3	17.5
16：30－17：00	38.0	25.7	26.2	23.9	16.7
17：00－17：30	38.0	26.8	31.2	26.5	18.3
17：30－18：00	37.7	27.5	32.3	27.5	19.1
18：00－18：30	35.8	29.8	31.4	27.5	18.8
18：30－19：00	31.4	28.4	30.3	26.3	22.3
19：00－19：30	29.6	30.2	34.3	25.8	35.1
19：30－20：00	27.4	29.4	29.4	24.7	26.2
20：00－20：30	26.3	33.3	27.7	24.0	26.8
20：30－21：00	24.6	38.2	24.4	22.7	24.0
21：00－21：30	25.4	51.6	25.5	22.5	24.4
21：30－22：00	25.2	46.1	26.0	21.7	22.5
22：00－22：30	23.8	41.5	27.1	20.0	24.5
22：30－23：00	21.8	36.6	25.7	17.1	21.7
23：00－23：30	18.2	33.2	21.9	14.4	18.2
23：30－23：59	18.1	31.9	21.3	15.0	23.0

表1.64.3 主要广播频率新型广播各时段月均点击量-3

单位：万

时段	上海人民广播电台动感101	浙江之声	浙江交通之声	广东广播电视台交通之声	深圳新闻频率
00:00-00:30	9.4	4.3	6.5	10.4	6.3
00:30-01:00	9.4	5.9	7.1	11.5	7.4
01:00-01:30	7.1	4.7	5.9	8.9	5.5
01:30-02:00	5.4	3.8	5.1	7.3	4.1
02:00-02:30	4.3	3.4	4.7	6.1	3.2
02:30-03:00	3.6	3.2	4.3	5.4	2.6
03:00-03:30	3.2	3.1	4.2	5.3	2.4
03:30-04:00	3.0	3.4	4.2	4.9	2.1
04:00-04:30	3.0	4.4	4.3	4.7	2.2
04:30-05:00	3.5	6.6	4.7	4.7	2.4
05:00-05:30	5.3	13.3	6.1	4.9	3.4
05:30-06:00	9.0	21.3	8.7	6.9	6.5
06:00-06:30	14.9	38.4	13.4	12.8	15.4
06:30-07:00	22.0	50.7	20.6	18.7	29.1
07:00-07:30	33.9	60.8	27.0	30.7	44.5
07:30-08:00	41.0	63.0	28.8	36.5	49.6
08:00-08:30	43.0	58.5	29.7	36.7	48.3
08:30-09:00	39.7	45.8	28.8	34.1	40.2
09:00-09:30	36.2	35.6	26.9	34.2	31.8
09:30-10:00	33.8	28.1	24.9	29.4	24.9
10:00-10:30	31.5	24.1	27.6	27.8	20.8
10:30-11:00	28.6	20.2	23.4	25.6	17.9
11:00-11:30	25.3	17.7	18.8	21.7	17.3
11:30-12:00	25.1	17.8	17.8	19.9	16.3

（续表）

时段	上海人民广播电台动感101	浙江之声	浙江交通之声	广东广播电视台交通之声	深圳新闻频率
12:00-12:30	24.3	19.5	19.8	19.3	17.2
12:30-13:00	23.4	19.2	23.6	18.3	15.6
13:00-13:30	23.4	18.5	30.7	18.4	14.2
13:30-14:00	24.8	17.1	27.4	20.7	17.2
14:00-14:30	24.9	16.5	27.6	21.8	20.3
14:30-15:00	23.8	16.3	28.6	19.9	17.1
15:00-15:30	23.9	16.9	39.6	20.4	16.4
15:30-16:00	23.3	16.3	33.6	20.5	15.1
16:00-16:30	23.6	18.1	32.2	19.1	16.1
16:30-17:00	25.8	18.1	27.8	19.9	15.2
17:00-17:30	26.9	20.5	26.2	20.8	16.1
17:30-18:00	27.3	22.3	25.4	21.3	18.0
18:00-18:30	26.4	23.6	24.2	25.3	23.2
18:30-19:00	24.2	21.5	21.8	23.0	26.6
19:00-19:30	23.1	19.6	19.9	21.9	33.0
19:30-20:00	23.2	17.9	18.8	19.5	28.2
20:00-20:30	22.5	17.0	19.1	17.4	25.7
20:30-21:00	22.3	15.9	17.7	18.0	21.6
21:00-21:30	24.0	15.8	17.2	20.2	19.7
21:30-22:00	24.3	15.5	17.4	20.4	18.7
22:00-22:30	23.2	15.7	16.5	23.0	18.8
22:30-23:00	21.8	14.6	15.1	22.1	17.9
23:00-23:30	18.7	12.2	13.3	20.4	15.9
23:30-23:59	18.4	11.3	13.4	17.2	15.3

表1.64.4　主要广播频率新型广播各时段月均点击量-4

单位：万

时段	广东广播电视台文体广播	沈阳新闻广播	上海人民广播电台经典金曲广播Love Radio103.7	江苏交通广播网	济南新闻广播
00:00-00:30	10.7	5.6	5.3	3.0	7.1
00:30-01:00	12.5	6.7	5.6	3.6	8.6
01:00-01:30	10.3	5.2	4.2	2.6	6.9
01:30-02:00	8.2	4.3	3.3	2.1	5.8
02:00-02:30	6.7	4.0	2.6	1.7	5.4
02:30-03:00	5.5	3.9	2.1	1.4	5.2
03:00-03:30	4.4	3.9	1.9	1.3	5.1
03:30-04:00	3.7	4.3	1.8	1.3	5.2
04:00-04:30	3.3	5.1	1.8	1.4	5.7
04:30-05:00	3.0	6.5	2.2	1.6	6.2
05:00-05:30	3.2	9.7	3.4	2.4	7.7
05:30-06:00	3.8	20.1	5.6	4.3	13.9
06:00-06:30	5.4	48.8	9.2	9.7	35.6
06:30-07:00	8.0	49.3	14.5	27.8	39.1
07:00-07:30	13.9	44.6	22.9	41.1	37.7
07:30-08:00	17.3	34.8	27.9	41.9	32.6
08:00-08:30	16.4	23.8	29.3	45.1	24.9
08:30-09:00	14.4	17.3	26.1	36.0	19.0
09:00-09:30	13.4	15.6	23.7	28.1	15.3
09:30-10:00	12.2	12.9	22.8	22.6	12.8
10:00-10:30	11.4	11.5	21.3	20.8	12.3
10:30-11:00	10.5	10.6	20.1	17.2	11.2
11:00-11:30	9.7	10.3	18.0	13.4	11.2
11:30-12:00	10.2	11.1	18.1	12.6	10.7

（续表）

时段	广东广播电视台文体广播	沈阳新闻广播	上海人民广播电台经典金曲广播Love Radio103.7	江苏交通广播网	济南新闻广播
12:00-12:30	20.7	15.0	18.0	14.6	12.1
12:30-13:00	21.6	13.2	18.6	15.2	12.7
13:00-13:30	21.0	12.0	17.9	15.1	16.0
13:30-14:00	18.8	10.0	17.1	15.2	14.1
14:00-14:30	17.8	9.1	16.9	16.6	12.0
14:30-15:00	17.3	9.9	18.1	14.2	10.2
15:00-15:30	16.4	9.9	17.8	13.8	9.2
15:30-16:00	15.6	8.4	16.8	13.5	8.8
16:00-16:30	15.6	7.8	17.2	13.5	9.4
16:30-17:00	16.1	8.3	19.6	14.0	9.3
17:00-17:30	17.2	9.2	20.5	19.0	9.4
17:30-18:00	22.7	8.9	20.0	20.4	10.6
18:00-18:30	55.7	8.9	18.6	19.3	10.7
18:30-19:00	49.1	10.4	17.2	16.3	10.2
19:00-19:30	38.6	12.1	17.1	14.2	10.5
19:30-20:00	30.4	11.2	17.7	12.6	10.2
20:00-20:30	27.5	11.7	18.8	12.0	11.1
20:30-21:00	25.9	18.4	18.6	10.9	11.4
21:00-21:30	23.4	51.1	18.7	10.8	14.0
21:30-22:00	21.7	42.2	18.7	9.9	19.1
22:00-22:30	21.5	29.0	17.2	9.9	21.4
22:30-23:00	20.5	21.4	14.6	8.8	19.1
23:00-23:30	19.4	14.9	11.9	7.5	16.8
23:30-23:59	18.2	19.9	12.4	7.7	13.8

表1.64.5　主要广播频率新型广播各时段月均点击量-5

单位：万

时段	黑龙江交通广播	河北交通广播	哈尔滨文艺广播	北京文艺广播	陕广新闻广播
00:00-00:30	4.8	5.1	5.6	7.5	6.1
00:30-01:00	4.3	5.1	6.5	8.3	7.1
01:00-01:30	3.1	4.2	5.1	6.2	5.3
01:30-02:00	2.5	3.3	4.3	5.0	4.2
02:00-02:30	2.0	2.7	3.8	4.3	3.5
02:30-03:00	2.0	2.3	3.5	3.6	3.2
03:00-03:30	1.9	2.2	3.5	3.7	3.2
03:30-04:00	2.2	2.4	3.6	3.7	3.1
04:00-04:30	2.8	2.8	4.3	3.9	3.4
04:30-05:00	4.3	3.3	4.9	4.7	3.8
05:00-05:30	8.1	4.9	6.5	6.6	5.1
05:30-06:00	16.1	9.7	8.4	9.8	8.7
06:00-06:30	28.9	20.7	12.4	12.5	19.4
06:30-07:00	33.3	28.9	13.2	16.7	25.7
07:00-07:30	36.9	35.2	14.2	19.9	28.3
07:30-08:00	32.1	32.8	13.4	19.9	26.1
08:00-08:30	26.5	27.4	11.4	18.9	21.5
08:30-09:00	22.0	23.7	11.0	16.5	16.8
09:00-09:30	24.0	22.9	10.9	14.6	13.3
09:30-10:00	19.7	19.1	9.7	13.3	10.8
10:00-10:30	17.6	17.2	9.4	12.2	9.2
10:30-11:00	15.2	16.0	10.6	11.4	7.9
11:00-11:30	14.5	17.8	18.9	10.7	7.1
11:30-12:00	15.9	16.2	17.7	12.1	7.0

时段	黑龙江交通广播	河北交通广播	哈尔滨文艺广播	北京文艺广播	陕广新闻广播
12:00-12:30	18.7	18.4	14.8	17.6	7.3
12:30-13:00	14.6	16.5	14.3	20.1	7.1
13:00-13:30	13.3	16.1	13.8	17.7	7.2
13:30-14:00	13.2	14.2	12.4	15.1	6.4
14:00-14:30	12.8	13.1	13.1	13.8	5.7
14:30-15:00	12.6	11.8	13.6	12.8	5.4
15:00-15:30	13.1	11.9	13.2	13.2	5.3
15:30-16:00	12.4	12.2	12.5	12.6	5.3
16:00-16:30	12.9	14.2	12.8	11.8	5.2
16:30-17:00	12.4	13.8	12.9	11.3	5.3
17:00-17:30	12.6	14.1	18.2	11.2	6.8
17:30-18:00	12.4	13.4	20.3	11.2	7.3
18:00-18:30	12.2	13.4	28.8	11.0	8.5
18:30-19:00	12.5	13.2	24.5	10.6	7.7
19:00-19:30	15.9	13.7	18.3	10.7	7.2
19:30-20:00	12.7	12.4	16.1	10.6	7.1
20:00-20:30	11.9	12.0	16.0	11.0	7.5
20:30-21:00	11.3	11.1	20.8	11.2	8.1
21:00-21:30	11.6	11.1	21.0	12.6	13.6
21:30-22:00	12.4	11.7	19.3	15.2	36.8
22:00-22:30	12.1	12.4	19.3	16.5	37.3
22:30-23:00	11.1	11.7	16.0	16.4	27.6
23:00-23:30	9.3	10.9	14.0	15.5	21.7
23:30-23:59	10.0	10.3	14.1	12.7	18.5

表1.64.6　主要广播频率新型广播各时段月均点击量-6

单位：万

时段	吉林新闻综合广播	杭州交通经济广播	广州新闻电台	郑州新闻广播	沈阳都市广播
00:00-00:30	4.3	2.3	3.8	3.5	2.5
00:30-01:00	5.1	2.6	4.1	4.1	3.0
01:00-01:30	4.0	2.1	3.0	2.9	2.5
01:30-02:00	3.1	1.6	2.3	2.4	2.0
02:00-02:30	2.6	1.4	1.8	2.0	1.8
02:30-03:00	2.3	1.2	1.4	1.8	1.6
03:00-03:30	2.3	1.1	1.2	1.6	1.8
03:30-04:00	2.2	1.1	1.2	1.6	1.7
04:00-04:30	2.6	1.1	1.2	1.8	2.5
04:30-05:00	3.3	1.3	1.4	2.2	3.2
05:00-05:30	4.9	1.9	1.8	3.3	4.5
05:30-06:00	10.8	3.1	3.4	7.9	6.5
06:00-06:30	25.7	6.1	6.5	24.7	9.9
06:30-07:00	30.6	11.2	10.6	33.5	11.0
07:00-07:30	29.0	18.1	18.9	38.7	17.0
07:30-08:00	22.0	23.2	29.2	36.0	17.2
08:00-08:30	17.0	23.6	31.4	27.7	15.3
08:30-09:00	13.2	20.6	24.7	20.0	12.8
09:00-09:30	11.4	17.1	18.6	14.2	11.7
09:30-10:00	8.7	15.3	15.2	10.4	11.6
10:00-10:30	7.6	14.3	13.2	8.9	17.1
10:30-11:00	6.7	13.1	11.7	7.7	16.6
11:00-11:30	6.2	14.1	10.3	7.4	21.0
11:30-12:00	6.7	14.9	9.7	8.2	17.4
12:00-12:30	8.3	15.7	10.9	9.9	16.0

（续表）

时段	吉林新闻综合广播	杭州交通经济广播	广州新闻电台	郑州新闻广播	沈阳都市广播
12:30-13:00	7.8	17.1	11.9	8.6	14.0
13:00-13:30	6.8	15.4	11.8	7.5	11.3
13:30-14:00	6.3	14.5	11.0	6.3	9.6
14:00-14:30	5.9	14.3	10.1	6.0	11.1
14:30-15:00	5.6	12.9	9.7	5.7	10.7
15:00-15:30	5.5	11.9	10.5	5.4	11.6
15:30-16:00	5.5	11.3	10.2	5.1	10.8
16:00-16:30	5.8	11.8	10.1	5.1	9.4
16:30-17:00	6.4	12.2	10.0	5.3	8.4
17:00-17:30	6.9	11.6	11.0	5.2	8.2
17:30-18:00	8.2	12.3	12.1	5.9	9.2
18:00-18:30	9.8	12.7	14.5	7.3	11.7
18:30-19:00	11.6	11.0	12.9	8.7	11.6
19:00-19:30	19.4	10.4	11.9	9.0	11.8
19:30-20:00	19.2	10.4	11.4	8.2	10.1
20:00-20:30	18.0	9.9	10.6	7.7	9.2
20:30-21:00	15.5	9.2	9.4	6.7	8.0
21:00-21:30	17.1	9.2	9.2	7.5	8.0
21:30-22:00	18.7	8.5	8.9	8.9	7.3
22:00-22:30	18.8	7.5	9.3	12.2	7.4
22:30-23:00	15.1	6.5	8.9	12.3	7.3
23:00-23:30	11.4	5.2	8.1	9.8	6.1
23:30-23:59	12.3	5.8	7.6	7.9	6.0

赛立信新型广播综合传播力指数数据说明：

1. 新型广播综合传播力指数：是在融媒体语境中，综合评估各广播频率在音频及可视化内容生产、受众影响力、传统直播收听效果、在线直播收听效果及可视化内容交互效果等多方面的数据表现而量化得出的，以充分体现广播频率的全媒体矩阵传播力的综合评价指数。

2. 采集范围：华东、东北、西北区域电台9个、电台频率46个；华东区域电台19个、电台频率78个；华南区域电台8个、电台频率29个；华中、西南区域电台9个、电台频率35个。

3. 数据采集时间：2022年1月1日—12月31日。

ANALYSIS 分析篇

深耕存量市场，深挖智能转型

——2022年中国广播市场分析

2022年，是广播人与广告人近十年最为步履艰辛的一年，经历疫情的多次肆虐后，经济下行明显，媒体经营进入前所未有的困境。

经历了2022年，广播媒体向新型主流媒体转换的迫切度空前提升，多年媒体融合工作在不断深化，广播APP平台效应逐渐显现，广播收听市场呈现由拉动增量转为深耕存量的趋势。

一、"三网"共存时代，大力拉动广播受众增量

连续三年的疫情，让广播进入后车载时代。目前，车载收听场景依然锁定不少优质受众，但随着各类互联网音频平台的崛起，广播媒体已经面临受众被分流的局面。经过多年的媒体融合、资源整合的努力，广播媒体直播流或入驻第三方音频聚合平台，或搭建自音频APP，广播媒体逐步形成"FM直播流+APP电台直播+APP非电台直播"的三网共存格局，互联网大大拓宽了广播节目的收听渠道，使广播媒体在后车载时代疫情不断的情况下，受众规模不至于大量流失。

（一）广播音频活跃用户量变化趋势

经历疫情三年，广播媒体用户略呈下滑之势，2022年广播媒体接触率下跌3.3个百分点，广播媒体受众规模6.58亿，受众规模跌入近五年之低谷。广播媒体受众的减少主要是疫情下车辆出行不时受到限制，车载用户下滑至4.98亿，车载用户的下滑一定程度影响了广播媒体的整体受众。但是，随着广播音频传播平台的多元化，特别是

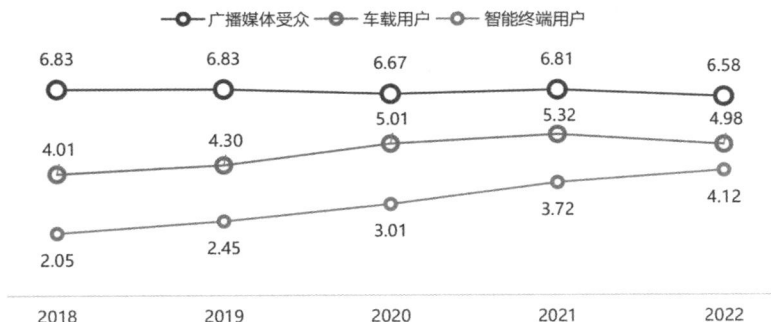

图2.1.1　广播媒体及各终端的用户规模（亿）

数据来源：赛立信媒介研究，全国受众调查，2018—2022年

近年在移动互联网平台的发力，智能终端用户规模突破4亿，同比增幅达10.8%。

（二）台网共存，智能终端用户量在提升

广播电台近年一直致力于探索媒体融合，力求实现直播音频从单向内容信息输送到双向信息互动的转化，以新媒体为运营平台，利用不同终端平台扩大原创内容的触达面，利用自身影响力推动优质内容在更多用户中的有效触达，台网共建，不断完善应用场景，构建全方位的声音生态。

随着智能终端的广泛应用，线上广播音频用户量越来越大，2022年线上云端广播音频累计点击量达127.14亿，同比增长16.8%。其中，中央广播电视总台的广播音频点击量最大，点击量近50亿，同比上升幅度达37.6%，线上点击量剧增；省级电台在2022年的累计点击量也有所增长，累计点击量是48.5亿，上升幅度10.3%；城市电台直播在线的点击量相对较低，省会城市电台的累计点击量还略有下滑。

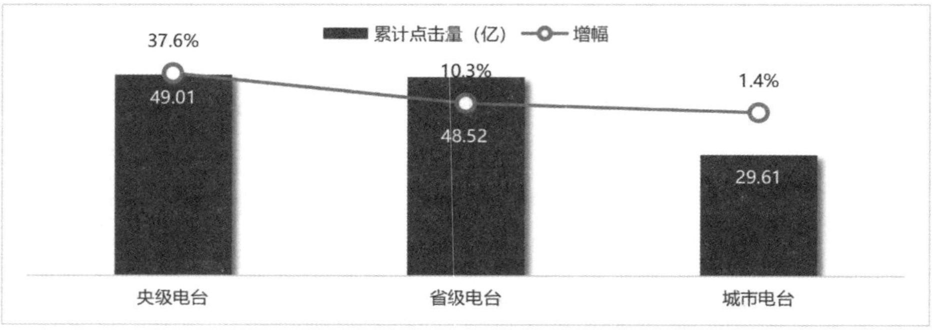

图2.1.2　各级电台的线上累计点击量（亿）及同比增幅
数据来源：赛立信融媒体云传播效果数据，2021—2022年

云听APP自2020年3月正式上线以来，借助总台优质音频资源打造媒体融合的典范，在不同的时期推出各类音频精品系列，凭借先进的技术打造全场景化的智能新广播，不断扩展在各大终端、渠道的覆盖率，APP影响力的扩大，再次大大提升了广播媒体用户对央级电台权威性的认可度。2022年，央级电台线上点击量直线飙升，中国之声的线上点击量飙升至27亿以上，同比增幅近50%；中国交通广播虽然开播时间不长，通过不断扩展有效覆盖率，线上点击量上升36.3%，全年累计点击量超过8000万。

在疫情持续反复下，省级台2022年进一步加大融媒体平台的宣传力度，相较于2021年，多个省级台点击量均有一定的提升。2022年，11个省级台全年的累计点击量过亿，其中，上海、广东、北京、河北、江苏等省级台全年累计点击量过5亿。

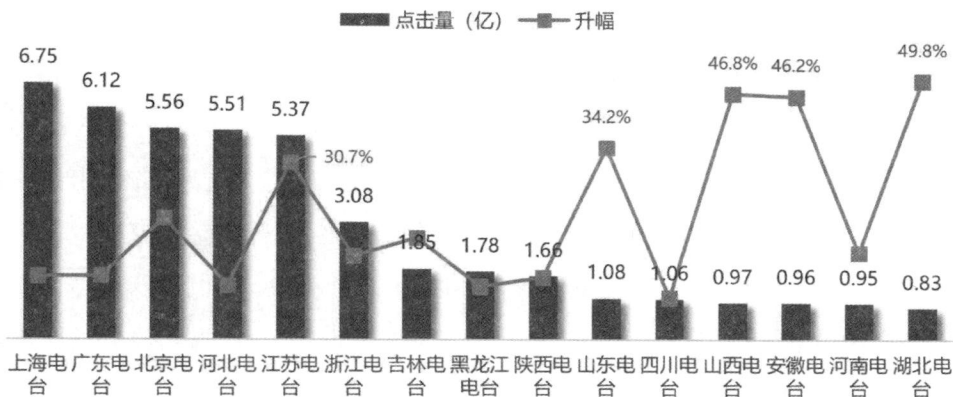

图2.1.3　主要省级台2022年线上累计点击量（亿）及同比升幅
数据来源：赛立信融媒体云传播效果数据，2021—2022年

（三）耳朵经济，深挖受众存量

随着城市生活节奏的加快，受众对广播媒体的消费日趋碎片化，相较于视频，音频一样受到青睐。数据显示，2022年听众收听广播的人均时长是69小时，同比减少11分钟，广播媒体的音频消费在2022年有所减少。

但是，听众收听广播的频次略有提升，每天收听的听众占比近35%，一周4—6次的重度听众近40%，说明广播媒体受众的用户黏性较强，对比在线音频用户对音频内容的使用频次（每天都听是23%）看，广播媒体受众的使用频次更高，黏性更强，具备更强的存量挖掘空间。

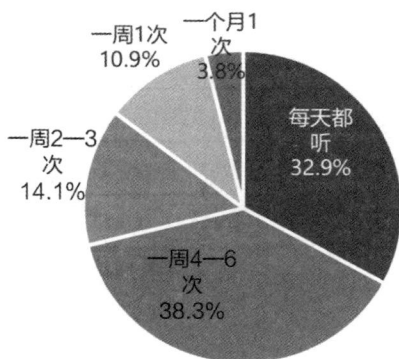

图2.1.4　听众收听广播的频次
数据来源：赛立信媒介研究，全国受众调查，2022年

近几年，广播媒体探索着私域流量变现的策略，目前较为成功的就是深耕节目听众，把听众转为私域流量池的用户，打造广播电商平台，通过电商方式实现用户沉淀，最终达到变现的目的。安徽音乐广播《嘻哈搜货》节目及其电商平台是一个深耕受众存量的典范，节目及其平台不断培养目标用户的收听习惯和购买习惯，通过节目进行引流，平台注册用户达50万，在疫情情况下建立了多个社群，主持人进行社群推送早安、午安等问候，定期抽奖、发红包，保持社群的活跃度。在主持人的权威背书下，社群销售转化率达7%—12%，日销售与往年相比提升30%。通过案例可以看到，平台依据节目锁定的目标听众进行商品甄选，培养目标听众的消费习惯，最终是可以收获一批忠实的听众和消费者，达到品牌推广、资源整合、品销结合的目的。

以中央广播电视总台的"云听"为代表，广播电视台自办APP在近年的影响力不断扩大，中央广播电视总台的"云听"和贵州广播电视台的"动静新闻"（在2022年的累计下载量超过6000万）、河北广播电视台的"冀时"、天津广播电视台的"津云"、新疆广播电视台的"石榴云"、上海SMG集团的"阿基米德"、北京广播电视台的"听听FM"均是下载量过千万的广电自办APP，这些自办APP用户的扩展也是受众存量挖掘的结果。

在维系原有用户的基础上，广播媒体通过自办APP主动拥抱新时代消费群，从内容布局到互动方式都更符合新媒体时代的浏览习惯，不断完善用户体验，借此吸引更多的媒体用户。

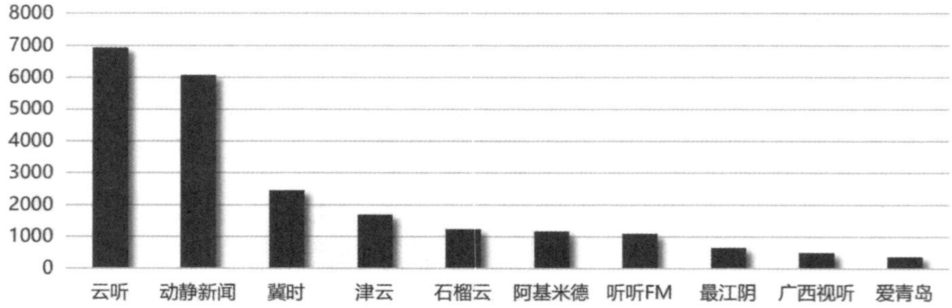

图2.1.5　广播电视台各自办APP的累计下载量（万）
数据来源：赛立信融媒体云传播数据，2022年

二、终端与场景的结合，精耕用户需求

5G技术在广播音频制作与传播中的深度应用，打破了媒体间的传播渠道边界，为

广播媒体带来更丰富的伴随性收听场景，甚至是多场景叠加。

中国汽车保有量持续增长，虽然疫情下车上收听人群与收听时间有所减少，但汽车仍是广播收听的主要场所。随着疫情管控的逐步放开，庞大的交通伴随式场景将带来巨大的服务性音频市场机会。

但是，随着智能车机使用率的上升，"广播节目"不再是伴随车载人群的唯一音频。数据显示，智能车机自带在线音乐、在线音频读物等功能越来越受到车主的喜欢，还有各类的导航系统已经逐步取代以往交通广播的交通信息播报，大数据下个性化服务越来越得到受众的认可，广播媒体如何整合现有资源，借助大数据分析为受众提供更多个性化服务音频将是一个较大的课题，也是一个很大的潜在市场。

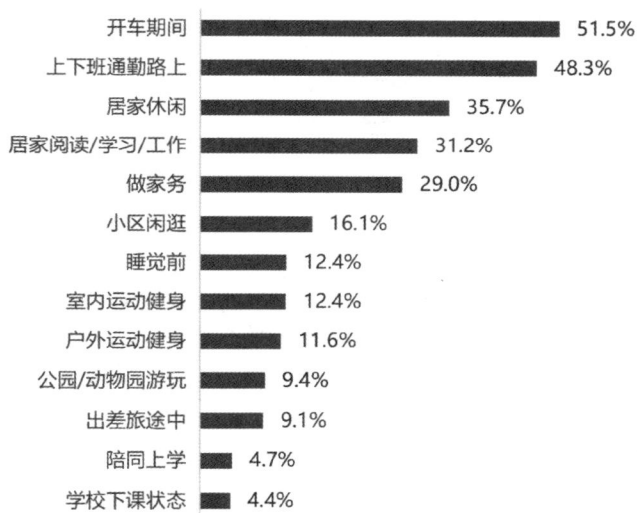

图2.1.6　听众收听广播的场景
数据来源：赛立信媒介研究，全国受众调查，2022年

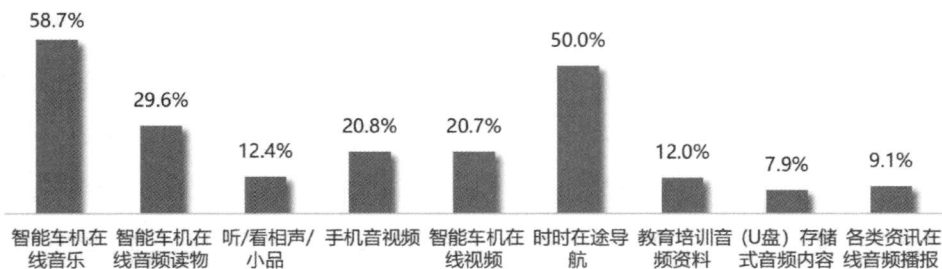

图2.1.7　车载人群日常接触的车机装备/软件
数据来源：赛立信媒介研究，全国受众调查，2022年

三、疫情下的媒体结合，催生更多的音频模式

（一）AI技术得到各级电台广泛应用

近年来AI技术的发展尤为迅速，AI的智能度不断提升，其应用范畴已深入音频市场的各个环节，在内容识别、内容创作、内容推荐、用户交互等多方面均得到应用，一定程度上扩大了音频产品的传播面，也为音频内容输出带来了更多新思路。

对大部分广播电台而言，AI技术目前的应用形式多集中于AI主播的打造，从国家级到区县级融媒体均对此有所尝试。早在2018年8月，新华社便联合搜狗推出过将人工智能与新闻采编深度融合AI智能主播，随后与科大讯飞合作生成的多种智能AI主播也得以生成，能够实现多语言新闻播报、气象报道、歌曲点播、手语播报等不同功用。到目前为止，各省市乃至区县级广播电视台、融媒体中心引入AI主播主持节目的案例纷纷涌现。如湖北经典音乐广播与微软小冰团队合作，推出日播专栏《小冰秀》，借助AI小冰庞大的全网音乐曲库浏览能力，为听众进行定制音乐推荐及重要文艺资讯推送，还能让小冰接入节目微信后台，通过趣味小问答或者小游戏方式实现与听众实时在线互动；常州交通广播与技术公司合作研发AI主播"小奈"，与真人主播搭档主持节目《交广直通车》，小奈不仅能播报路况，还可以与听众做有趣互动，为听众带来了不一样的早高峰节目体验；珠海市斗门区融媒体中心在2022年大力推进"AI电视主播+AI电台智能主播"工程，面向大湾区打造能"粤"能"普"的双语AI主播，开启创新内容传播方式。

（二）专业与高效并存的PUGC模式

2022年在疫情影响下，从专业媒体人自身到内容合作方的出行、采编、制作都重重受限，在内容制作难、专业内容生产链易被打断的情况下，部分广播电台尝试跳出单一内容生产者与供应商的角色，鼓励PGC专业创作者转为UGC个体创作者，催生出既保证了内容质量，又缩短了内容生产链，还拉近了用户心理距离的PUGC模式。

其中，上海广播电视台在2022年上海封控期间的疫情报道是对这一全新模式的探索实例。封控期间，不少记者、编辑自发拿起手机，以普通人视角出发，记录抗疫过程中的真实细节，讲述一线平凡而感人的抗疫故事，这些内容不仅发布在他们自身的社交媒体账号上，也由上海广播电视台编辑、再加工后运用在新闻报道、专题、新媒体短视

频上。这些由具备媒体从业人员职业素养产出的个人内容，以高超的讲述技巧与沉浸式的体验获得大批网友的好评。这为广播电台的融媒平台运营带来了新的启示，活用PUGC模式能够在保证内容专业度的同时降低内容制作成本，"接地气"的内容能够有效降低用户抵触心理，实现产品服务的高效触达。

四、开源：融媒体赛道上多元化产品

（一）2022年融媒体赛道异常活跃

近年来线下活动受到限制，广播电视台在"两微"、抖音等公域平台异常活跃，尤其是省级电台，2022年省级电台在主要公域平台的发布量累计达172.91万[①]，较2021年增加16.87万，其中短视频的发布量达44.55万，省级电台的融媒体产品多元化趋势更为明显。

纵观融媒体各赛道，广播电台在"两微"的宣传力度更大，省级电台在"两微"的发布量近116.87万，微信的视频号在逐步成长，但依然属于初步阶段。2022年广播媒体在短视频发力，省级电台在抖音、快手、今日头条等视频平台的累计发布量达44.55万，累计互动量达12.64亿，同比上升幅度超过20%，其中，在抖音平台的视频发布量上升了59.7%。

如图2.1.8所示，2022年省级电台更重视在微信平台赛道上的发力，全年累计发布量同比上升3.9%，在多渠道的引流下，推文爆款量翻倍，全年累计浏览量超过30亿，同比上升33.9%。

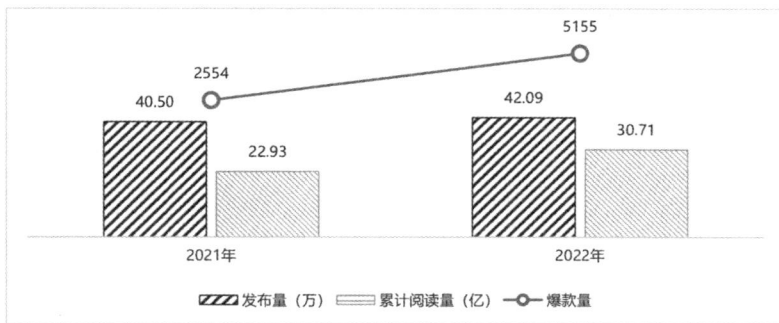

图2.1.8　省级电台在微信平台的传播效果
数据来源：赛立信融媒体云传播效果数据，2021—2022年

[①]　节目账号不包括在内。

（二）优化垂类内容，激活融媒营收能力

广播融媒体垂直类内容在近年来得到持续深耕，其内容生产链不断成熟，逐步依托全媒体矩阵进一步释放传播效能，大幅激活了广播电台及频率整体的融媒传播营收能力。而在垂直内容深耕的形式上，不同电台及频率根据矩阵侧重有着不同的做法。如楚天交通广播2022年全频推行工作室制，推出汽车、美食、房产家居、健康财经、旅游、文体六大融媒工作室，强化垂直化经营策略，工作室集内容生产、广告经营、活动策划落地、新媒体制作分发于一体，定制化广告推广方案，有效地解决了广告在节目中的植入和融合的问题；江苏电台则依托原有的"松鼠悦读"平台，将付费收听、音频定制、亲子活动有机结合，通过自行研发音频课程、合作开发畅销童书 IP 的音频付费课程、举办线下活动等方式，在增强用户黏性的同时，提升音频内容付费吸引力，为广播融媒拓宽收入来源提供了良好的思路。

（三）多屏结合开展广播可视化直播

在融媒体大环境下，人们获取信息的渠道不再局限于单一听觉或视觉，可听可视的直播互动成为潮流。基于此，众多广播节目一改单纯依靠声音进行传播的模式，转为深度接入互联网全频播送，为广播直播间配上5G网络与高清摄像头，使听众不仅能够听到节目，还能选择通过互联网渠道看到直播间，并以评论、点赞、投票等方式与主播实现深层次互动，节目本身也能够采用辅助视频及图文等丰富的传播形式，或直接展示品牌信息辅助品牌营销。广播可视化使节目在保证听觉表现力的同时大大增强了用户互动积极性，丰富了广播内容呈现形式，释放了广播融媒体建设所积累的平台价值。

在参与或举办特定线下活动时，广播可视化直播也为广播融媒传播角度打开了新大门。2022年中国国际服装贸易交易会上，北京广播电视台特别设立"北京新视听"展区，共策划推出数十场形态主题各异的直播活动，如以助农、扶贫为主题的"直播带货"活动，《办好服贸会，推进高水平对外开放》《双奥向未来》等多套打造沉浸式"声场"的音频节目等，向听众立体化传达服贸会现场盛况，创新融媒视听体验，满足听众的多样化信息获取与情感的陪伴需求。

五、持续创新，走出低谷

纵观2022年广播行业动态，广播媒体形成了以保量深耕为主要特点，以进一步加

深融合转型力度，加大智能化、数字化技术投入为主要方向的行业发展态势。虽经历了一个低谷，但总体情况不至于悲观。党的二十大以来国家对增强主流媒体融媒声量的支持只增不减，且在2023年后，我国经济市场势必迎来一个大反弹时期，广播行业在其中有着可观的盘活空间。把握融合发展机遇，仍需以创新二字当头，持续嬗变，激发多年来融媒转型积累的传播潜力，增强自身"存在感"，让音频平台的用户转化为广播媒体的音频用户，打造适应全媒体传播体系与深度融合传播生态的新广播。

（梁毓琳　刘婉婷）

融媒语境下广播收听率调查分析体系
（收听率 4.0）

中国广播收听率调查行业起步较晚，自20世纪90年代中国才开始出现真正意义上的广播收听率调查。赛立信正是在这一时期成立，以收听率调研起步，长期探索和实践科学、有效的收听率数据调研方法，与中国广播事业共同前行，共同进步。伴随中国广播事业的发展，收听率调查所采用的方法、技术也在不断迭代，时至今日已步入"收听率4.0时代"。本文拟以近年来广播媒体传播环境变化为线索，详述广播收听率调查发展及赛立信的新媒体语境下广播收听率调查分析体系（收听率4.0）。

一、广播收听率分析体系的演变

我国的收听率调查是先从受众调查开始，初衷是"确保新闻真实性"，伴随着广播电台新经营理念转变、传播学研究突破等数次蜕变后，方形成当下统一而成熟的收听率调查体系。在广播媒体行业及市场调研行业相互协作、竞相发展的各个阶段，赛立信作为这个领域的领先者，始终引领着中国广播收听率调查数据采集方法、指标体系与分析体系的研究和探索，并且伴随着传播技术、调研技术的不断进步和社会环境、消费场景的不断变革，大致形成了广播收听率调查方法与分析体系1.0—4.0等四代数据产品。

（一）收听率1.0：初步规范收听率的含义和调查方法

在20世纪八九十年代，市场调查在中国逐步兴起。中央人民广播电台于1988年、1992年和1997年先后进行了三次全国听众调查，调查结果对中央人民广播电台的节目制作和节目编排起到了重要的指导作用。当时，全国各地一些省、市级地方广播电台也进行了听众调查，不过所采用的抽样和调查方法不太规范，对于收听率的定义和计算方法也不统一，调查数据难免会有所偏差。

广东作为中国改革开放的前沿及实验区，造就了广泛深刻影响的"珠江模式"，广播媒体的市场化经营和运作走在全国前列，同时也急需专业、有效的收听率调查数据予以支持。1996年起，赛立信规范了收听率的调查方法，全面推行"日记卡法"。同年9月，赛立信受广东人民广播电台委托进行了广东全省听众研究及收听率调查。此次调查采用随机抽样、入户访问的调查方法，并使用了日记卡法采集数据，基于当时的运作条件，日记卡的记录时段为30分钟，有效样本量为2600个。自此，国内有了真正意义上、由独立第三方公司提供、专业的广播收听率调查服务。

1999年，赛立信总经理黄学平受邀参加中国广播电视学会广播受众研究会年会，并在会上详细介绍了听众研究和收听率调查的方法和数据分析方法，率先提出收听率、到达率、占有率三大率原生概念及其含义，获得了广播媒体资深专家和业界受众研究从业人员的高度评价，为统一全国广播收听率指标体系和统计标准奠定了专业根基。

2000年4月，中国广播电视学会广播受众研究会在厦门组织了一次"广播节目评估研讨会"，与会者主要是中央人民广播电台、中国国际广播电台以及部分省、市广播电台负责受众调研工作的资深人士，黄学平作为唯一被邀请的第三方调查公司代表参加了这次研讨会。会议研究了广播节目评估的基本思路和方法，并提出将收听率调查数据作为广播节目评估的主要依据。同年6月，在赛立信的大力协助下，中央人民广播电台听众工作部联合中国广播电视学会广播受众研究会正式编印了小册子《有关听众调查名词术语解释》，对于涉及收听率调查的相关指标、名词、术语及调查分析方法做进一步的规范和完善。

（二）收听率2.0：收听率调查方法及指标体系标准化、规范化

进入21世纪，国内广播电台和广告公司对收听率调查数据需求"井喷式"增长。2001年起，赛立信力求以更精准、专业、直接的数据形式展现广播节目传播效果，着手深化广播节目评估方法研究，提出"加权收听率分析模型"，并于2003年成功研发出"广播节目评估&广告价值分析管理系统（BPES™）"。2005年，赛立信媒介研究采用PPS法抽样，使用日记卡法采集数据，在全国30个城市进行了一次广播收听率调查。这是赛立信自主策划、独立运作并完全按照规范、统一的运作规程执行的无主调查项目，是当时国内最大规模的一次广播收听率调查。

2006年，由黄学平主编、赛立信媒介研究公司组织编写的《广播收听率调查方法与应用》由中国传媒大学出版社正式出版。该书着眼广播受众调查和收听率调查的方法论和实务，对样本的抽样、样本量、数据采集方法与标准、指标体系构建及数据指标之间的关系、计算方法与统计模型等，均进行了严谨、科学的梳理与规范。这标志着国内

广播收听率调查日臻成熟，收听率指标体系科学系统、数据应用专业规范，正式开启收听率调查2.0时代。

在完善收听率指标体系的基础上，"广播节目评估&广告价值分析系统（BPES™）"通过广播节目评估、听众分析和广告价值分析三大模块为各广播电台与广告主提供全面、专业的广播节目数据分析，为电台的节目运营和广告经营提供有力的数据支持。通过对收听率指标体系与BPES™的应用，赛立信有效提升了收听率调查之于广播节目优化及广告投放的数据应用能力，为广播节目与广告交易提供专业"通用货币"，从根本上助力广播电台的经营发展。

（三）收听率3.0：在全球率先实现电子化、智能化数据采集

随着科技水平高速发展及国内汽车保有量持续快速增长，广播车载收听大范围普及，各式广播收听设备更为小巧便携，媒介环境与听众的收听行为也更为多样化、复杂化。单纯依靠传统的日记卡法的收听率数据采集方式，越来越难以满足多场景收听、碎片化收听的广播收听市场趋势特点。而仅仅对FM传统收听终端的数据采集，也越来越难以保障收听率调查数据的充分代表性。为此，赛立信加大力度进行调研技术革新和收听数据采集仪器的研发。2009年，赛立信研发出拥有独立知识产权的"个人便携式收听测量仪（第一代BSM）"，初步实现收听数据采集从人工填写到电子自动化的升级。2014年，车载式"广播收听测量仪（第二代BSM）"和基于互联网收听广播的智能数据采集APP金唛广播汇GRM面世，赛立信在全球率先实现了广播收听率调查之电子化、智能化数据采集。

电子化、智能化数据采集全面促进了收听率调查朝着更科学化、规范化、数据精准化发展，也为新时代下的广播收听率调查数据采集方式树立了新的标杆，中国广播收听率调查正式开启了3.0时代。赛立信、索福瑞为推动中国广播受众调查方法与技术的发展，为推动中国广播市场的发展作出了不可磨灭的贡献。特别是赛立信作为国内唯一一家专门从事广播收听率调查的专业机构，最早规范了广播收听率调查方法和指标体系，研发出广播收听测量仪BSM，在全球率先实现广播收听率调查电子化、智能化。短短20年，中国广播受众调查从起步发展到国际先进水平。

（四）融媒语境下，收听率4.0呼之欲出

进入移动互联时代，广播的传播方式业已告别单一的FM传播模式，代之以多线程

传播矩阵模式，广播的影响力虽同样聚焦本地，但已不仅限于本地。广播收听率调研行业一步一个脚印地走来，逐步形成了如今成熟而庞大的调研评估体系，但这显然还不是终点。广播收听率调研的形式及方法，与社会生产力水平、科技水平、受众生活习惯等息息相关，并随之不断变化。

在融媒体环境下，广播听众转变为广播用户，对广播内容的需求大大增加，在云端可触及的广播音频产品空间也被倍量级拓宽，品牌与广告主亦随时随地可能产生新的关注点。5G、全媒体时代席卷而来，广播收听率4.0呼之欲出。

二、现阶段广播媒体环境已经发生巨大变化

（一）政策导向明确新方向

我国广播媒体一直都是充当着"党的喉舌"作用的官方媒体、权威媒体，广播事业的发展自然离不开政策导向的战略定位及目标引领。

1.国家政策引导，上下联动，加速推进新型主流媒体建设

我国媒体融合发展遵循自上而下与自下而上相结合，自外而内与自内而外相结合的路径，通过增量创新的方式，从实践中积累经验，逐步推进。2013年前，党中央明确指示传统媒体需要加强对体制机制的创新，这一时期媒体融合的概念仍未被提出。及至2013年8月，习近平总书记在全国宣传思想工作会议上指出，加快传统媒体和新兴媒体融合发展，充分运用新技术、新应用创新媒体传播方式，占领信息传播制高点，这昭示着中国媒体融合拉开序幕。

2014年8月，中央全面深化改革领导小组第四次会议审议通过了《关于推动传统媒体和新兴媒体融合发展的指导意见》，首次将推动媒体融合上升到国家战略地位，开启了媒体融合的政策元年。至今，党中央分阶段、分层次媒体融合推进程度，多次制定了融媒体发展规划。2018年8月，习近平总书记在全国宣传思想工作会议上指出，要扎实抓好县级融媒体中心建设，更好引导群众、服务群众，使县级融媒体建设提上章程。同年11月，中央全面深化改革领导小组第五次会议审议通过的《关于加强县级融媒体中心建设的意见》中，对县级融媒体中心建设的基本思路、发展目标、方向和推进要点做出了明确的要求，被媒体称为"县级融媒体中心建设顶层设计"。此后几年，县级融媒体稳步推进，各地县级融媒体中心成立，落实"一省一平台"的建设原则，各项县级融

媒体中心规范及标准出台，为县级融媒体中心建设及运行提供了准则。

2020年11月发布的《中共中央关于制定国民经济和社会发展第十四个五年规划和二〇三五年远景目标的建议》中提到要"推进媒体深度融合，实施全媒体传播工程，做强新型主流媒体，建强用好县级融媒体中心"。国家对构建新型主流媒体作出了深入的顶层设计，针对一体化全媒体组织架构的横向设计、纵向布局和区域协同方面都进行了具体的部署，媒体融合向着平台化、生态化、人本化、社会化发展。

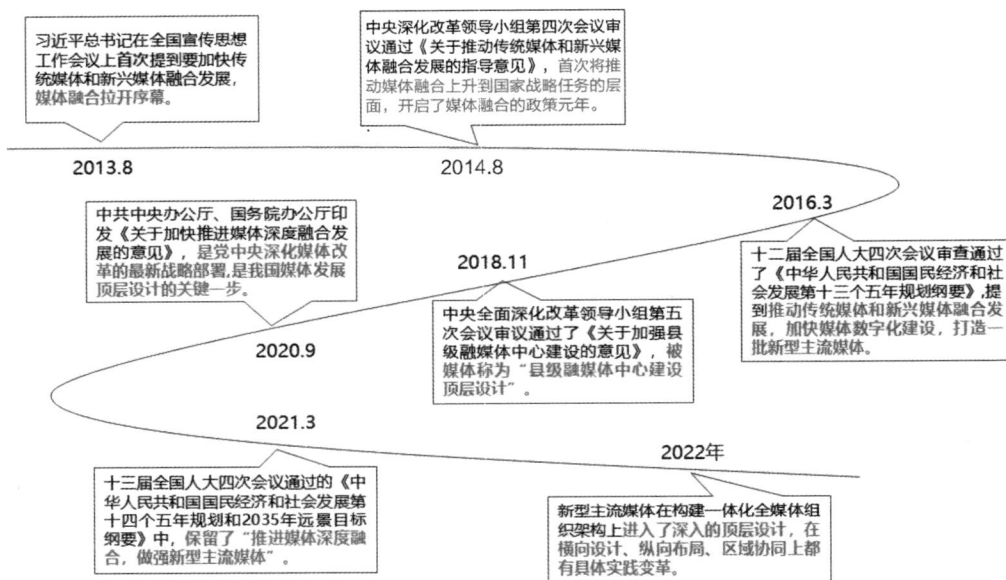

图2.2.1 国家政策推动媒体融合建设发展历程

2. 政策助力广播融媒体建设步入新阶段

推进媒体融合由"推动"到"推进"，从"融合发展"到"深度融合"，国家政策成为传媒转型发展的重要推动力。在国家政策的加持下，广播媒体逐渐呈现深刻、多元、立体的新特征。传统广播媒体和新兴媒体之间，特别是传统广播媒体和互联网之间维持融合共生的关系。

广播人的锐意进取、积极探索新发展模式的过程，正是广播媒体从形式上"合"转入到全方面"融"的过程。一方面，由于技术因素的驱动，渠道、平台外延不断拓展，多屏合一和跨屏互动明显，从渠道依赖向全平台传播，行业生态改善，商业模式创新；另一方面，在阵地意识驱动下，用户思维得到贯彻，从销售作品向用户运营转变，从提供内容向提供服务延伸，更多的用户个性化需求得到满足，粉丝经济和IP（知识产权）衍生价值受到重视，用户规模迅速扩大。当前，以全程媒体、全息媒体、全员媒体、全效媒体为主要特征的"四全"媒体深入发展，媒体融合发展进入深水区。

3. 明确导向，广播融媒体建设取得了丰硕的阶段性成果

根据不同时期媒体融合政策的内容、目的，媒体融合建设发展大致可分成三个阶段：一是以新媒体渠道建设为核心，形成报、台、网、微、端的立体传播格局的初始阶段（2014年及以前）；二是建立县级融媒体中心，探索通过多种方式推进融媒体建设的加速阶段（2015—2018年）；三是进入深入的顶层设计，在横向设计、纵向布局、区域协同实践变革，向平台化、生态化、人本化、社会化发展的媒体持续深度融合的深融阶段（2019年至今）。

表2.2.1　媒体融合政策实施阶段梳理表

阶段	政策代表	实践与创新
初始阶段（2014年及以前）	《关于推动传统媒体和新兴媒体融合发展的指导意见》	以新媒体渠道建设为核心，形成报、台、网、微、端的立体传播格局
加速阶段（2015—2018年）	《关于加强县级融媒体中心建设的意见》	建立县级融媒体中心，探索通过多种方式推进融媒体建设
深融阶段（2019年至今）	《关于加快推进媒体深度融合发展的意见》	进入深入的顶层设计，在横向设计、纵向布局、区域协同实践变革，向平台化、生态化、人本化、社会化发展的媒体持续深度融合

（二）科技赋能打造融媒新矩阵

随着现代通信技术飞速发展，广播媒体的节目采编播工作、内容/产品形式、传播矩阵、影响范围等各个环节均进行了深度重塑。在采编播方面，业内纷纷打造融媒体"中央厨房"，且可通过在线数据库技术继续进行信息集成，进一步完善工作流程，提高工作效率，提升工作质量；在节目内容形式方面，也已经不再是FM节目的单一存在形式，同时还有独立的节目音频内容、有声作品以及推文、视频等可视化内容；在传播矩阵方面，除了FM、互联网等传统渠道之外，还增多了自办APP、微信、微博、微视、今日头条、抖音、快手、B站、小红书以及蜻蜓FM、喜马拉雅等音频聚合平台等多个渠道；在影响范围方面，广播融媒体传播矩阵不但更有效地影响本地用户群，还打破了传统广播的区域界线，覆盖范围依托互联网延伸到全世界，而且其优质产品对外围

市场可以产生明显的影响。

在国家政策引导和保障下，广播融媒体建设在自建渠道、借助其他渠道和建设融媒体中心平台上都取得了实质性的突破与创新。

自建渠道。各广播媒体秉持"移动优先"的"互联网+"融合思路，创建自己的传播渠道或工具。主要有三种模式：一是搭建自己的移动客户端，如湖南电台新闻类客户端"芒果云"、山东台"闪电新闻"、上海台"话匣子FM"、重庆台"第1眼"、安徽台"海豚视界"等；二是创建自办APP，如中央台"云听"、湖北台"九头鸟FM"、天津台"津云"、广东台"粤听"、上海台"阿基米德"等；三是搭建直播平台，如湖北台"长江云"、浙江台"中国蓝新闻"、广东台"触电新闻"、江苏台"荔直播"等。

借船出海。通过其他平台或渠道建设融媒体，如在微信、微博等社交平台，抖音、快手等短视频平台，今日头条等内容聚合平台搭建广播媒体的官方账号。此外，多数电台还与喜马拉雅、蜻蜓FM、荔枝、企鹅FM等移动音频平台展开合作，融合发展。

建设融媒体中心。中央及各省级台纷纷搭建融媒体信息服务平台，如中央台完成"广播云采编系统"一期建设、国际台"中华云"历经两期项目建设，北京台上线融合型节目制播云平台"讯听云采编"，吉林台"天池云"平台，山东台融媒体资讯中心，湖北台"长江云"平台，浙江广电集团建成"中国蓝融媒体中心"，贵州台"融媒体指挥调度中心"，四川台"云里"融媒体平台，江西台"赣江云"平台，江苏台推进"荔枝云"常态化应用，河南台大象融媒"新闻岛"，等等。

（三）需求升级孕育新市场

随着各式各样新的音频产品不断涌现，以喜马拉雅为代表的在线音频、以懒人畅听为代表的有声书音频平台、以QQ音乐为代表的在线音乐平台等新音频产品，给传统广播带来了巨大的冲击，同时也让传统广播看到了新的希望和机会。

1. 传统广播听众与在线音频用户画像对比

数据显示，广播听众男性略多于女性，遍布各年龄段，收入水平主要集中在1万元/月以下；在线音频听众男性偏多，年龄集中在40岁以下，近半数用户收入在1万元以上。可见，在线音频听众呈现出年轻化和高收入化特征，说明了其消费带有强烈的主动性。

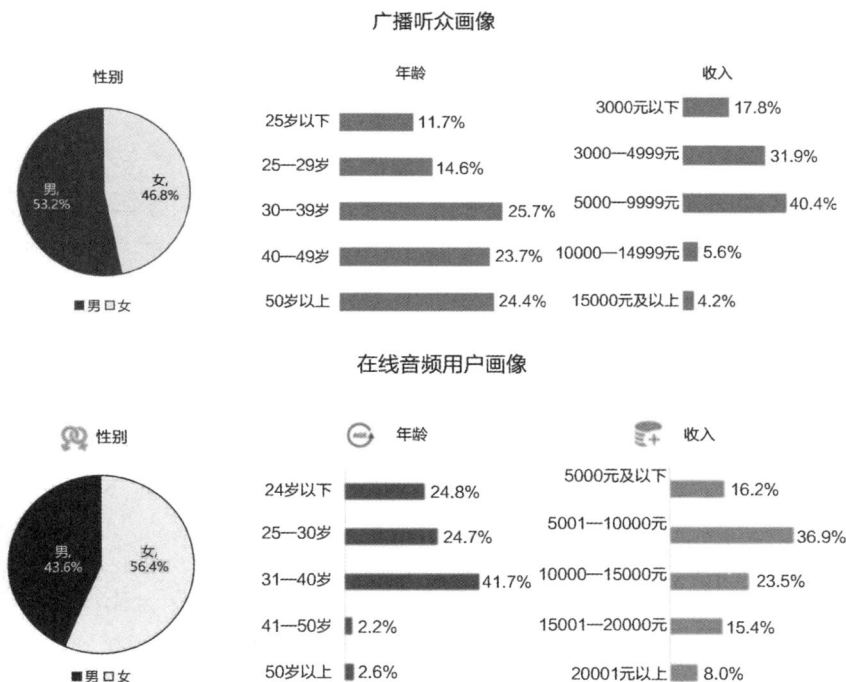

图2.2.2　广播听众与在线音频用户画像对比

传统广播听众更为忠诚，收听频密且收听时间相对较长，平均每天达30—59分钟；而新音频端口，用户收听频密程度普遍较低，且每天收听时间多数在30分钟以内。说明传统广播听众更加注重节目的连贯性，而新音频听众的需求则更加碎片化。

2. 广播听众收听时段特点突出

传统广播收听呈现出明显的生活作息与出行特点，平日与周末收听时段分布差异明显，其中以车载端最为显著。这是由于车载端收听需要在开车情景下实现，而典型的开车情景是在上下班路上，所以车载终端收听呈现出明显的早晚高峰特点。

移动音频用户的使用时间与收听方式更为灵活、更具主动性，其内容的丰富性和细分的垂直性满足了移动音频用户自主性选择的收听诉求。用户通常在深夜时段开启"emo"模式，甚至出现了"网易云时间到"的说法，所以晚间时段移动音频的收听选择相对高于广播音频，所以移动音频用户在深夜时段更为活跃。

3. 在线音频用户娱乐诉求大幅增强

不同音频产品用户构成的多元性必然会导致音频内容收听诉求的多元性。传统广播听众的收听需求更侧重于获取实用性较强的新闻资讯信息，而在线音频用户的收听需求则更倾向于休闲娱乐方面。由此可以看出，传统广播听众与新音频听众在收听需求上有着较大的差异。

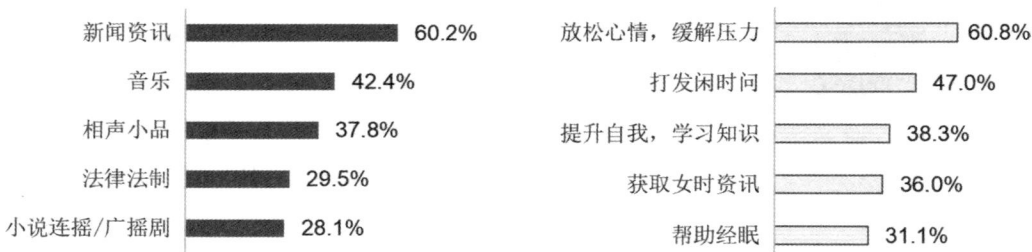

新闻资讯　　　60.2%　　　　放松心情，缓解压力　　60.8%
音乐　　　　　42.4%　　　　打发闲时间　　　　　　47.0%
相声小品　　　37.8%　　　　提升自我，学习知识　　38.3%
法律法制　　　29.5%　　　　获取女时资讯　　　　　36.0%
小说连播/广播剧　28.1%　　　帮助经眠　　　　　　　31.1%

数据来源：赛立信媒介研究　　　　　　　数据来源：艾媒数据中心

图2.2.3　广播听众与在线音频用户收听需求特点

由于音频产品的特殊性，声音是连接听众与主播的唯一纽带，主播自然成为听众选择是否收听的关键所在。数据显示，在线音频听众更关注主播声音条件，近四成听众认为主播声音好听与否是影响其选择的主要因素。而从用户收听内容上看，多数用户常听的朗读类直播与主播声音条件密切相关，这也是吸引听众的关键要素所在。

4. 广播广告显现向数字广告靠拢趋势

近年来，各类新媒体的出现，让广告商有了更多选择的主动权。与传统广播相比，新音频产品具有成本低、覆盖面广、信息量大、精准营销等优势。但传统广播的权威性和完善的广告机制，是新音频无法相提并论的。不同音频端口的互为优缺点，也造就了广播广告基本保持稳定、数字广告健康且快速提升的局面。

（四）扬帆出海直面新竞争

1. 全媒体时代，新媒体竞争以"转化率"论短长

随着时代的发展，广告也更新迭代，从原来的报纸广告、电视广告、广播广告等传统广告，到后来互联网生成后的朋友圈广告、短视频广告等新媒体广告，出现了巨大的变化。新媒体广告相对于传统广告的单向推广，实现了广告主和消费者的互动，双方交流更加通畅，消费者的反馈也能及时传达。与传统媒体的主导受众型不同，新媒体是"受众主导型"，人人都可以接受信息，也都可以充当信息发布者。而相比于传统媒体广告，新媒体广告具有投放形式多样、广告花费更少、数据支持更充分、广告创意更新颖、广告转化率可测等突出特点。

在传统广告大行其道的时代，广告圈有一句名言——"你知道一半广告费是浪费的，但你不知道是哪一半"，但显然，新媒体广告没有这份苦恼。互联网广告、直播带货等依托手机媒体的广告营销模式，会形成广告投放效果的完整信息闭环，新媒体广告投放更看重对广告转化率的数据体现，可更直观呈现广告的变现能力。而这恰恰是包括广播在内的传统媒体的短板所在。

2. 广播新媒体借船出海，需重新明晰新时期竞争优劣势

在融媒体语境下，广播新媒体需要重新认知自身的优势。一是权威性，广播媒体的官媒基因在新媒体环境中得以保存，并且已经得到在线用户的普遍认知，有些地区的广播电台还担负着运营本地政府职能部门APP的职责。由于广播的权威性，广播仍然是品牌广告的重要宣传阵地；二是地域性，这是广播媒体的基本特征，在融媒体时代仍是如此，广播节目的素材多数取材于本地，广播的受众群主要来自本地，广播新媒体的有效影响范围也主要覆盖本地；三是服务性，广播媒体是植根于本地的媒体形式，无论传播矩阵如何完善，但其基于本地社会经济发展的服务性仍是主要职责所在；四是专业性，广播采编播团队专业性强，职位配置完备，沟通协调井井有条。

3. 深耕本地，广播新媒体需由"满足受众需求"向"增强用户黏性"转变

受众和用户的差异，本质是广播电台和听众群之间关系的差异。在"受众"群阶段，广播的影响模式是"我播你听"，信息流通过传统传播途径实为单项信息传输，广播通过FM直播流实现对内容信息的告知及"发放"。而在"用户"群阶段，广播的影响模式更多是和在线用户进行互动式传播，直播环境中需要互动，可视化产品传播同样需要点赞、评论等在线互动。

广播新媒体需要更有效地服务于人们的吃穿住用行，嘘寒问暖，便民利民，更立体全面地服务本地民众生活。服务内容需要更多元，在保持原有的政风行风热线、新闻评论、路况爆料、信息共享、专业服务等方面内容之外，更需要适应现代内容分发趋势，将"服务性"更加根植于本地生活，提供更加多元的信息内容。

（五）多元赋能广播媒体迎接新机遇

广播媒体努力迎合大主流进行内容转型，立足自身实际，把互联网特点和媒体融合发展规律有机统一起来，在思维理念创新、方法机制创新中深化媒体融合，打造既有

新闻舆论主导权，又有舆论引导话语权，具有强大引领力的广播主流媒体。

1. 构建广播融媒体传播体系，提升广播电台的传播影响力

各类新媒体给传统广播带来了很大的冲击，但作为官方媒体，广播仍然保持着强大的核心竞争力，且牢牢掌握着媒体话语权。因此，各广播电台可依托自身主流媒体的硬实力，充分整合利用好线上线下资源，同时加快新媒体平台和基础设施的建设，构建起自己的广播融媒体传播体系，以实现广播电台脱胎换骨的融媒转型升级。通过构建融媒体传播体系，广播电台可以借助丰富多样的新媒体渠道进行内容传播，打破传统媒体与新媒体之间的壁垒，形成"传统广播节目直播+新媒体平台发布"的融媒传播运营模式，实现多元立体化传播，拓宽广播媒体内容的传播范围和时间广度。

与新媒体融合以后的"新广播"，是一个全媒体运营、产品多元化的综合性媒体。同时，广播电台在经营创收的模式上也能够从单一传统广告拓展到"直播带货"、互联网营销等宽广的领域当中。如浙江广播电视集团旗下整合了浙江卫视新闻中心、浙江之声新闻中心、新蓝网新闻事业中心和新闻广播、电视新闻频道"三中心两频道"等资源形成融媒体中心，实现了"一云多端、一键多发、一呼多应"的"广播电视+"新型作业模式。

2. 紧抓市场下沉机遇，深耕本地圈层

据赛立信媒介研究2021年全国收听率调查数据显示，从2021年各级电台市场占比情况来看，市县级电台占比较2020年提升了3.9%，达55.7%，而中央级和省级电台占比都出现了下滑，广播媒体本地化、区域化的特点进一步凸显出来，这为广播市场的下沉带来新机遇。

在市县级广播媒体的融合发展的过程中，各电台需要合理利用当地资源优势及地方频率特点，灵活运用各类互联网平台助推电台节目和线上线下活动，以扩大自身的品牌影响力。同时，各省级电台融媒体机构也可以充分发挥其资源整合能力，联合市县融媒体中心共同推出系列策划活动，以实现相互引流、相互盘活的良性循环。除此以外，市县级广播媒体还可以紧扣"本土化、贴近性、服务性"的特点，深耕本地用户圈层，利用新媒体平台传播范围广、传播形式多样、互动性强等特点，更好地服务本地听众用户、挖掘用户的需求痛点，开拓新的盈利模式。

3. 打造垂直化、场景化节目，适应不同平台场景用户需求

数据显示，2021年近六成广播用户在车载终端收听广播，且听众占比随汽车拥有量的上升呈现不断上涨的趋势；而使用智能终端收听的用户占比也在稳定上升，2021年智能收听终端使用率达到 48.3%。广播居家、车载、智能终端收听市场"三足鼎立"的局面已然形成。

在广播融媒体发展的推动下，广播电台内容分发的渠道逐步向全媒体、多平台的方向发展，而广播电台节目的目标人群也随之呈现出多样化的特点。因此，广播电台在节目制作时也需改变传统做法，在发挥国家"喉舌"作用的基础上，树立起用户思维，做好节目内容的垂直化、场景化深耕经营，以更好地满足不同平台、场景听众用户的收听需求。

节目内容的垂直化、场景化深耕核心在于对目标群体的消费需求和信息需求的深入挖掘，广播电台在节目深耕经营时需着眼于不同的行业、场景，与目标用户的生活消费需求有机结合，以提升节目的影响力和变现能力。这在当下数量日益增多、内容日益细化的广播电台频率服务类节目中体现得最为明显，通过为目标用户提供专业贴心的服务，借助热线电话、微信等互动平台与用户深入互动，及时为用户解答疑惑和解决困难，节目在目标用户群体中树立起专业、实用的品牌形象，拥有极高的用户忠实度。在积累粉丝用户的同时，节目再对用户群体的生活需求、消费需求进行深入挖掘，精选出与用户需求和节目内容相吻合的消费品行业，形成节目自己的产品消费专营渠道，在深耕用户群体的同时实现节目流量的变现。

4. 做全媒体主持人，树立个性化的主持人IP形象

融媒体时代促使广播媒体与新媒体的融合成为不可阻挡的趋势，广播媒体的传播渠道和传播形态也因此发生了巨大的变化。这对于广播主持人来说既是巨大的挑战，也是难得的机遇。融媒体环境对于主持人的综合能力提出了更高的要求，主持人不仅要夯实作为电台主持人所需的文化理论知识和专业能力，还需要适应和了解融媒体相关的技术、思维模式和专业能力。

在融媒体环境下，媒体用户对于信息资讯的获取有更多可选择的形式和渠道，单一的"声音"传播形式无法完全满足用户的需求。因此，电台主持人所需的能力不仅局限在声音形象的塑造上，主持人还需要进军微信公众号、微博、抖音等新媒体平台，进

入视频直播间中，通过文字、图片、视频直播等形式表达自己的观点、建立自己的形象。此外，在新媒体平台中，媒体用户不仅是单一的信息接收方，还是信息的表达方，主持人需要在不同平台上与用户积极交流和互动、拉近彼此的距离，才能使自己的形象能够深入人心。最后，新媒体语境下的电台主持人还需要打破以往严肃刻板的形象，主持人不再需要"偶像包袱"，而是要走到镜头前、走近用户，以更加鲜明、活泼、个性化的IP形象给予用户新鲜感和冲击感，从而提高自己在用户中的认知度和忠实度。总体来看，融媒体环境下电台主持人已不再只是广播主持人，而是逐渐成为一个全媒体主持人，逐步具备了在不同形式媒体中营销发声、树立自己IP形象能力，在巨量繁杂的信息流中占据话语权。

三、收听率产品及服务体系亟须升级焕"新"

在融媒语境下，从声音产品的生产者和提供者角度考虑，需要重新定义声音产品及分发渠道；从声音产品的市场和用户角度出发，需要重新定义声音产品的消费人群；从声音产品传播效果和影响力的角度看，则需要重新定义收听率指标体系及数据采集方法。

（一）重新定义声音产品

产品是指被人们使用和消费、并能满足人们某种需求的任何东西。声音产品，既有"声音"的特质，又有"产品"的属性，可定义为以声音承载的、能够满足人们收听需求的音频载体。重新定义广播声音产品，这里可具体理解为重新定义广播声音产品的存在形式及有效影响范围。

存在形式方面，在广播FM在地传播时期，移动互联网还不够发达，移动端音频APP影响力还未涌现，音频产品之于广播而言具体涵盖广播节目直播流，及少量用以广播节目交易的作为独立音频产品的存在（用以交易的节目音频资源，视为普通意义上的商品概念，本文不作重点考量）。在广播融媒体传播矩阵日臻成熟的当下，大量广播频率直播节目资源及独立的广播节目音频内容存续于网络端及移动互联网APP端，广播受众与在线音频用户的概念相伴而生，此时广播音频产品除了包括以往的存在形式之外，还应包括上述被以音频源存续下来的部分，即具体包括广播音频直播流和广播节目点播流。广播音频直播流具体包括广播落地频率/节目直播，广播频率/节目线上云端直播，各类在线音频平台的音频直播。广播节目点播流具体包括广播节目点播流（回听），独立音频产品点播流。独立音频产品具体又包括对广播直播节目再加工而成的独立音频产品、在线音频平台的各类细分音频产品、与文本匹配的音频内容等。

在移动互联网兴起之前，音频用户的概念微弱，广播声音产品主要以FM直播流形式存在，其有效影响范围集中于本地收听市场，部分覆盖周边区域，具体视广播电台级别不同而使得有效影响范围不同。中央电台各频率视市场定位不同而有效覆盖全国目标地区，并合计有效影响全国大部分地区受众群，其影响范围最为广阔，相应地拥有最为庞大的直播流受众群；各省、自治区、直辖市级电台均可有效影响行政区划范围内受众群，其中新闻类、交通类、音乐类频率多可实现全区覆盖；地市级电台则主要是对本地市场产生有效影响力，兼有部分周边地区，比如佛山台、东莞台、中山台除有效影响本辖区内受众群之外，均对临近的广州地区有一定影响力；区县级电台的有效影响范围均是以本辖区为主体部分，对周边地区兼而有之。广播电台虽可借助互联网从技术上实现有效影响全网用户，但彼时的跨区域收听量少之又少。而进入广播新媒体时期后，广播成功借船出海、成功"上线"，任一地区广播电台或通过音频聚合平台、或通过自办APP、或通过社交媒体平台等对全网用户均可产生实质性影响，此时的影响范围半径不再是用地理空间的角度来界定，而需要代之以对广播声音产品的需求度和需求偏好。更为丰富多样的广播声音产品叠加解除区域束缚，广播声音产品的有效影响范围已兼顾本地收听广播受众群及在线用户群。如上海人民广播电台第一财经广播，其在线用户中上海本地用户占比仅约50%左右，另有近半数在线用户均由其他地区所贡献，其中的《中国财经60分》的影响力表现尤为突出。

（二）重新定义传播渠道

声音产品要进入用户的耳朵，必然需要方便快捷的分发通路。独立音频产品的传播通路主要是通过互联网和移动互联网等现代信息分发通道，线下传播的空间微乎其微。通信技术的飞速发展，广播节目内容除了通过传统FM/AM电波分发之外，还可通过有线电视网络、宽带网络、手机移动端、车载智能终端及其他智能终端设备进行传播。这给广播直播流的分发渠道带来颠覆性优化，广播新媒体大大拓宽了分发渠道，将FM传统收听和在线收听、本地收听和异地收听变为现实，收听场景更为多样，有效提升听众碎片时间的利用率。同时，独立存在于网站、自办APP、音频聚合平台APP、各社交媒体平台的广播节目，也为在线用户的延时点播收听提供极大便利，有效提升忠实用户的收听忠诚度及节目黏度。

表2.2.2　广播新媒体传播渠道

	广播FM直播流	广播节目点播流
FM/AM端（便携、车载）	√	—
有线电视网	√	—
广播电视台（电台）官网	√	√
移动端自办APP	√	√
音频聚合平台（蜻蜓FM、喜马拉雅等）	√	√
移动社交平台（两微、抖音、快手等）	√	√

（三）重新定义消费群体

赛立信媒介研究调查数据显示，2021年度全国广播现实听众规模约达6.81亿，各类在线音频用户总规模约达6.3亿，广义音频用户规模预计将达到8.5亿。庞大的音频用户不是音频消费市场繁荣之必然，但音频产品的有效垂直化则可以快速焕发旺盛生命力。重新定义音频产品用户群，则是其有效垂直化的重要前提。

现在的消费群体正逐渐走向比细分更精准的多元的"精众市场"，单纯依靠人口特征作为标准对消费者进行细分显然已经不够准确。虽然同为消费者，现如今的音频产品用户已不再是单一指标所勾勒的肖像，而是融合了更多兴趣标签、行为偏好、价值主张的多元构成。音频消费群体对"你播我听"的线性传播接受度已然较低，除了"听"，还要参与评说、互动，他们对内容选择的目的性更加清晰果断，想听则听、不想听则会快速更换，内容与兴趣的高契合度成为锁牢听众的关键因素。在内容选择上，随着兴趣爱好的多元细分，诸如养宠、游戏、音乐、舞蹈、美食、旅游、自驾、健身、阅读，以及多种专业学习、职业培训等均可组建成社群，且又可继续细分出不同类型。这些群体成员可以不分年龄、不分性别、不分学历、不分收入，只分兴趣爱好，且一人会有多种爱好需求。

广播音频传播矩阵的多样性及用户群需求的多元性，决定了广播用户研究数据的多元叠加性，对于音频收听行为及需求数据采集的难度更大。在对音频用户群进行研究时，需要兼顾传统分类和现代分类方式，需要在分类科学合理性及落地可行性中间探讨出更实用的平衡点。将更多的分类角度、更多的分类项有机叠加，才能打开数据展现的立体空间，才能迎合对多类音频消费族群分析的要求，充分发挥出数据之于决策的辅助力。这势必会要求分析数据的颗粒度更小，数据量更为庞大，数据采集更为精准，样本数据与云数据贯通更加到位，各类数据间的衔接更为紧密，数据分析更为深入，与音频产品市场拓展的契合度更高。

重新定义广播声音产品的消费群体，即是从区域、平台、黏度、消费产品类型等多个分析角度，明确各类广播声音产品对应的音频消费者圈定边界。本质上就是要求，在体现广播新媒体整体收听市场状态的基础上，需要关注更多有价值细分群体的市场动态信息，结合用户的自然属性及主观偏好属性，对用户群做针对性更强、更符合广播新媒体运营诉求的多角度切割，进行更细致的多维数据分析和结果呈现。沿着广播声音产品传播渠道的分类思路，广播声音产品消费群可被定义为各声音产品分发终端的消费者，包括传统FM居家收听群体、车载FM收听群体、有线电视网群体、互联网群体、在线用户群体（又可细分为在线直播流群体和在线点播流群体）。

（四）重新定义广播收听率的研究范围

只是涵盖广播FM直播流的广播收听率数据，已然难以满足广播融媒体发展之需要。为适应广播融媒体发展需要，需要重新定义收听率的研究对象。收听率1.0—3.0版本的研究对象均是之于本地收听市场的广播FM直播流。收听率4.0升级版的研究对象还需要纳入广播FM收听点播流、广播节目点播流，以充分匹配新时期广播融媒体运营对音频产品立体传播效果之数据需要。

表2.2.3 广播收听率研究对象

	广播FM直播流	广播节目点播流
收听率1.0—3.0	√	—
收听率4.0	√	√

四、广播收听率4.0指标体系及调研方法

（一）融合线上线下构建指标体系

广播收听率4.0指标体系，需要将广播传统收听与线上收听作为一个整体看待，在进一步提升传统收听率指标体系灵活度的同时，综合统计广播在线收听各方面数据，并

将线上线下的广播用户体量、活跃度、互动量等均纳入指标体系，从而得出能够全面展现融媒体语境下广播收听效果的高价值数据。

基于广播媒体本地性强的鲜明特征，传统的收听率调查指标体系聚焦本地收听市场，在指标体系设计上以收听率、占有率、到达率等三大率为核心构建，力求充分体现限定日期地区内广播收听市场听众规模、收听天数频密程度及收听时间长短，描绘广播收听市场总台、频率、节目等不同层面的竞争格局，以及各类分析对象的受众群分析。

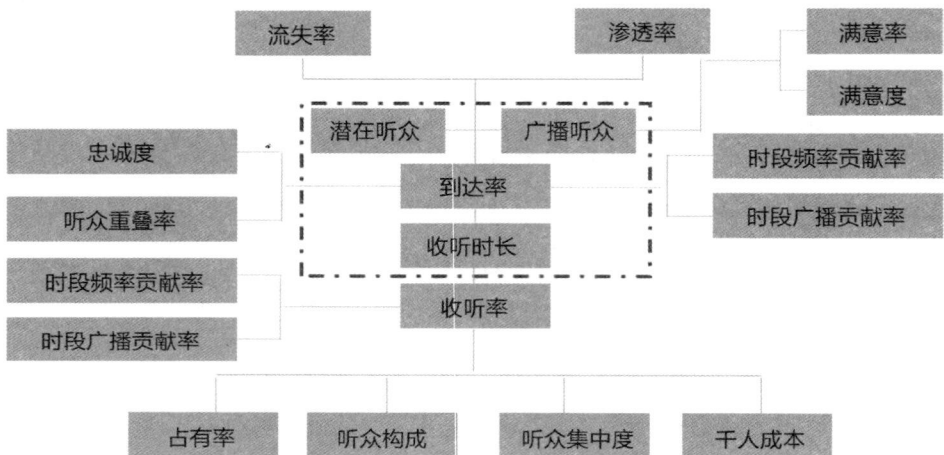

图2.2.4　广播收听率2.0/3.0指标体系

在此基础之上，通过同时期截面数据对比，来体现同类型频率、同时段播出节目在收听市场上的表现差异；可以通过收听率数据的多周期对比，在时间轴上直观呈现分析对象听众规模、收听时间资源、市场占有率等动态变化趋势，对频率、节目及主持人的日常工作效果及时发出预警信息；还可以辅之以听众收听需求、对所听内容的评价态度、后续收听行为的倾向特征进行分析评价，结合收听数据表现及动态变化趋势，助力总台、频率、节目、主持人等不同层面的品牌形象塑造。

将广播节目声音产品在线直播流、点播流数据纳入到统计范围内之后，就需要对广播收听率指标体系进行优化改进、打造收听率4.0版本。分别对应于FM收听率指标体系中的核心三大率指标，在线直播流和点播流收听同样可以从在线用户规模、在线用户活跃度、在线用户收听时长等不同角度来科学搭建分析指标体系。基于这一思路，本文搭建如下收听率4.0版本指标体系。在4.0版本收听率指标体系中，活跃用户量、日活用户量、收听量及在线互动量组成核心指标。

（1）活跃用户量——在特定时期内，由FM直播流、在线直播流、在线点播流贡献的用户量及共同组成的广播声音产品用户量总和。该指标体现了广播声音产品的活跃用户规模，并构成贡献本期收听点击量的音频消费群基础。

（2）日活用户量——在特定时期内，由FM直播流、在线直播流、在线点播流贡献的日活用户量及共同组成的广播声音产品日活用户量总和。该指标体现了广播声音产品的日均活跃用户量规模，结合用户量规模可推算出本期广播声音节目在当期的用户收听活跃度。

（3）收听量——在特定时期内，由FM直播流、在线直播流、在线点播流贡献的收听量及共同组成的广播声音产品收听量总和。该指标集中体现了广播声音产品对活跃用户的收听吸引能力。

（4）在线互动量——在特定时期内，由在线直播流、在线点播流贡献的，在收听直播、点播过程中产生的点赞、评论、转发等互动量及共同组成的广播声音产品在线互动量总和。该指标集中体现了广播声音产品在线传播过程中产生的交互效果。

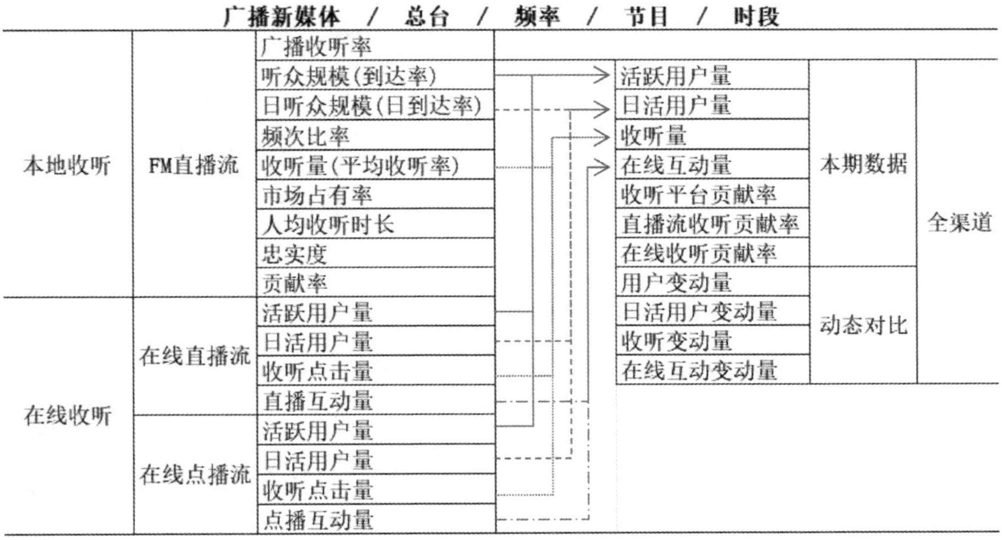

图2.2.5　广播收听率4.0指标体系

（二）广播收听率4.0需要解决的几个重要问题

为实现上述升级优化后的广播收听率4.0数据科学性、合理性和实用性，需要重点考量并解决好如下几个方面的问题：

（1）本地收听和外地在线收听的问题。现行的收听率版本仅限本地收听，具体又包括本地FM直播流收听和本地在线收听。而升级后的版本则会既包括本地收听，又包括外地在线收听，得出的收听数据才是真正意义上的全渠道收听数据的统计。显然，针对特定广播频率在全国范围内进行大范围的收听率调研，是可行性明显偏低的方案。而选择少部分城市地区、有限样本量来进行针对全国收听率水平的调研测算，其调查结果会因选择调研城市地区的不同而容易出现差异较大的调查结果，数据的稳定性不够强，数据可信度偏低、可用性明显偏弱。

（2）本地收听和在线收听的重复部分剔除问题。本地收听率数据既包含FM收听又包含本地线上收听部分。在线云收听数据包含本地用户和外地用户两个部分。两者在本地线上收听部分存在重复统计的问题，需要进行去重处理。而两组数据调性又有明显差异，前者是基于抽样调查的估计结果，后者则是总体规模数据、且又难以区分本地用户收听和外地用户收听的分量占比。

（3）一次收听（直播流收听）和二次收听（点播收听）的问题。由FM/AM直播流和云上直播流汇总而成的时时收听量，可统称为直播收听率，或称一次收听率。而由广播节目的延时收听产生的收听量即被称为点播收听率，或称二次收听率（这部分收听量仅限于由独立存在的、未经再加工的广播节目源产生的点播收听量），具体包括在限定日期内电台官方网站上的广播节目源、电台官方APP端的广播节目源、各音频聚合平台APP的广播节目源及官方微信公众号、微信小程序、微博账号、抖音号等广播节目源。现行的收听率版本限定的是本地FM直播流收听数据，升级后的版本还包括了在线直播流收听和广播节目点播流收听数据。这将为数据的技术实现带来更大压力。

另外，广播新媒体已经告别单一的音频产品内容，在微信公众号、微博账号、抖音号等新媒体平台上还制作有大量推文、短视频、短音频内容，这些也承载了大量工作。作为对收听率指标体系的必要补充，也应当将这些工作效果纳入数据统计范围。对于在各类移动互联网平台上制作发布的内容显然不再适宜用收听的概念囊括，需代之以点击阅读量、阅读贡献率、转评赞交互数量及最高阅读量（爆款量）、最高转发、评论、点赞数量、在看量等量化指标。

（三）多触点立体化数据调查方法

无论是在广播线性传播时代，还是在传播矩阵语境中，收听数据、传播效果数据均是广播媒体制作的音频、短音频、文本、视频内容作用于用户群的效果体现。数据规模的大小、强度的强弱、份额的高低、动态的升降，从不同角度体现出广播融媒体矩阵传播效果及动态变化趋势。广播播音时长，自办节目的数量及播音时长、发布量的多少及平台分布等信息均掌握在广播运营主体端，而各类传播效果数据的载体和产生者则均是用户群。

在广播融媒体语境下，收听率调查的数据采集方式也需要做出顺应广播媒体变化趋势的改变。一方面，从收听数据信息覆盖的广度方面来看，仅在本地进行的抽样调查，难以覆盖不受地域限制的云端传播生态，除了本地收听市场之外，还需要通过在线数据获取手段采集到云端收听及点击阅读、交互类数据；另一方面，从收听数据的精度要求角度看，矩阵式的分发渠道、更多元的数据需求，需要更多样的细分数据组合，现行的样本量规模足以体现整体水平，但无法满足"颗粒度"更小的数据精度要求。收听率调查设计方法在抽样调查设计及数据采集方法方面均需要做出相应的调整。

为适应倍量级数据量增大，对收听率数据及在线推送内容传播数据的采集需要多种数据采集方式综合运用。

1. 关于抽样设计

（1）由单纯的随机抽样方式，调整为随机抽样和配额抽样相结合的方式。随机抽样满足了解市场基本面；针对特定调研需求，明确最低样本量，通过最小配额样本量原则予以满足。需综合考虑本地移动APP端收听、车载收听、居家收听、固网宽带端收听应作为常规性收听格局，在样本设计时予以常规性满足。对于音乐发烧友、宠物达人、自驾一族、购房一族、Z世代、白发经济、大健康消费群体、本地广播节目回听族群等细分价值人群等，侧重于通过配额样本予以满足。

（2）为适应抽样设计的需要，需适度扩大抽样样本总量，以满足颗粒度更小的数据分析要求。

（3）对于未明确的分析研究需要，则需要通过考察实际包含有效样本量情况来衡量是否需要补充满足要求的样本。

2. 关于数据采集方法

（1）收听测量仪对于本地收听直播流的数据采集依然有效。

（2）问卷调查对于用户，尤其是特定细分用户群音频收听需求更为有效、可行。

（3）在线数据抓取技术是第三方获取在线直播流及点播流数据的有效工具。考虑到各移动终端平台在底层数据逻辑、算法规则、数据呈现方式等方面的差异性，第三方仍需要寻求与各平台建立和保持长期密切合作。

（4）为满足更为多样的数据需要，在特定调研需求情况下，日记卡法作为数据采集的重要补充，将被重新启动。

（四）统合生成全矩阵收听率算法

在地FM/AM收听市场的收听数据是基于小样本抽样调查的估计结果，在线直播流的收听数据则来自于全用户群大数据，且两者之间存在部分用户群重合——本地云端收听用户群。这一问题是阻碍FM/AM直播流数据和在线直播流数据汇总的关键所在。为解决这一问题，我们尝试以下几种思路：其一是在传统全样本收听数据中剔除本地在线收听的部分，之后再与在线直播流数据汇总，以实现全矩阵直播流收听量；其二是在本地收听数据采集中剔除本地在线收听样本，只采集FM/AM收听市场数据，同样可以和在线直播流数据进行汇总，来实现全矩阵直播流收听量；其三是将FM/AM收听量和在线直播流收听量进行加权处理，来得到综合后的全矩阵直播流数据，基于这种思路进行的数据计算，一方面不同的收听模式之下的收听量的贡献率配比无成功经验可以遵循，另一方面在线直播流点击量的更强波动性使得权重配比难以固定，可能每周、每月都会发生明显变化，因此这一方法理论上说得通，但可行性明显偏弱。

这里需要明确的是，不同于早前手机端FM收听的模式，现如今的手机端收听，绝大多数情况均是在线音频直播流数据，即手机收听贡献的收听量被界定为在线直播流的主要组成部分，当然也就不是FM/AM在地收听端的收听贡献力量。由此来看，解决全矩阵直播流收听总量的合理做法是：对于FM/AM收听方式采用抽样调查方法采集数据，并进行收听量推算，对于移动端在线直播流收听量采用数据抓取方式获取实际总量数据，两者合并生成全矩阵一次收听量。

五、广播收听率4.0于新媒体生态下之应用

收听率调查是手段，收听率调查体系是数量化研究思路的体现。升级完善后的收听率4.0数据产品和服务将为广播新媒体发展提供重要支撑。

（一）绩效管理

收听率4.0指标能够为频道反馈及时的收听情况，使收听率成为对频道以及节目收听表现的针对性数据指标。从数据分析的角度来看，其为频道节目研讨、改版升级、提升收听率和市场份额提供数据依据以及数据支持。收听率主要受两个方面的影响因素，一方面是有多少人在听（到达率），另一方面是听了多长时间（人均收时长），如何优化这两个因素就成为电台的重中之重了。

将收听率4.0指标融入绩效考核机制当中，能把电台全体员工的自身利益与整体发展更加紧密联系起来，这就使收听率指标考核成为一种重要手段来使用，这种机制能够成为利益实现的重要工具和手段。这样，对绩效考核指标的接受（哪怕最初是被动地接受），也就意味着对数据指标的逐渐适应和接受，能够更快地在广播从业者中间普及推广使用数据的习惯，把使用数据指导节目运行变成一种自觉行动。

许多电台的实践也慢慢地证实了这种判断。从最初的不适应，到现在对数据指标的越来越重视，甚至主动学习相关数据知识和分析方法，了解相关指标对节目和频道发展的意义，逐渐学会使用收听率数据分析指导实践，正在成为电台内部一线内容制作队伍的自觉和共识。

在广播新媒体发展阶段，随着FM在地收听所占比重的不断缩减，已经由早期的占85%以上回落至目前的约55%。由此，原来主要针对FM传播效果的收听率考核方法，越来越难以适应广播发展需要，更加完备的直播流收听数据将更加立体客观呈现广播新媒体的传播矩阵的实际功效，并对广播新媒体发展导向提供重要参考依据。

（二）营销管理

在数据营销方面，利用大数据优势，在互联网上抓取用户位置变化、信息检索浏览以及社交互动记录留存，作为用户画像进行数据分析，通过算法为用户推荐适配的信息内容，实现受众市场进一步细分，提升广播节目到达的准确性，从而抓住受众痛点，精准进行相关信息投放，提高信息有效到达情况。在这种情况下，收听率4.0能够很好

地对数据驱动的广告投放效果进行评估，为不同主体的听众群进行有针对性的比较，可获得更大的收益。

在了解经营方向方面，绝大部分的广播电视台将广告收入作为主要的经济收入来源，而这种单一的收入结构使得整个广播行业对风险的规避能力大大减弱，单纯靠广告支撑营收，广播行业未来的日子或许比较艰难，而个性化定制服务或许会成为营销的新方向。类似传统报业的付费墙模式，它是指传统印刷媒体为其网上数字内容建立的支付模式，其由一开始单一的"硬付费"模式已改为多种方式结合的付费墙模式。硬付费是指通过缴纳订阅费的模式，将读者与内容隔离开来，这对内容的独特性与独家性要求很高，并且需要对目标受众进行精准定位；而软付费则采用了迂回的方式，先给受众一点"甜头"，浏览超过一定限度的内容后才需要付费，其内容吸引度与免费开放的数量以及后续付费价格往往决定了受众是否会进行后续购买行为。

（三）创新导向（内容生产、助力创新）

在内容生产方面，作为传媒业就是要牢牢掌握时代的密码，把握自身的经营管理战略，并采取正确的应对措施，实现自己的转型和再造。在"内容为王"的时代，内容的质量是传媒人的核心竞争力，这强调了制作出精良的、符合受众取向的广播节目内容的重要性。而目前的第五媒介——新媒体作为一种所有人对所有人传播的一种新型传播形态，个性化与定制成为内容创新生产的重点。目前播客的诞生便是这一时代的特有产物，类似于过去流行的博客，其作为自我录制广播节目并通过网络发布的人，所涉猎的内容并没有局限于传统的广播三巨头类型，他们更多的是踏入了音视频市场，在有声书、短视频、短音频等领域发光发热。他们充分利用了目前市场个性化的特性，有针对性地定制相关内容，吸引不少有明确需求的受众；同时，播客们制作的内容往往时间短，内容精炼，直击碎片化时间市场，在音视频产品市场中走出一条崭新的道路。

在助力发展创新方面，收听率高低即反映频道或节目收听表现的优差，也是其广告和商业价值高低的其中一种体现，而广播的主要创收与其商业价值成正比，创收意味着需要创新，也只有创新才能不被时代所淘汰。

在新媒体大发展的时代，传统广播与新媒体新载体相融合，完成新的一轮变革，塑造成新媒体电台，为传统广播媒体的发展注入了新活力。传统广播为新媒体电台广告提供更多的内容选择及线下互动渠道与资源，其中收听率4.0则为创新提供数据依据参考，依靠收听率指导和优化广播节目内容、频道、新媒体载体的创新。同时，在数据信息化、时效性的需求下，为了获取及时有效的收听数据，也要求收听数据监测技术必须进行技术创新，才能更好地服务于融媒语境下的新媒体广播。

（赛立信媒介研究　融媒研究小组）

"耳朵经济"玩转营销，助力品牌实现品效共振

近年来，知识付费、直播带货等新兴业态模式火热，在新冠肺炎疫情等因素的叠加影响下，以综合性音频平台、有声书、在线音乐、电台自办APP、播客等为代表的音频产品，其商业价值以及营销潜力正被越来越多的品牌方所关注。本文从音频产品商业模式、营销数据表现、营销玩法等方面，剖析"耳朵经济"商业价值，探讨音频产品是如何赋能品牌营销，助力品牌实现品效共振的。

一、"耳朵经济"充满潜力，展现独特优势

"耳朵经济"是在政策推进、经济发展、技术进步和社会需求增长的驱动下诞生的以有声读物、知识付费、网络直播等为主要新兴业务模式的经济形式。它的声音价值、传播价值、人群价值、场景价值等会有效提升品牌营销效果。这里就"耳朵经济"在市场层面的发展来说，目前各大音频平台都在积极探索商业变现能力，包括尝试音频业态商业模式创新、沉浸式用户体验、UGC和AIGC创新创作模式、构建关联产业生态圈等。

图2.3.1 "耳朵经济"产业发展进程

音频平台主要通过流量、会员和版权进行变现。结合产业链上下游商业变现模式来看，音频平台分成付费给到内容版权方和内容制作方；K歌直播、音频直播拥有平台

礼物打赏和平台签约费用；广告主、品牌方在音频平台上投放各类广告，音频平台负责分发推广，获取用户流量；用户收听音频内容，产生购买会员、专辑订阅、礼物打赏、知识付费等行为。

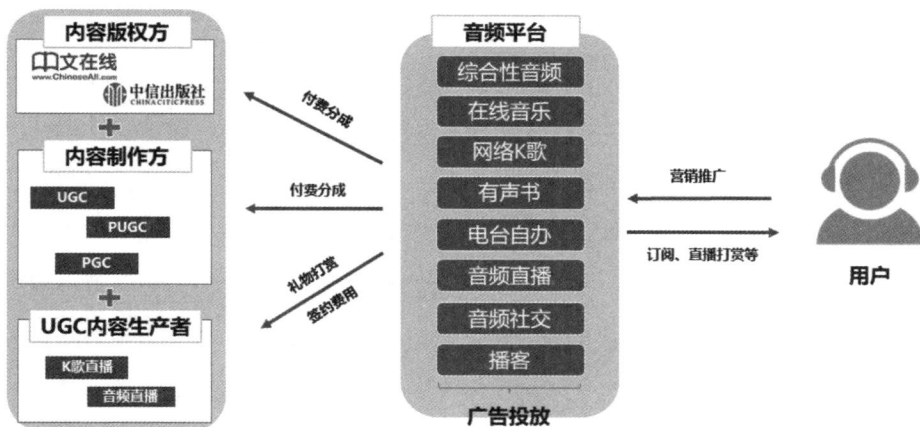

图2.3.2 "耳朵经济"产业链上下游商业变现模式

音频平台商业盈利模式来源B端广告主、品牌方和C端用户。B端收入主要来源于广告主和品牌方在音频平台上投放各类广告、营销IP植入品牌内容，以及出版图书与平台出版分成三个方面。C端收入主要来源包括几个方面：（1）用户购买会员、付费点播、专辑订阅、课程购买等行为；（2）用户对优质内容或者喜爱的主播打赏、连麦或付费问答等，是粉丝经济的一种表现；（3）用户获取免费内容，平台端实现社区运营流量变现；（4）利用自身品牌影响力销售耳机、智能音箱等硬件设备；（5）直播带货、电商运营等。

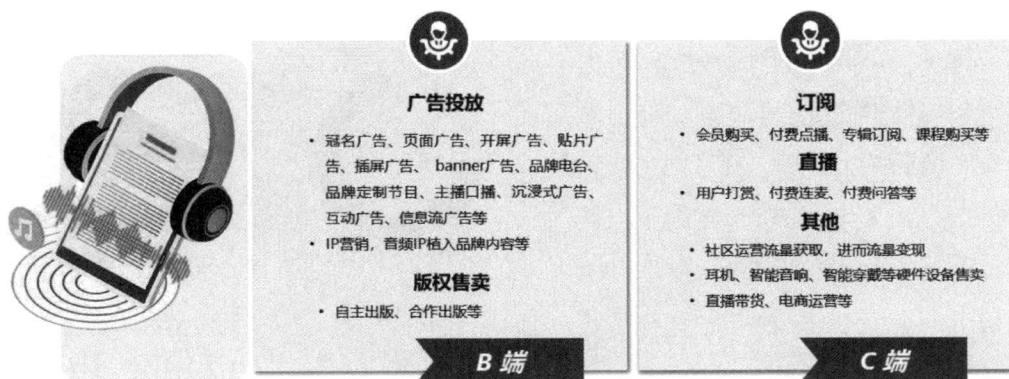

图2.3.3 "耳朵经济"商业盈利模式

二、"耳朵经济"玩转营销，数据表现亮眼

音频平台的订阅、广告、直播盈利模式三轮驱动，变现效率高。其中，会员订阅盈利模式最大，占音频市场收入的50%，其也是增长最快的变现模式之一。据预测数据显示，2025年音频平台的会员订阅收入将达到410亿元，占音频市场总收入比将会达到58%。其次，广告主、品牌方在音频平台上投放广告，音频平台通过整合营销传播服务，最大化实现品牌曝光，结合平台用户特点、全场景覆盖，实现智能化的精准投放；并且以IP共建、品牌电台、节目定制等方式来高度实现品牌营销诉求等，占音频市场收入的26%。此外，通过直播带货、用户打赏、连麦、送礼物等形式为音频娱乐平台提供了广阔的商业想象空间，占音频市场收入的17%，或成为音频平台新的营收增长点。从音频平台来看，主打PGC+PUGC的喜马拉雅和蜻蜓FM的主要收入来源是会员和订阅收入；而主打音频社交的荔枝，则以用户打赏、道具以及VIP会员为主，它的会员权益有别于另外两者，主打用户参与音频直播的专属权益。

表2.3.1 "耳朵经济"商业变现盈利情况

商业模式	占比	主要盈利形式
订阅	50%	会员购买、专辑订阅等
广告	26%	冠名、页面、开屏、贴片、插屏广告，品牌电台等
直播	17%	直播带货、用户打赏、连麦、送礼物等
其他	7%	免费内容引流、智能设备售卖等

数据来源：赛立信媒介研究，2022年全国基础调查

知识泛滥时代，大众更加注重自我成长，付费可快速筛选优质内容，知识付费的接受度和认可度不断提升。调研数据显示，在音频平台，74.1%的用户有过订阅付费经历。其中，64.6%用户购买会员，年均付费金额22.8元/人，35.4%用户选择付费订阅，年均付费金额174.3元/人。

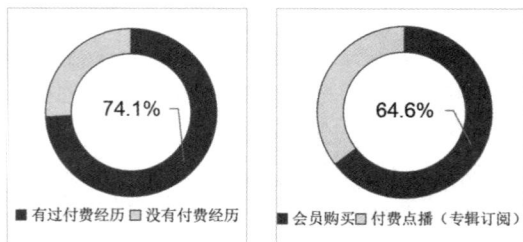

图2.3.4 用户订阅付费行为

数据来源：赛立信媒介研究，2022年全国基础调查

　　用户付费意识强，消费潜力大。调研数据显示，用户订阅付费金额集中在50—149元/年，占比超六成；年均付费金额为76.3元/人。就目前市场而言，知识付费目标用户群体主要为"九〇后""八〇后"，这些群体成熟理性，消费带有强烈的主动性，而且对知识付费的需求更高。然而，专业化垂直内容形式的知识付费产品，更专业、更系统化，能够产生长期的用户黏性，增加用户求知的仪式感，可见，知识付费前景十分可观。

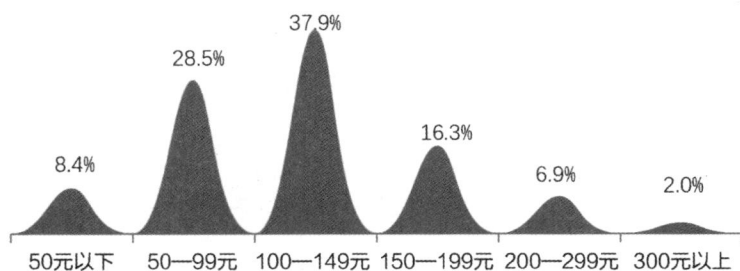

图2.3.5　用户订阅付费金额
数据来源：赛立信媒介研究，2022年全国基础调查

　　音频营销可以帮助品牌将广告活动信息有效传递给用户。音频广告是音频内容营销的重要组成部分，通过广告主、品牌方在音频平台中加入广告，帮助用户发现与之相关的商品和服务。调研数据显示，音频广告营销形式丰富多样，其中，口播广告的用户关注度最高，其次，为了扩大变现优势和变现效益，音频平台积极尝试更多新的音频广告模式，从而大幅提升了媒体竞争优势和售卖能力，音频贴片广告、开屏广告、信息流广告、插屏广告是音频类APP中常见且的几类广告样式，位居用户关注度第二梯队。除此之外，品牌电台、品牌定制节目广告的用户关注度也较高。

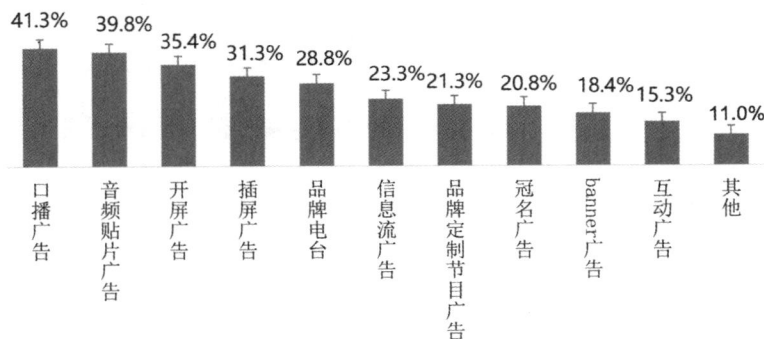

图2.3.6　音频用户关注到的广告形式
数据来源：赛立信媒介研究，2022年全国基础调查

调研数据显示，用户对商业广告植入的态度比较乐观，接近75%的用户持接受的态度，也有超40%的用户希望尽可能减少商业的广告；这说明了商业广告拥有较高的价值增长空间。

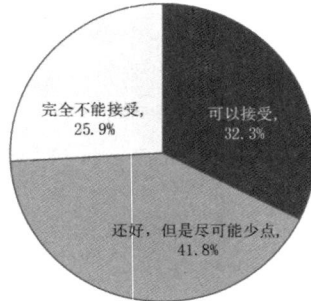

图2.3.7　用户对商业广告植入的态度
数据来源：赛立信媒介研究，2022年全国基础调查

从用户对音频贴片广告的认知来看，用户认为广告内容会让人留下深刻的印象，且对自身的打扰性也更低，也不会产生反感或者想要去屏蔽音频广告，音频广告展示形式的生动有趣也更加会让用户去了解推荐的相关商品。

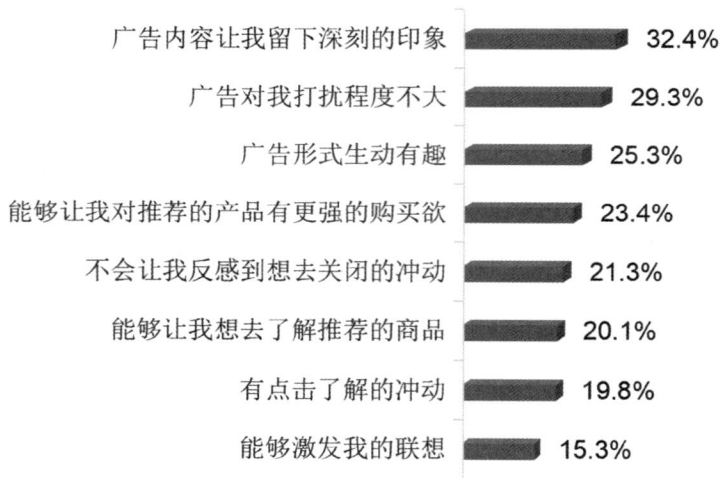

图2.3.8　用户对音频贴片广告的认知
数据来源：赛立信媒介研究，2022年全国基础调查

音频广告具备触达范围广、互动性强等特点。用户在收听优质音频内容的同时，能够快速触达品牌方植入的音频广告，并可以实时互动，通过点击链接进入商城、电商等购物平台购买相关产品和服务。调研数据显示，在音频营销广告素材中，电商、教

育、书籍出版物、汽车、游戏为前五的投放类别；此外，金融、旅游、智能硬件、应用推广、活动推广类广告份额也相对较大。

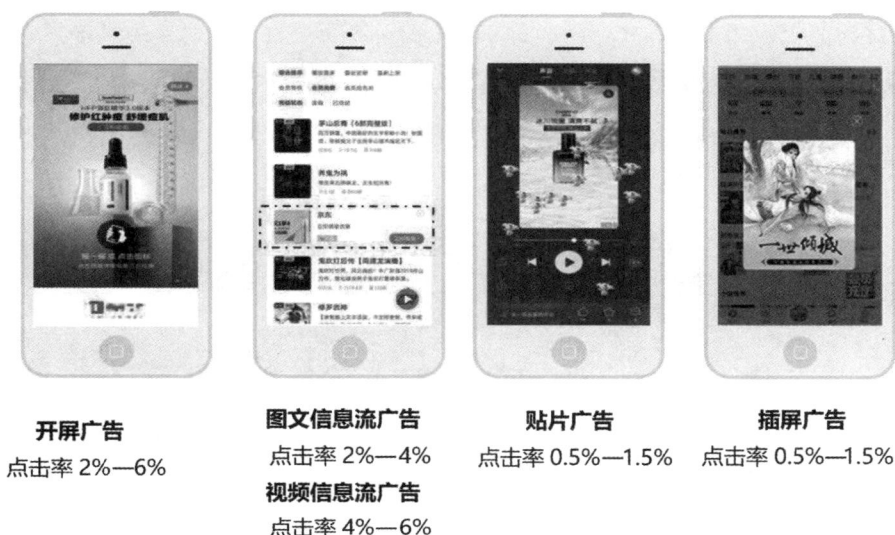

开屏广告
点击率2%—6%

图文信息流广告
点击率2%—4%
视频信息流广告
点击率4%—6%

贴片广告
点击率0.5%—1.5%

插屏广告
点击率0.5%—1.5%

图2.3.9　音频广告点击率情况
数据来源：赛立信媒介研究，2022年全国基础调查

　　音频平台凭借优质的内容、主播专业性及动听的声音、直播氛围感带动用户打赏。其中，65.3%的用户会因优质的内容进行打赏，58.4%的用户会因主播专业度进而打赏，也有57.2%的用户沉迷于主播动听的声音进而打赏。此外，50.8%用户受到直播现场氛围带动进而打赏。从打赏金额来看，用户打赏金额主要集中在101—1500元/年范围内，平均打赏金额达到853元/年；可见，直播打赏成为音频营销收入增长的重要来源。公开数据显示，喜马拉雅直播收入占总收入的16%，荔枝靠直播打赏的收入已经占到98%（2018—2020年间数据）。

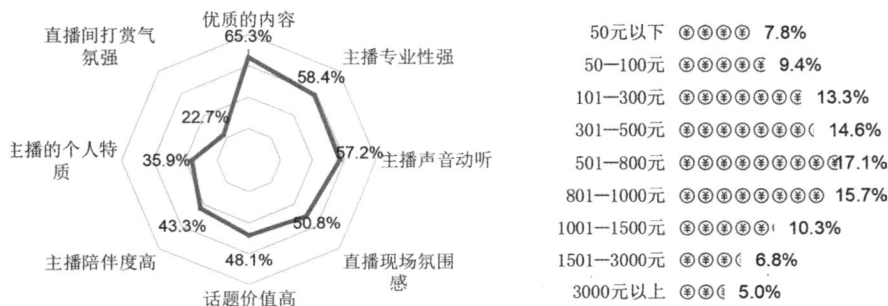

50元以下	7.8%
50—100元	9.4%
101—300元	13.3%
301—500元	14.6%
501—800元	17.1%
801—1000元	15.7%
1001—1500元	10.3%
1501—3000元	6.8%
3000元以上	5.0%

图2.3.10　音频平台用户打赏驱动因素及打赏金额
数据来源：赛立信媒介研究，2022年全国基础调查

音频平台直播带货与电商、短视频平台直播带货有异曲同工之处，具备快节奏和完整的商业闭环，用户可在更直观的互动中直接购买商品。调研数据显示，农产品、酒类、运营商、医药、电商、互联网、游戏、健身、家电、运动、汽车等产品更容易受到音频平台直播带货主播的青睐。此外，播客创作者也渐渐进入带货领域，三顿半、宝马MINI汽车等品牌都选择了在播客渠道投放营销广告。

图2.3.11　音频平台直播带货热门产品词云图

三、"耳朵经济"赋能品牌，实现品效共振

音频产业围绕有声内容产品的生产、交换、分配、销售而形成的一整套经济关系。调研数据显示，音频市场需求快速增长，包括综合性音频平台、在线音乐、网络K歌、有声书、电台自办APP、音频直播、音频社交、播客等的"耳朵经济"月活跃用户量超过8.2亿人次，全网渗透率82%以上，说明"耳朵经济"已经积累庞大的用户量，市场空间和商业价值潜力无限。目前，音频平台以多元创新的内容和形式赋能品牌营销传播，彰显声音独特的力量和传播价值、人群价值以及场景价值。

紧抓用户内容消费习惯，全面升级消费内容。目前，越来越多的用户已经养成了听相声、听音乐、听故事、听书、听段子，甚至是听深度精品定制内容的习惯，为优质内容买单意愿度大大提升。音频内容的优质性、可读性、有用性就显得尤为重要，是提升竞争力的重要前提。2016年，喜马拉雅开启首届123狂欢节，成为内容消费元年。2021年第六届123狂欢节中，喜马拉雅内容消费体验全面升级，带来了超值会员、专辑和商品折扣，并上线多个重磅IP，首次开卖实体书，打通"听"与"看"，为用户提供更丰富优质的内容、更便捷的体验，用户内容消费习惯也呈现出了新的趋势。

精心打造品牌电台，策划定制专题节目。品牌电台是品牌汽车在车机上为用户提供的官方电台，根据车企品牌理念、调性、用户画像、内容喜好、出行规律等信息，为品牌声音"定性"，筛选出符合品牌和用户喜好的内容。运营团队会推送个性化、智能化的资讯娱乐节目以及定制化的精品节目，让车主在日常出行的途中就能及时了解到品牌动态、维修保养等实用性信息。日产智行电台、启辰电台、长安汽车电台、奔腾电台、欧尚电台、凯翼电台等品牌电台背后的供应商都是中央广播电视总台的云听APP。国内发展较为成熟的播客节目《日谈公园》曾与京东、乐堡啤酒、别克、宝马等多类领域头部品牌合作，通过单期定制输出品牌理念或配合活动传播获得较高的收入。

圈层营销，精准覆盖品牌TA人群。喜马拉雅积极探索"音频+营销"之路，与新消费、新科技品牌携手前行，精准触达与品牌契合的体育迷、她力量、汽车族、Z世代等不同圈层。喜马拉雅助力沃尔沃新款XC60上市，借势喜马欧洲杯，锁定精英男性群体，高度精准的用户触达，利用赛前赛后碎片时间与用户强互动。体育名人和跨界大咖联合站台，粉丝效应显著，最终实现31场音频直播间总参与人次超3300万，平均单场109万人次收听直播，7300多条互动评论。将车型卖点融入音频话题，引爆新车上市热度，实现人群破圈。

结合陪伴场景，进行全方位渗透。音频可以陪伴于用户各类生活场景，在碎片化的时间完成信息的传达，最典型的有车内场景、家居场景、睡眠场景等。品牌在音频营销过程中，结合场景打造体验式营销，可以很好地对用户进行全方面渗透。星辰电台利用了音频的"车内场景"特征，将五菱星辰"听山看海、轻松出发"的品牌理念传递给消费者，勾勒出"手可摘星辰"的独特体验。喜马拉雅与慕思家具合作打造的"助眠频道"推广期间，助眠用户日均使用65分钟，完成了共计12亿次以上品牌元素展示。

除此以外，音频+视频、音频+直播、音频+游戏、音频+出版社、音频+影视等多元业务生态构建，拓展产业新边界。配合互动营销、沉浸式体验、打入新品类营销阵地等一套组合拳出击，赋能品牌，实现品效共振。

结语

"耳朵经济"商业化日益成熟，各大平台积累了丰富营销实战经验，形成以内容消费建构"种草—拔草"的商业价值点。"耳朵经济"商业变现模式丰富多元，但具有较强的稳定性，流量、会员、版权是主要商业变现模式。其中，订阅、广告、直播盈利模式三轮驱动，变现效率高。音频平台以多元创新的内容和形式赋能品牌营销传播，彰显声音价值、传播价值、人群价值和场景价值。音频平台紧抓用户内容消费习惯，全面升级消费内容；精心打造品牌电台，策划定制专题节目；圈层营销，精准覆盖品牌TA人群；结合陪伴场景，进行全方位渗透等。高质量、精品化的声音产品，未来会给音频行业创造出更多增长点，音频营销会越来越可期，其商业能量将持续爆发。

（黄德容）

2022年我国"耳朵经济"用户行为与需求洞察

　　随着物联网技术的发展以及智能手机、智能音箱、carplay等各项终端的更新迭代，同时市场上也涌现出各式各样的声音产品，以喜马拉雅为代表的综合性音频平台、懒人畅听为代表的有声书读物、QQ音乐为代表的在线音乐和以云听为代表的电台自办APP等音频产品；用户对于音频终端和产品有了更多的选择，声音的价值越发彰显。有声读物、知识付费、直播等新兴业务模式促使"耳朵经济"加速驶入发展快车道，形成全域的服务生态，市场规模越发庞大，新兴的"耳朵经济"也早已超越了传统广播时代的收听意义。

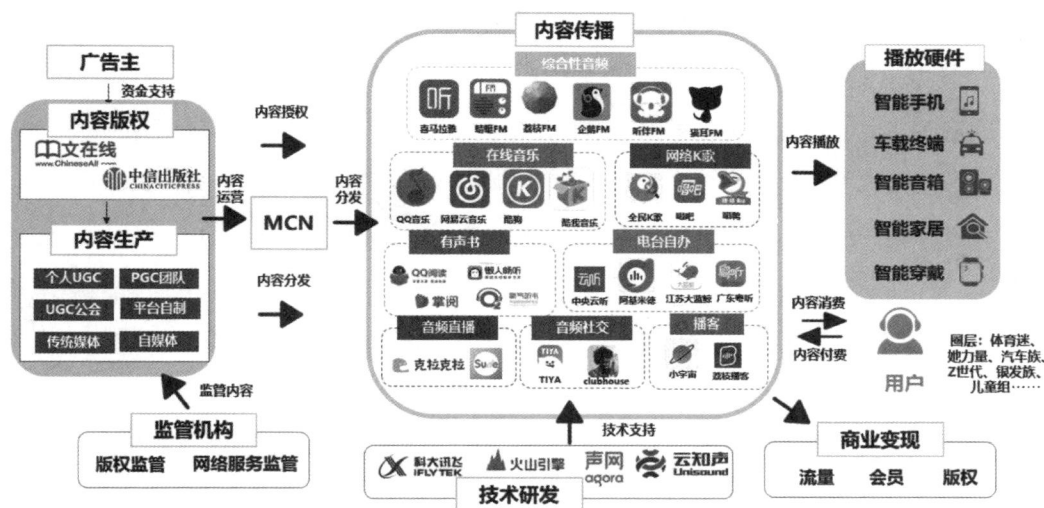

图 2.4.1 "耳朵经济"产业链图谱
来源：赛立信媒介研究整理

一、我国在线音频用户规模已经达到6.4亿人，市场规模突破220亿元

　　近年来，在线音频的诞生和快速发展，加之政策导向明确新方向，吸引了大批音频用户，且用户规模和市场规模均呈现出逐年递增的状态。截至2021年，我国在线音频用户已达到6.4亿人，市场规模突破220亿元。此外，预测在2022年市场规模将突破300亿大关。这也说明了无论是政府的重视程度还是现有市场的体量，音频用户都成为

不可估量的群体。

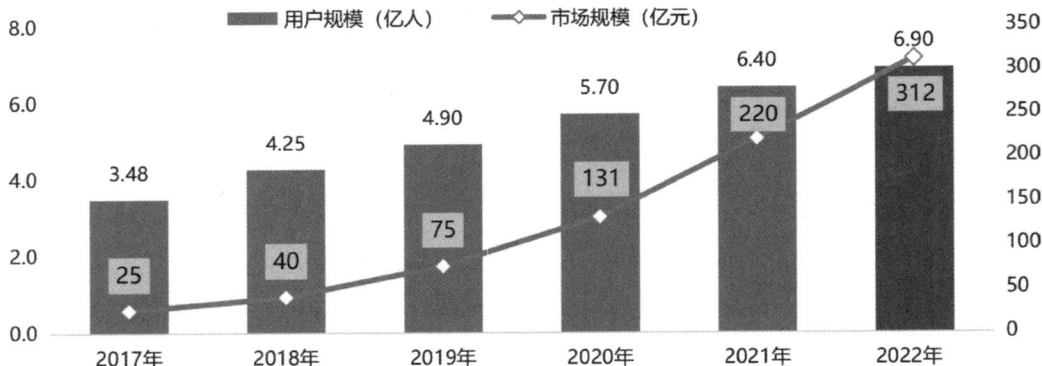

图 2.4.2 近五年我国在线音频用户规模及市场规模
数据来源：赛立信媒介研究，2017—2022年全国基础调查

二、在线音乐、综合性音频平台是最受欢迎的音频产品

在常见的音频产品中，音频用户最常收听的是在线音乐，这与音乐作为声音艺术的属性有关，同时也受时下音乐综艺节目热播的影响，平台轻松愉悦的氛围使得用户黏性高。位居第二位的是综合性音频平台，其具有内容丰富，类别广泛，居家、出行、亲子、休闲等全场景覆盖特点。快节奏的生活使一部分人无法停下脚步细细阅读和浏览小说等书籍，而此时可以闭着眼睛收听的有声书和广播剧自然就成为这些人的最佳选择之一，这便成就了热门音频产品。知识付费平台、知识付费模式在2016年开始如雨后春笋般地涌现，得到的《李翔商业内参》、喜马拉雅《好好说话》等的推出并迅速走红，知识付费平台使用率显著提升。媒体深度融合政策和市场需求驱动加速电台自办APP崛起，广播用户收听习惯由传统广播向在线音频迁移明显。

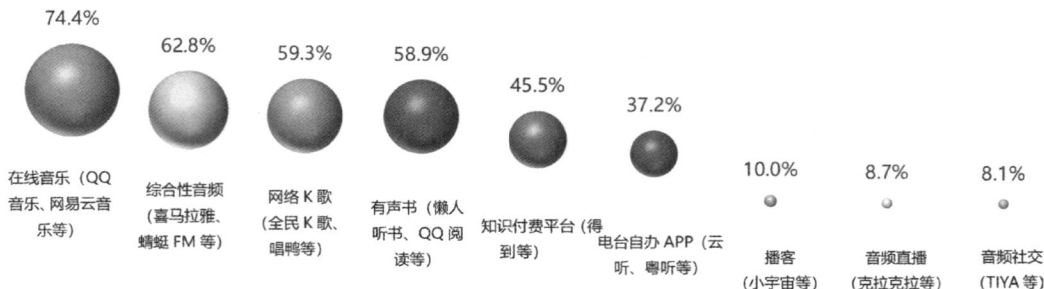

图2.4.3 用户最常收听的音频产品
数据来源：赛立信媒介研究，2022年全国基础调查

三、"八〇后""九〇后"年轻一代是音频用户主力军

数据显示，音频用户男女相当，"八〇后""九〇后"居多，收入水平主要集中在5000元/月以上。音频用户平均年龄33岁，人均月收入达到7563元，整体呈现出年轻化和中高收入水平特征，其成熟理性，消费带有强烈的主动性。

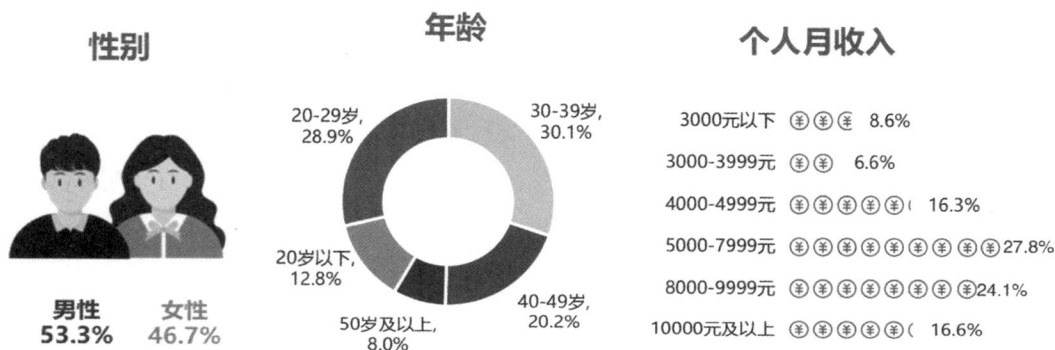

性别

男性 **53.3%**　女性 **46.7%**

年龄

- 30-39岁，30.1%
- 20-29岁，28.9%
- 40-49岁，20.2%
- 20岁以下，12.8%
- 50岁及以上，8.0%

个人月收入

- 3000元以下　8.6%
- 3000-3999元　6.6%
- 4000-4999元　16.3%
- 5000-7999元　27.8%
- 8000-9999元　24.1%
- 10000元及以上　16.6%

图2.4.4　音频用户画像

数据来源：赛立信媒介研究，2022年全国基础调查

四、智能手机是最重要的收听设备，智能音箱和智能穿戴等成为后起之秀

智能时代，手机已然成为人们日常生活中不可或缺的智能设备，每天使用的时间也越来越长，呈现"机不离手"的状态。数据显示，75.7%的用户经常使用智能手机收听音频，智能手机也成为用户收听音频的重要设备。此外，智能音箱和智能穿戴设备等也成为音频用户的重要收听设备。随着时代的变迁，音频用户的收听设备不再局限于智能手机、车载终端、电脑和

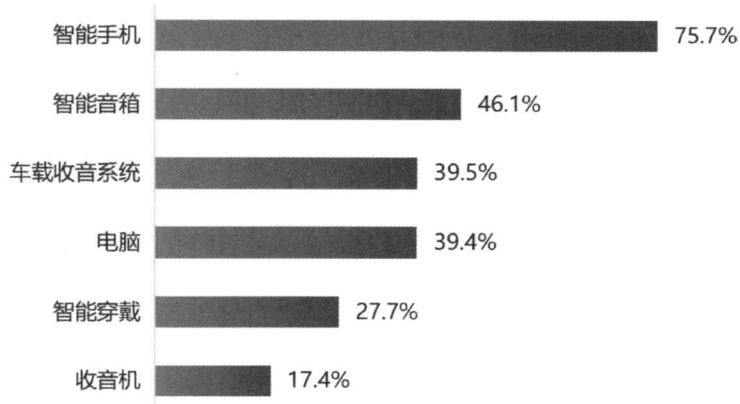

- 智能手机　**75.7%**
- 智能音箱　**46.1%**
- 车载收音系统　**39.5%**
- 电脑　**39.4%**
- 智能穿戴　**27.7%**
- 收音机　**17.4%**

图 2.4.5　用户收听音频设备

数据来源：赛立信媒介研究，2022年全国基础调查

收音机等较为常见的终端，智能音箱和智能穿戴设备等后起之秀也成为重要终端。

五、音频"陪伴"用户每段碎片化时间，且用户黏性高

音频用户收听频次较高，每周收听五天及以上的听众达到59.6%，粘性较强。用户每次收听时长集中在30—60分钟，呈现碎片化收听模式。音频与用户生活场景深度融合，在通勤、居家、休闲、亲子放松时刻等发挥其"陪伴"属性，日均收听时长达到192分钟。

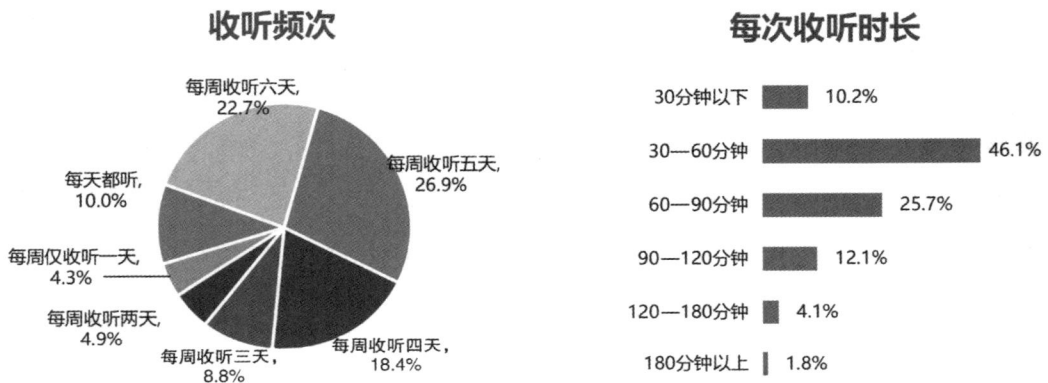

收听频次

- 每周收听六天，22.7%
- 每周收听五天，26.9%
- 每天都听，10.0%
- 每周仅收听一天，4.3%
- 每周收听两天，4.9%
- 每周收听三天，8.8%
- 每周收听四天，18.4%

每次收听时长

- 30分钟以下 10.2%
- 30—60分钟 46.1%
- 60—90分钟 25.7%
- 90—120分钟 12.1%
- 120—180分钟 4.1%
- 180分钟以上 1.8%

图2.4.6　音频用户收听频次和收听时长
数据来源：赛立信媒介研究，2022年全国基础调查

六、"九〇后"更喜欢在睡前"emo时刻"收听音频

数据显示，音频用户收听场景大体相同，但在睡前和开车时则有明显差别。"九〇后"音频用户在睡前收听音频的占比明显高于"八〇后"，但"八〇后"在开车时收听音频的占比显著高于"九〇后"。这也侧面反映出"八〇后"经济实力较强，多数为"有车一族"，这也是开车时收听音频的前提条件。而"九〇后"在睡前更容易开启"emo模式"，此时收听音频则是缓解心情的选择之一。

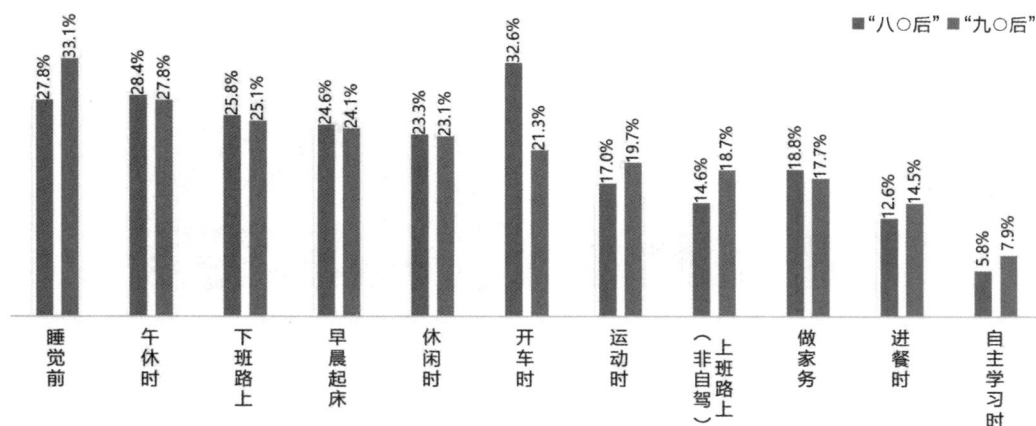

图2.4.7　用户收听音频场景

数据来源：赛立信媒介研究，2022年全国基础调查

七、音频内容品类丰富，有声书、广播剧、相声评书内容需求旺盛

　　音频最大的优势就是可以解放用户双手和眼睛，满足了用户因忙碌而无法观看视频和阅读纸质书的需求。近年来，音频平台引入海量覆盖全面书籍版权，有声书出圈并升温，成为绝大多数用户群的首选音频内容。数据显示，60%以上的音频用户喜欢有声书，其次是广播剧、相声评书和脱口秀等娱乐内容，可见我国音频内容质量有所提升。此外，生活资讯、情感节目、播客、助眠类、职场类、科普类知识、健康养生等内容也越来越受用户关注。

　　结合不同时段、收听设备、收听场景来看，有声书都位居音频内容偏好首位，有声书随时随地满足用户书籍"阅读"需求，同时能给用户带来快乐，并填补生活碎片时间。此外，早高峰通勤用户也偏好轻松有趣的广播剧、相声评书、脱口秀等音频内容。在午休和睡觉前，情感节目、科普知识、健康养生等内容分别起到学习充电、助眠等作用，深受用户偏爱。

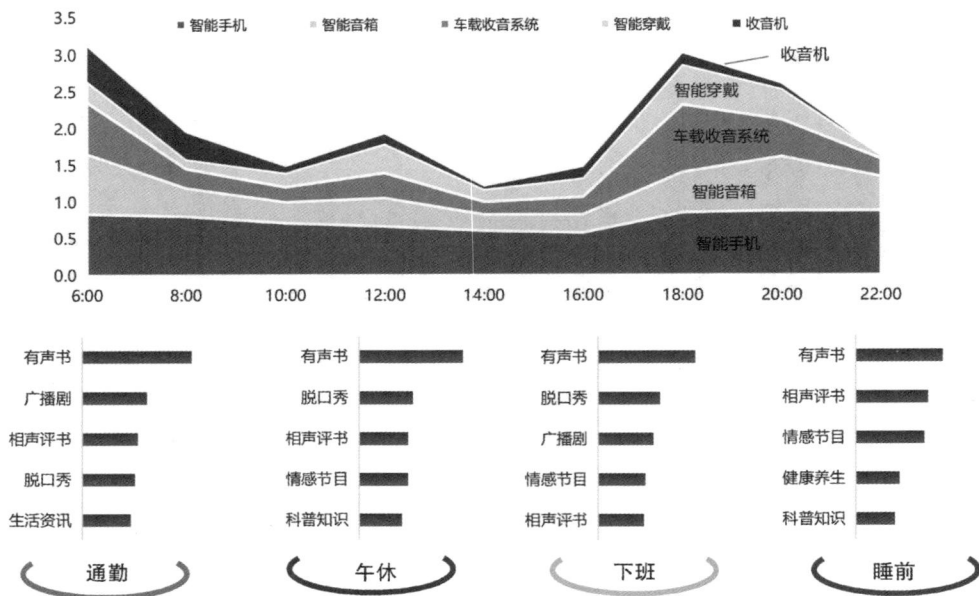

图2.4.8　用户收听音频段分布及用户收听内容需求TOP5

数据来源：赛立信媒介研究，2022年全国基础调查

八、娱乐放松、学习充电，音频产品给用户带来"悦耳"生活

音频媒介具有声音所代表的带入感、亲密感、陪伴感，给用户带来"悦耳"生活。音频用户收听音频大多都是出于娱乐放松，其次为提升自我和扩大知识面。从用户的行为动机来看，用户的内部动机是占据主导地位的，即要想收获更多的听众和增强听众忠实度，了解用户收听的内在动机非常有必要。

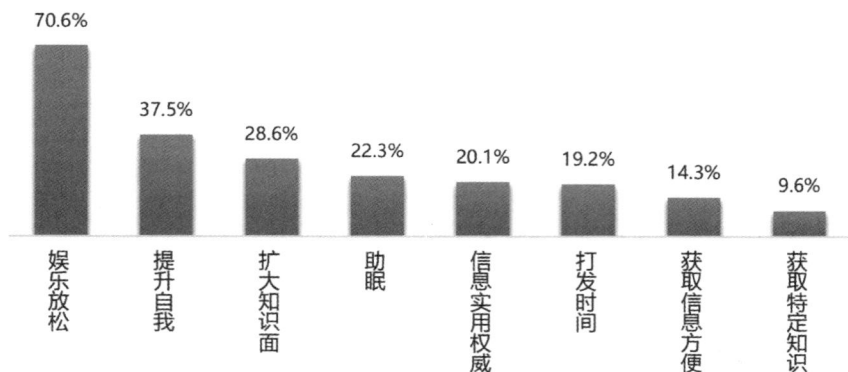

图2.4.9　用户收听音频的目的

数据来源：赛立信媒介研究，2022年全国基础调查

九、点到点的互动方式热情较高，还需创新建设点到面的互动方式

调研发现，超八成的用户有参与过音频互动，超五成的音频用户与音频平台的互动方式是收藏与关注，其次为点赞的互动方式，表明用户的互动热情比较高。从马斯洛的需求层次来看，每个人都有社交需求，即与他人建立情感的联系或关系，例如结交朋友、追求爱情等。在互联网内又可细分为社会交互、社会认同和分享表达。关注、点赞、分享、推荐、打赏等互动方式只是实现了点到点的社会交互，进一步的还需要优化建立点到面的社会交互，例如讨论社区、粉丝群、话题社群等，创新互动方式，提升用户互动兴趣，增加个体在网络空间中的社会交互机会，填补和代替用户可能在实际生活中未能满足的社区互动。

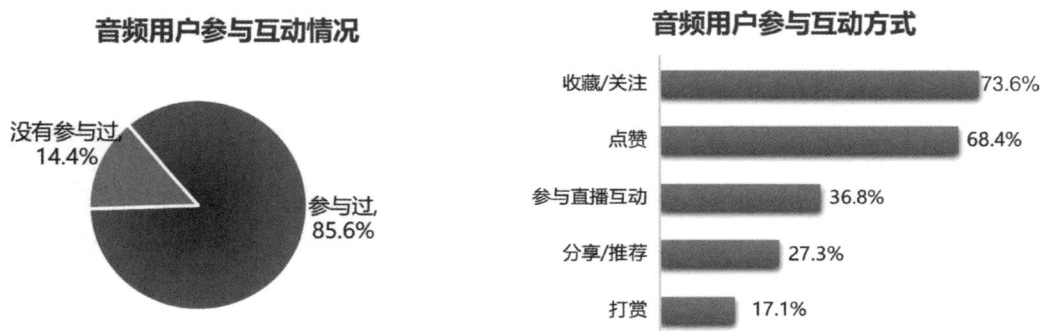

音频用户参与互动情况

没有参与过 14.4%

参与过 85.6%

音频用户参与互动方式

收藏/关注 73.6%

点赞 68.4%

参与直播互动 36.8%

分享/推荐 27.3%

打赏 17.1%

图2.4.10 音频用户互动情况
数据来源：赛立信媒介研究，2022年全国基础调查

十、差异化、稀缺性内容更利于刺激用户付费

科技信息时代，大众更加注重自我成长，付费可快速筛选优质内容，知识付费的接受度和认可度不断提升。调研数据显示，74.1%的用户有过在音频平台付费的经历，其中最多的付费行为为开通音频平台会员，占比超四成；其次为送礼物。每年付费金额集中在50—149元，占比超六成，表明知识付费已为大多数用户所接受，且形成了一定的概念。要想进一步刺激用户付费，就要注意提升用户的付费体验，以差异化的优质内容及其稀缺性来持续吸引用户，且同时也要保证移动支付环节的安全性，满足用户的安全需求。知识的最终指向是行为，将信息、经验转化，达到学以致用的效果，行为付费将成为知识付费的下一步。

用户付费经历

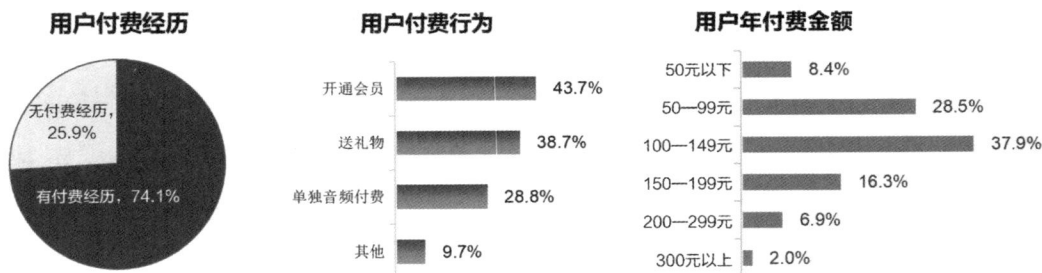

无付费经历，25.9%

有付费经历，74.1%

用户付费行为

开通会员	43.7%
送礼物	38.7%
单独音频付费	28.8%
其他	9.7%

用户年付费金额

50元以下	8.4%
50—99元	28.5%
100—149元	37.9%
150—199元	16.3%
200—299元	6.9%
300元以上	2.0%

图 2.4.11　音频用户付费情况

数据来源：赛立信媒介研究，2022年全国基础调查

十一、知识、职场类内容更能引起用户的消费兴趣

在当今"内卷"的时代，人们总会产生或多或少的焦虑，这些焦虑大多是与学习工作相关的，为了缓解这些焦虑，人们不得不做出相应的行动，因此，一些与学习工作相关的音频类节目就受到用户的热烈欢迎，也就有更多的音频用户愿意为其付费。与此同时，音频内容的优质性、可读性、有用性就显得尤为重要，是提升竞争力的重要前提。

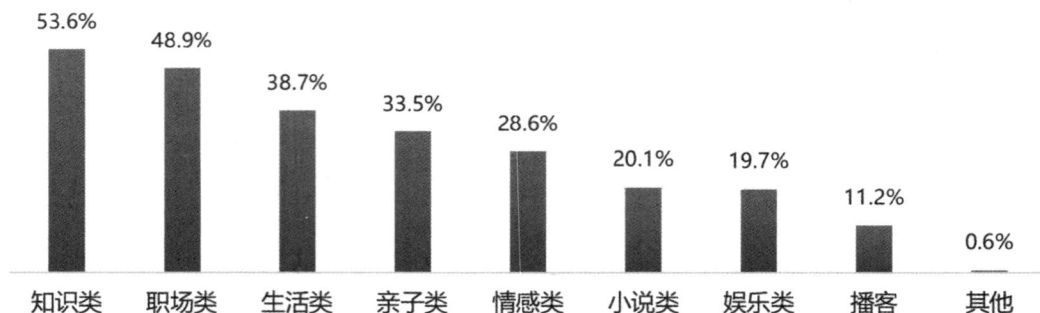

知识类	53.6%
职场类	48.9%
生活类	38.7%
亲子类	33.5%
情感类	28.6%
小说类	20.1%
娱乐类	19.7%
播客	11.2%
其他	0.6%

图2.4.12　用户愿意付费的内容板块

数据来源：赛立信媒介研究，2022年全国基础调查

目前来看，音频市场前途仍是一片蓝海，市场规模呈现出逐年增长态势。从用户角度看，音频核心用户为"八〇后""九〇后"年轻群体，用户收听时间碎片化、场景多样化、需求个性化。音频行业应加强个性化、场景化服务，同时加大对"在线音频+同好社交"模式的开发力度。从内容制作角度看，新东方"东方甄选"直播带货转型火

爆，直播间粉丝数量快速突破1800万，优质内容营销在"耳朵经济"领域相当重要。音频内容要先能满足用户收听需求习惯，进一步引发用户的互动和付费需求。此外，点到点的互动方式已较成熟，还需创新优化点到面的互动方式，提升用户互动兴趣及活跃度。知识付费群体已有一定规模，后期需要注意的是提升用户的付费体验，用差异化和稀缺性音频内容来吸引用户。

（龚咏舒　李婷）

面对"耳朵经济"蓝海，且看电台自办 APP 如何占据一席之地

21世纪是"耳朵经济"时代，随着科技的发展与进步，在线音频市场这片还没怎么被开发的"新大陆"渐渐浮出水面。在2015年至2021年，中国在线音频的用户规模不断增长，面对如此庞大的蓝海市场，广播作为典型的声音传播载体，其在"耳朵经济"领域有着强大的优势，各大电台纷纷抓紧投身打造音频类APP，抓紧"耳朵经济"的机会，相信声音的力量，为自身的生存与发展探索出新的道路。

根据赛立信在线数据获取技术获得电台自办APP下载量数据，云听遥遥领先其余电台音频客户端，处于第一梯度，而后第二梯度是动静新闻、阿基米德、冀时，下载量超过50万次，位于第三梯度的是下载量超过10万次的津云、手机江西台、万事达、北高峰、听听FM，紧接着是超过万次的粤听、石榴云、云南手机台、大蓝鲸。广西视听、视听甘肃、视听海南、沐耳、熊猫听听、河南广播、九头鸟、芒果动听、51听、福建广播影视集团、三江源等APP处于第五梯队。

广播电台作为众多大型音频内容的供应商，在音频类APP的构建方面有着不小的优势。在内容生产方面，广播电台具有专业的音频生产人才以及大量的自有存量版权优势，其作为主流媒体有着生产正确、真实、全面的内容，具备思想传播能力的"国家队"形象；在商业营销方面，广播电台经过多年的积累，在当地有着相当高的知名度与丰富的本

图2.5.1 省会电台自办APP下载量
数据来源：赛立信媒介研究，2022年全国基础调查

土资源优势，其在资源整合方面具有强大的基础，能够为新媒体资源与传统媒体资源的融合提供更多有力支撑。

本文根据多维角度综合考察，最后选取云听、阿基米德、大蓝鲸三个电台自办音频客户端的运营经验进行分析。

一、中央广播电视总台——云听

关键词：全家桶　自创IP　垂直领域　技术赋能

云听是中央广播电视总台为实现音频产品价值最大化，基于5G+4K/8K+AI等新技术所推出的一个高品质声音聚合平台。它聚合总台资源优势，拥有大量自有存量版权，具有强大的专业音频生产人才、专业的制作团队、成熟的声音产品制作人等制作优势，还有庞大的新媒体矩阵作为强力的营销渠道。其在广播媒体音频类APP方面有着不容忽视的标杆作用。

在产品营销方面，云听致力于创新内容打造自创IP，从内容方面进行营销。其中云听的一个大型IP活动——"云听好书节"活动持续期间，每天以"主题日"的形式集中呈现云听高品质有声书和海量音频内容，让用户体验更多与书相伴的方式。并且云听将以此次活动为契机，联合更多出版机构在有声内容创作、IP孵化、版权品类创新等方面深度合作，完成IP赋能内容营销的效果。在该活动过程中，云听设立"云听好书节星推官"的子活动，邀请知名人士在活动期间每天推荐一部"云听"经典文学著作有声书，达到品牌营销的目的；另外，云听也设计了系列活动，"好书挖宝季"在全网号召用户进行好书分享，活动最终获得数万条网友荐书好评，完美达成互动营销的目的，加深用户的忠实度。此外，针对细分垂直领域，云听还联合"银龄书院"共同发起"云听银龄悦读"计划，开拓老年群体的市场。

在技术创新方面，云听重视个性化定制，利用大数据标签体系、智能算法推荐、分层内容库等技术实现"千人千面"。例如在车机端采用大数据分析和AI内容推荐技术，基于驾驶场景和用户偏好，为车主推送新闻、天气、路况、娱乐、音乐和本地化资讯等适合车载场景的内容，精准触达用户，达成"场景化智能推送"的效果；在春节期间云听与比亚迪汽车携手推出春节拜年H5，将"拜年"和"贺卡"等春节经典形式相融合，加入"声音"和"AI"等元素进行差异化呈现，激发用户参与热情，达到宣传目的；此外，以AI智能技术为原点，以云听内容为支撑的"云听AI广播"，将智能化的广播播出系统与高品质的音频内容产品结合，通过智能抓取、播报、编排、主持，一键生成24小时电台节目，为用户带去区域化个性推送。

二、上海广播电台——阿基米德

关键词：技术创新　垂直服务　移动社交　场景构建

阿基米德是以助推传统广播向新媒体转型为使命，以"用声音改变生活"为宗旨的一个移动社交音频平台。通过强大的技术力量专注于实现广播音频的新媒体互动，其以社区互动作为卖点，用心打造电台社区，为用户提供良性的交流平台。利用AI智能音频技术、自动拆条技术、自动编排技术研发出高效进行内容二次生产和传播的方式，并将其广泛应用在内容制作上。此外，其在扶贫助力活动发挥了很大作用，充分释放了主流媒体影响力。

在内容创作方面，阿基米德APP聚焦"跨界"与"破圈"，一方面广泛与出版社、杂志社等单位开展内容版权合作，进行内容音频化二次生产，另一方面积极与全国广播电视台开展有声内容多元合作，联手生产音频内容。在"读书之美——主播读经典"这项阿基米德与全国31个省市广播电视台共同发起的活动中，联合近40位主播诵读《诗经》，共同用声音传递力量。不仅如此，阿基米德对广播节目进行"拆分+整合"的同时，还根据不同的场景对拆分的节目进行匹配，通过大数据的优势为听众提供实时的个性化、定制化的服务，实现全方位多场景触达。在六一儿童节来临之际，阿基米德与上海故事广播联合打造的特别节目《1072陪你读书》，定点通勤时间，针对儿童细分垂直领域进行内容的制作与播发，联合各路组织，打造适合儿童的故事专辑，举办"小小推荐官"活动，征集儿童的书单，激发听众参与热情，实现互动营销，完成品牌化运营，另外还落地线下实体空间进行场景化传播，在上海图书馆实现边听边阅读，叠加场景化优势将阅读场景全面延伸。

在价值整合方面，阿基米德充分利用节目社区版块，能够与广播节目直播无缝链接，创造出第一个链接全行业的广播购物平台"M店"，在上线试运营当天，共有14万人次涌入"M店"。另外，在扶贫活动"自然的馈赠"中，阿基米德线下挑选当地最优质的农产品在"M店"商家，利用"千县千品，主播推荐"广播环节提升扶贫产品的影响力，联合兄弟台策划音频节目《自然的馈赠》形成口碑营销，配合物流配送完成精准扶贫，上线的第一款扶贫产品在五个节目社区上架一周就使得贫困户收入过万，"M店"将广播所带来的流量转化为实实在在的销售能力，为广播广告营收带来实质性的提升，打造产业扶贫新模式。

三、江苏省广播电视总台——大蓝鲸

关键词：媒体矩阵　购物节　地区化

大蓝鲸客户端是江苏省广播电视总台定制的多媒体互动平台，不仅融合了江苏广播优质资源，还提供了电商购物、节目互动等功能，为广大用户创造移动音视频与电商服务的优选平台。

在资源整合方面，大蓝鲸客户端集中矩阵联盟力量，发挥联盟成员优势，多位一体，助力内容生产。在2022年世界读书日之际，大蓝鲸APP与江苏省广播电视总台旗下十大频率联合举办"读书节"活动，其中包含长期活动"大蓝鲸阅分享"——汇集江苏广电主持人声音力量，为听众解读精选好书，以及限时活动"阅读，遇见更好的自己"春日阅读线上分享会，与著名作家，分享阅读的乐趣。另外，在母亲节期间，大蓝鲸联合矩阵联盟，融媒体特别策划"我的妈妈真好看"图秀征集活动，激发听众参与热情。

在营销变现方面，大蓝鲸APP充分利用平台的电商购物功能，瞄准"618""双十二"等大型电商购物节的时间节点，联合江苏广电旗下频率举办购物节，发挥全平台融合传播效应，畅通线上线下流通渠道，实现视频直播和交易支付闭环。其中，江苏广电总台打造的首届"荔枝购物节"总销售额超2500万元。

综合来看，电台自办APP正通过各种各样的方式发挥着他们政府喉舌的力量，认真肩负起了作为主流媒体所应该发挥的社会责任，为传播社会正能量、弘扬社会主义核心价值观、打造健康的声音产业生态链表现出了榜样力量。面对音频市场的广阔蓝海，电台自办APP仍有不少的施展空间，且看未来如何发挥。

（蔡芷琪　黄德容）

全方位传播矩阵助力新闻广播持续向好

新闻活动的本质是反映客观世界的变动，新闻资讯是各行各业乃至社会发展的必需品。随着生产力的不断发展，商品经济的出现，人们对社会信息有了更迫切的需求，及时、便捷的新闻广播便成为人们获取新闻最基本的手段之一。新闻广播作为广播行业的头部频率之一，就目前的市场状况，未来发展的前景来看，仍是广播业内人士关注的重点。本文基于赛立信媒介研究2022年在全国的收听率调查数据，对新闻资讯广播市场的现状进行简单分析与探讨。

一、全国主要省级电台新闻频率分布情况及现状

2021年12月—2022年1月，在全国34个省级行政单位中，赛立信共在27个省会城市进行过广播收听率调查，据调查数据显示，全国共有27个省会城市有明确呼号的省级电台新闻类频率，合计共41套。[①] 其中12个省级电台都有2套或以上的新闻类频率，15个省级电台有1套新闻类频率；拥有新闻类频率最多的省会城市是浙江电台和新疆电台，分别拥有3套新闻类频率。整体来看，省级电台新闻类频率的竞争激烈程度是高于其他类型频率的。

从调研数据来看，大部分省级电台新闻类频率的收听情况都处于所在省会地区的中等偏上水平，排名以3—6名为主。其中，表现最好，市场份额在当地居TOP1之列的新闻频率是湖北之声。

表2.6.1 全国主要省会城市新闻频率的收听情况

省/自治区/直辖市	省级电台新闻类频率	平均收听率地区排名	平均收听率(%)	市场占有率(%)
北京	北京新闻广播	3	0.55	7.7
上海	上海人民广播电台上海新闻广播	4	0.70	12.5
	长三角之声	5	0.59	10.6

[①] 因中央电台新闻资讯之声在省会城市的竞争力普遍偏弱，故不纳入本次分析中。文中讨论的新闻类频率均为省级电台的新闻类频率。

省/自治区/直辖市	省级电台新闻类频率	平均收听率地区排名	平均收听率(%)	市场占有率(%)
天津	新闻广播	4	0.59	7.1
重庆	重庆之声	4	1.08	18.5
安徽	安徽之声	6	0.45	7.2
广东	广东新闻广播	6	0.57	6.8
	广东电台南粤之声	15	0.06	0.7
广西	广西综合广播	4	0.66	11.9
贵州	贵州综合广播	3	0.89	12.4
海南	海南新闻广播	2	1.04	18.4
河北	河北新闻广播FM104.3	6	0.42	7.9
	河北新闻广播AM1278	22	0.02	0.4
河南	河南新闻广播FM102.3	9	0.24	3.4
	河南新闻广播FM95.4	16	0.13	1.8
黑龙江	龙广新闻台	8	0.54	4.8
湖北	湖北之声	1	0.50	9.9
湖南	潇湘之声	6	0.39	6.1
	湖南新闻综合频道	10	0.24	3.7
吉林	吉林新闻综合广播	3	0.66	11.1
	吉林资讯广播	5	0.40	6.7
江苏	江苏新闻广播FM93.7	7	0.61	8.2
	江苏新闻综合广播AM702	12	0.17	2.2
江西	江西电台新闻广播	3	0.51	9.8
辽宁	辽宁综合广播	5	0.58	8.1
宁夏	宁夏新闻广播FM106.1	3	0.55	12.9
青海	青海新闻综合广播FM98.9	5	0.35	8.7
山东	山东综合广播	6	0.51	7.8
山西	山西综合广播FM90.4	6	0.27	5.1
	山西综合广播AM819	15	0.10	1.9
陕西	陕广新闻广播	4	0.50	7.6
	陕西新闻广播	12	0.21	3.2
四川	四川新闻频率FM106.1	3	0.70	9.2
	四川之声FM98.1	11	0.36	4.8

续表

省/自治区/直辖市	省级电台新闻类频率	平均收听率地区排名	平均收听率(%)	市场占有率(%)
新疆	新疆维语综合广播AM855	11	0.12	1.4
	新疆961新闻广播FM96.1	16	0.08	1.0
	新疆738综合广播FM89.5	17	0.08	1.0
云南	云南新闻广播FM105.8	5	0.70	10.3
浙江	浙江之声	3	0.98	13.9
	浙江民生资讯广播FM99.6	11	0.16	2.2
	新锐988浙江新闻广播	13	0.10	1.4

数据来源：赛立信媒介研究，2021年12月—2022年1月

二、聚焦热点话题，多方资源联合推广引关注度暴增

近年来，微信、微博、抖音、今日头条等新媒体、音频APP崛起以及5G新技术的迅速成长，给传统广播带来不小的冲击，作为传统媒体之一的新闻广播，在传播矩阵变革的影响下，新闻广播与时俱进，抓住热点时机，创新宣传形式，融合多平台传播矩阵，发挥主流媒体作用，增加新闻广播频率关注度。在2022年春节期间，河北综合广播以2425万点击量位居第一，其次是江苏新闻广播、北京新闻广播，点击量均在1500万以上。

表2.6.2　全国主要省级新闻广播融媒体云端点击量TOP10

排名	省份	电台名称	点击量（万）
1	河北	河北综合广播	2425.92
2	江苏	江苏新闻广播	1953.00
3	北京	北京新闻广播	1865.41
4	上海	上海新闻广播	1289.88
5	浙江	浙江之声	835.55
6	陕西	陕广新闻广播	636.19
7	吉林	吉林新闻综合广播	565.45
8	上海	长三角之声	397.77
9	福建	福建新闻广播	294.85
10	河南	河南新闻广播	259.94

数据来源：赛立信媒介研究，2022年1月17日—2月25日[①]

---

① 　春节期间：2022年1月17日—2月25日，包含为期40天春运以及7天法定春节假期。

新闻广播除去常规直播流中新闻节目编排外，如何抓住热点时机，深耕新闻内容，在众多媒体中脱颖而出，成为目前新闻广播开拓传播路径多渠道关键。2022年春节前后，广播媒体积极抓取实时热点，新闻广播在融媒体中关注点聚焦在以下三点：1.春节特别节目/活动企划；2.突发的疫情通报；3.冬奥会特别报道。

图2.6.1 全国主要省级新闻广播微信公众号与今日头条推文云词图
数据来源：赛立信媒介研究，2022年1月17日—2月25日 微信、今日头条端推文

不少电台趁着春节之际，推出春节特别策划活动，例如上海新闻广播、长三角之声、上海交通广播、动感101、Love Radio等频率合力打造新春特别直播，开启虎虎"声"威的新年；上海新闻广播在除夕带来"叮咚，我家的年夜饭"2小时特别直播，期间视频连线多路记者解锁幸福味，新年开局"装备齐全"。2月1日—2月6日，上海新闻广播、长三角之声共同推出"幸福向未来"春节特别直播，不仅会带着听众寻宝城市虎年元素、打卡上海新地标、采访虎年人物，还有"干货满满"的冬奥资讯，并联合长三角城市电台，展现高品质生活、高效能服务、高质量服务新气象。而长三角之声的《我爱我家》节目特别策划"欢迎来我家"，带听众走进广播人的家里看一看；《名医坐堂》播出"董主任和他邻居祝小妹的健康话题"，听听中医的养身养心"秘籍"等。此外，广西台联合多方平台推广，在春节期间推出融媒体春节特别策划系列，如融媒体特别节目《满爱回家》、主播大联欢《"虎虎生威"过大年》、《910暖新闻》，新春特别节目《聆听花开》、《小螺号》，新春特别节目《萌宝过大年》、《健康广西》，新春特别节目《2021我们的大健康》、《910热点解读》，新春特别节目《2021年度记

忆》、《910生活家》，新春特别节目《2021我们一起走过》，通过广播直播节目+视频直播+线下采访同步直播的形式，全方位多角度呈现春运多彩画面、暖心故事，而且还剪辑成短音视频，利用各大短视频平台、音频平台，扩大传播力。新闻广播借力5G新媒体技术，多方资源整合，创新节目新"形式"，为听众打造一个"春节"氛围场景，使广播收听场景更多元化，吸引更多关注度。各地、各级新闻广播致力于打造节目场景化，收听场景多元化，创新节目内容丰富化，令新闻广播的融媒体传播焕发出新风采。

疫情资讯主要活跃于微信端，阅读量10万以上的推文大多以疫情为主，随着春节返乡，疫情复发，作为主流媒体，各新闻广播发挥自身作为权威信息发布平台的优势，配合国家疫情防控宣传，增加频率公信力。

表2.6.3　全国主要省级新闻广播阅读量10万以上推文

省份	公众号名称	文章标题	阅读量（万）
江苏	江苏新闻广播	刚刚，苏州公布8名感染者活动轨迹！	10万以上
		刚刚，苏州通报！	10万以上
		刚刚，南通通报！	10万以上
浙江	浙江之声	刚刚通报！杭州新增1例新冠肺炎确诊病例	10万以上
		杭州西湖区划定封控区、管控区、防范区	10万以上
		太突然！他去世了	10万以上
湖北	湖北之声	刚刚，乌克兰总统最新宣布！	10万以上

数据来源：赛立信媒介研究，2022年1月17日—2月25日微信端推文

冬奥会话题方面，北京冬奥会可谓是史上最火冬奥会，热度甚至超过了2008年北京奥运会之后所有奥运会。作为世界级赛事活动，它掀起了全民冰雪运动的热潮，人们观赛热情高涨，关于冬奥会转播的问题也备受媒体关注。为满足受众多层次需求，冬奥期间共17套广播频率对重点赛事进行直播转播，全景展现冬奥盛况。如北京新闻广播由闭环内记者深入报道中国代表团多个项目创造的一幕幕"首次""第一""历史最佳"，将谷爱凌、苏翊鸣、武大靖等奥运健儿的声音传递给闭环外，让受众一起见证冰雪荣耀，实现"云赏冬奥会"。新闻广播在做好转播的基础上，推出"开幕式特别报道"，让受众跟随现场记者的脚步"探班"开幕式，用生动的同期声揭秘开幕式蕴含的先进科技和完美巧思，让视觉和文化盛宴中的情怀直抵人心。

此外，各地新闻广播紧跟冬奥热潮，对冬奥赛事及相关元素进行多方报道。如1月

下旬起上海新闻广播包括《990早新闻》在内的各档新闻节目将开设"东游冬奥"等多个冬奥专栏，连线前方记者，"沉浸式"体验冬奥。晚新闻节目《今晚》推出"冬奥故事"版块，从冬奥筹办、健儿备战、冰雪产业等方面，全方位解读不一样的冬奥。1月31日至2月20日，上海新闻广播、五星体育广播、上海交通广播共同推出冬奥专题新闻节目《空中体坛——冬奥直播室》，丰富的比赛精华和幕后故事让听众大饱耳福，同时内含听众福利互动，节目内容精彩纷呈。此外，在今日头条端，福建新闻广播以一篇冬奥热门选手相关文章——《没有人能随随便便成功 谷爱凌曾在旱雪场多次尝试1620动作》，赢得416万的超高阅读量。

可见，新闻广播作为主旋律媒体之一，不仅可以牢牢把握住在传统媒体端进行热门赛事跟踪报道的优势，还可以在新媒体平台挖掘发布热门赛事相关内容，找准受众喜好适当"蹭热度"，不失是一种提升频率关注度的方法。

三、新闻广播未来需多维创新，迎合受众偏好，打造新颖"新闻"

总的来说，新闻广播作为主流媒体巨头，在本地市场中，新闻类频率影响力稍稍落后于交通类频率，另外与本地音乐类频率竞争更为激烈，相互竞争余下市场。随着融媒体趋势推动，新闻广播逐渐处于被动处境。未来，新闻广播需借助全方位传播矩阵，打造广播可视化场景，多维创新广播节目、内容新形式，借助音频、视频多形态，直播和云端两手"抓"，抓住新机遇，扩大新闻广播影响力，吸引更多关注度。相信未来新闻类频率可以做得更好。

（李静静 龚咏舒）

2022年全国主要省会城市
音乐文艺类频率市场浅析

随着社会物质生活的极大充盈，人民群众对文化娱乐的需求也是日益提高，文化产业已经进入经济建设主战场，文化娱乐业已经是全国经济的重要组成部分。音乐文艺类频率作为文化娱乐大市场下的一个小分支，也是广播市场的重要组成部分。音乐文艺类频率现在的市场状况如何，未来发展的前景如何，已经成为广播业内人士关注的重点。本文基于赛立信媒介研究2022年在全国的收听率调查数据，对省会/直辖市音乐文艺类频率广播市场的现状进行简单分析与探讨。

一、音乐类频率

1. 2022年全国主要省级/省会级电台音乐类频率分布情况

2021—2022年，在全国34个省级行政单位中，赛立信共在27个省会/直辖市进行过广播收听率调查，据调查数据显示，全国共有25个省会/直辖市有明确呼号的省级/省会级电台音乐类频率，合计共54套。[①]

其中17个省会/直辖市都有2套或以上的音乐类频率，只有8个省会/直辖市有1套音乐类频率。拥有音乐类频率最多的省会/直辖市是郑州地区，拥有6套音乐类频率，主要是河南电台有着数量较多的音乐类频率。其次，上海地区也拥有4套音乐类频率。此外还有6个省会/直辖市都拥有3套音乐类频率。整体来看，省会/直辖市音乐类频率的竞争激烈程度是高于很多类型频率的。

表2.7.1　全国主要省会/直辖市音乐类频率的收听情况

省/自治区/直辖市	省会/自治区首府	省级电台音乐类频率	平均收听率地区排名	平均收听率(%)	市场占有率(%)
北京	北京	北京音乐广播	9	0.44	6.2
		经典音乐广播	13	0.16	2.3
		北京好音乐	19	0.05	0.6

---

① 因为中央电台音乐之声在省会城市的竞争力普遍偏弱，因此不纳入本次分析中。文中讨论的音乐类频率均为省级电台和省会电台的音乐类频率。

省/自治区/ 直辖市	省会/ 自治区首府	省级电台音乐类频率	平均收听率 地区排名	平均收听率 (%)	市场占有率 (%)
四川	成都	四川岷江音乐	5	0.62	8.2
广东	广州	广东音乐之声	2	1.15	13.5
		广州金曲音乐广播	7	0.55	6.5
贵州	贵阳	贵州音乐广播	4	0.83	11.6
黑龙江	哈尔滨	龙广音乐台	10	0.23	2.1
		哈尔滨音乐广播FM90.9	9	0.39	3.5
		哈尔滨古典音乐广播FM102.6	15	0.07	0.6
海南	海口	海南音乐广播	3	0.67	12.7
		海口音乐广播	5	0.40	7.6
浙江	杭州	动听968音乐调频	6	0.60	8.5
安徽	合肥	安徽音乐广播	2	0.59	9.3
山东	济南	山东音乐广播	4	0.56	8.5
		山东经典音乐广播	12	0.24	3.7
		济南音乐广播Music88.7	1	1.11	16.8
云南	昆明	云南音乐广播FM97	3	0.90	13.2
		昆明汽车音乐广播	2	1.18	17.3
江西	南昌	江西音乐广播	4	0.64	10.5
江苏	南京	江苏经典流行音乐广播 FM97.5	8	0.59	7.9
		江苏音乐广播FM89.7	6	0.63	8.4
		南京音乐广播FM105.8	3	0.72	9.7
上海	上海	动感101	1	0.99	17.3
		Love Raido	4	0.72	12.6
		经典947	7	0.30	5.3
		KFM981	8	0.16	2.9
辽宁	沈阳	沈阳经典音乐广播	14	0.06	0.9
河北	石家庄	河北音乐广播	8	0.35	6.5
		石家庄音乐广播	4	0.46	8.5
山西	太原	山西音乐广播	9	0.23	4.4
		太原音乐广播	2	0.63	12.2

续表

省/自治区/ 直辖市	省会/ 自治区首府	省级电台音乐类频率	平均收听率 地区排名	平均收听率 (%)	市场占有率 (%)
天津	天津	天津音乐广播	2	1.84	22.3
		经典音乐广播	9	0.24	2.9
新疆维吾 尔自治区	乌鲁木齐	新疆1039音乐广播FM103.9	8	0.46	5.6
		乌鲁木齐106.5旅游音乐广播	2	1.04	12.5
湖北	武汉	湖北楚天音乐广播	2	0.39	7.94
		湖北经典音乐广播	4	0.30	6.12
陕西	西安	陕西音乐广播	3	0.50	7.6
		西安音乐广播	7	0.46	6.9
		陕西年代878	14	0.14	2.1
宁夏回族 自治区	银川	宁夏音乐广播FM104.7	7	0.37	8.7
吉林	长春	吉林音乐广播	6	0.34	5.6
		长春UFM88.0	9	0.24	4.0
湖南	长沙	音乐之声芒果音乐台	2	0.80	12.6
		湖南文艺频道摩登音乐台	7	0.38	6.0
		经典金曲FM88.6 长沙音乐广播	13	0.04	0.6
河南	郑州	河南流行音乐广播MyRadio	8	0.34	4.7
		河南音乐广播	5	0.75	10.4
		汽车音乐广播FM104.5	12	0.20	2.7
		河南古典音乐广播	23	0.02	0.2
		郑州怀旧好声音网络音乐广播	13	0.17	2.4
		郑州音乐广播	4	0.76	10.6
重庆	重庆	重庆音乐广播	3	1.71	19.3

数据来源：赛立信媒介研究，2021年12月—2022年1月

2. 2022年全国主要省级/省会级电台音乐类频率收听排名情况

从调研数据来看，大部分省级/省会级电台音乐类频率的收听情况都处于所在省会地区的中等水平，排名以4—10名为主。其中，收听表现在当地居TOP3之列的音乐类频率见表2.7.2。

表2.7.2　全国主要省会/直辖市音乐类频率平均收听率排名（TOP3）

频率名称	收听率排名	频率名称	收听率排名
济南音乐广播Music88.7	1	湖北楚天音乐广播	2
动感101	1	音乐之声芒果音乐台	2
广东音乐之声	2	海南音乐广播	3
安徽音乐广播	2	云南音乐广播FM97	3
昆明汽车音乐广播	2	南京音乐广播FM105.8	3
太原音乐广播	2	陕西音乐广播	3
天津音乐广播	2	重庆音乐广播	3
乌鲁木齐106.5旅游音乐广播	2		

数据来源：赛立信媒介研究，2021年12月—2022年1月

相对而言，上海地区音乐频率发展较好，动感101和Love Radio的收听表现与创收都不错。动感101是当地历史较为悠久的频率，一直在上海收听市场领先，同时也是上海电台创收最好的频率；《音乐早餐》等品牌节目在上海地区影响力很大；颇具影响力的活动——"东方风云榜"，为动感101吸引了很多年轻人。上海四个音乐频率的目标人群界限相当清晰：动感101针对35岁以下人群，主打流行音乐；Love Radio针对35岁以上人群，主打经典音乐；经典947针对熟龄人群，主要是经典名曲欣赏；KFM981则是外国流行音乐，针对28岁以下的人群。

3. 2022年全国主要省级/省会级电台音乐类频率收听时长情况

从数据来看，日人均收听时长在60分钟以上的省级/省会级电台音乐类频率有7个，约占总数的13%，包括天津音乐广播、南京音乐广播FM105.8等。日人均收听时长在30—60分钟的省级/省会级电台音乐类频率有24个，占比约为44.4%，主要有动感101、济南音乐广播Music88.7、广东音乐之声、昆明汽车音乐广播等。日人均收听时长在30分钟以下的频率则有23个，占比约为42.6%。

整体来看，全国主要省级/省

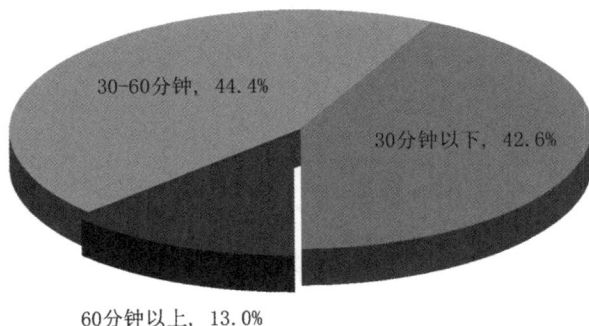

图2.7.1　全国主要省级/省会级电台音乐类频率
日平均收听时长情况

数据来源：赛立信媒介研究，2021年12月—2022年1月

会级电台音乐类频率日平均收听时长约为45分钟，相比全国广播整体日平均收听时长约1小时来看，省级/省会级电台音乐类频率的听众收听黏性略低。

4. 2022年全国主要省级/省会级电台音乐类频率定位情况

从目前主要省级/省会级电台音乐类频率的节目编排定位来看，可大致分成三类：一是综合性音乐广播，以各类音乐节目为主，辅以非音乐内容的节目；二是专业性音乐广播，主要播出各类音乐节目，较少或没有其他类型节目；三是类型化音乐广播，特点是专业化程度较高，专门播放某类音乐（如经典音乐、古典音乐等），听众识别度较高。

在赛立信调查的54个省级/省会级电台的音乐类频率中，主要还是以第二类的专业性音乐广播为主，达31个，这些频率都是以播出各类音乐为主，频率的节目编排形式较多是以流行音乐节目为主，同时部分频率还有短资讯和娱乐互动节目，体现频率轻松休闲、娱乐性强的特点。其中具代表性的优势频率是上海电台动感101、济南音乐广播Music88.7等。

其次是第三类的类型化音乐广播，共有15个，以播出经典怀旧老歌的经典音乐频率占了大部分，还有少量是以播出古典音乐和欧美日韩音乐为主。但类型化频率因为受众面狭小，收听表现普遍不太理想，在所在地区的排名都处于中下水平，但听众的黏性较强。表现最好的是乌鲁木齐106.5旅游音乐广播，其次是湖北经典音乐广播，两个频率在所在地区排名能进入前五位。

第一类综合性音乐广播的数量最少，只有8个，这类频率主要是以流行音乐为主，加上综艺、娱乐、时尚、文化、体育、新闻、汽车、财经、专题等节目类型，因为这类频率节目类型多，灵活多变，可以满足听众不同的需求，因此频率的收听表现普遍较好，基本都能在地区前列，收听表现较好的有广东音乐之声、天津音乐广播、湖南音乐之声芒果音乐台等。

二、文艺类频率

1. 2022年全国主要省级/省会级电台文艺类频率分布情况

2021—2022年中，在全国34省级行政单位中，赛立信共在27个省会/直辖市进行过广播收听率调查，据调查数据显示，全国共有21个省会/直辖市有明确呼号的省级/省会级电台文艺类频率，合计共38套。

其中13个省会/直辖市拥有2套或以上的文艺类频率，8个省级/省会级电台有1套文艺类频率。拥有文艺类频率最多的省会/直辖市是西安、天津、合肥与乌鲁木齐地区，分别拥有3套文艺类频率，主要是其所属的省级电台有着数量较多的文艺类频率。整体来看，文艺类频率更多的是依托省级电台所设立，省会级电台所设立的文艺类频率数量占比较小。

表2.7.3 全国主要省会/直辖市文艺类频率的收听情况

省/自治区/直辖市	省会/自治区首府	省级电台文艺类频率	平均收听率地区排名	平均收听率(%)	市场占有率(%)
北京	北京	北京文艺广播	2	0.73	10.2
		北京故事广播	21	0.02	0.3
四川	成都	FM946	8	0.47	6.2
		快乐900四川文艺广播	14	0.15	1.9
广东	广州	广东台文体广播	9	0.30	3.6
		广东南粤之声	15	0.06	0.7
贵州	贵阳	贵州故事广播	9	0.41	5.7
黑龙江	哈尔滨	哈尔滨文艺广播FM98.4	3	1.36	12.1
安徽	合肥	安徽小说评书广播	15	0.16	2.5
		安徽戏曲广播	13	0.19	2.9
		合肥故事广播	4	0.52	8.2
山东	济南	山东文艺广播	7	0.38	5.7
		济南故事广播	14	0.14	2.1
云南	昆明	昆明文艺旅游广播	4	0.71	10.4
江西	南昌	江西故事广播	13	0.11	1.8
江苏	南京	江苏文艺广播FM91.4	18	0.10	1.4
		江苏故事广播AM1206	19	0.08	1.1
上海	上海	上海戏剧曲艺广播AM1197/FM97.2	10	0.15	2.7
		上海故事广播FM107.2	12	0.12	2.1
辽宁	沈阳	辽宁文艺广播	8	0.33	4.6
河北	石家庄	河北故事广播	11	0.13	2.4
山西	太原	山西文艺广播FM101.5	12	0.18	3.4
天津	天津	文艺广播	6	0.45	5.4
		小说广播	11	0.07	0.9
		相声广播	3	1.34	16.2

省/自治区/ 直辖市	省会/ 自治区首府	省级电台文艺类频率	平均收听率 地区排名	平均收听率 (%)	市场占有率 (%)
新疆维吾尔自治区	乌鲁木齐	新疆维语文艺广播FM107.4	14	0.09	1.1
		乌鲁木齐104.6维语交通文艺广播	5	0.68	8.2
		新疆1028故事广播FM102.8	9	0.44	5.3
陕西	西安	陕西戏曲广播	15	0.14	2.1
		陕西故事广播	21	0.07	1.1
		西安综艺广播	11	0.32	4.8
吉林	长春	吉林健康娱乐广播	10	0.23	3.8
		长春乡村戏曲广播　多彩90	8	0.28	4.7
湖南	长沙	湖南文艺频道摩登音乐台	7	0.38	6.0
河南	郑州	河南戏曲广播娱乐976	6	0.56	7.7
		郑州文化娱乐广播	18	0.08	1.2
广西	南宁	广西文艺广播	2	0.89	16.1
		快乐895［故事广播］	9	0.03	0.5

数据来源：赛立信媒介研究，2021年11月—2022年1月

2.2022年全国主要省级/省会级电台文艺类频率收听排名情况

从调研数据来看，省级/省会级电台文艺类频率的收听情况在播放地区中整体偏低，超过半数的文艺类频率收听情况都处于所在省会/直辖市的10名以后，仅有7个频率能位居所在省会/直辖市的前五名，这些位居TOP5之列的文艺类频率如表2.7.4所示。

表2.7.4　全国主要省会/直辖市文艺类频率平均收听率排名（TOP5）

频率名称	收听率排名
北京文艺广播	2
广西文艺广播	2
哈尔滨文艺广播FM98.4	3
相声广播	3
昆明文艺旅游广播	4
合肥故事广播	4
乌鲁木齐104.6维语交通文艺广播	5

数据来源：赛立信媒介研究，2021年12月—2022年1月

综合来看，天津电台的文艺类频率发展较好，其将文艺类频率做了进一步的细分，打破了通常文艺类频率大杂烩的编排，采取了更加细化的专业化定位，在总台下设置了三大文艺类频率，节目内容编排指向性加强。其中，相声广播作为一个具有特色定位的频率，吸引的则是对相声方面感兴趣的听众，频率的收听表现在天津地区排名第三，其在线下举办的"原创相声大赛"等大型活动吸引了很多喜欢相声的目标听众，《包袱抖不完》等特色节目在听众中也有较高的知名度和影响力。小说广播全天18小时播出故事类节目，充分满足不同类别的"书迷"听众的需要。文艺广播则是涵盖了多种类型的节目，内容范围更广，满足不同种类听众的需求。三大文艺类频率联手，充分迎合了天津人民爱好曲艺的生活习惯。

3. 2022年全国主要省级/省会级电台文艺类频率收听时长情况

从数据来看，日人均收听时长在60分钟以上的省级/省会级电台文艺类频率有5个，约占总数的13.2%，主要包括广西文艺广播、北京文艺广播、相声广播等。日人均收听时长在30—60分钟的省级/省会级电台文艺类频率有7个，占比约为18.4%，主要有哈尔滨文艺广播FM98.4、昆明文艺旅游广播等。日人均收听时长在30分钟以下的频率则有26个，占比约为68.4%。

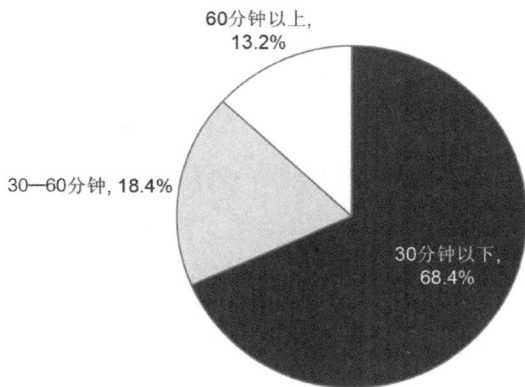

图2.7.2　全国主要省级/省会级电台文艺类频率日平均收听时长情况
数据来源：赛立信媒介研究，2021年12月—2022年1月

整体来看，全国主要省级/省会级电台文艺类频率日平均收听时长约为33分钟，相比全国广播整体日平均收听时长约1小时来看，省级/省会级电台文艺类频率的听众收听黏性明显偏低。

4. 2022年全国主要省级/省会级电台文艺类频率定位情况

从目前主要省级/省会级电台文艺类频率的节目编排定位来看，可大致分成三类：一是综合型文艺娱乐广播，以播出音乐、娱乐为主要内容，辅以说书、新闻、资讯、戏曲、交通等内容于一体；二是语言型文艺娱乐广播，主要播出小说、评书、相声小品、脱口秀、故事、影评等，较少或没有其他类型节目；三是曲艺型文艺娱乐广播，特点是针对性、专业性较强，以播放地区象征戏曲种类资讯或专业戏曲内容为主，偶有杂糅少量新闻节目，听众识别度较高。

在我们调查的39个省级/省会级电台的文艺类频率中，主要还是以第一类的综合型文艺娱乐广播为主，占了20个，这些频率都是"文艺+"的形式，节目编排以说书、音乐、广播剧等形式为主要内容，辅以交通、新闻资讯、体育、生活等，播出模式大而全，能满足不同种类听众的需要。其中具代表性的优势频率是北京文艺广播、哈尔滨文艺广播FM98.4等。

其次是第二类的语言型文艺娱乐广播，共有15个，以播出小说、评书等节目内容的小说、故事频率占了大部分，还有少量是以播出相声小品、脱口秀为主，偶有辅以影视剧、电影等类型节目。该类型广播频率主要推出不同种类的文学形式如小说、情感故事、幽默故事、广播剧等，种类繁多，能充分满足目标受众需求，但因整体受众较少，在所在地区的排名均处于中下水平，但听众的黏性较强。表现最好的是天津电台相声广播，其次是合肥故事广播，两个频率在所在地区排名能进入前五位。

第三类曲艺型文艺娱乐广播的数量最少，只有4个，这类频率主要是以专业戏曲为主要播放内容，因其专业性与针对性，戏曲型文艺娱乐广播较为小众，且因戏曲的特殊性——作为一种视听结合的综合性较强的艺术活动，在广播渠道仅以听觉角度进行传播有限制其发挥其独特魅力的可能，因此收听表现普遍不太理想，在所处地区均处于中下水平。收听表现较好的有河南戏曲广播娱乐976、上海戏剧曲艺广播AM1197/FM97.2等。

三、省会/直辖市音乐文艺类频率的现状与展望

综合来看，音乐类频率占全部省级/省会级电台频率总数的15.3%，但市场份额却占了省级/省会级电台市场份额总数的18.0%。文艺类频率占全部省级/省会级电台频率

总数的11.0%，却只占了省级/省会级电台市场份额总数的7.5%。由此可见，音乐类频率对省级/省会级电台的贡献率明显优于文艺类频率，对省级/省会级电台的市场份额是有着拉动作用的；而文艺类频率的贡献率则明显偏低，对省级/省会级电台的市场份额没有正面拉动作用。

再对比全国各类电台广播市场竞争格局来看，音乐类频率约占国内四分之一的整体市场份额，明显高于省级/省会级电台的市场份额占比，这说明在省会/直辖市中音乐类频率的竞争激烈程度是明显高于全国水平的，也要高于地级市的竞争水平。这与省会/直辖市电台频率数量较多、听众工作生活节奏更快、休闲娱乐渠道更多有着较强关系。而文艺类频率在全国的市场份额约为3%，明显低于省级/省会级电台的市场份额，这说明省会/直辖市听众对文艺类频率的收听需求要高于全国整体水平，省级/省会级电台文艺类频率还有着更多的潜力可以挖掘。

目前看来，传统意义上的广播已经从"广播"逐渐向"窄播"方向发展，从无针对受众的广泛播放变为如今的吸引一种类型听众的针对性播放，从大众到专业到个性定制是目前广播媒体的发展路径，但音乐文艺类广播的类型化道路仍在不断探索前进中。在营造精神文明氛围的过程中，广播媒体占有重要的一席之地，而音乐文艺类广播起到了不可或缺的支撑力量。在"窄内容"与"窄受众"化趋势下，选择一条怎么样的道路进行发展，是广播从业人员需要认真思考的问题。

（罗剑锋　蔡芷琪）

新能源汽车市场持续扩张，广播媒体如何体现自身价值

在国家政策的引导下，中国新能源车市场不断扩大，在"2022电动汽车百人论坛"上工信部、发改委、住建部、科技部等多部门均有透露未来关于新能源车的政策方向。从透露的信息看国家对新能源车的支持政策大方向不会改变，另外，近几年互联网造车热度不减，像阿里、腾讯、华为等这些互联网科技巨头已逐步步入新能源造车行列，可预见不远的将来，新能源车的前景持续向好。

广播作为移动场景下能够实现高效传播的一大媒体类型，与汽车品牌广告的适应性极佳。那么，在融媒体时代背景下，在新能源车不断扩大的市场中，广播如何体现自身价值？

一、新能源车车主群体高速增长，广播广告优势凸显

截至2020年底，全国新能源车保有量超过490万辆，2021年新增销售328.2万辆，销量同比增长179.7%。同时，其市场渗透率也在逐年提升。在政策利好和市场需求双重驱动下，新能源车市场规模在迅速增长。

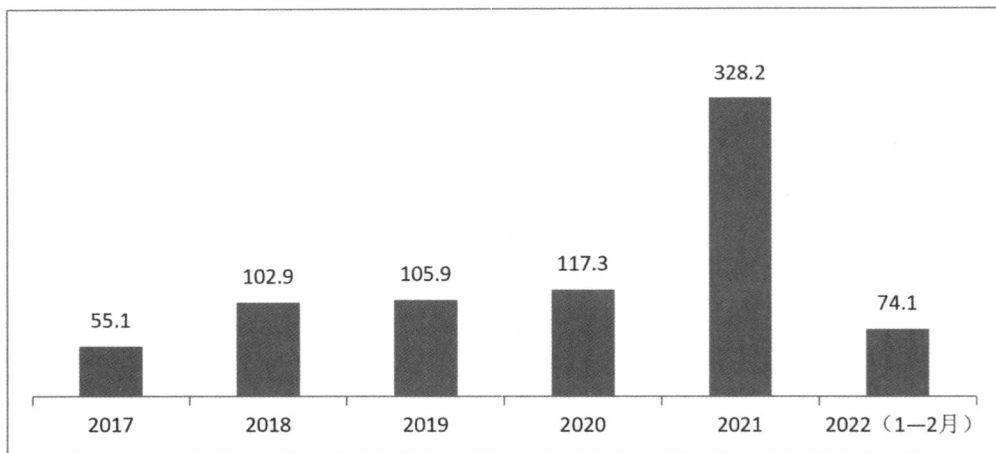

图2.8.1 新能源汽车销量（万辆）

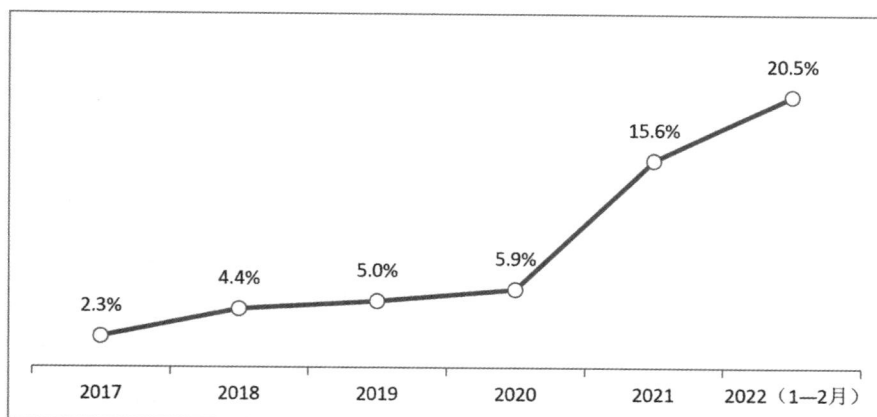

图2.8.2　新能源汽车市场渗透率

数据来源：CPCA（乘联会）

与新能源汽车保有量逐年增长的大环境同样向好的是，广播在车载和智能收听终端的听众规模也在持续壮大，广告投放优势得到显现。

数据显示，在新能源车车主中几乎有八成属于高频收听广播人群；同时，通过车主未来收听意愿调查可知，现在收听广播的车主未来依然会保持现有的收听习惯，除此外，有超过两成的车主表示未来收听广播的意愿更强烈。

从驾车情景理解，广大车主在出行中由于无法解放双眼，所以声音的陪伴始终是非常有必要的，对广播提供的内容和信息服务需求较高。广播广告具备的伴随性收听方式和封闭空间中的强传播能力的特征，使其成为助力汽车品牌传播的重要选择。

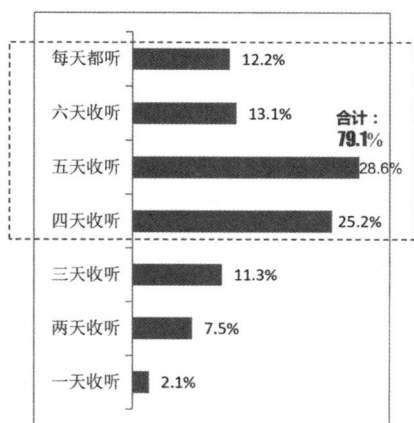

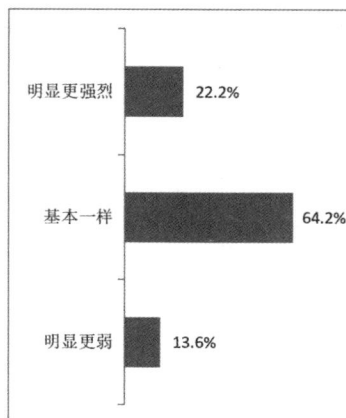

图2.8.3　新能源车车主周收听车载广播频次　　图2.8.4　新能源车车主未来收听车载广播意愿

数据来源：赛立信媒介研究

二、广播高质量听众与新能源车目标人群重合度高

广播媒体拥有一批高质量用户群体，听众画像的年龄以20—49岁为主，其中既有高收入、高学历和高社会影响力的社会中坚群体，此类人群作为当下社会主要消费群体，亦是新能源车主要目标人群。

通过职业对比可知，综合听众人群和新能源车车主均以白领阶层及公务员/管理人员为主，两大人群的职业特征高度重合，此外，综合听众当中，中层管理者、私营业主这类高净值人群占比分别为11.0%、10.3%，此类人士正是新能源品牌应重点拓展的人群。

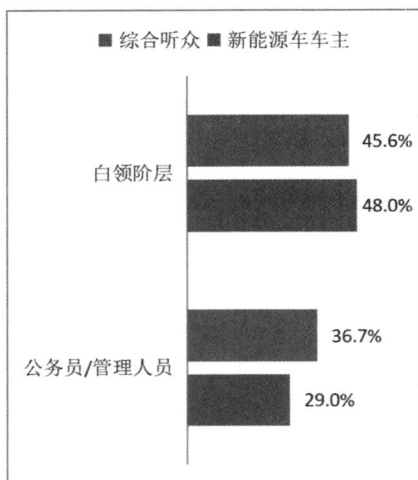

图2.8.5　人群职业比较　　　　图2.8.6　广播听众年龄分布

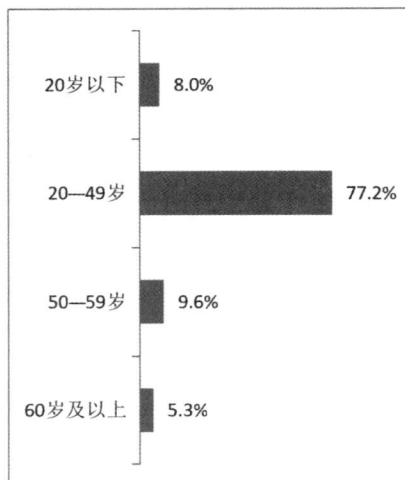

数据来源：赛立信媒介研究

三、结合用户特征，采用多种形式、多样创意、多版本的广播广告策略助力新能源品牌推广

当代消费者触媒行为严重碎片化，而广播媒体具备覆盖面广，听众不受时间、空间的限制随时随地收听的优势，所以广播媒体仍是广告主进行品牌传播的一大主力平台。在新能源汽车保有量逐年增长的大环境下，汽车广告仍然常年占据各行业广播广告投放花费榜首。

如小鹏汽车的广播广告投放便是一个良好实例。小鹏汽车在2021年销量达到96641

辆，"蔚小理"变身"小蔚理"成功抢夺新势力品牌第一。这一品牌投放的广播广告，主推旗下小鹏P7超长续航智能轿跑和小鹏P5百变舒适智能家轿，主要在广东、海南、河南、湖北、陕西、天津、浙江等地区的音乐、交通和新闻类频率投放广告，瞄准车载和智能收听场景，抢占收听人群心智，快速"智"取市场。下面，以小鹏汽车在温州电台的广播广告投放效果为例，分析广播广告如何助力新能源车发展。

1. 线上广告多内容、多形式播放收获巨大声量

小鹏汽车在广播广告方面实行了"硬广+软播"的策略，投放温州电台早晚高峰栏目收听率在全天所有时段保持领先，尤其在7:15—8:15表现突出，收听率基本都在16.00%以上，总体实现日到达率34.7%（曝光312.3万/天），日收听率3.22%（收听28.98万/天）。其中，专业汽车节目《缤纷车世界》通过14期专题节目从小鹏汽车的舒适性、驾驶性、设计感、安全性、智能化、用车成本等多维度、多角度详细介绍了为什么建议大家选择小鹏汽车，通过与意向购车客户互动和有奖问答形式，在温州市场形成了正向的舆论导向，实现18天总计曝光5621.4万，收听521.64万人次。晚高峰节目《马路锵锵行》通过21期无感植入广告，实现24天总计曝光7495.2万，收听695.52万人次。节目通过与意向购车客户互动和有奖问答形式，年终岁末在温州市场形成了良好的正向声量和集客转化。

2. 举办线下活动，增加用户体验，加强用户黏性

针对小鹏车主属性"城市时尚、跨界前沿"，特别策划"呼'鹏'唤友　沉浸体验"——小鹏汽车联合温州电台举办洞头花岗渔村探海之旅，以环海自驾体验小鹏智能科技，以剧本杀与网红民宿体验小鹏美好生活，得到了温州潮流年轻群体的关注。

另外，结合疫情下的年终温州政府导向，特别策划"'鹏'友相伴　一7回家"小鹏汽车与温州电台无忧回家公益计划，以倡导留温过年的公益活动形成话题互动植入有奖抽7天小鹏汽车使用权，以广电云车购·小鹏初体验+时尚智造设计中心+用车场景专场体验的社群营销，全天候自驾体验小鹏智能科技百变空间。活动一经推出报名火爆，得到了温州潮流年轻群体、媒体记者和设计师的参与。

3. 结合目标群体特征，精准投放

广播媒体拥有一批高质量用户群体，据赛立信调查数据显示，广播媒体主要经营的用户是新生一代的"九〇后"和"八〇后"年轻群体，车载广播用户含有大批商业人士、出行达人、理财达人，广播网络收听端则吸引了更多网购达人、游戏达人等年轻一代。小鹏汽车车主正是一批以"八〇后""九〇后"为主的爱玩年轻人，精准定向广播媒体年轻一代人群，深谙年轻化的玩法触达大量高质量目标客群，也符合小鹏汽车"轻资产，强营销"的企业风格理念。

结合日常车主收听广播的习惯，从频率类型看，小鹏汽车广告投放集中选择交通、音乐和新闻类频率，尤其在交通类频率上的广告花费过半数。

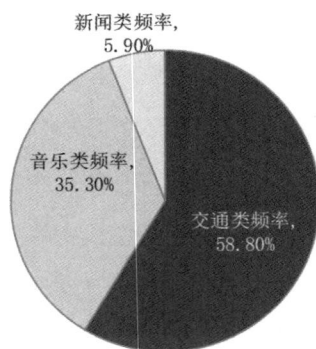

图2.8.7　广告投放频率类型
数据来源：赛立信媒介研究

小鹏汽车广告投放时间全天各时段均有分布，主要集中在早高峰（8:00—10:00）和晚高峰（16:30—19:00）时段，这两个时段广告花费占比较高。

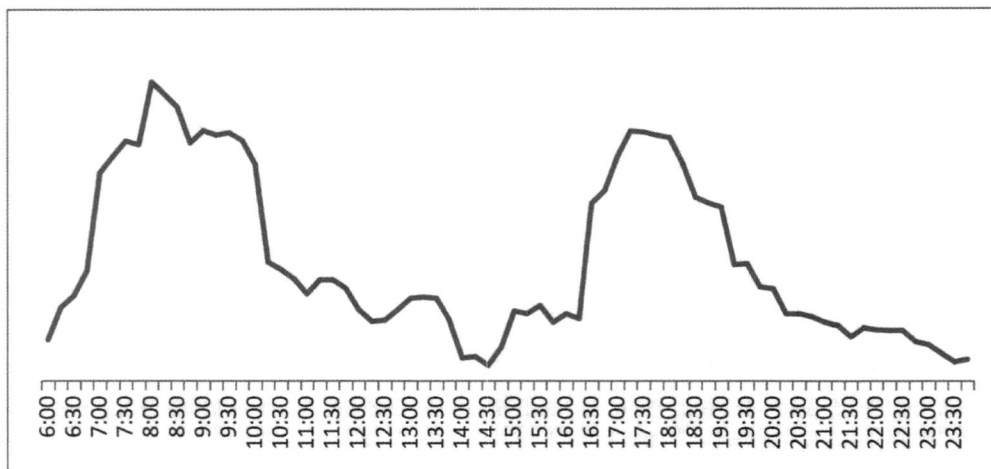

图2.8.8　小鹏汽车广告投放时间
数据来源：赛立信媒介研究

4. 全国多频率同时投放，扩大覆盖面

新能源汽车在一、二线城市政策利好，消费者接受程度高，消费能力较强。小鹏汽车在广东、海南、河南、湖北、陕西、天津、浙江等经济发达、人均收入水平较高、购买力较强的省级、省会及地级市频率上主推小鹏P7（零售价￥224200起）和P5（零售价￥162700起）两款车型，其中，在新一线城市频率的广告投放选择率高达47.1%，省级和二线城市频率均达23.5%，以下为部分投放示例：

在广州MY FM 880 f88.0选择15秒硬广和特约形式推广小鹏P7："小鹏P7 综合工况高达706公里……""小鹏P7全场景语音，能聊天还能讲笑话……""小鹏P7搭载丹拿音响，整车18个扬声器，还原真实音质，在歌声飞扬中快乐出发……""小鹏汽车智能泊车辅助系统，你能想到的车位狭窄、夜间视线不良、新手泊车等难题，都能轻松应对……""窗户可以打开19%，小鹏汽车智能语音，可连续多次对话，精准识别用户的多项指令……"等。

在河南交通广播FM104.1植入小鹏P7："线上1分钟连线门店销售主管，连线内容包括介绍小鹏P7产品的外观、续航、配置、成绩和殊荣等""60秒口播推荐超长续航智能轿跑小鹏P7，介绍其综合工况续航里程"等。

综上所述，广播媒体具备的覆盖面广，听众不受时间、空间的限制随时随地收听的优势能很好地与车主的用车场景结合在一起，活用这一优势，能更好地与新能源汽车市场的营销推广相结合；广播媒体亦逐步向融媒体转变，其具备的一些新特征也能更好地为各大广告主服务。

（黎华富　罗颖彤）

探索广播融媒内容的"年轻态"传播

根据赛立信数据，截至2021年底，中国广播媒体听众规模达到6.81亿，我国在线音频用户已达到6.4亿人，2022年由于疫情原因，车载听众增幅速度有所放缓。但随着私家轿车普及率持续提升，车载听众规模仍保持升势，车载听众依然是广播收听主体，同时会有更多听众转移至移动互联网端，车载听众和移动端音频用户重叠度相应提升。

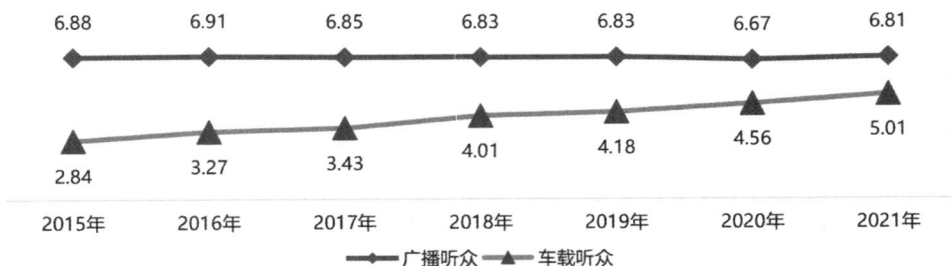

图2.9.1 2015—2021年广播听众规模（亿）

数据来源：赛立信媒介研究，全国收听率调查，2015—2021年

一、广播融媒"年轻态"传播正在成型

1. "七〇后"至"九〇后"听众仍然是广播收听主力，广播用户逐渐偏年轻化

广播用户年龄构成数据显示，"七〇后"至"九〇后"听众为广播收听主力，占比高达78.9%，其中"六〇后""七〇后""八〇后"及以上用户占比较2021年有轻微下滑，"〇〇后""九〇后"用户占比上涨5个百分点左右。说明随着全媒体融合深化，广播用户逐渐偏年轻化，随着用户年轻化，广播内容形式会涌现更多新玩法。

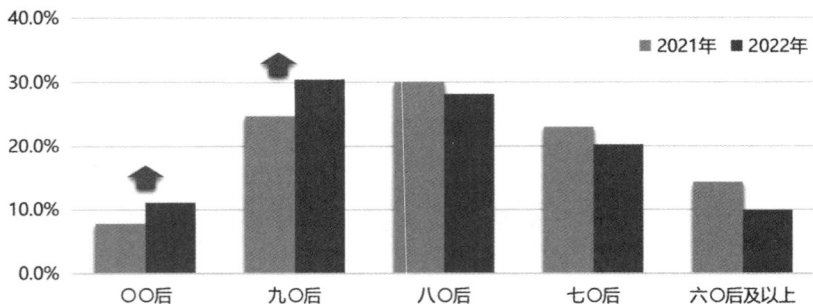

图2.9.2 广播听众在不同年代人群中的占比（%）

数据来源：赛立信媒介研究，全国收听率基础调查，2022年

2."○○后""九○后"听众更关注购物、体育运动及各类实况直播等广播资讯内容

数据显示，"○○后"更关注体育运动、音乐歌曲、阅读/书籍等广播内容，"九五后"关注更集中在"新颖"途径传播的广播购物、体育运动、各类实况直播、小说连播、音乐歌曲，而"九○后"，成为新进宝妈/宝爸，更加关注餐饮美食、保险产品、少儿节目等广播资讯。虽然"○○后""九○后"关注重点不尽相同，但基本对网络新媒体传播的衣食住行类内容、网络直播等方面有着较高的选择率。因此，在广播探索融媒发展过程中，更好地融合年轻一代重点关注内容，成为广播人新的探索要点。

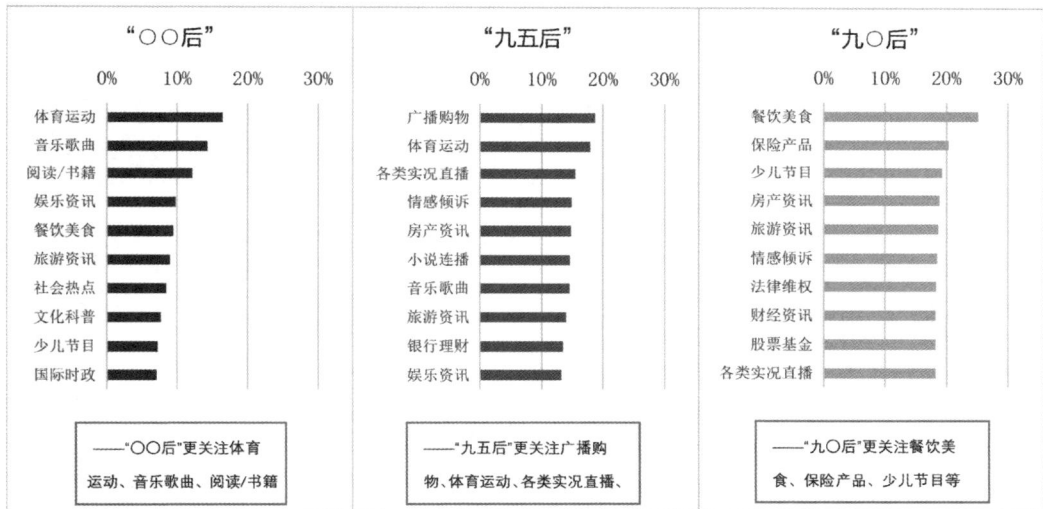

图2.9.3　年轻一代广播听众关注的广播资讯类型TOP10（%）
数据来源：赛立信媒介研究，全国收听率基础调查，2022年

3. 重新构建融媒生态

媒体格局发生变化，传统媒体的市场份额下跌，影响力被削弱，需要重新构建融媒生态。习近平总书记强调，要加快传统媒体和新兴媒体融合发展，充分运用新技术新应用创新媒体传播方式，占领信息传播制高点。广播媒体迎合大主流进行内容转型，立足自身实际，把互联网特点和媒体融合发展规律有机统一起来，在思维理念创新、方法机制创新中深化媒体融合，打造既有新闻舆论主导权，又有舆论引导话语权，具有强大引领力的广播电视主流媒体。

二、广播"年轻态"创新传播路径探索

1. 智能AI技术打造新型"视听"盛宴

5G互联网深入发展，利用新技术打造新时代广播是一大可取方向。如中央广播电视总台打造的云听APP，立足总台"全力构建'5G+4K/8K+AI'战略格局"创新布局，坚持以技术为先导推动国家音频产业生态创新，推动人工智能同广播的深度融合。云听以前瞻性视角打造"云听AI广播"，该系统以AI智能技术为原点，以云听内容为支撑，将智能化的广播播出系统与高品质的音频内容产品结合，通过智能抓取、智能播报、智能编排、智能主持，一键生成24小时电台节目，为用户带去AI路况、气象、应急、资讯、节目区域化个性推送。

同时，借由广播媒体与车载场景的强关联性，云听全力发展车机端产品，打造云听车机版，并结合人工智能等新兴技术，不断拓宽声音产品边界，为车载端用户提供优质、权威、智能的声音产品和服务，助推智慧广电新发展。

此外，市县级广播电台也可以在这一领域大有所为，如吉林省首家引入AI技术实现人工智能播报的县级广播电视台——榆树广播电视台综合广播5G智慧电台。榆树市融媒体中心抢抓机遇，大胆创新，对榆树电台进行全新改版，通过引进5G智慧电台，以人工智能技术再造广播价值，努力打造"新闻＋政务+服务+商务"全方位的广播新媒体。5G智慧电台突破传统广播的节目编排、主播播报形式，系统内的AI智能系统将更广泛地实现大数据信息自动抓取、智能编排、智能审核、智能分发、智能播报，一键式自动化生成新闻、资讯、天气、路况、音乐串接等播出内容。引进仿真AI主播，打造东北首家5G智慧AI广播。改版后的榆树5G智慧电台在节目同时穿插智能播报，及时推送当天各类重大资讯；早中晚时段，为听众提供精准、智能的路况、天气信息服务，满足听众多维需求，全力打造专业、优质的服务型调频广播。

2. 借助传统文化，打造"破圈"融媒产品

紧跟新媒体发展步伐，紧贴年轻一代最爱的短视频形式，中央广播电视总台打造大型融媒体活动"中国短视频大会"，这是与浙江省人民政府签署深化战略合作协议的框架下，为国家（杭州）短视频基地量身定制的首个大型季播融媒体节目。《中国短视频大会》活动主题为"短视频中看中国"，面向全网征集短视频作品，集结各内容垂类

优质创作者，同时邀请业界、学界、产业等权威代表组成评审团，对创作者产出的作品多维度进行评判。创作者通过作品创意展演、杭州命题创作等赛段的层层甄选，角逐节目最高荣誉。该节目强化"思想+艺术+技术"创新融合，以小切口展现大时代，聚焦非凡十年党和国家事业取得的历史性成就、发生的历史性变革，描绘新时代奋发向上的精神风貌，记录当代中国龙腾虎跃的现实生活，奋力唱响礼赞新时代的高昂旋律。《中国短视频大会》节目通过"线上线下联动、大小屏联动、央地联动"，充分发挥总台融合传播优势，构建大小屏同频共振、多平台联动运营、全链路宣传推广的格局，实现全媒体矩阵融合。

此外，还有借助新媒体传播传统文化的融媒节目以及中央广播电视总台制作的16集大型融媒体文化节目《行走大运河》。节目融合了文艺与新闻的多种表现手法，强调文艺性、原创性、纪实性，追求思想深度、情感温度和艺术高度，用心用情用功讲好运河故事。《行走大运河》内容定位于大运河古老文化的传承与创新发展，以"行走"的方式，实地探访大运河沿线北京、天津等16座城市，寻找大运河典型人物、典型故事、典型环境、典型声音，通过大量采访大运河文史专家、非遗传承人以及运河沿岸普通百姓，生动讲述了大运河的"前世今生"。节目传播形式以16集音频节目、36条短视频+记者体验Vlog、微博话题、系列海报、"点亮大运河"H5互动闯关游戏等多种组合方式进行多维度、全矩阵、多平台内容发布，用年轻化的表达方式与年轻人共情，让更多年轻受众感知运河之韵、运河之美、运河之变，让千年文脉在赓续中焕发生机、走向未来。

无论是引进智能AI广播还是借助"传统文化"东风，打造破圈融媒产品，都是紧跟融媒体时代发展速度转型升级的必然选择。重新构建融媒矩阵，打造广播可视化场景，开创节目展现新形式，将自身拥有丰富内容资源整合，展现出更精彩、更多样化的新时代广播。

（李静静）

融媒体环境下，广播电台融合创新经营对策

2020年11月，国家"十四五"发展规划中提到"推进媒体深度融合，实施全媒体传播工程，做强新型主流媒体"，国家对构建新型主流媒体作出了深入的顶层设计，针对一体化全媒体组织架构的横向设计、纵向布局和区域协同方面都进行了具体的部署，媒体融合走向平台化、生态化、人本化、社会化的方向发展。在媒体融合不断深化以及国家政策的鼓励下，广电媒体顺应潮流，不断实践和深化传统广播与互联网的融合创新，推动广播电台从思维模式到内容创作再到方法机制的全面转型升级，打造既有舆论引导力又有传播影响力的新型主流媒体。本文将就目前融媒体大环境下，广播媒体如何找准融媒体产品、节目及主持人定位，深耕内容产品市场，实现广播电台的融合创新经营进行讨论。

一、把握广播市场下沉机遇，服务本地用户需求

赛立信调查数据显示，从2021年全国各级电台市场份额来看，市县级电台占比牢牢占据领先地位，且相较2020年增长3.9个百分点，而中央级电台和省级电台的占比较2020年都出现下滑，广播媒体的区域化、本地化特点越

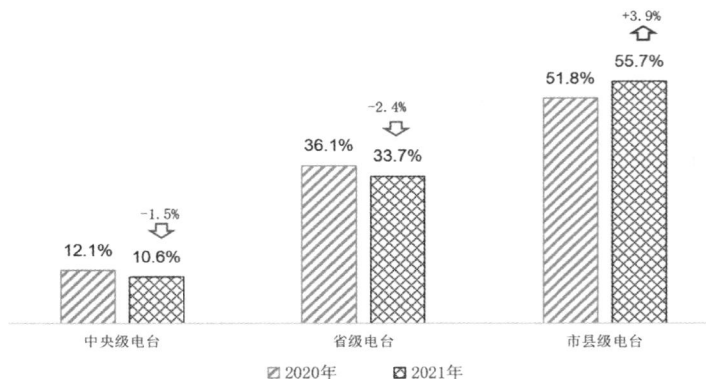

图2.10.1　2020—2021年各级电台的市场份额

数据来源：赛立信媒介研究，2020—2021年

发显现出来。特别在党中央提出的"建强用好县级融媒体中心"发展战略以来，市县级广播电台纷纷跑步加入媒体融合创新的赛道中，为广播融媒体市场的下沉带来了新机遇。

广电媒体在打造融媒体节目/产品时需要立足于本地，充分利用当地资源优势和地方频率特点，灵活运用各类互联网新技术助推地方电台节目和活动策划，以扩大地方及电台自身的品牌影响力。同时，各省级电台融媒体机构也可以充分发挥其资源整合能力，联合市县融媒体中心共同推出系列融媒体产品、节目或活动，以实现相互引流、相互盘活的良性循环。以陕西广电融媒体集团为例，在2022年推出了陕西乡村振兴融媒体平台，该平台由陕西省农业农村厅、陕西省乡村振兴局、陕西广电融媒体集团（台）共同建设，依托陕广集团强大的平台、内容、技术支撑能力，运用互联网、5G、大数据、云计算、人工智能等先进技术，有效整合各类媒体资源和全省农业农村、乡村振兴系统各类优质资源，搭建安全、便捷、自主、可控、好用的新型主流媒体平台。2022年7月19日，平台一期工程——乡村振兴新闻网正式上线，定位为乡村振兴领域的新门户，设置有新闻资讯、精彩视频、政策解读、专家智库、产业服务、产品展销、广播电视收看（听）等板块，实现对陕西乡村振兴各类信息的一站式采集、加工、生成和全媒体分发，构建陕西农业农村和乡村振兴宣传总平台。接下来，陕广集团还将致力开发振兴乡村客户端和系列垂直化、专业化应用产品，融合干部学习、农民培育、农技推广、乡村治理、三农大数据、电子政务、电子商务等功能和资源，打造全国知名的新型涉农主流媒体平台、乡村振兴综合服务平台和新时代治国理政新平台。

另一方面，广播媒体在积极搭建融媒体矩阵的同时也要牢记，作为植根于本地的媒体，服务本地社会经济发展仍然是其主要职责所在。因此，广播融媒体节目/产品还需要深挖本地用户的需求痛点，了解本地民众的生活特点，利用融媒体产品传播范围广、传播形式多样、互动性强等特点，更有效地服务于本地人民的吃穿住行、民生琐事，立体全面地服务于本地民众的生活。以贵州交通广播的《了不起的年轻人》为例，节目定位为晚高峰综艺脱口秀节目，主要关注贵州年轻人感兴趣的吃、喝、玩、乐、新奇体验，发现本地年轻人的潮趣生活新方式。节目组针对贵州人爱吃、喜欢研究尝试新奇古怪的吃法并把一天的饮食重心放在晚上等饮食特性，将17点到18点时段设置为了美食单元，吸引了大批通勤路上思考晚饭的听众朋友准时收听节目。节目组还抓住短视频在近年火速发展的状况，在电台美食节目的基础上增加了线下探店的内容，打造出网红主播"羊羊"，并在2021年9月开设抖音号"羊羊出击"，线下探店真实体验。账号开设两个月后，全网自然浏览量突破200万。在此基础之上，《了不起的年轻人》节目组开始尝试其他商业模式，如承接餐饮商家的带货业务及宣传需求，通过会员制方式建立本土美食联盟，以实现线上流量的变现。

二、锁定目标用户消费需求，深耕垂直化、场景化经营

随着广播融媒体的不断深化，广播媒体内容分发渠道向全媒体、多平台方向发展，广播内容面向的群体也随之呈现出多样化的特点。在新的广播形式下，广播听众的位置逐渐由被动接受的"受众"角色向主动参与的"用户"角色转变，对节目内容的选择上也有了更多的个性化需求。因此，广播电台在内容制作上除了要继续发挥国家"喉舌"的作用外，还要树立起用户思维，做好内容的垂直化深耕经营，以更好满足不同场景、不同圈层用户的需求。

融媒体时代广播节目内容的深耕需要清晰定位自己的目标用户群体，并对其生活、消费需求进行深度挖掘，以更好地满足其对内容信息的需求。此外，内容制作组还可以着眼于用户群体经常接触到的消费行业和场景，对这些行业、场景进行垂直化深耕，以更加专业化、贴心的服务满足目标用户的需求，在提升用户忠实度的同时扩大节目的影响力和变现渠道。

嘉兴音乐生活频率在2021年1月上线融媒体育儿节目《妈妈怎么伴》，主要面向"八〇后""九〇后"年轻父母，重点关注低龄育幼、青少年身心健康、年轻母亲自身健康等内容。栏目主持人为年轻的"八〇后"辣妈麦子和"九〇后"新晋辣妈徐佳，以轻松活泼、充满活力的风格与听友互动。节目以每半个小时设置不同板块来呈现，每天选取不同板块组合，板块包括"萌娃来了""辣妈驾到""老爸实验室""小豆豆的脑洞世界""伴我成长"等，碎片化、轮盘式的板块设置符合了目前广播用户主流的移动、智能化收听习惯。此外，栏目组也尝试社群运维，建立专门的亲子辣妈群，栏目开通了抖音号，更多地开展线下活动，增强粉丝黏性，为节目的广告经营开拓更大空间。节目上线以来深受听众的喜爱，收听表现长期稳居嘉兴地区同时段节目前两位，节目抖音号粉丝量也获得迅速的提升，成为嘉兴电台融媒体创新的优秀案例之一。

又如在垂直类型化频率方面，浙江城市之声作为全国首家"私家车电台"，针对目标私家车听众的收听习惯创新推出全新的播出模式，构建一个"人、车、手机"合为一体的"车联网"，在原有的碎片化、轮盘式播出的基础上，加大力度，做出极致的私

家车节奏，以每5分钟为一个小节，以每15分钟为一个小段落，以45分钟为一个板块，以贴近生活的内容选择、碎片化的节目编排、追求快乐的综艺形态、彰显个性的主持风格，通过广播、互联网、新媒体等多种通道与车联网无缝相连，打造驾驶者的快乐汽车生活。浙江城市之声王牌节目《私家车上班路上》，着力打造以脱口秀形式为主体、碎片化运作为形式、轮盘式播出为结构、综合全媒体资讯内容、车联网为新概念的早间新闻脱口秀节目。节目以"全资讯"为依托，辅以"全综艺"的表现手法，通过广播端、APP视频直播端以及微信客户端的全网热搜贴进行"全媒体"直播，是省内第一档深度融合音视频互动的融媒体栏目。《私家车上班路上》还打造了栏目主持人网红概念，三位主持人的融媒体账号"Miss袁""新闻姐"等全网粉丝达千万级，点赞破亿。这种模式脱离传统的常态工作，在新渠道上打造品牌，进而反哺传统平台。2021年，浙江城市之声在喜马拉雅年度都市类频率榜单中高居第一，同时频率还创建了中国广播首个千万粉丝IP群，成为中国广播媒体融合的头部阵营。

三、发挥主持人个性专长，在多平台树立主持人IP形象

融媒体时代下，广播节目的传播内容和形态都发生了巨大的变化，这对于主持人的综合能力同样提出了更高的要求。主持人不仅要夯实作为电台主持人所需的文化理论知识和专业能力，还需要适应和了解融媒体相关的技术、思维模式和专业能力。

广播电台在培养融媒体节目主持人时需结合主持人自身的专业特长、个性风格以及市场需求，为主持人找到合适的垂类市场。主持人再利用自身积累的理论知识和专业能力亲自下沉到相关领域中进行深耕运营，最终成为该领域的"专家达人"。此外，在融媒体的语境下，主持人不仅要在广播节目中塑造声音形象，还需要进军微信、微博等新媒体平台，进入视频直播间，通过文字、图片、视频直播等形式表达自己的观点、建立自己的IP形象，主持人要在不同平台上与用户积极交流和互动，拉近彼此的距离，才能使自己的形象深入人心。在主持风格上，主持人需要打破以往严肃刻板的形象，需要走到镜头前、走近用户，以更加鲜明、活泼、个性化的IP形象给予用户新鲜感和冲击感，提高自己在用户中的认知度和忠实度。总体来看，融媒体环境下电台主持人不能只是广播主持人，而要成为行业的"专家达人"和全媒体的主持人，需要具备在不同形式媒体中营销发声、树立自己IP形象的能力。

以内蒙古广电集团为例，集团以广电融媒MCN模式运营融媒体内容市场，并通过"在快手端做直播、大屏端做新闻"的联动模式持续培养节目及主持人IP。目前，内蒙古广电集团融媒体MCN已培养出6个人气流量比较高的主播：海燕现在是记者垂类的第一，重点做寻人；雷蒙在本地打公益牌；岩清重点打电商牌；崔健是打情感牌；名妍是台里粉丝量级最高，重点是打政务牌；左芳拥有4万多的粉丝，走的是教育垂直类。

此处着重介绍一下主播雷蒙的培养路径。雷蒙是内蒙古广电集团老牌民生节目的记者和主持人，因此，集团融媒体MCN为他树立的是民生、公益的IP形象。MCN为他策划了大小屏融合，直播连麦解决问题的直播形式，在直播间建立之初，雷蒙坚持每晚直播3小时，解决听众用户提出的民生问题。利用自己当记者时积淀下的大量政务资源，很多问题他只需沟通协调对接一下，事情就有了解决的突破口。他最高峰一晚上3个小时的直播解决了七八件事，在直播中展现如何解决问题，实打实解决问题后，雷蒙的账号人气很快就上来了，直播间同时在线人气维持在5000人左右，目前账号粉丝数已达到近80万。通过直播帮助群众解决急难愁盼的问题，雷蒙迅速由传统民生节目记者转化为人气网红，记者帮人的人设也立得非常稳，这是许多广电媒体主持人可以较容易学习借鉴的模式。

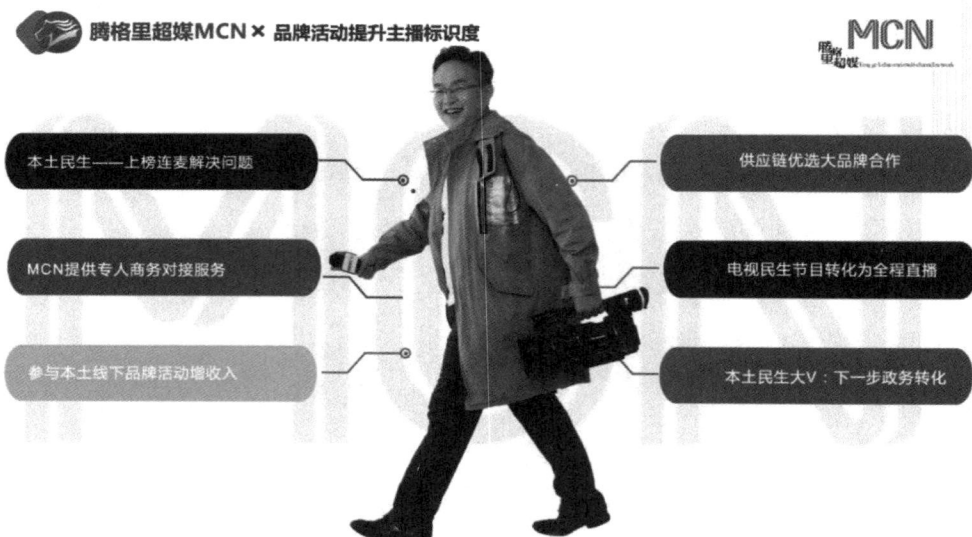

在媒体融合不断深化的背景下，广播媒体如何找准产品、主持人定位，实现电台的融合创新经营是近年来广播人不断尝试探索的方向。在此过程中，各大电台需要积极

调动整合本地资源，开拓下沉市场，同时要注意树立用户思维，深耕垂直化、场景化内容和市场。另外，在主持人的培养方面，电台需结合主持人的专长、个性找到其合适的人设定位，同时培养主持人成为"行业专家"和全媒体主持人的意识，走出录音棚，在不同平台树立自己的个性化IP形象。

（高杰　甘会霞）

广电融媒体平台齐发力，共赏北京冬奥会盛事

2022年2月4日，第24届冬季奥运会在国家体育场正式拉开帷幕，北京成为全球首个"双奥之城"，受到了全世界的瞩目。为了让广大媒体用户能够更便捷、全面地了解这次冬奥盛会，感受冰雪运动的魅力，各大广电主流媒体积极拥抱媒体融合大潮，利用先进的媒体融合技术和丰富的融媒体传播平台，以创新的融媒体内容制作形式和理念，为媒体用户们带来了一场精彩绝伦的冬奥盛宴，并取得了良好的媒体传播效果。

一、冬奥会期间全国省级以上电台新闻、交通类频率累计获得近2亿云听点击量①

赛立信媒介研究云传播数据显示，在北京冬奥会期间，全国省级以上电台新闻、交通类频率在主流网络聚合音频平台上累计获得1.93亿的听众点击量，广电媒体冬奥会期间的云传播表现突出。从冬奥会期间各周的云听走势来看，随着冬奥赛程的不断深入以及我国运动健儿的捷报频传，听众对赛事的关注度不断提升，广播电台的云听点击量也随之呈现逐周递增的趋势，在2月18日"谷爱凌自由式滑雪女子U型场地夺金"当天，省级以上电台新闻、交通类频率单日点击量达到最高的1284.91万，我国运动员的优秀表现点燃了听众们的广播收听热情。

在各电台频率云听表现方面，中央广播电视总台中国之声冬奥会期间推出《欢乐过大年,冬奥一起来》等特别节目，在《新闻和报纸摘要》《新闻纵横》等品牌栏目中对冬奥会相关资讯新闻进行全方位报道，收获了大批在线用户听众的青睐，频率冬奥会期间累计点击量达到6775.01万。此外，河北综合广播、江苏新闻广播、北京新闻广播等省级电台新闻频率也纷纷对冬奥盛会进行了跟踪报道，并适时推出一些有本地特色的冬奥会专题栏目，深受当地在线听众用户的喜爱，上述频率冬奥会期间的累计点击量均超过800万，包揽省级电台新闻、交通类频率冬奥会云听点击量TOP3。

---

① 1. 本文冬奥会期间数据统计时间为2月4日—2月20日。2. 云听数据主要来源于蜻蜓FM、喜马拉雅、听伴等主流网络聚合音频平台APP。3. 本文采集全国省级以上电台交通、新闻类频率音频账户共75个。

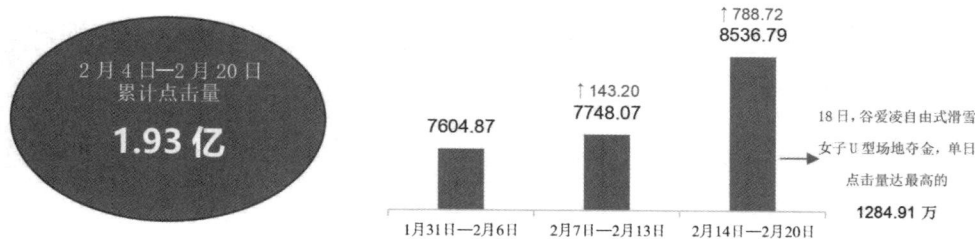

图2.11.1 冬奥会期间全国省级以上电台
新闻、交通类频率云听累计点击量（亿）

图2.11.2 全国省级以上电台新闻、交通类频率
云听周度点击量走势（万）

数据来源：赛立信媒介研究，云传播数据，2022年

表2.11.1 冬奥会期间全国省级以上电台新闻、交通类频率云听累计点击量百万级以上名单

排名	电台名称	点击量(万)
1	中央广播电视总台中国之声	6775.01
2	中央广播电视总台环球资讯广播	2526.36
3	河北综合广播	990.34
4	江苏新闻广播	837.01
5	北京新闻广播	803.30
6	北京交通广播	647.26
7	上海新闻广播	544.38
8	中央广播电视总台中国交通广播	527.01
9	广东交通之声	392.71
10	浙江交通之声	362.55
11	河北交通广播	355.23
12	浙江之声	336.26
13	黑龙江交通广播	327.21
14	江苏交通广播网	282.11
15	陕广新闻广播	250.66
16	吉林新闻综合广播	233.30
17	辽宁交通广播	191.87
18	吉林交通广播	189.51
19	新疆949交通广播	169.67
20	长三角之声	165.70
21	CRI中文环球广播	152.04
22	中央广播电视总台中华之声	145.24
23	安徽交通广播	124.89
24	山西交通广播	117.67
25	河南交通广播	117.07
26	福建新闻广播	108.89
27	河南新闻广播	108.86

数据来源：赛立信媒介研究，云传播数据，2022年2月4日—2月20日

二、广播媒体充分发挥融媒体优势，省级及以上电台文章/视频发布量突破2万[①]

广播媒体积极通过两微一条一抖等新媒体平台端对冬奥会进行实时高效的报道。数据显示，2022年冬奥会全国省级以上电台微信公众号共发布冬奥会相关推文5692篇（中央台183篇，省级台5509篇）；微博平台共发布冬奥会相关微博13448篇（中央台701篇，省级台12747篇）；今日头条平台共发布冬奥会相关文章1517篇（中央台0篇，省级台1517篇）；抖音平台共发布冬奥会相关短视频1463个（中央台29个，省级台1434个）。

表2.11.2　全国省级以上电台各平台账号冬奥会相关内容发布量TOP3榜单

微信公众号	
账号名	发布量（篇）
北京体育广播	186
黑龙江交通广播	159
FM970	150

微博	
账号名	发布量（篇）
吉林资讯广播	867
湖北之声	558
FM963	456

今日头条	
账号名	发布量（篇）
吉林之声	138
楚天音乐广播	137
北京体育广播	114

抖音	
账号名	发布量（个）
吉林之声	104
楚天音乐广播	93
北京交通广播	66

从冬奥会期间省级以上电台发布的相关文章/视频热词来看，"冰墩墩"无疑是最大亮点，相关文章/视频声量占比达20%，其中微信公众号相关文章1182篇，微博相关文章2607篇，今日头条相关报道294篇，抖音相关视频379个。其次是闪耀在冬奥会赛场，充分体现"传承创新、众志成城、展现中国精神"的我国运动健将。如：谷爱凌声量占比为16%（微信公众号相关文章1089篇，微博相关文章2035篇，今日头条相关报道215篇，抖音相关视频209个）；苏翊鸣声量占比为8%（微信公众号相关文章539

---

① 本文采集全国省级以上电台微信公众号123个、微博账号109个、今日头条账号57个、抖音账号38个，本文相关的分析数据均来自上述平台账号。

篇，微博相关文章1025篇，今日头条相关报道114篇，抖音相关视频109个）；武大靖声量占比为6%（微信公众号相关文章508篇，微博相关文章645篇，今日头条相关报道51篇，抖音相关视频48个）；任子威声量占比为5%（微信公众号相关文章439篇，微博相关文章540篇，今日头条相关报道29篇，抖音相关视频28个）。

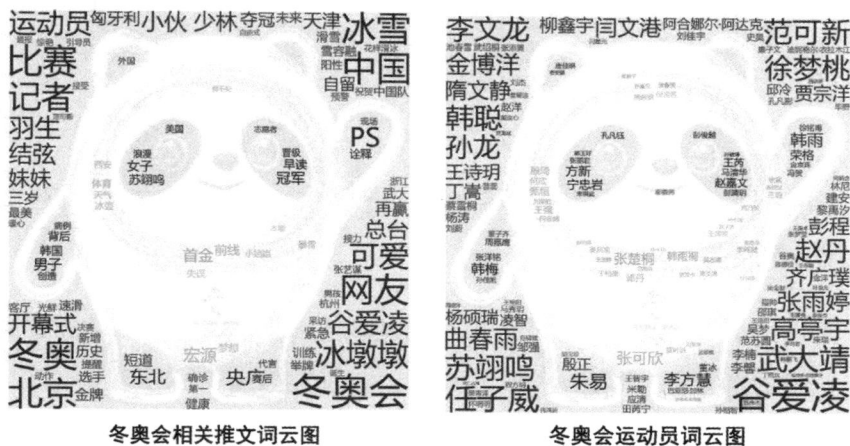

冬奥会相关推文词云图　　**冬奥会运动员词云图**

图2.11.3　冬奥会相关推文词云图与冬奥会运动员词云图

三、广电新媒体平台多样式、多角度报道冬奥会，引发听众阅读/观看热潮

各大广播媒体借助新媒体平台丰富多样的展现形式，以文字、长图、动图、短视频等报道冬奥会，成功吸引大批听众用户的关注。冬奥会期间，省级及以上电台微信端冬奥会相关推文累计获得阅读量2300多万次；今日头条相关报道阅读量4900多万次；微博端冬奥会相关微博累计得到点赞54万；抖音相关视频点赞量790多万。同时，广电媒体紧抓时下热点，在"一墩难求"的大环境下，报道与冰墩墩相关的各种故事，引发广大听众强烈的兴致。另外，挖掘明星运动员背后的故事，除了辛苦的付出，还有日常生活的琐碎趣事，这些都极好地引发大批听众的关注。

·2月8日福建新闻广播FM1036在抖音发布冰墩墩福建德化陶瓷分墩正在加紧生产制作陶瓷"冰墩墩""雪容融"需经过雕塑、打磨、制坯、烧窑、贴花、彩绘等流程。在"一墩难求"的大环境下，福建新闻广播紧抓听众心理，实时报道冰墩墩产能情况以及生产流程，共收获76万的播放量。

·冬奥会期间，中国之声微博号发布"谷爱凌分享睡足10小时秘诀分享给你"共收获3284次点赞。这位阳光灿烂的姑娘获得了冬奥史上中国首枚自由式滑雪女子大跳台金牌，实现了历史性的突破。在此背景下，广大听众想了解这位姑娘更多的信息，而报道她生活中的一些小事更能引起听众的共鸣。

·北京音乐广播微博视频号2月9日转发了"天才运动员背后的超凡毅力"，共收获2918万次观看。该视频报道武大靖那背后不为人知的努力，展现他那不断拼搏，超越自我的精神，让听众深刻了解到每一位伟大的运动员取得辉煌成绩背后付出的心酸。

四、广电新媒体平台冬奥会报道互动量接近6000万，粉丝用户互动积极性强

除了创新、丰富融媒体产品的传播渠道和展现形式以外，广电媒体在2022年冬奥会融媒体报道的内容选题和视角上也更加贴近网民的喜好，不仅大量聚焦到网民热议的冬奥"顶流"冰墩墩和明星运动员上，在报道的视角上还更多地采用到"小人物大视角"模式，通过冬奥会参会人员或运动员的日常言行展示北京冬奥会的风采及奥运精神。这种生动活泼且带有温度的报道形式成功吸引了大量粉丝用户的转发、评论、点赞。在冬奥会期间，省级以上电台频率融媒体平台累计获得了5926.13万的用户互动量，其中微信端冬奥会相关推文累计获得互动量（在看、点赞）15.24万；微博端冬奥会相关微博累计获得互动量（转发、评论、点赞）63.29万；今日头条冬奥会相关文章累计获得互动量（转发、评论、点赞）4998.78万；抖音平台相关视频累计获得互动量（评论、点赞、分享、转发）848.82万。

·中央广电总台中央之声微信公众号2月5日发布的《全网刷屏！流下热泪的战士，原来是他》一文，累计获得互动量1580次，该文展示了北京奥运会开幕式上一名仪仗队战士眼泪滑落脸庞的照片，讲述了人民解放军仪仗队战士开幕式背后刻苦训练的故事及其对祖国深厚感情，全文通过有温度的图文展示以及引用网友们动人的留言引起了粉丝用户的广泛共鸣，成功占据省级以上电台频率冬奥会微信推文互动量排名首位。

·中央广电总台环球资讯广播微博账号2月18日发布的短视频微博《教练说苏翊鸣是个心中有爱的孩子：我从他身上收获很多》，展现了我国金牌运动员苏翊鸣与教练的深厚感情，同时讲述了运动员及教练团队在夺金背后精诚合作、艰苦训练的故事，获

得了大量用户的点赞、转发，冬奥会期间微博文章互动量达7.43万次（点赞6.92万次、转发3707次、评论1348次），在省级以上电台频率冬奥会微博互动量排名中高居首位。

·中国之声抖音号2月5日发布的短视频作品《匈牙利"东北小伙"刘少林：冰墩墩非常可爱，如果后面比赛再赢一个，就送给三岁的妹妹。PS：今天赢的不能给，要自留》冬奥会期间累计获得互动量137.50万次（点赞121.56万次，分享/转发11.78万次，评论4.15万次），高居省级以上电台频率冬奥会抖音短视频互动量排名第一名。该视频主要分享了匈牙利华裔短道速滑选手刘少林用流利的东北普通话接受采访并表达了对网红吉祥物冰墩墩的喜爱，外籍运动员使用普通话采访加上冬奥"顶流"冰墩墩的加持，吸引了大批用户的关注点赞。

五、小结

在本届北京冬奥会报道中，各广播电台通过多渠道、多视角的融媒体传播模式，立体呈现了奥运会赛事的盛况，很好地满足了广大听众及在线用户的需求，取得了良好的媒体传播效果。总体来看，2022年广播电台对北京冬奥会的报道展现出以下特点：

1. 多平台并举，多渠道发力，充分发挥融媒体矩阵传播力

在本届冬奥会报道中，各大广播电台积极融入以互联网为依托的新媒体平台，不仅传播范围广、传播渠道也多，不同人群可以通过自己喜好的渠道获得关注的内容。同时，融媒体在不断发展的过程中，吸收了许多互联网新技术，这些新技术不仅有利于传统文化的传播，也有利于媒体融合发展。新时代的媒体人正用新技术、新机制、新模式有效传播新闻，在既有权威性、专业性的基础上，提升信息产量、传播速度、传播效果，形成资源集约、结构合理、差异发展、协同高效的全媒体传播体系，提高新闻舆论传播力、引导力、影响力、公信力。

2. 多种形式运用，更直观、全面地进行资讯报道

除在传播渠道上进行拓展延伸以外，在融媒体背景下广播电台借助新媒体平台以长图、动图、视频、直播等多种形式对冬奥会进行报道。此种模式的出现打破了广播媒体"单一性"的传播方式，通过文字、声音、图像相结合的形式为受众带来不一样的体验。除此以外，冬奥会期间许多电台主持人也通过直播互动的形式有效触发受众自由方便地表达对赛事和节目的讨论和建议，弥补了传统广播新闻报道与听众用户互动交流不足的缺陷，全面提升了广播新闻资讯报道的影响力。

3. 彰显用户思维，贴近融媒体语境下用户的新需求、新喜好

最后，在2022年广播媒体冬奥会报道中，各大电台更加注重树立用户思维，积极主动贴近到互联网用户的需求当中，在选择报道的主题和内容时更加倾向以互联网用户熟悉、关心的"冰墩墩"、明星运动员等事物为主。同时，在冬奥会资讯的报道风格上也逐渐摒弃掉过去严肃刻板的赛事报道风格，更多地采用适合互联网语境的"小人物大视角"等报道视角，以更加生活化的语言和角度报道冬奥会盛况、传达奥运会精神，获得了大量在线用户的关注和喜爱，也使他们更加积极主动地参与到冬奥会话题的互动当中。

（高杰　黎华富）

数字经济时代下广播如何把握转型机遇

随着数字经济时代的来临，市场也急速变化，从习以为常的现金交易到现在普遍的无现金交易，再到数字货币的出现，其发展变化时长仅经过十余年。这样快速的市场格局变化也决定了传统广播的运营需要及时做出自己的变革与创新，传统广播行业不再是依靠传统单一的收音格局，而是依附在各种各样多媒体设备载体中，需要加快拓展自己的市场范围。

在新的时代背景下，广播如何做到与时俱进？如何提高自己的生存能力？在本文中将基于市场现状，探讨广播媒体在已有的基础条件下如何更好地与当下各类平台融合。

一、在发展融合的同时把握广播固有优势

根据《2021年全国广播电视行业统计公报》数据显示，截至2021年底，全国开展广播电视和网络视听业务的机构约6万家。其中，广播电台、电视台、广播电视台等播出机构2542家，持证及备案网络视听机构675家，超过2000家县级融媒体中心取得网络视听节目许可证，从事广播电视节目制作经营机构超过5万家。广播行业不但要与同行竞争，更要与其他媒体行业竞争，要想更好地发展下去，需要持续的创新与融合，电台、节目、内容，甚至是主持人的IP打造都是重中之重。尤其是在当前兴起的各种互联网平台，要想得到消费者的青睐并迅速抢占市场，广播也要跟上发展潮流，推出自己的融媒体平台、或是与成熟的其他平台进行融合进而扩展自己的市场空间。

那么，在这日新月异的媒体市场中，广播具有哪些优势呢？首先，广播往往代表地方政府与国家的声音，所以广播具有一般新媒体不具有的公信力与权威性，在进行重大信息传递时其信息的权威性与真实性是有所保证的；其次，它是一个已经成熟的行业体系，有着自己的市场，这就使得广播更容易赢得用户的信赖，相比较一般的个人或者私企是更让用户放心的。公信力、权威性以及长期积累的资源底蕴，正是广播在新时代融合转型进程中应该牢牢把握住的固有优势。

二、数字经济既是挑战也是机遇

在网络信息化、数字经济时代，一方面，网络化、智能化产品以及各种融媒体平台迅速涌进市场，让传统广播以及产品面临新的挑战；另一方面，信息网络的快速传播性让数据资源得到快速传递，让传统广播电台资源有了新的传播途径，在这个多元化的新时代下，广播向网络化、多元化进行改革就是一大重点。虽然在变革中新模式与新的运营理念推进过程困难重重，面临着初期行业人员的不适应、体制转型难等问题，但这正是广播必须面对也急需扩展的发展方向，新广播不应仅仅局限在传统广播的运作、运营辐射范围，而是需要重新建立一个广播经济价值框架。

广播的收入主要是来自各种商业广告，如房地产广告、户外广告、报刊广告、品牌推广等，这一点在融媒体语境下仍在延续。在数字经济化的驱动下，广播电台加快推动节目融合创新，逐渐将媒体营销的主阵地转到新媒体平台上，重构商业模式与业务模式，打造新的全媒体IP全产业链运营，使网络资源得到充分利用进而不断扩大网络效应和经济规模，提高在新媒体的广告收入即广播电视和网络视听机构通过互联网网站、计算机客户端、移动客户端等取得的广告收入。其中网络视听收入指网络视听机构开展与互联网视听相关业务的各项收入，包括网络视听节目服务收入（版权收入、用户付费收入等）、其他网络视听收入（短视频、电商直播等）。从而实现广播平台营收新突破，拉动就业与经济增长。

以江苏交通广播网旗下《牛哥的宅家运动课》为例，栏目通过江苏广播节目《开心方向盘》、官方互动软件大蓝鲸APP、"牛哥"程鸣官方认证抖音号三方全景音视频直播，推出系列融媒体直播节目，为全省听众定制居家运动锻炼计划，在防疫抗疫期间号召全省听众"宅家不忘勤锻炼，身心健康抗病毒"。

《牛哥的宅家运动课》一经推出，吸引了包括小厨娘淮扬菜、光明随心订、战马功能饮料在内多个品牌的合作关注，短短一周的时间实现广告新增投放近30万元，并以此为媒介成功促成各类品牌年约合作总量破800万元。以战马能量型维生素饮料合作为例，该节目从播出渠道、互动形式、二次传播内容再创作、直播带货等多个领域实现了战马功能饮料的品牌高频次多重曝光，使之成为江苏广播营销的成功案例之一。

三、广播节目融合创新与主持人IP打造

在互联网高速发展、经济模式新变化、技术新创更迭快的时代背景下，传统广播积极寻找新媒体营销方案与运作管理体系是一个必然的过程。对此，各级广播电台开始探索适合于自身广播电台节目的融合创新、新媒体营销、主持人IP打造。当然在这样创新的过程中，专利、版权以及商标都必须是与这个创造性过程联系在一起的。版权是各大行业的核心资产，广播电台行业也不例外，是其打造全产业链的基础。在这一基础上，新的运营模式也随之孕育而出，比如多家广电尝试运用的MCN运作模式，其主要内容就是把内容创作者、互联网平台、变现方三方面连接在一起，形成合作共赢的生态局面，具有让内容生产创作专业化、商业运营专业化、商业盈利最大化、内部资源聚合化等特征和作用。

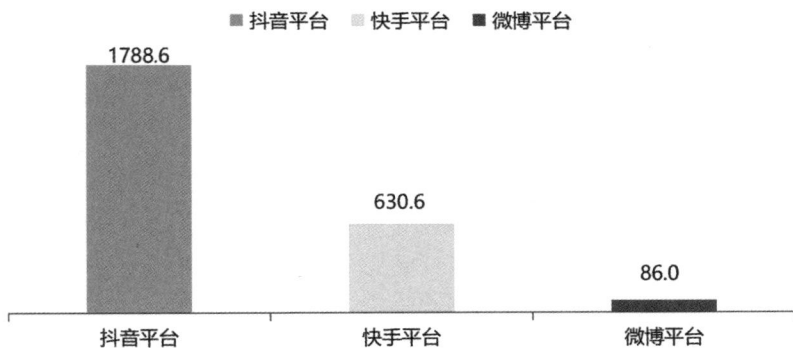

图 2.12.1　2022年浙江之声各平台账号粉丝量（万）
数据来源：2022年平台公开数据

在电台、频率与节目融合创新方面，浙江之声就是一个优秀的创新融合案例。它旗下拥有《浙广早新闻》《浙江新闻联播》《方雨大搜索》《飞扬访谈》等一批"浙江新闻名专栏"节目，其中《浙广早新闻》被全省60多家电台同步转播，同时段收听率连续八年处于领先位置，品牌价值在省内广播节目中排名第一。频率覆盖8000万听众，全省覆盖最广，拥有新媒体粉丝超千万，在蜻蜓FM、喜马拉雅等网络APP平台的实时收听点击率位列省内前茅，并拥有高校联盟资源和商场、影院、地铁、户外、新媒体、视频直播矩阵等资源。随着互联网技术的发展越发成熟、技术创新更迭快，浙江之声紧跟时代发展，如今已经实现了从区域性向全球性传播，从单一收音机无线传播向多

渠道、多平台、多媒体传播，从线性传播向交互式、全方位传播等跨越，真正实现"可听、可读、可视"三位一体融媒体广播。

浙江电台积极开展并且尝试与新媒体的融合，积极打造主持人转型，如浙江城市之声在抖音、快手、微博平台打造主持人转型，其打造的新闻姐在抖音、快手、微博粉丝分别高达1788.6万、630.6万、86万。

表2.12.1　2022年浙江之声各平台作品获赞量

平台	获赞量
抖音	3.6亿
快手	1.1亿
微博	6.7万

数据来源：2022年平台公开数据

新闻姐主要依托传统广播优势与标签，在新兴的网络平台进行新闻短视频的创作与分享，并进行第二次精简，同时加入对某一重大新闻或热点事件进行分享合理解读、专业点评，虽然只用较短的时间来进行讲解，但梳理过程流畅、用词严谨、表达合理。这样制作精良、时长适宜、信息丰富的新闻短视频很快收到一大批人群的青睐，特别是在当下人们对于新闻事件关注度高、快节奏的工作生活模式下，人们更加倾向这样快速获取信息的方式。

在互联网急速发展的当下，广播面临着巨大的挑战与冲击，同时也紧握着让行业发展更多元、市场生存能力更强的机遇。即时布局数字化、多样化发展道路，把握广播媒体的固有优势，方能实现从传统广播到新广播、融广播的华丽转型。

（王进）

CRS&BI 实时调研服务平台产品介绍

"CRS&BI实时调研服务平台"是赛立信2022年又一个新的尝试。根据与客户沟通及服务中发现的各种企业痛点，有针对性地进行技术赋能升级，用以增大各种数据服务的应用价值。服务平台主要包括数采平台服务和数显平台服务。

一、数采平台（即数据采集平台）

数据采集平台是赛立信自主开发的用户在线互动平台（以下简称"CRS系统"），是赛立信旗下的专业云调研平台，系统主要用于赛立信的在线调研及访问进度、样本配额的在线监控。

用户在CRS系统平台上可创建并设计调研问卷，并将设计好的问卷发放到指定渠道，通过电脑、平板、手机进行答题，或者通过离线调查工具"CRS"进行面访调查、问卷填写。

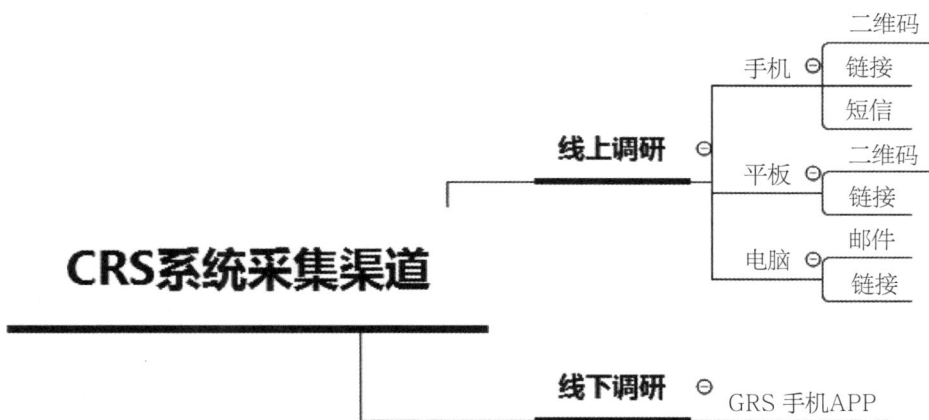

（一）CRS系统四大功能模块

1. 问卷创建与设计

问卷模块包含新建问卷、问卷设计、答卷收集、结果分析、模拟答题、复制、删除、授权。

2. 项目进度管理

项目进度管理包括问卷完成数量、配额完成率等统计。

3. 组织管理

组织管理模块包含用户管理、用户组管理、角色管理、基本设置。

4. 报表与分析

报表模块包含新建报告、编辑、查看、删除，报告可以分享，同时支持导出原始数据及基本图表。

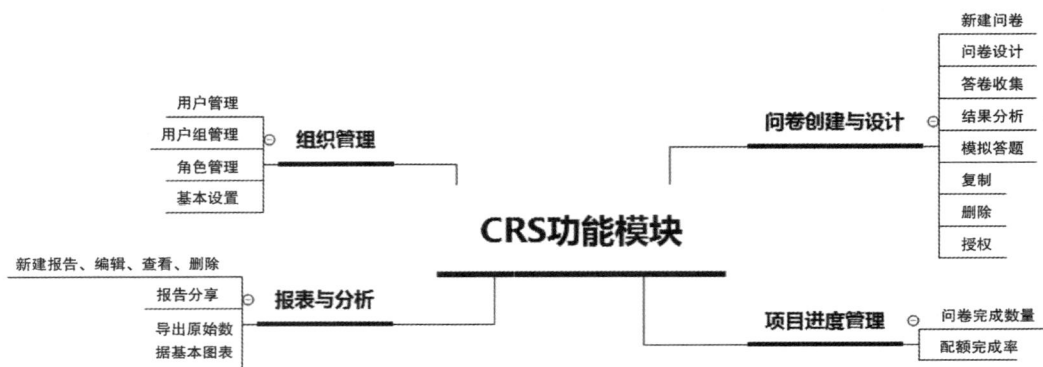

（二）CRS系统功能的几大优势

1. **实时记录**。即时数据统计，在线分析，与传统的点对点调查方式相比，既提高了效率又节省了经费，降低成本、节约时间、无需问卷。

2. **自动回传**。高效样本回收渠道，多样本分享模式。

3. **数据精准**。高效精准的样本对接平台，样本数据真实、有效，严格质控流程。

4. **连续监测**。实时监控，通过后台的监听、监看，样本的随机抽取，事后答卷审核，质量可靠。

5. **智能采集**。问卷访问，实现问卷生成、随机等距生成电话号码、调查访问和数据处理的电子化和网络化。

6. **简单方便**。调查问卷轻松创建，优选专业化模板多样化题型，个性化、便捷化逻辑设计，针对项目要求定制化设计问卷。

7. **适用于全方位的应用场景调研**。包括顾客满意度（顾客满意度调查、顾客投诉管理、顾客推荐指数NPS监测……）、用户调研和洞察（消费者行为与态度研究、产品价格调研、A/B测试、行业调研、竞品分析……）、满意度评估（满意度、360°测评、能力测评、服务测评……）、报名与投票（活动报名、活动二维码签到、现场投票、各类评选……）等场景下的调研。

（三）CRS系统的新功能介绍

1. 一卷多表实时数据分析

一份问卷数据，根据特定题目筛选形成多份数据报表，可根据不同维度分析具体到各大类问卷的实时数据分析。如不同访问员的问卷数据分析；不同调研区域的问卷数据分析；重点题目选项样户数据分析，等等，综合这些数据分析结果，即可获得许多精准、实用的问卷调查结论。

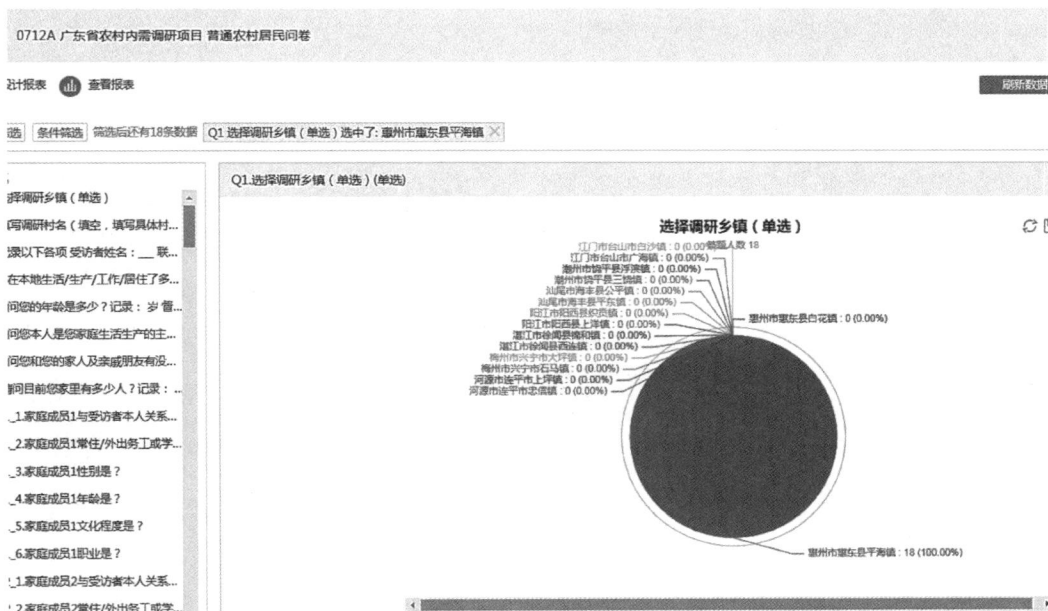

2. 更复杂的问卷逻辑实现

针对一些前置条件更为复杂、涉及多个题目的问卷逻辑，在题目设置上进行了更进一步的优化。举例来说，针对M1题"最常做的运动是什么"或 M2题"其次常做的运动是什么"，任一问题中选择了选项3"游泳"或者选项4"瑜伽"，则显示后续题目"是否去健身馆进行此类运动"；针对M1题"最常做的运动是什么"不选择选项3"游泳"，M3题"不愿意进行哪些运动"选择选项4"瑜伽"，则显示后续题目"对健身馆持怎样的看法"。通过这样更复杂的问卷逻辑推进，能够帮助我们更迅速、更便捷地得到所需内容。

3. 单题测试&单题测试（忽略逻辑）

这一功能可以快速测试具体题目，不需要从第一题开始。单题测试即可以测试多个题目的关联逻辑，具体题目可以通过录入题目编号进行指定。单题测试（忽略逻辑）则是忽略当前题目的关联逻辑，即可以任意关联几个题目进行测试。如此，便能够进一步满足不同情况下的测试需求，达到快速方便测试的目的。

4. 题目测试

在内容编辑页面，题目属性区中提供了题目测试功能，在系统页面中点击"题目测试"，即可令用户直接在答题页预览该题目。无须从头到尾的重新进行整份问卷的测试，大大节约了进行测试的时间及效率。

5. 音视频评价

CRS系统在新题型应用上还增加了视频/音频评价题目。在题目界面点击播放按钮即可观看视频/音频，在观看完整个视频后，可以对视频的各个方面进行对应的评分，也可以在播放视频/音频的过程中点击喜欢/不喜欢，形成一组"视频/音频播放喜好度曲线"，大大增强了问卷填写的趣味性以及互动感。

二、数显平台（即数据的可视化展示平台）

数据的可视化展示平台就是赛立信的SmartBI平台，平台为客户提供以图表形式展示的调研数据结果，客户通过展示屏直观地分析数据结果，并且可以通过这个平台进行深度数据挖掘。

BI可视化模块整合了数据可视化展示技术与数据仓库建立技术，把海量的数据运算与精美的图表结合起来。数据可视化平台作为分析数据输出的工具，大大降低了数据挖掘的难度，数据分析人员通过交互操作可实现深入的数据挖掘及直观的数据分析，主要可实现以下几点：

（1）迅速发现数据中的异常点。

（2）通过对异常点进行明细抓取，实现异常点的深入分析，定位异常原因。

（3）数据可视化，数据分析人员可对数据进行交互、可视化分析和发掘，提高分析工作效率，得出更有意义的分析结论。

相对于传统的数据分析报告，数据可视化无论从数据含量还是数据分析挖掘来说都具有较强的优势。主要体现以下几点优势：

（1）数据集成度高。传统的数据报告是平面化的，相比之下，数据可视化报告的数据更为立体化。一份可视化数据报告，相当于一个小型的数据仓库，数据量除了当期的调研数据以外，还包含历次调研的所有数据，数据分析员可以根据需要随时抽取所需数据。可视化数据报告是连接一个数据仓库，按照一定的格式将不同渠道、不同时期、不同角度的数据导入数据仓库，进行历史比较、分场景比较等分析，减少数据翻查检索的大量工作量。

（2）强大的数据统计分析功能。数显平台是可视化大屏+数据仓库，数据仓库承载着大量的数据，系统可以通过建立各种模型进行不同的数据分析，例如通过时间序列、平均值、参考值等数据进行趋势对比及未来预估分析，通过SWOT、graveyard等模型进行竞争力、品牌影响力等不同视角的分析。

（3）交互性强。数据分析人员根据自身的分析需求查询任意周期、任意场景、任意内容等数据，同时进行多期间、多场景下的数据对比分析及趋势性分析。有异于以往的报告查询，数显平台根据筛选器更简便、更快捷地提取所需的数据结果，大幅提高工作效率，可以把更多时间和精力用于分析与发掘数据结果。

（4）平台拥有强大的图表构建器，实现结果可视化。平台展示的数据结果均以图表形式呈现，数据展示直观明了，同时具备数据钻取（抓取）功能，进行数据的上钻与下钻分析，以便更好地查询与分析数据。

（5）可进行个性化定制模板设计。数据显示平台可根据不同部门人员的工作需要设计不同的数据显示屏幕。同时针对常规化的工作报告内容，可以通过模板设计定期更新数据及分析结果，提高日常的工作效率。

（6）操作简单、易用。数据可视化报告简单、易用，内置各种分析模型与模块，使用者不需要很强的统计学专业知识或者统计软件使用知识就可以快速上手使用。同时，平台自设各类筛选器，用户只需要在筛选器中点选所要查询的内容，就可以立即看到需要的数据结果。

（7）数据仓库扩展性强。除了调研数据，企业还有很多内部流转的数据，如营销、财务、人力等，部门数据的割裂导致企业较难进行综合性的分析，数显平台链接的数据仓库具有系列性，可以根据需求不断延展，通过数显平台，可根据自身的数据内容做数据仓库规划、搭建数据仓库、建立数据清洗及分析模型，在数据显示平台根据分析需要生成各类业务报表、数据驾驶舱等分析结果。

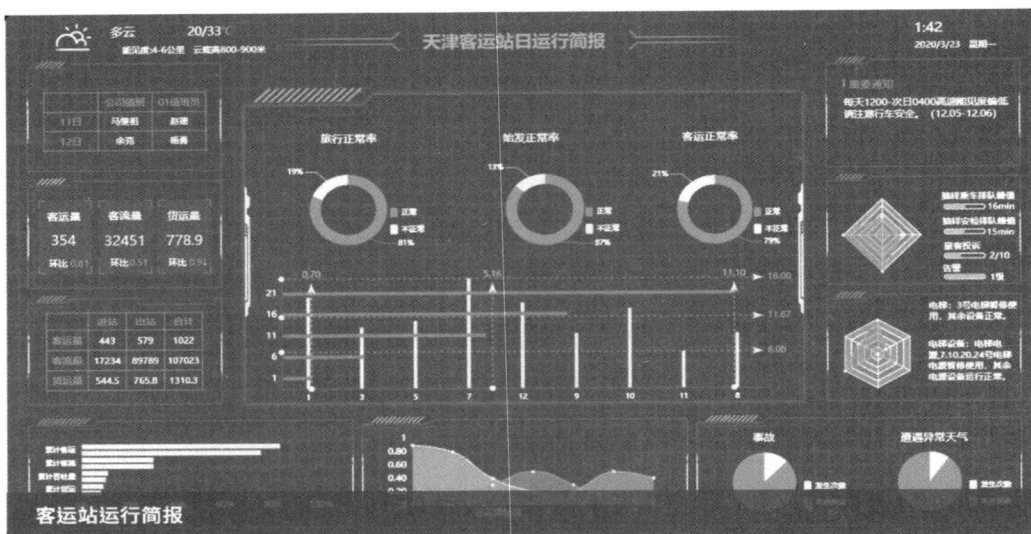

通过CRS&BI实时调研服务平台简易的操作流程，收集数据、清洗数据、分析处理数据，更高效地进行数据管理与数据解读，提升数据价值，大幅拓展数据应用空间。

（蔡恒　陈晓文）

APPENDIX 附录篇

附录一　图表索引

说明：本索引分图和表两类，其中包括结构图、柱状图、曲线图和比例图等，共计240幅，表格181张。索引以页码先后为排序，其内容按图表序号、标题、页码顺序排列。

一、表名称

二、图名称

附录二　全国广播媒体标准编码

地区	电台名称	频率名称	频率频点FM/AM	标准编码
北京	中央广播电视总台（央广）	中国之声	FM106.1	100001
			AM639	100041
		经济之声	FM96.6	100003
		音乐之声	FM90	100002
		经典音乐广播	FM101.8	100004
		台海之声	FM102.3（马祖）	100024
			FM94.9（金门）	100024
			AM549	100006
		神州之声	FM87.8	100007
			FM106.2（马祖）	100007
			107.9（金门）	100007
			AM675	100045
		粤港澳大湾区之声	FM101.2	100008
			FM102.8（香港）	100008
			FM105.4（澳门/珠海）	100008
			FM98.0（广州）	100008
			FM101.2（深圳）	100008
			FM93.2（佛山）	100008
			AM1215	100046
		香港之声	FM87.8	100009
			AM675	100056
		民族之声	AM1143	100042
		文艺之声	FM106.6	100005
		老年之声	AM1053	100044
		藏语广播	FM109.8	100010
			AM1098	100047
		阅读之声	AM747	100048

（续表）

地区	电台名称	频率名称	频率频点FM/AM	标准编码
北京	中央广播电视总台（央广）	维语广播	FM90.6	100011
			AM1089	100049
		中国乡村之声	AM720	100050
		哈语广播	AM1008	100053
			FM90.1	100020
		轻松调频	FM91.5	100012
		劲曲调频	FM88.7	100014
		环球资讯广播	FM90.5	100015
		中国交通广播	FM99.6	100019
	北京人民广播电台	新闻广播	FM94.5	110001
			AM828	110044
		音乐广播	FM97.4	110004
		交通广播	FM103.9	110005
		文艺广播	FM87.6	110006
		故事广播	FM95.4	110011
			AM603	110041
		体育广播	FM102.5	110003
		外语广播	FM92.3	110012
			AM774	110042
		京津冀之声	FM100.6	110015
		副中心之声	FM107.3	110002
			AM1026	110045
		青年广播	FM98.2	110013
			AM927	110043
天津	天津广播电视台	新闻广播	FM97.2	120001
			AM909	120041
		交通广播	FM106.8	120003
		经济广播	FM101.4	120004
			AM1071	120043
		生活广播	FM91.1	120005
			AM1386	120044

（续表）

地区	电台名称	频率名称	频率频点FM/AM	标准编码
天津	天津广播电视台	文艺广播	FM104.6	120006
		文艺广播	AM1008	120045
		相声广播	FM92.1	120008
		相声广播	AM567	120046
		滨海广播	FM87.8	120002
		滨海广播	AM747	120042
		小说广播	AM666	120047
		音乐广播	FM99	120007
		经典音乐广播	FM88.5	120010
河北	河北人民广播电台	音乐广播	FM102.4	130006
		新闻广播	FM104.3	130001
			AM1278	130041
		文艺广播	FM90.7	130004
			AM900	130043
		生活广播	FM89	130005
			AM783	130044
		农民广播	FM98.1	130007
			AM558	130045
		旅游文化广播	AM603/AM1521	130046
			FM100.3	130008
		故事广播	FM107.9	130002
			AM1125	130042
		交通广播	FM99.2	130003
		汽车音乐广播	FM102.9	130009
	石家庄广播电视台	音乐广播	FM106.7	130101
		新闻广播	FM88.2	130102
			AM882	130141
		经济广播	FM100.9	130104
			AM1431	130143
		交通广播	FM94.6	130105
		农村广播	AM1251	130142

（续表）

地区	电台名称	频率名称	频率频点FM/AM	标准编码
河北	石家庄广播电视台	农村广播	FM91.5	130103
	保定广播电视台	交通广播	AM747	130643
			FM104.8	130603
		城市服务广播	FM101.6	130604
		经济广播	AM1017	130642
			FM99.8	130602
		新闻广播	AM1467	130641
			FM93.7	130601
	沧州广播电视台	新闻广播	AM1557	130941
			FM97.0	130901
		音乐广播	FM103.6	130903
		交通广播	FM93.8	130902
			AM1206	130943
	承德广播电视台	交通文艺广播	FM97.6	130802
		旅游音乐广播	FM100.6	130803
		新闻综合广播	FM89.1	130801
	邯郸广播电视台	邯郸都市生活广播	FM100.3	130407
		邯郸交通广播	FM106.8	130403
			AM1008	130442
		邯郸音乐广播	FM102.8	130402
			AM1206	130444
		邯郸新闻综合广播	FM96.4	130401
			AM963	130441
	衡水广播电视台	综合广播	AM954	131141
			FM101.9	131101
		交通广播	FM92.5	131102
		文艺广播	FM96.1	131103
	廊坊广播电视台	长书频率	AM585	131043
			FM100.3	131003
		飞扬105	FM105	131002
			AM1521	131042

（续表）

地区	电台名称	频率名称	频率频点FM/AM	标准编码
河北	廊坊广播电视台	畅行951	FM95.1	131001
			AM846	131041
	秦皇岛人民广播电视台	生活广播	FM92.4	130305
		新闻综合广播	FM89.1	130306
			AM990	130341
		私家车广播	FM103.8	130302
		音乐广播	FM97.3	130303
		交通广播	FM100.4	130304
	唐山广播电视台	新闻综合广播	FM91.7	130201
			AM684	130241
		经济生活广播	FM95.5	130202
			AM801	130242
		音乐广播	FM94.0	130203
		交通文艺广播	FM96.8	130204
			AM1143	130244
		小说娱乐广播	FM105.9	130205
			AM900	130243
	邢台广播电视台	新闻广播	AM1188	130541
			FM90.3	130501
		经济生活广播	AM927	130542
			FM89.6	130502
		交通音乐广播	FM91.7/FM99.7	130503
	张家口广播电视台	交通广播	FM100	130703
			AM900	130742
		107.4新闻综合广播	FM107.4	130701
		品味986音乐广播	FM98.6	130702
		私家车广播	FM104.3	130704
山西	山西广播电视台	经济广播	FM95.8	140002
		健康之声广播	FM105.9	140005
		综合广播	AM819	140041
			FM90.4	140001

（续表）

地区	电台名称	频率名称	频率频点FM/AM	标准编码
山西	山西广播电视台	音乐广播	FM94.0	140006
		农村广播	FM100.9	140042
		交通广播	FM88.0	140004
		故事广播	FM88.6	140007
		文艺广播	FM101.5	140003
	太原广播电视台	综合广播	FM91.2	140101
			AM1422	140141
		交通广播	FM107.0	140102
		经济广播	FM104.4	140103
		老年之声	FM97.5	140105
		音乐广播	FM102.6	140104
	大同广播电台	交通广播	FM99.6	140202
		新闻综合广播	FM103.8	140201
		经济文艺广播	FM98.7	140205
	运城人民广播电台	交通文艺广播	FM101.9	140802
		新闻综合广播	FM104.2	140801
	晋城人民广播电台	交通广播	FM93.5	140501
		新闻综合广播	FM107.2	140502
		农村广播	FM106.3	140503
	忻州人民广播电台	交通广播	FM96.1	140901
		旅游文艺广播	FM106.2	140902
		新闻综合广播	FM105.7	140903
	朔州广播电视台	朔州之声	FM100.9	140601
		朔州交通之声	FM93.7	140603
		农村广播	FM95.7	140604
	临汾人民广播电台	综合广播	FM95.1	141001
		交通文艺广播	FM88.9	141002
		音乐广播	FM94.6	141003
	吕梁人民广播电台	综合广播	FM105.8	141101
		音乐广播	FM94.4	141103
		交通广播	FM90.5	141102

（续表）

地区	电台名称	频率名称	频率频点FM/AM	标准编码
山西	长治广播电视台	新闻综合广播	FM94.9	140401
		顶尖音乐	FM90.6	140402
		交通广播	FM104.1	140403
	阳泉市广播电视台	阳泉交通广播	FM90.1	140302
		阳泉经济广播	FM93.1	140303
		阳泉新闻综合广播	FM102.7	140301
			AM1485	140341
	晋中广播电视台	新闻综合广播	FM103.4	140701
			AM1530	140741
		交通文艺广播	FM92.1	140702
内蒙古	内蒙古广播电视台	新闻广播	FM95	150002
		新闻综合广播	FM89	150003
			AM675	150041
		交通之声广播	FM105.6	150004
		经济生活广播	FM101.4	150005
		农村牧区广播绿野之声	FM91.9	150008
		蒙古语广播	FM95.9	150001
			AM1458	150042
		评书曲艺广播	FM102.8	150007
		音乐之声广播	FM93.6	150006
	巴彦淖尔市广播电视台	文艺生活广播	FM97.7	150802
		新闻综合广播	FM107	150801
			AM1152	150841
		交通广播	FM95.8	150803
	赤峰广播电视台	赤峰文艺广播	FM102.4	150404
			AM900	150443
		综合广播	FM95.8	150403
			AM1143	150442
		交通广播	FM101.8	150402
		蒙语综合广播	FM89.4	150401
			AM1440	150441

（续表）

地区	电台名称	频率名称	频率频点FM/AM	标准编码
内蒙古	鄂尔多斯广播电视台	曲艺评书广播	FM97.3	150604
		汉语新闻综合广播	FM89.6/FM93.1	150602
			AM936	150642
		蒙古语新闻综合广播	FM93.5/FM106.4	150601
			AM603	150641
		文体交通广播	FM100.8/FM102.1	150603
	包头广播电视台	文艺广播	FM98.1	150205
		汽车音乐广播	FM100.1	150204
		交通广播	FM89.2	150202
		蒙语广播	FM105.9	150203
		新闻综合广播	FM94.9	150201
	呼伦贝尔广播电视台	汉语综合广播	FM99.9/FM100/FM105.9	150702
			AM603	150742
		交通文艺广播	FM104.6	150703
		蒙语综合广播	FM97.3	150701
			AM954	150741
	通辽广播电视台	交通文艺广播	FM91.3	150504
			AM1233	150543
		科尔沁之声	FM93.7	150502
			AM1350	150542
		汉语综合广播	FM97.2	150501
			AM702	150541
	乌海广播电视台	综合广播	FM89.2	150301
			AM747	150341
		蒙语综合广播	FM104.2	150303
		交通音乐广播	FM99.2	150302
	乌兰察布广播电视台	交通文艺广播	FM92.3/FM94.3	150904
		汉语综合广播	FM99.9	150903
			AM747	150942
		蒙古语广播	FM105.3	150901

（续表）

地区	电台名称	频率名称	频率频点FM/AM	标准编码
内蒙古	乌兰察布广播电视台	蒙古语广播	AM1521	150941
	托克托县人民广播电台	云中之声广播	FM106.1	150106
辽宁	辽宁广播电视台	综合广播	FM102.9	210001
			AM1089	210041
		乡村广播	FM96.9	210005
			AM927	210044
		文艺广播	FM95.9/FM101.8	210003
			AM1053	210043
		经济广播	FM89.5/FM88.8	210002
			AM999	210042
		交通广播	FM97.5	210004
	沈阳广播电视台	交通广播	FM98.6	210007
		都市广播	FM92.1/AM1341	210008
		新闻广播	FM104.5/AM792	210006
		生活广播	FM103.4/FM90.4/AM882	210010
	大连广播电视台	新闻广播	FM103.3	210202
		财经广播	FM93.1	210203
		体育广播	FM105.7	210204
		交通广播	FM100.8	210205
		少儿广播	FM106.7	210206
		都市广播	FM99.1	210207
		新城乡广播	FM95.6	210208
	鞍山广播电视台	交通广播	FM99.5	210303
			AM1458	210343
		经济广播	FM89.7	210302
			AM1071	210342
		音乐广播	FM87.9	210304
	海城广播电视台	交通娱乐广播	FM106.9	210306
	本溪人民广播电台	交通经济台	FM107.4	210502

地区	电台名称	频率名称	频率频点FM/AM	标准编码
辽宁	本溪人民广播电台	交通经济台	AM900	210542
		新闻综合台	FM94.0	210501
			AM1296	210541
		生活娱乐台	FM96.4	210503
		评书故事台	FM104.1	210504
	锦州人民广播电台	交通广播	FM100.3	210703
		新闻广播	AM666	210741
		经济广播	FM96.6	210702
	抚顺广播电视台	交通广播	FM106.1	210403
			AM747	210442
		新闻广播	FM93	210401
			AM684	210441
		音乐广播	FM90.1	210402
	营口广播电视台	音乐之声	FM89	210802
			AM747	210842
		交通之声	FM95.1	210803
			AM1143	210843
吉林	吉林广播电视台	旅游广播	FM103.3	220008
		健康娱乐广播	FM101.9	220007
		交通广播	FM103.8	220002
		经济广播	FM95.3	220003
			AM846	220042
		乡村广播	FM97.6	220004
		新闻综合广播	FM91.6	220001
			AM738	220041
		音乐广播	FM92.7	220005
		资讯广播	FM100.1	220006
		教育广播	FM96.3	220009
	长春人民广播电台	都市音乐广播	FM106.3	220106
		交通之声	FM96.8	220103
		摩登900潮流音乐调频	FM90.0	220102

（续表）

地区	电台名称	频率名称	频率频点FM/AM	标准编码
吉林	长春人民广播电台	摩登900潮流音乐调频	AM1332	220142
		新闻广播	FM88.9	220101
			AM900	220141
		UFM88.0	FM88.0	220105
		经济广播	FM99.6	220104
			AM585	220143
黑龙江	黑龙江广播电视台	龙广青苹果之声	FM99.3	230005
		朝鲜语广播（龙广北大荒之声）	FM103.5	230007
			AM873	230044
		龙广乡村台	AM945	230043
			FM103.5	230043
		龙广爱家频道	FM97	230006
		龙广音乐台	FM95.8	230003
		龙广私家车频道	FM104.5	230002
		龙广交通台	FM99.8	230004
		龙广新闻台	FM94.6	230001
			AM621	230041
		龙广都市女性台	FM102.1	230042
	哈尔滨广播电视台	音乐广播	FM90.9	230105
		经济广播	FM88.9	230104
			AM972	230142
		交通广播	FM92.5	230103
		文艺广播	FM98.4	230102
		新闻广播	FM90.4	230101
			AM837	230141
		古典音乐广播	FM102.6	230108
	大庆新闻传媒集团	长书音乐广播	FM90.9	230603
		综合广播	FM97.5	230601
		交通广播	FM95.0	230602
	齐齐哈尔广播电视台	综合广播	FM87.8	230201
			AM1197	230241

（续表）

地区	电台名称	频率名称	频率频点FM/AM	标准编码
黑龙江	齐齐哈尔广播电视台	交通广播	FM94.1	230202
		生活文艺广播	FM89.4	230203
			AM693	230242
		乡村广播	FM102.7	230204
			AM585	230243
	鸡西人民广播电台	交通广播	FM95.9	230301
		新闻综合广播	FM94.5	230302
		文艺广播	FM96.8	230303
	鹤岗人民广播电台	新闻综合广播	FM97.2	230401
		生活广播	FM93.3	230403
		交通文艺广播	FM106.1	230402
	双鸭山人民广播电台	新闻广播	FM103.2	230501
			AM1179	230541
		交通文艺广播	FM99.5	230502
		长书广播	FM88.6	230503
	伊春人民广播电台	交通生活广播	FM98.5	230702
		人民广播	FM92.4	230703
			AM909	230741
	佳木斯市人民广播电台	新闻综合广播	FM101.7	230801
		经济生活广播	FM96	230802
		交通文艺广播	FM98.0	230803
	黑河人民广播电台	综合广播	FM103.8	231101
	绥化人民广播电台	交通广播	FM97	231202
		音乐广播	FM97.4	231203
	七台河人民广播电台	新闻综合广播	FM89.1	230902
			AM1062	230941
		交通广播	AM1062	230903
	牡丹江人民广播电台	新闻广播	FM100.7	231001
			AM684	231041
		生活广播	FM91.6	231002
			AM1476	231042

（续表）

地区	电台名称	频率名称	频率频点FM/AM	标准编码
黑龙江	牡丹江人民广播电台	交通广播	FM98.2	231003
上海	上海人民广播电台	第一财经广播	FM90.9	310008
		五星体育广播	FM94	310009
		上海故事广播	FM107.2	310007
		上海经典音乐广播 经典947	FM94.7	310010
		上海交通广播	FM105.7	310003
			AM648	310043
		流行音乐广播 动感101	FM101.7	310005
		上海戏曲广播	FM97.2	310011
			AM1197	310046
		浦江之声	AM1422	310047
		长三角之声	FM89.9	310002
			AM792	310042
		经典金曲广播 LOVE RADIO	FM103.7	310006
		上海爱乐数字音乐 广播KFM981	KFM981	310012
		上海新闻广播	FM93.4	310001
			AM990	310041
	宝山人民广播电台	宝山人民广播电台	FM96.2	310013
	崇明区广播电视台	综合广播（绿岛之声）	FM88.7/102.5	310014
	奉贤广播电台	阳光FM959	FM95.9	310015
	嘉定区广播电视台	嘉定区广播电视台	FM100.3	310016
	金山区广播电视台	金山区广播电视台	FM105.1	310017
	闵行人民广播电台	闵行人民广播电台	FM102.7	310018
	浦东人民广播电台	沸点100音乐电台	FM100.1	310019
		东上海之声	FM106.5	310020
	青浦人民广播电台	青浦人民广播电台	FM106.7	310021
	松江人民广播电台	松江人民广播电台	FM100.9	310022
江苏	江苏广播电视总台	新闻综合广播	AM702	320041

（续表）

地区	电台名称	频率名称	频率频点FM/AM	标准编码
江苏	江苏广播电视总台	新闻广播	FM93.7	320001
		财经广播	FM95.2	320006
			AM585	320043
		音乐广播	FM89.7	320004
		经典流行音乐广播	FM97.5	320005
		交通广播网	FM101.1	320003
		文艺广播	FM91.4	320007
			AM1053	320045
		健康广播	FM100.5	320008
			AM846	320042
		故事广播	FM104.9	320044
			AM1206	320044
		金陵之声	FM99.7	320002
	南京广播电视集团	新闻广播	AM1008	320143
			FM106.9	320101
		交通广播	FM102.4	320102
		经济广播	AM900	320141
			FM98.1	320109
		音乐广播	FM105.8	320103
		城市管理广播	AM1170	320142
			FM96.6	320107
		体育广播	FM104.3	320104
	无锡广播电视集团（台）	新闻综合广播	AM1161	320241
			FM93.7	320206
		经济广播	FM104	320202
		音乐广播	FM91.4	320203
		交通广播	FM106.9	320204
		梁溪之声广播	FM92.6	320201
		都市生活广播	FM88.1	320205
	盐城广播电视总台	新闻频率	FM91.5	320901
			AM1026	320941

（续表）

地区	电台名称	频率名称	频率频点FM/AM	标准编码
江苏	盐城广播电视总台	交通频率	FM105.3	320902
		经典频率	FM88.2	320903
		音乐频率	FM98.0	320904
	江阴人民广播电台	江阴人民广播电台M90.7	FM90.7	320207
		江阴人民广播电台M1386	AM1386	320244
	张家港市融媒体中心（传媒集团）	新闻广播	FM95.9	320508
			AM1098	320547
		交通广播	FM102	320509
		音乐广播	FM98.1	320510
			AM1521	320548
	扬州广播电视总台	音乐广播	FM94.9	321001
			AM1521	321043
		交通广播	FM103.5	321002
			AM1521	321043
		新闻广播	FM98.5	321003
			AM1179	321041
		私家车广播	FM96.7	321004
		江都广播	FM100.7	321007
	徐州人民广播电台	新闻综合广播	FM93.0	320301
		交通广播	FM103.3	320302
		音乐广播	FM91.9	320304
		农村广播	FM105	320307
	常州广播电视台	新闻综合广播	FM103.4	320401
			AM846	320441
		经济广播	FM105.2	320402
			AM1098	320442
		交通广播	FM90	320404
			AM747	320444
		音乐广播	FM93.5	320403
			AM927	320443
	苏州广播电视台	综合广播	FM91.1	320501

（续表）

地区	电台名称	频率名称	频率频点FM/AM	标准编码
江苏	苏州广播电视台	综合广播	AM1080	320541
		交通经济广播	FM104.8	320502
		都市音乐广播	FM102.8	320503
		生活广播	FM96.5	320505
		戏曲广播	AM846	320542
		儿童广播	FM95.7	320516
		老年广播	AM1521	320543
	南通人民广播电台	综合广播	FM97.0	320601
			AM1233	320641
		交通广播	FM92.9	320604
			AM1170	320643
		生活广播	FM91.8	320603
		经济广播	FM106.1	320610
	连云港广播电视台	新闻广播	FM102.1	320701
			AM1458	320741
		新农村广播	AM1251	320742
			FM90.2	320702
		交通广播	FM92.7	320703
	淮安广播电视台	新闻综合频率	FM94.1	320801
			AM801	320841
		经济生活频率	FM105.0	320802
			AM1251	320842
		交通文艺频率	FM94.9	320804
		汽车音乐频率	FM104.2	320803
	淮安区人民广播电台	经典音乐	FM99.2	320805
	淮阴区人民广播电台	私家车广播	FM100.6	320806
	镇江文化广电产业集团	新闻广播	FM104	321101
			AM1224	321141
		经济广播	FM90.5	321104
		私家车广播	FM102.7	321106
			AM900	321142

（续表）

地区	电台名称	频率名称	频率频点FM/AM	标准编码
江苏	镇江文化广电产业集团	文艺广播	FM96.3	321103
		交通广播	FM88.8	321102
	泰州广播电视台	综合广播	AM1341	321241
			FM103.7	321201
		文艺广播	AM927	321242
			FM97.3	321203
		交通广播	AM1098	321243
			FM92.1	321202
	宿迁人民广播电台	交通广播	FM101.9	321303
		新农村广播	FM105.5	321304
		新闻广播	FM92.1	321301
	浦口人民广播电台	南京城市调频	FM93.9	320110
	南京市栖霞区广播电视台	炫动106.6调频广播	FM106.6	320118
	雨花人民广播电台	雨花人民广播电台	FM96.6	320111
	江宁人民广播电台	南京心动885	FM88.5	320112
	六合人民广播电台	MY FM103.5	FM103.5	320113
	溧水人民广播电台	溧水人民广播电台	FM92.3	320114
	高淳人民广播电台	高淳人民广播电台	FM92.0/FM102.3	320115
	宜兴市广播电视台	新闻综合频率	FM96.1	320208
	武进人民广播电台	武进人民广播电台	FM88.6	320406
	溧阳人民广播电台	溧阳人民广播电台	FM97.2	320407
	金坛人民广播电台	金坛人民广播电台	FM89.0	320408
	常熟市融媒体中心	常熟综合广播	FM100.8	320507
			AM1116	320546
	昆山市广播电视台	新闻交通频率	FM88.9	320512
	吴江区广播电视台	交通音乐广播	FM89.1	320513
	太仓人民广播电台	太仓人民广播电台	FM96.7	320514
	海安人民广播电台	海安人民广播电台	FM88.8	320606
	如东人民广播电台	如东新闻综合广播	FM89.6	320607
	如皋人民广播电台	如皋汽车广播	FM98.3	320608

（续表）

地区	电台名称	频率名称	频率频点FM/AM	标准编码
江苏	海门市广播电视台	交通音乐台	FM100.6	320609
	仪征市广播电视台	仪征人民广播电台	FM94.3	321005
	高邮市广播电视台	高邮人民广播电台	FM92.4	321006
	镇江市润州区广播电视台	润州人民广播电台	FM100.3	321107
	丹徒人民广播电台	丹徒人民广播电台	FM102.7	321108
	丹阳人民广播电台	丹阳人民广播电台	FM97.9	321109
	扬中人民广播电台	扬中人民广播电台	FM105.6	321110
	句容人民广播电台	句容人民广播电台	FM91.7	321111
	靖江市广播电视台	交通音乐广播	FM102.4	321204
	姜堰人民广播电台	姜堰人民广播电台	FM91.6	321205
	宿豫人民广播电台	爱心广播	FM106.3	321302
	大厂人民广播电台	大厂人民广播电台	FM102.0	320116
浙江	浙江广播电视集团	浙江之声	FM88.0/FM101.6	330001
			AM810	330041
		FM95经济广播	FM95	330002
		动听968音乐调频	FM96.8	330003
		新锐988浙江新闻广播	FM98.8	330008
		FM99.6民生资讯广播	FM99.6	330004
		交通之声	FM93.0	330005
		旅游之声	FM104.5	330006
		浙江城市之声	FM107.0	330007
	杭州文广集团	杭州交通经济广播	FM91.8	330102
		西湖之声	FM105.4	330103
		杭州之声	FM89.0	330101
		杭州人民广播电台综合广播AM954	AM954	330141
		杭州城市资讯广播	FM90.7	330109
	温州广播电视传媒集团	温州综合广播	FM94.9	330301
			AM666	330341
		温州交通广播	FM103.9	330304

（续表）

地区	电台名称	频率名称	频率频点FM/AM	标准编码
浙江	温州广播电视传媒集团	温州音乐之声	FM100.3	330303
		温州经济广播	FM88.8	330302
			AM801	330342
		温州对农广播	FM93.8	330305
	乐清市人民广播电台	乐清电台	FM99.5	330308
	永嘉广电	永嘉人民广播电台	FM102.2	330307
	台州市新闻传媒中心	台州综合广播	FM98.7/FM87.5	331001
		台州交通广播	FM102.7	331002
		台州音乐广播	FM100.1	331003
	嘉兴广播电视集团	新闻综合频率	FM104.1	330401
			AM1107	330441
		交通经济频率	FM92.2	330402
		音乐生活频率	FM88.2	330403
	湖州市新闻传媒中心	FM105湖州综合广播	FM105	330501
			AM873	330541
		FM98.5湖州交通文艺广播	FM98.5	330502
		FM103.5湖州经济广播	FM103.5	330503
	德清县广播电视台	德清电台	FM106.5	330505
	丽水市广播电视总台	交通音乐频率	FM106.9	331102
		新闻综合频率	AM711	331141
			FM94	331101
		新农村频率	FM88.3	331103
	宁波广播电视集团	新闻综合广播	FM92.0	330201
			AM1323	330244
		经济广播	FM102.9	330202
			AM711	330242
		音乐广播	FM98.6	330205
		交通广播	FM93.9	330203
			AM612	330241
		老少广播	FM90.4	330204
	鄞州区广播电视台	Love Radio	FM105.2	330214

（续表）

地区	电台名称	频率名称	频率频点FM/AM	标准编码
浙江	镇海区新闻中心	1001派FM	FM100.1	330206
		1047 Nice FM	FM104.7	330207
	绍兴市新闻传媒中心	新闻综合频率	FM93.6	330601
			AM738	330641
		交通频率	FM94.1	330602
		FM103.5绍兴私家车音乐广播	FM103.5	330603
	柯桥区广播电视总台	经典汽车广播	FM106.8	330606
	金华广播电视台	金华综合频率	FM104.4	330701
		金华交通音乐广播	FM94.2	330702
		金华对农广播	FM102.2	330707
	衢州广电传媒集团	新闻综合频率	FM105.3	330801
		交通音乐频率	FM97.5	330802
	舟山广播电视台	新闻综合广播	FM99.8	330901
			AM684	330941
		交通经济广播	FM97	330902
			AM1098	330942
		汽车音乐广播	FM91	330903
	北仑人民广播电台	1008可乐台	FM100.8	330213
	萧山人民广播电台	萧山人民广播电台	FM107.9	330105
	桐庐人民广播电台	桐庐人民广播电台	FM92.8	330106
	富阳人民广播电台	富阳人民广播电台	FM100.4	330107
	临安人民广播电台	临安人民广播电台	FM96.4	330108
	象山人民广播电台	象山人民广播电台	FM107.3	330208
	宁海人民广播电台	宁海人民广播电台	FM93.9	330209
	余姚人民广播电台	余姚人民广播电台	FM96.6	330210
	慈溪人民广播电台	慈溪人民广播电台	FM106.4	330211
	奉化人民广播电台	奉化人民广播电台	FM99.4	330212
	瑞安人民广播电台	瑞安人民广播电台	FM91.0	330306
	嘉善人民广播电台	嘉善人民广播电台	FM99.3	330404
	海盐人民广播电台	海盐人民广播电台	FM106.0	330405

（续表）

地区	电台名称	频率名称	频率频点FM/AM	标准编码
浙江	海宁人民广播电台	海宁人民广播电台	FM96.0	330406
	平湖人民广播电台	平湖人民广播电台	FM90.6	330407
	桐乡人民广播电台	桐乡人民广播电台	FM97.1	330408
	长兴人民广播电台	长兴人民广播电台	FM97.1	330504
	越城人民广播电台	越城人民广播电台	FM89.7	330604
	上虞人民广播电台	上虞人民广播电台	FM89.7	330605
	浦江人民广播电台	浦江人民广播电台	FM105.7	330704
	兰溪人民广播电台	兰溪人民广播电台	FM94.8	330705
	义乌市融媒体中心	义乌交通广播	FM95.5	330708
		义乌新闻广播	FM106.2	330706
	江山人民广播电台	江山人民广播电台	FM102.6	330803
	椒江人民广播站	椒江人民广播站	FM88.9	331004
	黄岩人民广播电台	黄岩人民广播电台	FM95.7	331005
	天台人民广播电台	天台人民广播电台	FM102.3	331006
安徽	安徽广播电视台	交通广播	FM90.8	340005
		生活广播	FM105.5	340004
		音乐广播	FM89.5	340041
		经济广播	FM97.1	340005
		农村广播	FM95.5	340006
		新闻综合广播	FM103.6	340001
		小说评书广播	AM1395	340007
		安徽戏曲广播	FM99.5	340008
		旅游广播高速之声	FM106.5	340009
	合肥广播电视台	新闻综合广播	FM91.5	340101
		交通广播	FM102.6	340102
		文艺广播	FM87.6	340104
		故事广播	FM98.8	340105
		巢湖之声	FM93.8	340115
	芜湖广播电视台	新闻综合广播	FM100.4	340201
		交通经济广播	FM96.3	340203
		音乐故事广播	FM98.2	340202

（续表）

地区	电台名称	频率名称	频率频点FM/AM	标准编码
安徽	蚌埠广播电视台	新闻综合广播	FM107.9	340301
		蚌埠广播电视台经典104.2	FM104.2	340302
		交通文艺广播	FM98.4	340303
	淮南广播电视台	新闻综合广播	FM101.8	340401
		交通文艺广播	FM97.9	340402
		音乐故事广播	FM104.9	340403
	马鞍山广播电视台	新闻广播	FM105.1	340501
		交通广播	FM100.4	340502
		音乐广播	FM95.4	340503
	淮北广播电视台	新闻广播	FM94.9	340601
		交通广播	FM100.4	340603
	铜陵广播电视台	交通生活广播	FM88.7	340702
		新闻综合广播	FM92.4	340701
	安庆广播电视台	新闻综合广播	FM90.3	340801
		交通音乐广播	FM97.7	340802
	黄山广播电视台	新闻综合广播	FM93.3	341001
		交通旅游广播	FM100.4	341002
	滁州广播电视台	新闻综合广播	FM95.0	341101
		交通音乐广播	FM105.4	341102
		文艺故事广播	FM97.0	341103
	阜阳广播电视台	经济广播	FM94.1	341202
		交通广播	FM90.0	341203
		新闻综合广播	FM91.6	341201
	宿州人民广播电台	新闻综合广播	FM100.8	341301
		文艺广播	FM96.1	341302
		交通音乐广播	FM107.3	341303
	六安广播电视台	新闻综合广播	FM102.1	341501
		交通音乐广播	FM96.4	341502
	亳州广播电视台	新闻综合广播	FM88.2	341601
		交通音乐广播	FM107.2	341602

（续表）

地区	电台名称	频率名称	频率频点FM/AM	标准编码
安徽	池州广播电视台	交通旅游广播	FM96.6	341703
		综合广播	FM98.1	341701
	宣城广播电视台	新闻综合广播	FM100.6	341801
		交通文艺广播	FM106.1	341802
	五河人民广播电台	五河人民广播电台	FM93.3	340304
	明光人民广播电台	明光人民广播电台	FM105.0	341104
	贵池人民广播电台	贵池人民广播电台	FM98.1	341702
	泗县人民广播电台	泗县人民广播电台	FM99.5	341305
福建	福建省广播影视集团	新闻综合广播	FM103.6	350001
		经济广播	FM96.1	350002
		音乐广播	FM91.3	350004
		交通应急广播	FM100.7	350003
		都市生活广播（私家车广播）	FM98.7	350005
		东南广播	AM585	350043
		文艺广播	FM88.3	350006
	福州广播电视台	交通之声	FM87.6	350104
		新闻广播	FM94.4	350101
		音乐广播	FM89.3	350103
		左海之声	FM90.1	350102
	厦门广播电视集团	新闻广播	FM99.6	350201
		经济交通广播	FM107	350202
		音乐广播	FM90.9	350203
		闽南之声广播	FM101.2	350204
		旅游广播	FM94.0	350205
	莆田人民广播电台	新闻综合广播	FM93.7	350301
		音乐交通广播	FM103	350302
	三明人民广播电台	新闻综合广播	FM97.5/FM103.4	350401
		都市生活广播	FM105.6	350402
	泉州广播电视台	新闻综合广播	FM88.9	350501
		交通广播	FM90.4	350502

（续表）

地区	电台名称	频率名称	频率频点FM/AM	标准编码
福建	泉州广播电视台	经济生活广播	FM92.3	350503
		刺桐之声广播	FM105.9	350504
	漳州人民广播电台	综合广播	FM96.2/FM89.6	350601
		交通广播	FM92.7/FM96.6	350602
	中国华艺广播电台	中国华艺广播电台	FM107.1	350105
			MW873/SW4830/SW6185	350191
	海峡之声广播电台	汽车生活广播	FM90.6	350107
		新闻广播	AM666	350141
		都市阳光调频	FM99.6	350106
		闽南话广播	AM783	350142
		综合广播	FM97.9	350108
	长泰人民广播电台	长泰人民广播电台	FM97.3	350603
	南平人民广播电台	新闻综合广播	FM88.8	350701
		城市生活广播	FM95.1	350702
	龙岩人民广播电台	综合广播	FM92.5/FM106	350801
		旅游之声	FM94.6/FM93.5	350802
	宁德人民广播电台	新闻综合频道	FM101.7	350901
		交通旅游广播	FM93.3	350902
江西	江西广播电视台	新闻广播	FM104.4	360001
			AM729	360041
		都市广播	FM106.5	360002
		文艺音乐频率	FM103.4	360003
		信息交通广播	FM105.4	360004
		农村广播（绿色之声）	FM98.5	360005
		民生广播	FM101.9	360006
		旅游广播	FM97.4	360007
		财经广播	FM99.2	360008
		故事广播	FM96.9	360009
	南昌广播电视台	综合频率	FM91.7	360101
		交通音乐频率	FM95.1	360102

（续表）

地区	电台名称	频率名称	频率频点FM/AM	标准编码
江西	南昌广播电视台	经济生活频率	FM89.7	360103
	景德镇人民广播电台	新闻综合频率	FM96.5	360201
		瓷都交通音乐广播	FM106.2	360202
	萍乡人民广播电台	新闻综合广播	FM96.8/FM106.8	360302
		交通文艺广播	FM99.3	360301
	九江广播电视台	新闻广播	FM90.0	360401
		交通广播	FM88.4	360403
		文化旅游广播	FM101.7	340410
		赣北之声	FM94.2	360404
	新余人民广播电台	经济交通广播	FM96.2	360503
		综合广播	FM94.0	360501
	鹰潭人民广播电台	交通音乐广播	FM103.2	360602
		新闻综合频率	FM104.8	360601
	赣州人民广播电台	新闻广播	FM93.7	360701
		交通广播	FM99.2	360703
		音乐广播	FM94.5	360702
	吉安人民广播电台	交通广播动感100.6	FM100.6	360802
		井冈之声	FM95.6/FM102.1	360801
	宜春市广播电视台	新闻综合广播	FM101.1	360901
		交通音乐广播	FM87.9	360902
	抚州人民广播电台	新闻综合频率	FM96.4/FM101.3	361001
		交通音乐频率	FM95.5	361002
	上绕人民广播电台	新闻综合广播	FM93.4	361101
		音乐交通广播	FM96.6/FM95.9	361102
山东	山东广播电视台	综合广播	FM97.1	370001
			AM918	370041
		经济广播	FM96.0	370002
			AM594	370042
		文艺广播	FM97.5	370004
		经典音乐广播	FM105.0	370005
		交通广播	FM101.1	370006

地区	电台名称	频率名称	频率频点FM/AM	标准编码
山东	山东广播电视台	乡村广播	FM91.9	370007
			AM1251	370043
		音乐广播	FM99.1	370008
		体育休闲广播	FM102.1	370009
	济南广播电视台	新闻广播	FM105.8	370116
		经济广播	FM90.9	370102
		音乐广播	FM88.7	370105
		交通广播	FM103.1	370103
		故事广播	FM104.3	370106
		936私家车广播（文艺广播）	FM93.6	370107
	平阴广播电视台	平阴广播电视台	FM96.2	370109
	长清区广播电台	长清区广播电台	107.2	370108
	济阳县广播电视台	济阳县广播电视台	FM99.7	370110
	商河人民广播电台	商河人民广播电台	FM88	370111
	青岛市广播电视台	新闻综合广播	FM107.6/FM103.6	370201
			AM1377	370241
		经济广播	FM102.9/FM87.9	370203
		交通广播	FM89.7	370205
			AM91.0	370243
		音乐体育广播	FM91.5	370206
		文艺广播	FM96.4	370204
		音乐体育广播摩登音乐调频	FM105.8	370217
		故事广播	FM95.2/FM89.2	370207
	黄岛区广播电视台	西海岸城市生活广播	FM92.6	370216
		西海岸交通广播	FM95.7	370211
	即墨人民广播电台	即墨人民广播电台	FM101.7	370209
	阳城人民广播电台	阳城人民广播电台	FM94.0	370210
	胶南人民广播电台	胶南人民广播电台	FM95.6	370220
	崂山人民广播电台	崂山人民广播电台	FM102	370212

（续表）

地区	电台名称	频率名称	频率频点FM/AM	标准编码
山东	胶州人民广播电台	胶州人民广播电台	FM106.8	370213
	莱西人民广播电台	莱西人民广播电台	FM100.7	370214
	莱阳人民广播电台	莱阳人民广播电台	FM107.4	370606
	莱州人民广播电台	莱州人民广播电台	FM92.7	370607
	烟台广播电视台	综合广播	FM101	370601
			AM1314	370641
		音乐广播	FM105.9	370602
			AM801	370642
		交通广播	FM103	370603
	栖霞人民广播电台	果都之声	FM97.1	370609
	龙口人民广播电台	龙口人民广播电台	FM101.6	370610
	招远人民广播电台	招远人民广播电台	FM88.8	370611
	海阳人民广播电台	海阳人民广播电台	FM94.8	370612
	博兴人民广播电台	博兴人民广播电台	FM96.3	371605
	博山人民广播电台	博山人民广播电台	FM104.1	370305
	临淄人民广播电台	新闻综合广播	FM97.3	370306
		音乐广播	FM91.8	370307
	枣庄广播电视台	新闻综合广播	FM99.0	370401
		交通文艺广播	FM105.2	370403
		生活娱乐广播	FM101.4	370404
		音乐广播	FM100.6	370402
	东营广播电视台	新闻广播	FM91.0	370501
		经济广播	FM105.3	370502
		交通音乐广播	FM98.4	370503
	济宁广播电视台	济宁综合广播	FM101.8	370801
		济宁交通文艺广播	FM104.2	370803
		济宁生活广播	FM107.0	370804
	济宁中区人民广播电台	中区音乐台	FM107	370805
	任城人民广播电台	任城人民广播电台	FM105.5	370806
	兖州市人民广播电台	兖州市人民广播电台	FM104.7	370807

地区	电台名称	频率名称	频率频点FM/AM	标准编码
山东	泗水县人民广播电台	泗水县人民广播电台	FM105.6	370808
	汶上县人民广播电台	汶上县人民广播电台	FM94.5	370809
	微山县人民广播电台	微山县人民广播电台	FM96.3	370811
	邹城市人民广播电台	邹城市人民广播电台	FM96.1	370812
	金乡县人民广播电台	金乡县人民广播电台	FM104.5	370813
	嘉祥县人民广播电台	嘉祥县人民广播电台	FM95.5	370814
	鱼台县人民广播电台	鱼台县人民广播电台	FM98.5	370815
	梁山县人民广播电台	梁山县人民广播电台	FM105.7	370816
	寿光人民广播电台	交通音乐广播	FM105.6	370712
		新闻故事广播	FM106.4	370711
	昌邑人民广播电台	昌邑人民广播电台	FM103.6	370717
	诸城人民广播电台	诸城人民广播电台	FM99.8	370715
	高密人民广播电台	凤凰新闻故事广播	FM95.5	370718
		凤凰音乐广播	FM93.6	370719
	昌乐人民广播电台	昌乐人民广播电台	FM92.0	370714
	泰安广播电视台	旅游广播	FM90.1	370903
		交通广播	FM91.7	370902
		新闻广播	FM93.4	370901
	威海广播电视台	新闻综合广播	FM105.1/FM107.3	371001
		交通广播	FM102.2/FM95.0	371003
		音乐广播	FM90.7/FM88.3	371002
	日照广播电视台	广播综合频道	FM95	371101
			AM1197	371141
		广播交通生活频道	FM87.9	371102
			AM747	371142
		广播音乐频道	FM93.4	371103
	莱芜人民广播电台	综合广播	FM97.4	371201
	临沂广播电视台	新闻综合广播	FM97.6	371301
		交通旅游广播	FM89.9	371303
		经济广播	FM101	371304
	德州广播电视台	综合广播	FM104.1	371401

（续表）

地区	电台名称	频率名称	频率频点FM/AM	标准编码
山东	德州广播电视台	交通音乐广播	FM97.9	371403
		文艺广播	FM92.9	371404
	德州学院广播	心动调频	FM86	371406
	齐河人民广播电台	齐河人民广播电台	FM88.2	371409
	临邑人民广播电台	临邑人民广播电台	FM92.1	371408
	乐陵人民广播电台	乐陵人民广播电台	FM93.4	371414
	陵县人民广播电台	陵县人民广播电台	FM99.6	371410
	平原人民广播电台	平原人民广播电台	FM96.5	371411
	武城人民广播电台	武城人民广播电台	FM96.7	371413
	夏津人民广播电台	夏津人民广播电台	FM98.6	371412
	禹城人民广播电台	禹城人民广播电台	FM103.5	371415
	宁津人民广播电台	宁津人民广播电台	FM95.2	371407
	聊城市广播电视台	综合广播	FM96.8	371501
		经济广播	FM92.4	371502
		交通广播	FM99.4	371503
	滨州广播电视台	新闻广播	FM95.7	371601
			AM864	371641
		交通广播	FM93.1	371603
		文艺广播	FM105.7	371604
	邹平人民广播电台	新闻交通频道	FM95.7	371606
		故事音乐频道	FM103.3	371607
	菏泽广播电视台	新闻广播	FM93.9	371701
		音乐广播	FM89.1	371702
		交通广播	FM94.8	371703
	平度人民广播电台	平度之声	FM101.1	370215
	广饶人民广播电台	新闻综合频率	FM103.9	370504
	蓬莱人民广播电台	新闻综合频率	FM101.9	370608
	临朐人民广播电台	新闻综合频道	FM102.3	370707
		交通音乐频道	FM100.6	370708
	安丘人民广播电台	综合频率	FM89.2	370709
	青州人民广播电台	新闻综合频率	FM95.4	370710

（续表）

地区	电台名称	频率名称	频率频点FM/AM	标准编码
山东	曲阜人民广播电台	新闻综合频率	FM98.4	370810
			AM1341	370841
	桓台人民广播电台	快乐调频	FM93.7	370308
河南	河南广播电视台	新闻广播	FM95.5	410001
			FM102.3	410002
			AM657	410041
		经济广播	FM103.2	410003
			AM972	410042
		音乐广播	FM88.1	410006
			FM93.6	410006
		交通广播	FM104.1	410004
		戏曲广播	FM97.6	410005
			AM1143	410043
		农村广播	FM107.4	410007
			AM846	410044
		教育广播	FM106.6	410010
		影视广播	FM90.0	410008
		私家车广播	FM99.9	410009
			AM900	410045
		信息广播	FM105.6	410011
			AM603	410046
	郑州人民广播电台	新闻综合广播	FM98.8	410101
			AM549	410141
		经济生活广播	FM93.1	410102
			AM711	410142
		文化娱乐广播	FM91.8	410103
			AM1008	410143
		交通广播	FM91.2	410105
		音乐广播	FM94.4	410106
		经典1079	FM107.9	410107
	开封广播电视台	综合广播	FM101.4	410201

（续表）

地区	电台名称	频率名称	频率频点FM/AM	标准编码
河南	开封广播电视台	经济广播	FM100.2	410202
		交通旅游广播	FM105.1	410203
	洛阳广播电视台	综合广播	FM88.1	410301
		音乐广播	FM106.5	410306
		交通广播	FM92.7	410302
	平顶山广播电视台	新闻综合广播	FM98.9	410404
		经济广播	FM105.8	410401
		文艺广播	FM99.6	410402
		交通广播	FM96.4	410403
	安阳广播电视台	新闻广播	FM94.2	410501
		交通广播	FM89.0	410502
		汽车音乐广播	FM100.8	410503
	鹤壁广播电视台	综合广播	FM100.3	410601
		经济广播	FM99.4	410602
	新乡广播电视台	交通广播	FM99.1	410702
		新闻综合广播	FM92.9	410701
	焦作广播电视台	新闻综合广播	AFM96.3	410841
		都市音乐广播	FM99.5	410804
		交通旅游广播	FM89.4	410801
	濮阳广播电视台	新闻综合广播	FM100.1	410902
		交通广播	FM89.5	410901
	许昌广播电视台	交通广播	FM92.6	411001
		新闻广播	FM102	411004
	漯河广播电视台	综合广播	FM89	411101
		交通广播	FM106.7	411102
	三门峡广播电视台	三门峡人民广播电台	FM98.9	411201
	南阳广播电视台	新闻广播	FM104.2	411301
		城市广播	FM93.6	411302
		交通广播	FM97.7	411304
	商丘广播电视台	综合广播	FM89.0	411441
		交通广播	FM100.7	411442

（续表）

地区	电台名称	频率名称	频率频点FM/AM	标准编码
河南	信阳广播电视台	音乐广播	FM105.4	411503
		交通广播	FM99.6	411504
		综合广播	FM89.0	411541
	周口广播电视台	新闻广播	FM98.3	411641
		交通广播	FM89.3	411601
		音乐广播	FM96.0	411642
	驻马店广播电视台	综合广播	AM810	411702
		经济广播	FM102.4	411701
	新密人民广播电台	新密人民广播电台	FM93.0	410108
	沁阳人民广播电台	沁阳人民广播电台	FM104.9	410803
	巩义人民广播电台	巩义人民广播电台	FM98.2/FM107.5	410109
湖北	湖北广播电视台	新闻综合广播	FM104.6	420001
			AM774	420041
		经济广播	FM99.8	420003
		楚天交通广播	FM92.7	420002
		湖北城市之声	FM107.8	420006
		楚天音乐广播	FM105.8	420004
		湖北经典音乐广播	FM103.8	420005
		湖北农村广播	FM91.2	420009
	武汉广播电视台	音乐广播	FM101.8	420103
		经济广播	FM100.6	420102
		交通广播	FM89.6	420104
		新闻广播	FM88.4	420101
		青少广播	FM93.6	420105
	黄石广播电视台	新闻广播	FM101.2	420201
		交通经济广播	FM103.3	420202
		汽车广播	FM106.8	420203
	十堰广播电视台	综合广播	FM94.1	420302
		旅游生活广播	FM92.0	420305
		音乐交通广播	FM101.9	420303

（续表）

地区	电台名称	频率名称	频率频点FM/AM	标准编码
湖北	宜昌三峡广播电视总台	新闻综合广播	FM95.6	420501
		交通广播	FM105.9	420502
		音乐生活广播	FM100.6	420503
	夷陵区人民广播电台	夷陵区人民广播电台	FM93.0	420508
	襄阳广播电视台	交通音乐广播	FM89.0	420604
		襄阳综合广播	FM104.0	420601
		文化教育广播	FM91.8	420611
	鄂州广播电影电视局	新闻频率	FM94.0	420701
	荆门广播电视台	荆门之声	FM89.7	420806
		交通音乐广播	FM105.7	420805
	钟祥人民广播电台	钟祥人民广播电台	FM98	420804
	孝感广播电视台	新闻综合广播	FM91.8	420901
		交通音乐广播	FM87.7	420902
	荆州广播电视台	综合广播	FM96.3	421004
		交通广播	FM90.1	421003
		音乐广播	FM106.8	421009
	黄冈广播电视台	交通音乐广播	FM91.4	421101
		新闻综合广播	FM107.6	421102
	咸宁广播电视台	新闻广播	FM88.1	421201
		交通广播	FM95.9	421202
	随州人民广播电台	交通电台	FM96.2	421301
		新闻电台	AM1008	421341
	丹江口人民广播电台	新闻综合频率	FM92.5	420304
	老河口人民广播电台	老河口人民广播电台	FM102.3	420605
			AM1476	420642
	应城人民广播电台	应城人民广播电台	FM100.2	420903
	石首人民广播电台	石首人民广播电台	FM100.0	421005
	麻城人民广播电台	教育音乐台	FM105.1	421103
	赤壁人民广播电台	赤壁人民广播电台	FM103.9	421203
	广水人民广播电台	广水人民广播电台	FM88.0/FM89.2	421302
	仙桃人民广播电台	仙桃人民广播电台	FM90.4	429001

（续表）

地区	电台名称	频率名称	频率频点FM/AM	标准编码
湖北	潜江人民广播电台	潜江人民广播电台	FM88.4	429002
湖南	湖南人民广播电台	交通广播	FM91.8	430001
		音乐之声	FM89.3	430002
		综合广播	FM102.8	430003
		经济广播	FM90.1	430004
				430041
		文艺广播	FM97.5	430005
		潇湘之声	FM93.8	430006
				430042
		旅游广播	FM106.9	430007
		金鹰之声	FM95.5	430009
	长沙广播电视台	新闻广播	FM105.0	430103
		交通广播	FM106.1	430102
		城市之声	FM101.7	430101
		经济广播	FM88.6	430108
	湖南快乐1045电台	快乐1045电台	FM104.5	430107
	株洲广播电视台	新闻广播	FM101.2	430202
		交通广播	FM98.4	430201
	湘潭广播电视台	交通广播	FM104.2	430301
		新闻综合广播	FM88.2	430302
	韶山人民广播电台	韶山之声幸福999	FM99.9	430303
	衡阳广播电视台	综合广播	FM98.9	430401
		交通经济广播	FM101.8	430402
	邵阳广播电视台	交通频率	FM95.4	430502
		音乐频率	FM92.8	430501
	岳阳广播电视台	新闻广播	FM104.1	430602
		经济广播	FM104.5	430604
		交通广播	FM98.1	430601
	常德广播电视台	音乐广播	FM93.1	430702
		交通广播	FM97.1	430701
	鼎城广播电视台	鼎广电台	FM106.8	430703

（续表）

地区	电台名称	频率名称	频率频点FM/AM	标准编码
湖南	张家界人民广播电台	新闻综合广播	FM93.2	430801
	益阳广播电视台	益阳之声	FM99.7	430901
		交通广播	FM88.1	430902
	郴州广播电视台	交通旅游广播	FM102.8	431001
		综合广播	FM99.2	431003
	永州广播电视台	永州电台活力调频	FM94.8	431103
	怀化广播电视台	综合广播	FM107.6	431202
		交通广播	FM103.8	431201
	娄底广播电视台	综合广播	FM107.2	431301
		交通广播	FM96.3	431302
	长沙县人民广播电台	星空调频	FM102.2	430104
	浏阳人民广播电台	交通生活频道	FM99.5	430105
广东	广东广播电视台	新闻广播	FM91.4	440001
			AM648	440041
		珠江经济台	FM97.4	440002
			AM1062	440045
		音乐之声	FM99.3/FM93.9	440003
		交通之声	FM105.2	440006
		文体广播	FM107.7	440007
			AM612	440046
		城市之声	FM103.6	440004
		南方生活广播	FM93.6	440005
			AM999	440042
		股市广播	FM95.3	440008
		珠江之声	FM105.7	440009
	广州广播电视台	新闻资讯广播	FM96.2	440101
		金曲音乐广播	FM102.7	440102
		青少年广播	FM88	440104
			AM1170	440141
		交通广播	FM106.1	440103

（续表）

地区	电台名称	频率名称	频率频点FM/AM	标准编码
广东	深圳广播电影电视集团	新闻频率	FM89.8	440301
		音乐频率	FM97.1	440302
		交通频率	FM106.2	440303
		生活频率	FM94.2	440304
	宝安区广播电台	缤纷1043	FM104.3	440305
	韶关广播电视台	综合广播	FM105.7	440202
		交通旅游广播	FM97.5	440201
	佛山人民广播电台	南海广播	FM92.4	440603
		高明广播	FM88.3	440606
		三水广播	FM90.6	440605
		顺德广播	FM90.1	440604
		音乐广播	FM98.5	440602
		综合广播	FM94.6	440601
	江门市广播电视台	江门人民广播电台	FM100.2	440702
		江门旅游之声	FM93.3	440701
	珠海人民广播电台	综合广播	FM95.1	440401
		环保经济广播	FM87.5	440402
		百岛之声	FM91.5	440403
	珠海市斗门区融媒体中心（珠海市斗门区广播电视台）	斗门电台	FM92.8	440404
	中山广播电视台	中山广播电视台 FM96.7频率	FM96.7	442001
		中山广播电视台 FM88.8频率	FM88.8	442002
	惠州市广播电视台	综合广播	FM100.0	441301
		经济环保广播	FM98.8	441302
		音乐广播	FM90.7	441306
	梅州广播电视台	综合广播	FM94.8	441401
		交通广播	FM105.8	441402
	东莞广播电视台	综合广播	FM100.8	441901
		交通广播	FM107.5	441902

（续表）

地区	电台名称	频率名称	频率频点FM/AM	标准编码
广东	东莞广播电视台	音乐广播	FM104	441903
	潮安县广播电视台	潮安电台	FM98.3	445105
	梅县区广播电视台	私家车940	FM103.9	441403
	潮州市广播电视台	综合广播	FM94.0	445101
		戏曲广播	FM103.1	445102
		交通音乐广播	FM91.4	445103
	饶平人民广播电视台	饶平人民广播电台	FM89.3	445106
	潮阳广播电视台	潮阳电台	FM105	440504
	普宁人民广播电台	普宁电台	FM102.8	445206
	汕头广播电视台	经济广播	FM102.0	440501
		音乐广播	FM102.5	440502
		综合广播	FM107.2	440503
	澄海人民广播电台	澄海电台	FM100.5	440505
	揭阳广播电视台	综合广播	FM103.9	445201
		农业广播	FM106.5	445202
		交通旅游广播	FM95.2	445203
	揭东人民广播电台	揭东人民广播电台	FM100.2	445204
	揭西人民广播电台	揭西人民广播电台	FM103.2	445205
	肇庆市广播电视台	综合广播	FM92.9	441201
		金曲广播畅行949	FM94.9	441202
	四会广播电视台	四会电台	FM100.9	441204
	湛江市广播电视台	新闻综合频率	FM98.1	440801
		经济频率	FM95.1	440803
		交通音乐频率	FM102.1	440802
	茂名人民广播电台	农村之声	FM106.1	440901
		交通广播	FM93.5	440904
		综合广播	FM101.1	440902
	汕尾广播电视台	综合频道	FM103.5	441501
		农村广播	FM91.3	441502
	河源广播电视台	综合广播	FM91.1	441601
		旅游广播	FM97.8	441602

（续表）

地区	电台名称	频率名称	频率频点FM/AM	标准编码
广东	阳江广播电视台	综合广播	FM91.6	441701
		旅游环保广播	FM89.5	441702
	清远广播电视台	FM88.7清远新闻综合广播	FM88.7	441801
		FM97.8清远农村广播	FM97.8	441802
		清远交通音乐广播	FM95.9	441803
	云浮人民广播电台	综合广播	FM100.6	445301
		交通音乐广播	FM96.4	445302
	番禺区广播电视台	番禺电台	FM101.7	440105
	花都广播电视台	花都电台	FM100.5	440106
	乐昌人民广播电台	乐昌人民广播电台	FM101.1	440203
	新会广播电视台	新会人民广播电台	FM98.3	440703
	台山广播电视台	台山人民广播电台	FM90.4	440704
	开平广播电视台	飞扬956	FM95.6	440705
	鹤山广播电视台	鹤山电台	FM104.7	440706
	恩平人民广播电台	恩平电台	FM97.7	440707
	广东电台遂溪台	遂溪电台	FM104.8	440804
	化州人民广播电台	化州人民广播电台	FM105.5	440903
	高要人民广播电台	高要电台	FM105.9	441203
	惠阳人民广播电台	惠阳电台	FM99.5	441303
	博罗县广播电视台	博罗广播电台	FM107.3	441304
	惠东县广播电视台	惠东人民广播电台	FM96.1	441305
广西	广西广播电视台	综合广播	FM91.0	450001
			AM792	450041
		交通广播	FM100.3	450005
		文艺广播	FM95.0	450003
		教育广播	FM93.0	450004
		经济广播	FM97.0	450002
	南宁广播电视台	综合广播 （990新闻台）	FM99.0	450101
		交通音乐广播 （1074交通台）	FM107.4	450102

（续表）

地区	电台名称	频率名称	频率频点FM/AM	标准编码
广西	南宁广播电视台	乡村生活广播（经典1049）	FM104.9	450104
		故事广播（快乐895）	FM89.5	450103
	桂林广播电视台	综合广播	FM97.7	450301
		旅游音乐广播	FM88.3	450302
		生活广播	FM91.2	450303
	柳州市广播电视台	综合广播	FM102.9	450201
		交通广播	FM99.10	450202
		乡村生活广播	FM105.9	450203
	梧州人民广播电台	新闻综合频率	FM100.8	450401
		交通音乐之声	FM107.5	450402
	北海人民广播电台	新闻综合广播	FM93.5	450501
		交通音乐广播	FM99.1	450502
	防城港人民广播电台	交通广播	FM101.9	450601
	钦州人民广播电台	综合广播	FM98.6	450701
		交通音乐广播	FM88.9	450702
	贵港人民广播电台	贵港金曲	FM101.9	450801
	玉林人民广播电台	综合广播	FM97.8	450901
		交通音乐广播	FM99.2	450902
	百色市广播电视台	新闻综合广播	FM105.2	451001
		音乐频率	FM87.6	451002
	贺州人民广播电台	新闻综合广播	FM92.1	451101
		交通广播	FM88.2	451102
	河池人民广播电台	新闻综合广播	FM98.7	451201
	来宾人民广播电台	桂中之声	FM103.5	451301
	崇左人民广播电台	城市之声	FM97.2	451401
	桂平人民广播电台	综合广播	FM100.5	450802
重庆	重庆广播电视台	重庆之声	FM96.8	500001
			AM1314	500041
		经济频率	FM101.5/FM105.6	500002

（续表）

地区	电台名称	频率名称	频率频点FM/AM	标准编码
重庆	重庆广播电视台	音乐广播	FM88.1/FM94.3	500004
		交通广播	FM95.5	500003
		都市广播私家车938	FM93.8	500005
		文艺广播	FM103.5	500006
四川	四川广播电视台	四川之声	FM98.1	510007
		新闻频率	FM106.1	510006
		财富广播	FM94.0	510003
		岷江音乐	FM95.5	510004
		交通广播	FM101.7	510005
		快乐900四川文艺广播	FM90.0	510008
		城市之音	FM102.6	510001
		天府之声私家车广播	FM92.5	510010
	成都市广播电视台	新闻广播	FM99.8	510101
		经济广播	FM105.6	510103
		交通文艺广播	FM91.4	510102
		文化休闲广播经典946	FM94.6	510104
		故事广播	FM88.2	510109
	自贡人民广播电台	文化旅游广播	FM90.8	510301
		综合广播	FM97.7	510302
		交通广播	FM90.2	510303
	攀枝花广播电视台	综合广播	FM88.5	510401
		交通音乐广播	FM91.0	510402
	泸州人民广播电台	FM97.0泸州新闻广播	FM97.0	510501
		FM104.6泸州交通广播	FM104.6	510502
		FM103.8泸州音乐广播	FM103.8	510503
	德阳市广播电视台	经济生活广播	FM95.9	510602
		综合广播	FM99.0	510603
	绵阳市广播电视台	故事广播	FM96.7	510701
		音乐广播	FM91.2	510703
		交通广播	FM103.3	510702
	广元广播电视台	新闻综合广播	FM102.7	510801

（续表）

地区	电台名称	频率名称	频率频点FM/AM	标准编码
四川	广元广播电视台	交通旅游广播	FM104.8	510802
	遂宁市广播电视台	综合广播	FM99.7	510901
		交通音乐	FM87.8	510902
		交通旅游	FM106.5	510903
	内江市广播电视台	综合广播	FM93.4	511001
		交通广播	FM102.7	511003
	乐山广播电视台	新闻综合频率	FM102.8	511101
		音乐交通频率	FM100.5	511102
	南充市广播电视台	综合广播	FM100.4/FM97.5	511301
			AM747	511341
		交通音乐频率	FM91.5	511302
	眉山人民广播电台	交通音乐广播	FM93.1	511402
		综合广播	FM90.8	511401
	宜宾广播电视台	新闻综合广播	FM107.0	511501
		音乐广播	FM104.2	511502
		交通广播	FM105.9	511506
	广安广播电视台	交通旅游广播	FM101.2	511601
	达州广播电视台	新闻综合广播	FM102.2	511701
		交通音乐广播	FM102.9	511702
	雅安人民广播电台	新闻综合频率	FM87.9	511801
		电台熊猫频率	FM104.7	511802
	巴中人民广播电台	新闻综合广播	FM88.5	511901
		交通旅游广播	FM94.0	511902
	资阳人民广播电台	新闻综合频率交通广播	FM103.5	512001
	涪陵人民广播电台	涪陵人民广播电台	FM101.1/FM103.4	500101
	江津广播电视台	综合广播	FM106.7	500102
	永川广播电视台	音乐广播	FM93.2	500012
		永川之声	FM100.7	500104
	凉山人民广播电台	综合广播	FM95.8	513401

地区	电台名称	频率名称	频率频点FM/AM	标准编码
海南	海南广播电视台	海南交通广播	FM100.0/FM100.3/FM98.5/FM89.3/FM90.3/FM88.1/FM98.0	460003
		新闻广播	FM88.6/FM93.2/FM96.2M	460001
			AM95.4/AM111.6/AM110.7	460041
		国际旅游岛之声	FM103.8/FM99.0/FM106.8/FM95.0/FM103/FM107.2	460002
		音乐广播	FM94.5/FM91.6/FM91.3/FM91.4/FM107.0	460004
		民生广播	FM92.2/FM101/FM107.6	460005
	海口广播电视台	海口综合广播	FM101.8	460101
		海口音乐广播	FM91.6	460102
		海口旅游交通广播	FM95.4	460103
	三亚广播电视台	三亚之声旅游广播	FM103.8	460203
		天涯之声	FM104.6	460201
贵州	贵州广播电视台	综合广播	FM94.6	520001
			AM765	520041
		经济广播	FM98.9	520002
		音乐广播	FM91.6	520003
		都市广播	FM106.2	520005
		交通广播	FM95.2	520004
		旅游广播	FM97.2	520006
		故事广播	FM90.0	520007
	贵阳广播电视台	新闻综合广播	FM88.9	520101
			AM999	520141
		交通广播	FM102.7	520102
		旅游生活广播	FM90.9	520104

（续表）

地区	电台名称	频率名称	频率频点FM/AM	标准编码
贵州	毕节广播电视台	交通音乐广播	FM98.0	520501
	凯里人民广播电台	凯里人民广播电台	FM93.0	522601
	铜仁市广播电视台	新闻综合广播	FM103.6	520601
		交通旅游广播	FM90.7	520602
	兴义人民广播电台	新闻综合广播	FM93.9	522303
	黔西南广播电视台	综合广播	FM107.9	522301
		交通旅游广播	FM88.3	522302
	黔南广播电视台	交通旅游广播	FM93.3	522703
		黔南广播	FM98.0	522704
	六盘水广播电视台	综合广播	FM102.1	520201
		交通广播	FM93.8	520202
	遵义人民广播电台	综合广播	FM89.8	520301
		交通文艺广播	FM94.1	520303
		旅游生活广播	FM88.0	520305
	安顺人民广播电台	交通广播	FM102.9	520402
		新闻综合广播	FM105.9	520401
	七星关区广播电视台	七星关综合广播	FM91.2	520502
云南	云南广播电视台	新闻广播	AM576	530042
			FM105.8	530001
		香格里拉之声旅游广播	FM99	530006
		私家车广播FM88.7	FM88.7	530002
		音乐广播	FM97	530003
		教育广播	FM100	530004
		交通广播	FM91.8	530005
		国际广播	FM101.7	530007
	昆明广播电视台	文艺旅游广播	FM102.8	530102
		综合广播	FM100.8	530101
		汽车音乐广播	FM95.4	530103
		老年广播	FM105	530104
	曲靖人民广播电台	综合广播	FM104	530302
		交通广播	FM91.0	530301

（续表）

地区	电台名称	频率名称	频率频点FM/AM	标准编码
云南	玉溪人民广播电台	新闻综合广播	FM102.4	530401
		交通旅游广播	FM87.7	530441
	保山人民广播电台	新闻综合频率	FM98.7	530501
	昭通人民广播电台	新闻综合广播	FM97.5	530601
		交通旅游广播	FM94.1	530602
	丽江市广播电视台	综合广播	FM106.2	530702
		旅游交通广播	FM97.7	530701
	普洱广播电视台	普洱综合广播	FM93.1	530801
		普洱交通广播	FM102.5	530802
	临沧人民广播电台	临沧之声	FM106	530901
	楚雄人民广播电台	综合广播	FM106.1/FM96.3	532301
		音乐广播	FM90.6	532302
	红河人民广播电台	综合广播	FM101.4	532501
		交通广播	FM87.5	532502
	文山广播电视台	新闻广播	FM97.2	532601
		交通广播	FM100.6	532603
	大理广播电视台	综合广播	FM102.7	532902
		大理苍洱调频	FM99.9	532901
		大理旅游文化广播	FM90.2	532903
	西双版纳广播电视台	民族语广播	FM90.6	532801
		综合广播	FM101.4	532801
	云南大学教育调频	云南大学教育调频	FM107.6	530106
	德宏人民广播电台	综合广播	FM104.3	533101
		交通旅游广播	FM91.0	533131
		民族综合广播	FM104.3	533141
	怒江广播电视台	广播综合频率	FM107.4	533301
西藏	西藏人民广播电台	藏语广播	FM101.6	540001
		汉语广播	FM93.3	540002
		都市生活广播	FM98.0	540003
		藏语康巴话广播	AM594	540041
	拉萨人民广播电台	拉萨人民广播电台	FM91.4	540101

（续表）

地区	电台名称	频率名称	频率频点FM/AM	标准编码
陕西	陕西广播电视台	896汽车调频广播	FM89.6	610009
		新闻广播	FM106.6	610001
			AM693	610041
		都市广播—陕广新闻	FM101.8	610002
		故事广播	FM87.8	610011
			AM603	610045
		交通广播	AM1323	610042
			FM91.6	610003
		农村广播	AM900	610043
		青春广播	FM105.5	610007
		戏曲广播	AM747	610044
			FM107.8	610010
		音乐广播	FM98.8	610006
		秦腔广播	FM101.1	610005
	西安广播电视台	交通旅游广播	FM104.3	610102
		新闻广播	AM810	610141
			FM95.0	610101
		音乐广播	FM93.1	610103
		资讯广播	FM106.1	610104
		综艺广播	FM102.4	610105
	安康人民广播电台	综合广播	FM89.7	610901
		交通广播	FM95.9	610902
	榆林广播电视台	新闻综合广播	FM99.4	610801
		生活资讯广播	FM101	610803
		交通文艺广播	FM95.9	610802
	汉中人民广播电台	新闻广播	FM95.6	610701
		音乐广播	FM97.1	610702
		交通旅游广播	FM101.8	610703
	渭南人民广播电台	新闻广播	FM102.6/FM101.3	610501
		交通广播	FM90.9	610502
		音乐广播	FM101.3	610504

（续表）

地区	电台名称	频率名称	频率频点FM/AM	标准编码
陕西	宝鸡人民广播电台	综合广播	FM93.4	610303
			AM1071	610341
		交通旅游广播	FM99.7	610304
		经济广播	FM102.8	610301
			AM900	610342
		音乐广播	FM105.3	610302
	咸阳市广播电视台	西咸之声	FM100.7	610401
		都市音乐广播	FM99.9	610402
	铜川人民广播电台	铜川人民广播电台	AM1134	610241
		音乐交通广播	FM101.5	610201
	商洛人民广播电台	商洛人民广播电台	FM107.0	611001
	延安广播电视台	交通音乐广播	FM98.7	610602
		新闻综合广播	FM100.1/FM104.6	610601
甘肃	甘肃广播电影电视总台（集团）	都市调频广播	FM106.6/ FM102.2	620002
		交通广播	FM103.5	620003
		经济广播黄河之声	FM93.4	620004
			AM801	620042
		农村广播乡村之音	FM92.2	620006
			AM1170	620043
		青春调频	FM104.8	620005
		新闻综合广播	FM96	620001
			AM684/AM873	620041
	兰州市广播电视总台	生活文艺广播	FM100.8	620103
		新闻综合广播	AM954	620141
			FM97.3	620101
		交通音乐广播	FM99.5	620102
	嘉峪关人民广播电台	综合广播	FM100	620201
		交通广播	FM92	620202
	金昌人民广播电台	飞扬音乐	FM101.4	620302
		新闻综合广播	FM107.7	620301
	武威人民广播电台	人民广播	FM93.5	620601

（续表）

地区	电台名称	频率名称	频率频点FM/AM	标准编码
甘肃	张掖人民广播电台	新闻综合广播	FM101.4	620701
	平凉人民广播电台	交通广播	FM89.8	620801
	酒泉人民广播电台	交通之声	FM106.6	620901
	庆阳人民广播电台	人民广播	FM95.2	621001
	定西人民广播电台	新闻综合广播	FM92.4	621101
	陇南人民广播电台	新闻广播	FM98.2	621201
	甘南广播电视台	综合广播	FM101.7	623002
	临夏广播电视台	北方调频广播	FM97.3	622901
青海	青海广播电视台	新闻综合广播	FM98.9	630001
		经济广播	FM107.5	630003
			AM1143	630042
		交通音乐广播	FM97.2	630004
		花儿调频广播	FM90.3	630005
		藏语广播	FM99.7	630002
			AM1251	630041
	西宁人民广播电台	新闻综合广播	FM95.6	630101
			AM1476	630141
		交通文艺广播	FM104.3	630103
		旅游广播	FM102.7	630104
		都市生活广播	FM101.3	630102
宁夏	宁夏广播电视台	新闻广播	FM106.1	640001
			AM891	640041
		经济广播	FM92.8	640002
			AM747	640042
		交通广播	FM98.4	640003
		宁夏旅游广播	FM103.7	640004
		音乐广播	FM104.7	640005
	银川市新闻传媒集团	新闻综合广播	FM90.5	640101
			AM801	640141
		都市经济广播	FM95.0	640103
		交通音乐广播	FM100.6	640102

（续表）

地区	电台名称	频率名称	频率频点FM/AM	标准编码
新疆	新疆人民广播电台	私家车广播	FM92.9	650006
		1028故事广播	FM102.8	650008
		哈萨克语广播	FM98.2	650005
		949交通广播	FM94.9	650007
		蒙语广播	AM1233	650043
		维语文艺广播	FM107.4	650004
		维语综合广播	AM855	650042
			FM101.7	650003
		961新闻广播	FM96.1	650001
		柯语广播	AM1233	650044
		绿色广播	FM89.5	650002
			AM738	650041
		音乐广播	FM103.9	650009
		924民生广播	FM92.4	650010
	新疆生产建设兵团文广传媒集团有限公司	新疆兵团之声	FM88.2	650011
	乌鲁木齐广播电视台	乌鲁木齐广播电视台97.4交通广播	FM97.4	650102
		乌鲁木齐广播电视台927经济广播	AM927	650141
		乌鲁木齐广播电视台106.5旅游音乐广播	FM106.5	650103
		乌鲁木齐广播电视台104.6维语交通文艺广播	FM104.6	650104
		乌鲁木齐广播电视台1071维语综合广播	AM1071	650143
		乌鲁木齐广播电视台100.7新闻广播	FM100.7	650101
		乌鲁木齐广播电视台792综合广播	AM792	650142
	哈密人民广播电台	维语广播	FM107.9	652203
		哈密之声	FM103.5	652201
		甜蜜之声	FM98.1	652202

（续表）

地区	电台名称	频率名称	频率频点FM/AM	标准编码
新疆	克拉玛依人民广播电台	都市广播	FM92.6	650201
		维语广播	AM882	650242
		新闻交通广播	AM1179	650241
	昌吉人民广播电台	新闻综合频率	FM96.9	652301
			AM873	652341
		电台FM103.3	FM103.3	652302
		音乐电台	FM105.3	652303
	米东人民广播电台	新闻音乐广播	FM99.0	650105